왕충이 해석하는
기의 세계

王充

왕충이 해석하는
기의 세계

氣 世界

임정기 지음

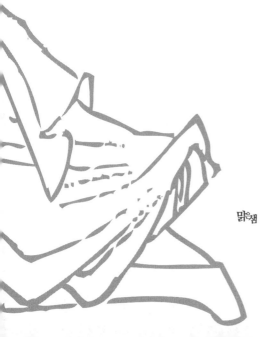

맑은샘

중국의 한대를 중심으로 사상을 연구한 지도 35년이 지났다. 영남대 철학과 대학원에서 장횡거의 사상으로 석사학위를 받고, 일본의 츠쿠바(筑波)대학의 연구생을 거쳐, 1987년 센다이(仙台)에 있는 토호쿠(東北)대학 중국철학과 박사과정에 입학하여, 그때부터 한대의 왕충을 중심으로 연구하기 시작했다. 그 당시 한국에서는 한대의 사상을 연구하는 사람도 별로 없었지만 왕충을 연구하는 사람은 거의 없었다고 생각한다. 왕충사상 연구로 2000년에 박사학위를 받고, 지금까지 중국고대 사상의 변화를 기(氣)를 중심으로 연구하고 있다.

　한대 사상의 특징이라고 하면 음양이나 오행 등의 기 개념으로 천을 해석하고 인간을 해석하는 것이다. 이러한 한대에서 일반화된 개념이나 해석들이 일회성으로 한대라는 시대와 함께 사라진 것이 아니다. 그 개념이나 해석들은 그 이후의 중국사상 속에서 살아 숨 쉬면서 중국사상의 틀을 만들어 왔다. 그렇기 때문에 한대의 사상에 대한 이해 없이는 중국사상에 대한 정확한 이해를 기대할 수 없다고도 할 수 있다. 이 책에서는 왕충이 해석하는 기의 세계를 그려보고 있다. 한대의 사상을 이해하는 데 조금이나마 도움이 되기를 기대해 본다.

박사학위 논문을 사정이 여의치 않아 일본에서 출판하지 못하고 한국으로 왔는데, 마음속으로는 언젠가는 출판을 해야 하겠다는 생각을 항상 가지고 있었다. 박사학위를 받고 너무나 많은 시간이 흘렀지만, 지금까지 연구한 것을 보충하여, 왕충사상 연구에 대한 하나의 결과물로 내게 되어, 그간의 마음의 짐을 던 것 같다. 지금 돌이켜보면 이 출판을 하기까지 많은 고마운 얼굴들이 떠오른다. 먼저 토호쿠대학 중국철학과에서 공부할 때 지도교수였던 나카지마류조(中嶋隆藏) 선생님께 감사의 마음을 전하고 싶다. 그리고 중국철학과 연구실에서 같이 공부하던 동료, 그중에서도 특히 지금은 일본의 니쇼가쿠샤(二松學舍)대학 중국문학과 교수로 있는 타나카마사키(田中正樹) 씨에게 고마운 마음을 전하고 싶다. 책을 내기까지 문장의 교정을 해 준 아내와 이 책을 기꺼이 맡아 출판해 주신 도서출판 맑은샘 여러분들에게도 진심으로 감사를 드린다.

2021년 12월
임 정 기

1장

왕충사상의 연구현황과 연구방향

『논형』(論衡)의 「대작편」(對作篇)과 「자기편」(自紀篇)을 통해서 보면, 왕충은 후한(後漢) 광무제(光武帝)의 건무(建武) 3년(서력 27년)에 태어났고, 저작으로는 『논형』 외에 『비핍』(備乏), 『금주』(禁酒), 『기속절의』(譏俗節義) 12편, 『정무』(政務), 『양성서』(養性書) 16편이 있었다는 것을 알 수 있다. 그렇지만 『논형』 이외의 작품은 현재 전해지지 않고 있다. 『논형』의 경우도 현재 그 편명을 알 수 있는 것은 85편이지만, 「자기편」에 의하면 100편 이상임을 이야기하는 부분도 있어, 현존하는 『논형』도 저술할 당시의 완전한 모습으로 남아있지 않다고 추정할 수 있다. 또한 현재의 『논형』 85편 중의 제44편 「초치」(招致)는 편명만 있고 그 내용은 없다. 『후한서』(後漢書) 「왕충전」(王充傳)에 '논형 85편'(論衡八十五篇)이라고 하고 있는 점으로부터 볼 때, 그 이후에 「초치편」의 내용이 없어졌다고 보는 것이 타당할 것이다. 현재 왕충사상의 연구는 현존하는 『논형』 84편의 분석과 검토가 그 주된 작업이 될 것이다.

지금까지의 왕충사상 연구를 보면, 먼저 중국에서의 유물론적 관점에서의 연구를 빼놓을 수 없다. 왕충사상이 중국에서 주목을 받게 되는 것은 중화민국(中華民國) 4년경부터 시작되는 신문화운동(新文化運動)의 성과라고 할 수 있다. 신문화운동 중에서의 사상혁명은 유교와 그 창시자인 공자를 비판의 대상으로 세웠다. 이러한 분위기 속에서 왕충의 『논형』을 높이 평가하고 연구를 하게 되는데, 그러한 중에 왕충 사상 연구의 전환점 역할을 하게 될 논문이 나타나게 되었다. 호적(胡適)의 「王充的論衡」이라는 논문이 바로 그것이다. 호적은 이 논문에서 왕충의 관점을 '유물관'(唯物觀)이라고 지적하고 있다.[1] 이 시기를 전후해서 손인화(孫人和)·황휘(黃暉)·유반수(劉盼遂)[2] 등에 의해서 『논형』이 고증·교정되고, 또 여러 학자들에 의해서 왕충사상의 체계적 연구가 행해지게 되는데, 후외려(侯外廬) 등의 『中國思想通史』(1957년), 관봉(関鋒)의 『王充哲学思想研究』(1957년), 임계유(任継愈) 주편(主編)의 『中国哲学史』(1963년), 풍우란(馮友蘭)의 『中国哲学史新編』(1964년)[3] 등을 전후해서, 유물주의적 관점을 가진 사상이라는 연구 성과가 정설로 정착하기 시작했다. 왕충의 사상을 유물주의로 주장한 것은, 사실은 자신들의 관점이 유물주의였기 때문이다. 따라서 왕충사상의 유물주의로서의 정착은, 그들의 사상연구에서의 유물주의적 관점의 정착을 의미하는 것이기도 하다. 당연히 그들의 이러한 사상연구의 관점의 배경에는, 당시의 사회상황을 반영하듯이, 마르크스나 엥겔스, 모택동 등의 사상을 그 근거로서 가지고 있다. 이러한 유물주의적 관점에서 그들은 중국사상사를 유심주의(唯心主義)와 유물주의의 대립으로 보고자 했다. 왕충사상의 연구도 또한 이러한 유심(唯心)과 유물(唯物)이라고 하는 기본적

---

1 왕충사상은 胡適 이전에도 연구되고는 있었지만 (謝无量의 『王充哲学』(1917년) 등), 胡適의 「王充的論衡」(1931)에서 처음으로 유물론적 관점으로부터 해석되고 있다. 이것은 당시의 특수한 사회상황의 반영이라고 할 수 있다.

2 孫人和의 『論衡擧正』을 시작으로 해서 黃暉의 『論衡校釋』(長沙 商務印書館(民國27년), 臺灣商務印書館(1983))과 劉盼遂의 『論衡集解』(北京 古籍出版社(1957). 世界書局(1958))가 전체적인 주석을 하고 있고, 『논형』의 연구에 많은 도움을 주는 저작이다.

3 馮友蘭의 1934년판의 『中国哲学史』에서는, 왕충의 사상을 아직 유물주의적 관점에서 보지 않고 있다.

틀에서 그 내용을 밝히고자 하고 있다.

유물론적 관점에서 볼 때, 왕충의 천론(天論)이나 기론(氣論)은 유물론적 사상이라고 인정할 수 있는 여러 가지 요소를 가지고 있는 것은 사실이다. 그들은 왕충의 이러한 유물론적 요소(유물주의)가 그 이전의 동중서(董仲舒)의 유심주의에 대한 반대로서 나타난 것이라고 설명한다. 게다가 동중서의 유심주의와 왕충의 유물주의를 단지 한 개인의 주장으로만 본 것이 아니라, '정종'(正宗) 사상과 '이단'(異端) 사상[4], 유심주의 진영과 유물주의 진영[5]으로서, 당시의 사회까지도 유심과 유물로 나누어, 유심주의 부류와 유물주의 부류가 모순대립하고 있는 사회로 그리고 있다. 그리고 유물주의 부류의 대표로서의 왕충은, 이러한 유심주의의 신학적 세계관에 대해서 유물주의 무신론적 세계관으로써 반박하고 있다고 하는 것이다. 유물주의 부류라고 하고 있듯이, 왕충의 유물주의는 그 이전의 유물주의적 사상의 계승·발전 위에 성립하고 있음을 지적하고 있다.[6]

이처럼 왕충의 사상을 유물주의로 이해하고 설명하고자 하고 있지만, 유물론적으로 완벽한 설명을 할 수 없음으로써 왕충의 유물주의를 소박유물주의(素朴唯物主義)라고 부르고 있다. 왕충의 세계관, 인식론, 성명론(性命論) 등의 연구를 통해서, 이전의 유물론보다는 진보되었지만 변증유물론에는 아직 미치지 못하고 있다, 혹은 구유물론(舊唯物論)적 결점이다 등으로 지적하면서, 이 소박유물주의에 대해서 인간의 능력이라든가 시대적인 한계로서 설명하고 있다.

---

4 侯外廬 등 『中国思想通史』第二巻, 248쪽.

5 馮友蘭 『中国哲学史新編』第三冊(1984년, 修訂本), 239쪽. (1964년판, 第二冊, 247쪽)

6 任継愈 主編 『中国哲学史』第二冊의 115 116쪽, 蔣祖怡 『王充巻』(中州書畫社, 1983)의 23쪽을 참고하면, 黄老·荀子·桓譚 등의 사상을 계승·발전시켜서 왕충의 세계관이 성립되고 있음을 이야기하고 있다.

유물주의라는 고정된 관점에서 보고 있지 않은 왕충사상 연구도 많이 있다. 이러한 연구의 경향은 대체로 왕충의 저작인『논형』과 시대적 배경, 이전의 사상과의 관계 등을 통해서 나타나는 왕충의 사상을 그려보고 있다.『논형』에는 많은 내용이 언급되고 있기 때문에『논형』자체에 대한 연구 주제도 그만큼 다양하다.『논형』자체에 대한 연구 주제를 하나하나 다 열거할 수는 없지만,『논형』의 다양한 내용을 다양한 방향에서 연구하면서 왕충과 왕충사상을 이해하고자 하고 있다. 처음부터 하나의 관점을 고집하지 않고 왕충의 관점을 이해하고자 한다면, 이전 사상과의 관계는 왕충의 관점이나 사상을 이해하는 데 반드시 필요한 연구라고 할 수 있다.『여씨춘추』나 양웅(揚雄)·환담(桓譚) 등과의 사상적 계승관계를 통해서 왕충사상을 이해하고자 하는 연구 등이 있다. 그리고 시대적 배경을 통해서 왕충사상을 밝히고자 하는 논문 또한 많이 있는데, 그중에서 오오쿠보타카오(大久保隆郎)의「王充伝私論」(ⅠⅦ)이라는 논문이 대표적이다. 오오쿠보타카오는 이 논문을 통해서 왕충의 전기를 재구성하고자 하고 있다. 생생한 왕충의 생애를 그리면서, 있는 그대로의 왕충의 모습을 통해서 그의 관점을 이해하고, 전체적으로 왕충의 정신생활의 근원을 이해하고자 하고 있다.

이상에서 연구의 관점을 중심으로 지금까지의 왕충사상 연구의 현황을 간단히 살펴봤다. 왕충의 관점이 유물론적 관점일까. 왕충의 관점이 어떻든 유물론의 입장에서 왕충의 사상을 이해해 보는 것은 그 자체로 의미 있는 연구라고 할 수 있다. 그렇지만 왕충의 사상에 유물론적 요소가 있다고 해서 당시의 시대적·공간적 환경을 완전히 무시하고 왕충의 관점은 유물론이라고 결정해버리는 것에는 많은 문제가 따를 수 있다. 가장 큰 문제는 당시의 중국 특징적 삶의 요소와 그에 따른 해석이 잘못 이해될 수 있다는 것이다. 이러한 문제점을 메꾸어줄 수 있는 연구가 유물론적 관점에 얽매이지 않고 왕충사상을 이해하고자 하는 연구가 될 것이다. 당시의 사회 속에서 그리고 사상의 흐름을 고려하면서, 왕충의 저작을 통해서 직접 왕충을 만나보고 왕충의 관점을 이해하고 그 사상을 이해하고자 하는 연구라고 할 수 있다. 그런데 이러한 유물론적 관점에 얽매이지 않은 왕충연구에도 문제점은 있다. 그 당시의 사회나 사상의 흐름 속에서 왕충의 관점을 이해하고자 할 때, 당시의 특수한 상황에 빠져 정확한 판단을 내리지 못할 가능성을 배제할 수가 없다. 예를 들면 중국고대의 경우는 학파의 성격이 강하게 나타나고 있고, 그래서 사상의 연구에서도 학파를 중심으로 그 계승관계를 논하는 경향이 강하게 나타나고 있음을 볼 수 있다. 이러한 학파라고 하는 특수한 상황에 집착하게 되면, 보편적인 인간의 삶의 입장에서 사상이나 그 흐름을 판단하기 힘들게 된다.

그래서 이 책에서는 지금까지의 어느 하나의 관점에 구애되지 않고, 또한 당시의 사회적 사상적 배경을 고려하면서도 보편적인 인간의 삶의 입장에서 사상의 흐름을 해석하고, 그러한 과정 속에서 왕충의 관점과 사상을 이해하면서, 왕충이 생각하고 있는 기(氣)의 세계를 입체적으로 그려보고자 한다. 여기서 보편적인 인간의 삶의 입장에 대해서 조금 더 구체적으로 설명하자면, 같은 시공간 속에 살고 있는 인간이라면, 삶의 입장에서 같은 생각을 공유하고 있으리라는 것이다. 특히 삶의 근거로 일찍부터 믿어온 천과 같은 존재에 대해서는 더더욱 그러할 것이라 생각한다. 중국고대에서 천의 존재는 인간의 근거이고, 사회의 근거이고, 질서의 근거이고, 문화의 근거였다. 그렇기 때문에 중국고대인에게 있어서, 천에 대한 해석은 달리할 수 있어도, 천과 인간의 관계라는 틀을 벗어나서 삶의 문제를 생각할 수는 없었다고 하겠다.

지금까지의 노자의 도에 대한 연구를 보면 여러 관점에서 도를 설명

왕충이 해석하는 기의 세계

하고 있지만 아직도 도의 개념에 대한 정설은 없다고 할 수 있다. 그 이유는 노자가 말하는 도의 설명에 많은 해석의 여지가 있기 때문이다. 그리고 또 한 가지 이유를 들자면, 노자를 당시에 살았던 중국인으로 생각은 하면서도, 보편적인 인간의 삶의 입장에서 생각하지 않았기 때문이지 않을까 한다. 말하자면 노자가 중국인이라고 한다면 천과의 관계에서 도를 설명해야만 하는데, 지금까지의 연구에서는 이러한 점을 분명하게 밝히지 않고, 노자가 말하는 도의 설명에 집착하여, 천과는 관계없는 특별한 관점을 부여하는 경향이 강했다고 할 수 있다. 노자에서 몇백 년이 지난 뒤 왕충의 사상 속에서 도의 내용으로 천을 해석하는 모습을 볼 수 있는데, 이러한 사실로부터 노자의 도에 대한 설명도 결코 천과 무관한 것이 아니었음을 짐작할 수 있다. 이 책에서는 먼저 천과 도의 관계를 밝히면서 중국고대에서의 보편적인 인간의 삶의 입장을 밝혀 왕충의 기(氣)의 세계를 그리는 출발점으로 삼고자 한다.

또 한 가지 중국고대 사상의 연구에서 빼놓을 수 없는 것이 기 개념의 등장과 수용에 관한 것이다. 이 기 개념의 등장은 단순히 기라든가 음양·오행의 개념을 당시의 새로운 지식으로서 가지게 되었다는 것만을 의미하는 것이 아니다. 기와 관련된 개념으로 당시의 세계관을 새로이 해석할 계기가 마련되었다는 것이 기 개념 등장의 더 큰 의미라고 할 수 있다. 좀 더 구체적으로 말하자면, 중국고대의 세계관은 천을 중심으로 하는 세계관이고, 따라서 기 개념의 등장으로 인해 이 천이 새로이 해석되었다는 것이 사실상 가장 큰 의미를 가지게 된다. 이러한 기 개념의 등장에 의한 천의 해석의 변화에 이미 왕충의 기의 세계가 잉태되어 있었다고 할 수 있다. 그래서 천과 도의 관계와 함께 이 기 개념에 의한 천 해석의 상황을 검토하여 왕충의 기의 세계의 근원을 밝히고자 한다.

이러한 왕충의 기의 세계의 연구방향은 지금까지의 연구에 또 하나의 새로운 관점을 추가한 것에 불과하고, 앞으로 또 다른 관점에 의한 연구가 나올 수도 있을 것이다. 그렇지만 이러한 연구방향에서의 연구는, 왕충까지의 중국고대 사상을 새로이 밝히는 것뿐만 아니라, 중국 사상 전체의 흐름을 파악하는 데도 도움을 줄 수 있다고도 생각한다. 말하자면 왕충의 기의 세계를 밝힘으로써 송대(宋代)의 이기론(理氣論)의 출발점을 이해할 수도 있는 것이다.

마지막으로 이 책에서 왕충의 기의 세계를 연구할 때의 중심과제에 대해서 언급하도록 하겠다. 지금까지의 왕충연구를 통해서 볼 경우, 전체적으로는 왕충 특유의 천론(天論)과 기론(氣論)을 중심으로 하여, 그 주변의 여러 사상들을 그 주제로 하여 논하고 있다고 할 수 있다. 조금 더 구체적으로 말하면, 왕충의 기론과 비판적 사상을 중심으로 하여, 그것과 모순되는 사상과의 관계, 또 모순되는 두 사상의 주변에 있는 여러 사상들이 그 주제라고 할 수 있다. 모순되는 두 사상이라는 것은, 왕충의 천론에 있어서 자연적 천과 의지적 천의 모습, 명정론(命定論)과 송한사상(頌漢思想 : 大漢思想), 본성의 불변(不變, 氣의 측면)과 가변(可變, 性의 측면) 등이 그것이다. 이 모순되는 두 사상들에 대해서는 여러 관점으로 해석하고 있다. 그러나 그 관점은 어쨌든 간에 그 해석방법은 왕충의 주된 기론으로부터 접근하고 있는 방법이라고 할 수 있다. 왕충의 기론에서 말하자면, 이 모순은 '기의 세계'와 '인간세계' 사이에서의 문제인데, 이 문제의 미해결과 함께 지금까지 왕충사상 연구에도 여러 가지 문제점을 남기고 있음을 볼 수 있다. 따라서 기론뿐만 아니라 인간세계 등을 통해 종합적으로 이 문제를 생각해야만 한다고 할 수 있다. 어쨌든 이 모순되는 사상의 양측에 왕충의 사상이 있고, 이 문제를 정확하게 해석하지 않으면 정확한 왕충의 사상도 알 수 없다고 할 수 있다. 따라서 이 책에서는 주로 이 모순되는 양 측면의 사상에 초점을 맞추어 왕충의 사상을 고찰해 보고자 한다. 그리고 이전의 사상에 대한 비판과 종합이라고 하는 측면에서 왕충의 사상을 밝혀가고자 한다.

2장

천 해석의 변화

들어가는 말

중국 춘추전국시대의 큰 철학적 문제의 하나로서 인성론(人性論)을 빼놓을 수는 없다. 당시의 인성론이라고 하면, 맹자의 성선설과 순자의 성악설이 그 대표적인 이론으로 되고 있고, 현재에 이르기까지 연구자들에 의해서 여러 각도로부터 연구가 행하여져 왔다. 그 연구에서 연구자들을 가장 고민하게 한 것은, 맹자와 순자 두 사람 다 '유가'인데, 왜 정반대로 보이는 인성론을 주장하게 되었는가라는 것이었다. 또한 인성론의 근거가 되는 천론(天論)에 대해서도 똑같은 것을 이야기할 수 있다. 즉 맹자가 생각하는 천과 순자가 생각하는 천에는 많은 차이가 있다. 그런데도 같은 유가 속에서 유가의 전통을 계승하고 있다고 인정되고 있는 것이다. 그러면서 그 이론의 차이를 사상의 흐름 속에서 명쾌하게 밝혀내지 못하고 있는 것이 현 실정이다.

춘추전국시대라고 하는 제한된 범위 안에서, 유가에서의 천론과 인성론을 본다면, 억지로라도 이해하고 넘어갈 수 있다. 그렇지만 시대의 범위를 조금 더 넓혀서 한대(漢代)도 그 고려 대상에 넣는다고 한다면, 도저히 눈을 감고 넘어갈 수 없는 부분이 있다.

왕충이 해석하는 기의 세계

한대에 천인상관사상과 거기에 대한 대항이라고 하는 사상적 대립이 있었다. 그 대표적인 것으로서, 『춘추번로』(春秋繁露)와 왕충의 사상을 들 수 있다. 『춘추번로』는 천인상관적 입장이고, 왕충의 사상은 그것을 부정하고 있다. 그러나 이러한 정반대의 천인관(天人觀)에도 불구하고, 양 사상의 인성론―『춘추번로』의 선(善)의 소질을 인정하고 있는 성설과 왕충의 성선악설(性善惡說)―에 이르러서는, 정반대라기보다는 오히려 같은 경향의 것이라고 말하지 않을 수가 없는 것이다. 이러한 점을 통해서 볼 때, 맹자와 순자의 천론과 인성론에 대한 명확한 해석이 반드시 필요하고, 적어도 이 한대의 사상적 상황까지도 납득할 수 있는 그러한 형태에 있어서, 춘추전국시대의 유가의 천론과 인성론을 설명하지 않으면 안 된다고 하는 새로운 과제가 생겨나게 되는 것이다. 그리고 이 새로운 과제의 초점은 천론에 맞춰진다. 인성론 등은 이 천론에 근거하여 주장되고 있기 때문이다.

그렇다면 춘추전국시대 이전에 가지고 있었던 천에 대한 일반적인 생각은 어떠한가. 『서경』(書經) 「홍범」(洪範)의 "천이 우에게 홍범구주를 내리다"(天乃錫禹洪範九疇)라는 말이나, 「강고」(康誥)의 "천이 문왕에게 크게 명하다"(天乃大命文王)라는 말을 통해서 볼 때, 정치적인 면에서의 천인관계이기는 하지만, 인간사회를 항상 감시하면서 지배하고 있는, 인간사회의 지배자로서의 천의 모습을 볼 수 있다. 이러한 천은 신(神)과 같은 존재이다. 말하자면 춘추전국시대 이전에는 천을 신과 같은 존재로 생각하고 있었다는 것이다. 이러한 천에 대한 관점에서 볼 때, 특히 순자나 왕충의 천론에 대해서는 충분한 설명이 필요함을 느낄 수 있다. 천인지분(天人之分)을 이야기하는 순자의 천론이나, 천은 형체를 가지고 있다고 하는 왕충의 천론이 어떻게 해서 나타나게 되었는가를 밝히는 것이, 중국고대 사상을 이해하는 데 무엇보다도 필요한 작업이라고 할 수 있다.

천에 대한 관점의 변화는 인간의 지식 정도에 따른 해석의 결과라고 하겠다. 말하자면 인간의 지식이 변화하면 천에 대한 이론에는 당연히 변화가 발생한다는 것이다. 그렇기 때문에 천론의 변화를 둘러싼 사상의 흐름을 명확하게 밝히지 못했을 뿐이지, 순자나 왕충의 천론이 등장한 것은 당연했다고도 할 수 있다. 이 장에서는 천 해석의 변화를 검토하여, 춘추전국시대나 한대 사상의 흐름을 근본에서부터 이해하고자 한다. 그러한 바탕 위에서라면 왕충이 생각하는 기(氣)의 세계를 좀 더 정확하게 그려낼 수 있지 않을까 한다. 천 해석의 변화에 대한 검토는, '도가적 해석'과 '기(氣)에 의한 해석'의 두 가지 해석을 통하여 살펴보고자 한다.

왕충이 해석하는 기의 세계

1절 중국고대 천관(天觀)에서 본 도가의 사상

1. 머리말

중국고대[7] 사상을 논함에 있어서, 각 학파의 이론을 단순히 열거하고 비교 설명하는 것이, 지금까지의 일반적이고 당연시되어 온 방식이다. 도가사상 연구 또한 이러한 범주를 벗어나지 못하고 있다. 물론 이러한 방식도 사상사 연구의 하나의 방법이라고 할 수 있다. 그렇지만 이러한 학파 중심의 사상사 연구는, 유가 도가 등의 사상을 입체적, 즉 시대와 공간의 전체적 입장에서 보지 못하고, 평면적으로밖에 볼 수 없는 점이 있다. 말하자면, 학파 중심의 사상사 연구는 시대의 공통된 사고방식을 간과함으로 인해, 그 시대에 따른 관점이나 지식이 소홀히 될 수 있는 점이 있다는 것이다. 예를 들어 상제(上帝)가 존재한다고 믿던 시대를 가정한다면, 가령 그 학파가 다르고 사회를 해석하는 방법이 다르다고 하더라도, 그 천에 관한 관점이나 천인관계에 관한 지식은 공통의 관점과 지식을 가지고 있었음에 틀림없다. 따라서 그 학파의 이론을 연구함에 있어서도, 그 공통의 천에 관한 관점이나 천인관계에 관한 지식을 기초로 하여 연구하지 않으면 안 되는 것이다.

이러한 의미에서 본 절에서의 도가사상 고찰은, 도가라는 학파 안에 갇혀진 연구가 아니라, 중국고대의 천관으로부터 조명해 보고자 한다. 도가사상 중에서도 『노자』와 『장자』의 도와 천을 중심으로, 중국고대의 전체적 천관 속에서 그 의미와 관점 등을 살펴보고자 한다. 이러한 연

---

7   여기서는 漢代까지를 중국고대로 취급한다.

구를 소홀히 할 경우, 도는 노자를 떠난 독립된 도로서 존재할 가능성도 가지게 된다. 말하자면, 『노자』나 『장자』 안에 있는 그 시대의 산물로서의 도의 모습이 아니라, 새로운 도의 모습을 만들어 독립된 존재로 설정할 가능성도 있다는 것이다.

본 절의 구체적인 검토내용은, 먼저 『노자』와 『장자』의 도와 천을 검토하여 그 의미와 관계 등을 밝히고, 다음으로 『노자』와 『장자』가 성립되던 당시의 천관과 그 이후의 천관을 밝히고, 마지막으로 『노자』와 『장자』의 도와 천을 그 당시의 천관과 그 이후의 천관과의 관계 속에서 밝혀나가는 것이다. 그리고 자료로서는 『장자』의 자료를 어떻게 취급할 것인가라는 문제가 있는데, 여기서는 원래의 장자 사상에 가깝다고 이야기되고 있는 「내편」(內篇)을 중심으로 장자의 사상을 검토하고자 한다.

2. 노자의 도와 천

노자의 도에 대한 생각은 현행본 『노자』 1장에 잘 나타나 있다.

도라고 말할 수 있는 도(可道)는 영원불변한 도(常道)가 아니고, 이름으로 부를 수 있는 이름(可名)은 영원불변한 이름(常名)이 아니다. 이름이 없음(無名)은 천지의 시작이고, 이름이 있음(有名)은 만물의 어머니이다.[8]

노자는 도를 '가도'(可道)와 '상도'(常道)로 구분하고 있다. 그리고 이

---

8 『노자』 1장 : 道可道, 非常道. 名可名, 非常名. 無名天地之始, 有名萬物之母.

'가도'와 '상도'를 '가명'(可名)과 '상명'(常名)에 연관지어, '가도'는 '가명'의 부류로, '상도'는 '상명'의 부류로 분류하고 있다. '가도'와 '가명'은 인간이 어떤 대상을 그 어떤 것으로 규정할 수 있는 부류의 내용이 된다. 말하자면 인간의 인식의 대상이 된다. 인간의 인식의 대상은 인간의 지적 능력의 한계에 제한될 수밖에 없다. 그래서 이 '가도'와 '가명'은 '상도'나 '상명'이 될 수 없음을 이야기하고 있다. 따라서 여기서의 '상도'나 '상명'은 인간 인식의 한계를 벗어난 도(道)나 명(名)으로 설정되고 있다. 이러한 인식의 측면에서, '상도'와 '상명'을 '무명'(無名)으로, '가도'와 '가명'은 '유명'(有名)으로 칭하고 있다. 이 '무명'과 '유명'에 대해서 왕필(王弼)은 "무릇 유(有)는 다 무(無)에서 시작한다"(凡有皆始於無)라고 주를 달고 있다. 왕필은 유와 무를 존재론적으로 해석하고 있는 것 같다. 그런데 이 1장에서는 '상도'와 '상명'에 대한 구체적인 설명이 없다. 단지 '가도'와 '가명'의 한계를 벗어난 상태로서 '상도'와 '상명'이 설정되고 있을 뿐이다. 따라서 여기서의 '상도'와 '상명'은 '가도'와 '가명'의 비판을 위한 설정이고, '가도'와 '가명'을 중심으로 본다면 '상도'와 '상명'도 인식론적인 측면에서 접근하고 있지 않나 생각된다. '가도'를 '가명'으로 보충 설명하고, 또한 '가도'와 '가명', '상도'와 '상명'을 '유명'과 '무명'으로 전체적으로 묶어 칭하고 있는 점으로부터 볼 때, 이 이름(名)이나 이름 짓는 인간의 지적능력에 처음부터 관심이 있었다고 생각된다. 이렇게 본다면, '유명'(有名)과 '무명'(無名)의 유(有)와 무(無)는 존재론적인 의미라기보다는 인식론적인 의미로 보는 것이 여기서는 더 타당하지 않나 생각된다. 말하자면 여기서의 '유명'(有名)의 '유'는 인간의 지적 능력으로 '이름 붙일 수 있음'이고, '무명'(無名)의 '무'는 '이름 붙일 수 없음'이 된다. 왕필의 해석을 도외시하고 『노자』 1장의 문장만을 본다면, 아직은 이렇게 해석할 수밖에 없다. 또한 도의 의미에 대해서도

'인간 인식의 한계를 벗어난 도'라는 정도로 언급해 둘 수밖에 없다.

그럼 여기서 『노자』는 당시의 천에 대해서는 어떻게 생각하고, 또한 도와의 관계에 대해서는 어떻게 설명하고 있는가에 대해서 살펴보고자 한다. 먼저 73장의 천에 대한 언급을 보도록 하자.

천(天)의 도(道)는 다투지 않고 잘 이기고, 말하지 않고 잘 응답을 하고, 부르지 않고도 저절로 오게 하고, 느긋하게 있으면서도 잘 계획을 세운다. 천의 법망은 매우 광대하고, 그물눈은 성기지만 놓치는 것이 없다.[9]

여기서 말하고 있는 '천의 도'(天之道)는 그 내용으로 볼 때, 도와 다름이 없다. 그렇다면 왜 그냥 도라고 하지 않고 '천의 도'라는 표현을 썼을까. 『노자』 25장의 "어떠한 것이 섞여서 하나로 이루어진 것이 있어 천(天)과 지(地)보다 먼저 생겨나 있다. … 나는 그 이름을 알 수 없어서, 별명으로서의 이름을 붙여 도(道)라 한다. … 사람은 지(地)를 본받고, 지(地)는 천을 본받고, 천은 도를 본받고, 도는 자연을 본받고 있다."[10]라는 내용을 참고로 한다면, 이 73장의 '천의 도'라는 표현은 많은 설명을 필요로 하게 된다.

25장의 내용을 통해서 일반적으로 '도는 천보다 앞선 존재'라고 설명하고 있고, 사실 그렇게 설명할 수밖에 없어 보인다. 그렇다면 먼저 '천의 도'에서의 도를 어떻게 이해해야 되느냐의 문제가 생긴다. 그 내용으로 볼 때, 이 '천의 도'를 유가의 도로는 볼 수가 없다. 말하자면

---

9 『노자』 73장 : 天之道, 不爭而善勝, 不言而善應, 不召而自來, 繟然而善謀. 天網恢恢, 疎而不失.

10 『노자』 25장 : 有物混成, 先天地生. … 吾不知其名, 字之曰道. … 人法地, 地法天, 天法道, 道法自然.

왕충이 해석하는 기의 세계

'천의 도'의 도를 노자가 주장하는 도와 같은 것으로 간주할 수밖에 없다고 하는 것인데, 그렇다면 굳이 '천의 도'라는 개념을 사용하고 있는 이유는 무엇일까.[11] 이 '천의 도'라는 개념을 사용하고 있는 곳은 73장뿐만 아니라 9장, 77장, 79장, 81장에도 보이고 있다.[12] '천의 도'라는 개념이 이렇게 여러 곳에 보인다는 것은, 『노자』를 일관성 있는 작품으로 볼 때, 충분한 의도성을 가지고 사용하고 있음을 의미하는 것이 된다. 따라서 여기서 바로 그 이유를 밝힐 수는 없지만, 도와 동일한 개념으로 '천의 도'라는 개념을 사용하고 있는 것이 되고, 그렇다고 한다면 거꾸로 25장의 말을 어떻게 설명해야 하는가의 문제가 제기된다. 말하자면 '천의 도'를 기준으로 한다면, 천의 내용이 도가 되기 때문에, '도는 천보다 앞선 존재'라고 하는 설명이 불가능하게 된다.

이렇듯 『노자』의 문장을 통해 볼 경우, 도라고 하는 것은 이러한 것이다. 또한 도와 천의 관계는 이러하다라고 도의 개념을 명확하게 파악하는 것은 어렵다. 그래서 도의 설명에 많은 다른 주장이 있다고 생각한다. 여기서는 일단 도와 천에 대한 이러한 정도의 문제 제기만 하고, 이러한 문제에 대한 구체적 언급은, 『장자』 내편의 도와 천에 대한 입장을 살펴본 다음에 하도록 하겠다.

---

11 정달현의 「노자의 존재 이해」(『哲學硏究』 제138집, 대한철학회, 2016) 296쪽에서는, '천의 도'라는 표현은 '천'을 도의 원인으로 나타내는 것이라고 해석하고 있다. 그런데 이러한 '천의 도'에 대한 해석도, 『노자』 이전의 천관으로부터의 해석이 아니라 『노자』 안에서만 해석하고 있다.

12 『노자』 9장 : 持而盈之, 不如其已. 揣而銳之, 不可長保. 金玉滿堂, 莫之能守. 富貴而驕, 自遺其咎. 功遂身退天之道.
　　『노자』 77장 : 天之道, 其猶張弓與. 高者抑之, 下者舉之. 有餘者損之, 不足者補之. 天之道, 損有餘 而補不足. 人之道, 則不然, 損不足以奉有餘. 孰能有餘以奉天下, 唯有道者. 是以聖人爲而不恃, 功成而不處, 其不欲見賢.
　　『노자』 79장 : 和大怨, 必有餘怨, 安可以爲善. 是以聖人執左契, 而不責於人. 有德司契, 無德司徹. 天道無親, 常與善人.
　　『노자』 81장 : 信言不美, 美言不信. 善者不辯, 辯者不善. 知者不博, 博者不知. 聖人不積, 旣以爲人己愈有, 旣以與人己愈多. 天之道, 利而不害, 聖人之道, 爲而不爭.

3. 장자의 도와 천

『장자』「제물론」(齊物論)에 다음과 같은 문장이 있고, 장자의 도와 천에 대한 입장의 한 단면을 볼 수 있게 한다.

사물은 저것이 아닌 것이 없고 사물은 이것이 아닌 것이 없다. 스스로를 저것으로 하는 것은 모르겠지만, 스스로를 (이것으로) 이해하는 것은 아는 것이다. 그러므로 저것은 이것에서 나오고 이것도 또한 저것에 근거한다고 말한다. 저것과 이것이 바로 동시에 생한다는 이론이다. 비록 그렇다고 해도, 바로 생(生)한다고 하는 것은 바로 사(死)하는 것이고, 바로 사(死)한다고 하는 것은 바로 생(生)하는 것이다. 바로 가(可)라고 하는 것은 바로 불가(不可)라고 하는 것이고, 바로 불가(不可)라고 하는 것은 바로 가(可)라고 하는 것이다. 옳음(是)에 근거하는 것은 그름(非)에 근거하는 것이고, 그름(非)에 근거하는 것은 옳음(是)에 근거하는 것이다. 그래서 성인(聖人)은 (이러한 상대적인 방법에) 따르지 않고, 그것을 천(天)에 비추어 본다. 다만 여기에 따를 뿐이다. (여기에서는) 이것도 또한 저것이고 저것도 또한 이것이다. 저것에도 하나의 옳고 그름이 있고, 이것에도 하나의 옳고 그름이 있다. 과연 저것과 이것이 있는 것이 되는가. 과연 저것과 이것이 없는 것이 되는가. 저것과 이것이 그 대립을 없애버린 경지 그것을 도추(道樞)라고 한다.[13]

---

13 『장자』「제물론」: 物無非彼, 物無非是. 自彼則不見, 自知則知之. 故曰, 彼出於是, 是亦因彼. 彼是方生之說也. 雖然方生方死, 方死方生. 方可方不可, 方不可方可. 因是因非, 因非因是. 是以聖人不由, 而照之于天, 亦因是也. 是亦彼也, 彼亦是也. 彼亦一是非, 此亦一是非. 果且有彼是乎哉, 果且無彼是乎哉. 彼是莫得其偶, 謂之道樞.

왕충이 해석하는 기의 세계

『노자』에서 언급되고 있는 것처럼, 인간의 지적 능력에 기인하는 상대성을 지적하면서, 그 상대성의 한계를 넘어선 경지에 대해서 설명하고 있다. 문장 중의 '성인은 (이러한 상대적인 방법에) 따르지 않고, 그것을 천에 비추어 본다'는 말을 통해 볼 때, 성인이라면 이러한 상대성을 초월할 수 있고, 또한 그 기준으로서는 천을 제시하고 있음을 알 수 있다. 그런데 문장 마지막에 '저것과 이것이 그 대립을 없애버린 경지 그것을 도추(道樞)라고 한다'는 말을 본다면, 기준으로서의 천 대신에 도를 언급하고 있다. 그 내용으로 본다면 여기서의 천과 도는 같은 내용으로서, 상대적인 대립을 초월하는 기준이 된다. 이 인용문 외에도 장자는 '천부'(天府)라는 개념을 도와 같은 차원에서 쓰기도 하고,[14] 또한 상대성을 넘어서는 개념으로서 '천균'(天鈞)이라는 개념을 사용하기도 하고,[15] 이외에도 「내편」의 여러 곳에서 천을 그러한 의미로 사용하고 있다.

이상에서 『장자』에서는 도와 천을 동일한 의미로 사용하고, 상대성을 넘어서는 개념으로서 천을 사용하고 있음을 볼 수 있다. 그런데 「대종사」(大宗師)편을 보면, 『노자』에서 지적되고 있는 '도는 천보다 앞선 존재'라는 내용도 보이고 있다.

대저 도라는 것은 … 스스로 (모든 존재의) 본원이 되고 근거가 되며, 아직 천지가 존재하지 않는 예부터 본래 존재한다. 귀신을 신령하게 하고 상제를 신령하게 하며, 천(天)과 지(地)를 낳는다. 태극(太極)

---

14 『장자』「제물론」: 夫大道不稱, 大辯不言, 大仁不仁, 大廉不嗛, 大勇不忮. 道昭而不道, 言辯而不及, 仁常而不成, 廉淸而不信, 勇忮而不成. 五者園而幾向方矣. 故知止其所不知, 至矣. 孰知不言之辯, 不道之道. 若有能知, 此之謂天府.

15 『장자』「제물론」: 是以聖人和之以是非, 而休乎天鈞, 是之謂兩行.

의 위에 있어도 높다고 하지 않고, 육극(六極)의 아래에 있어도 깊다고 하지 않고, 천지보다 먼저 생겨나 있어도 오래되었다고 하지 않고, 상고(上古)로부터 존재하고 있어도 늙었다고 하지 않는다.[16]

『노자』 25장의 '어떠한 것이 섞여서 하나로 이루어진 것이 있어 천(天)과 지(地)보다 먼저 생겨나 있다'는 내용과 흡사한 내용이 보이고 있고, 『장자』에도, 도와 천을 동일한 의미로 사용하고 있는 내용과는 부합하지 않는, '도는 천보다 앞선 존재'라는 내용이 있음을 확인할 수 있다. 또한 이 인용문에서는 '도가 천지를 낳는다'는 내용도 보이고 있다.

이상에서 볼 때, 『노자』에서 문제점으로 대두되었던 부분이 『장자』에서도 그대로 나타나고 있음을 볼 수가 있다. 도와 천의 관계에서의 두 가지 서로 다른 내용은, 도와 천의 관계를 밝히는 데 방해가 될 뿐만 아니라, 도라는 개념을 어떻게 설명해야 하는가에 대해서도 명확한 답을 내리지 못하게 하고 있다. 지금까지 많은 학자들이, 이 도와 천의 관계로부터가 아닌, 도 그 자체에 초점을 맞추어서 『노자』와 『장자』의 사상을 언급해 온 것은 두말할 필요 없는 사실이다. 그러나 도와 천의 관계에서 보이고 있는 두 가지 서로 다른 내용은, 『노자』와 『장자』의 도를 천과의 관계에서, 좀 더 구체적으로 말하자면, 그 당시의 천과의 관계에서 밝혀야 할 필요성을 시사하고 있다고 말할 수밖에 없다. 따라서 당시 중국인이 가지고 있었던 천에 대한 관점과 그 천에 대한 관점의 전개를 밝힘으로 인해서, 『노자』와 『장자』에서 이야기되고 있는 도의 본래 모습이 나타날 수 있다고 생각한다. 이하에서 이러한 점에 대해 살펴보도록 하겠다.

---

16 『장자』「대종사」: 夫道, … 自本自根, 未有天地, 自古以固存. 神鬼神帝, 生天生地. 在太極之先而不爲高, 在六極之下而不爲深, 先天地生而不爲久, 長於上古而不爲老.

왕충이 해석하는 기의 세계

4. 『노자』와 『장자』 당시의 천관과 그 전개

여기서는 『노자』와 『장자』의 도와 천을 이해하기 위해서, 먼저 『노자』와 『장자』가 성립된 당시의 천관을 중심으로 살펴가고자 한다. 인간 지식의 축적과 전개라는 측면에서 볼 때, 또한 인간의 삶을 위한 '삶의 방법에 대한 해석'이라는 측면에서 볼 때, 어떠한 사상 속에서 언급되는 개념이란 그 당시의 사상적 분위기의 영향을 받는 것이 일반적이라고 생각하기 때문이다. 그런데 『노자』와 『장자』가 성립된 당시의 천관을 거론하고자 할 때 먼저 해결해야 할 문제가 있는데, 바로 『노자』와 『장자』의 구체적인 성립시기이다. 『노자』와 『장자』의 성립시기를 명확하게 규정하기가 쉽지 않다는 것은 주지의 사실이고, 그렇지만 여기에서는 이 문제에 대해서는 천착하지 않겠다. 여기서는 단지 맹자와 비슷하거나 조금 늦은 시기의 저작이라는 연구결과에 의거하여,[17] 당시의 천관을 살펴가고자 한다. 또한 이 연구결과에 의거하고자 한 이유로는, 『맹자』에는 노자나 장자의 이야기가 나오지 않고, 『순자』에는 노자와 장자에 대한 언급이 있기 때문이다.[18] 말하자면, 맹자와 노자·장자의 실제 관계에 대해서는 알 수 없는 것이고, 단지 저작만을 통해서 볼 때, 시기적으로 맹자와 비슷하거나 조금 늦은 시기로 보는 것이 가장 타당할 것이라고 생각했기 때문이다.

이상에서 언급한 『노자』와 『장자』의 성립시기로부터 볼 때, 『노자』와 『장자』 당시의 천관을 이해하는 데는, 『맹자』에 나타나는 천관이 그 기

---

17 『노자』의 성립시기에 대해서는 金谷治의 『老子』(講談社, 1997)의 「解說」(262쪽)을 참조하였고, 『장자』의 성립시기에 대해서는 福永光司의 『莊子』(朝日新聞社, 1966)의 「解說」(6쪽)을 참조하였다.

18 『순자』의 「天論」에 "老子有見於詘, 無見於信."이라는 노자에 대한 언급이 있고, 「解蔽」에 "莊子蔽於天而不知人"이라는 장자에 대한 언급이 있다.

준으로서 가장 적합하다고 할 수 있겠다. 그럼 다음에『맹자』에 나타나는 천을 구체적으로 살펴,『노자』와『장자』에서 말하는 도의 모습과 도와 천의 관계를 밝히기 위한 근거로 삼고자 한다.

『맹자』에 나타나는 천에는 두 가지 모습의 천이 있다. 첫째는 만물생성으로서의 모습과 이 만물생성을 위한 공간 형성에 관련된 모습이다. 먼저「양혜왕상」(梁惠王上)의 "천이 뭉게뭉게 구름을 일으켜, 좌악 비를 내리면, 싹이 힘차게 일어난다."[19]라는 말과「고자상」(告子上)에서『시경』의 "천이 많은 백성을 낳는데, 사물이 있으면 법칙이 있(게 했)다. 백성은 떳떳한 본성을 지녀서 이 아름다운 덕을 좋아한다."[20]라는 말을 인용하고 있는 것에 의한다면, 천의 모습으로서 '구름을 일으키고', '비를 내리고', '백성을 낳는다'는 내용을 인정하고 있었음을 볼 수 있다. 다음은「공손추상」(公孫丑上)의 "그 기(氣)됨이 지극히 크고 지극히 강하고 곧으며, 길러서 방해하는 것이 없으면, 천지 사이에 가득 차게 된다."[21]라는 문장으로부터 '천지 사이'라는 말을 볼 수 있는데, 여기서의 천은 공간을 형성하는 의미로 사용되고 있음을 알 수 있다.

『맹자』에 나타나는 천의 모습으로서 두 번째는 천의 내면에 관련되는 모습이다.「만장상」(萬章上)을 보면, 만장(萬章)이 맹자에게 '요(堯)가 천하를 순(舜)에게 준 것이 사실이냐'고 묻고, 맹자가 이 질문에 대해서 '천자는 천하를 남에게 주지 못한다'고 하면서 그것은 '천이 준 것이다'고 대답하고 있다.[22] 여기서의 천은 '의지'라는 모습을 가진 천이 된다. 또「이루상」(離婁上)에서는 "성(誠)은 천의 도이다"(誠者, 天之道也.)라고 하

---

19 『맹자』「梁惠王上」: 天油然作雲, 沛然下雨, 則苗浡然興之矣.

20 『맹자』「告子上」: 詩曰, 天生蒸民, 有物有則. 民之秉夷, 好是懿德.

21 『맹자』「公孫丑上」: 其爲氣也, 至大至剛以直, 養而無害, 則塞于天地之間.

22 『맹자』「萬章上」: 萬章曰, 堯以天下與舜, 有諸. 孟子曰, 否. 天子不能以天下與人. 然則舜有天下也, 孰與之. 曰, 天與之.

왕충이 해석하는 기의 세계

여, '성'(誠)을 천의 모습으로 이야기하고 있다. 이러한 '의지'라든가 '성'이라고 하는 천의 모습은 천의 내면적 속성이라고 할 수 있다.

이상에서『맹자』에 나타나는 천의 두 가지 모습을 살펴보았는데, 이 두 가지 모습을 하나로 묶어서 보는 것도 충분히 가능하다. 말하자면 천의 작용과 내면적 속성으로 볼 수도 있는 것이다. 그렇지만 천의 모습을 이렇게 묶어서 설명하는 것은,『맹자』의 경우에는 적합하지 않은 것 같다. 앞의「만장상」에서 언급하고 있는 '의지적 천'은, 예를 들면『서경』의 '상제'(上帝)의 개념과 같은 것으로 볼 수 있고,[23] 따라서 인간사회의 지배자로서의 천의 모습이고, 신(神)과 같은 존재이다. 이러한 천을, 공간을 형성하는 천의 속성으로 본다는 것은 무리가 있는 것 같다. 또한『맹자』에는 이 두 가지 모습의 천의 관계에 대해서 어떠한 언급도 없다.[24] 그리고 여기서의 천의 내면에 관련되는 모습을 앞으로는 인간사회의 지배자로서의 천의 모습과 그 속성으로 언급하도록 하겠다.

『맹자』에 나타나고 있는 이상과 같은 두 가지 모습의 천이,『노자』와『장자』가 성립되던 시기의 사상적 분위기로서 있었고, 따라서『노자』와『장자』의 사상은 당연히 이러한 당시의 사상적 분위기로서의 천을 근거로 하여 성립되었을 것이다. 그렇다면 이러한 사상적 분위기로서의 천의 모습이,『노자』와『장자』이후에는 어떻게 전개되었을까. 그 전개된 천의 모습을『순자』에서부터 다 살펴보는 것은 여건상 무리가 있다. 여기서는『노자』와『장자』의 도와 천을 살펴보는 것이 목적이기 때문에, '무위자연' 사상을 비판적으로 받아들여 자신의 천론을 완성시키고

---

23 예로서는,『書經』「康誥」의 "王若曰, … 惟乃丕顯考文王, 克明德愼罰, 不敢侮鰥寡, … 惟時怙冒聞于上帝, 帝休. 天乃大命文王, 殪戎殷, 誕受厥命."이라는 문장을 들 수 있다.

24 여기에 대해서 본인은, 맹자는 아직 그 이전의 종교적 천관에 머물러 있었기 때문이라고 생각하고 있다. 맹자의 종교적 천관에 대해서는 본인의「중국고대사상에 있어서의 천관과 인성관」(『哲学論叢』72집, 새한철학회, 2013.)을 참조 바람.

있는 왕충을 중심으로, 그 전개된 천의 모습을 살펴보고자 한다.

왕충은 "천이 체(體)인 것은 지(地)와 다름이 없다"(夫天體也, 與地無異. 『논형』「變虛」)라고 하여, 형체가 있는 천을 주장하고 있다. 그런데 형체로서의 천을 주장하게 된 근거는 유가에 있지만,[25] 형체로서의 천의 작용은 도가에 근거하여 설명하고 있다. 『논형』「견고」(譴告)의 "천도는 저절로 그러하고(자연) 의식적으로 함이 없다(무위)"(夫天道, 自然也, 無爲.)라는 말이, 천의 설명에 있어서의 도가의 영향을 명확하게 보여주고 있다.

도가의 '자연'과 '무위'로 설명하고 있는 왕충에 있어서의 천은, 『맹자』에 나타나고 있는 두 가지 모습의 천과는 달리, 두 가지 모습의 천이 하나로 합쳐진 모습으로 설명되고 있다. 그럼 다음에 『논형』에 나오는 이와 관련된 자료들을 정리하여, 왕충이 생각하는 천의 모습을 밝혀보고자 한다.

① 천이 평평한 것은 지(地)와 다름이 없다. (天平正, 與地無異.「說日」)

② 지(地)가 그 아래가 없으므로 천은 그 위가 없다. (地無下, 則天無上矣.「道虛」)

③ 천지는 기를 품고 있는 자연한 존재이다. (天地, 含氣之自然也.「談天」)

④ 天의 운행은 기를 베푸는 것이다. 천체가 움직이면 기가 방출되고, 만물이 곧 생겨난다. (天之動行也, 施氣也. 體動氣乃出, 物乃生矣.「自然」)

⑤ 천지는 태어나지 않기 때문에 죽지 않는다. 음양은 태어나지 않기 때문에 죽지 않는다. (天地不生, 故不死. 陰陽不生, 故不死.「道虛」)

---

25 『논형』「自然」의 "儒家說夫婦之道, 取法於天地. 知夫婦法天地, 不知推夫婦之道, 以論天地之性, 可謂惑矣."라는 말에서 보면, 유가의 '부부는 천지를 기준으로 한다'는 말로부터, 天地도 부부이고, 따라서 天은 地와 같이 형체를 가진 존재라는 것을 말하고자 하고 있음을 알 수 있다.

①과 ②로부터는, 형체를 가진 천의 모습이 평평하고, 우주공간의 가장 위에 있으면서 지(地)와 함께 공간을 만드는 존재라는 것을 알 수 있다. ③과 ④에서는, 천의 내부에는 기를 가지고 있고, 그 기가 천의 운행에 의해 방출되면 만물이 생겨나게 됨을 이야기하고 있다. 이러한 설명을 통해서 볼 때, 왕충이 주장하고 있는 천은, 형체를 가지고 공간을 형성하는 존재로서, 그 내부에 기를 가지고 있고, 자연·무위의 작용을 하는 존재라는 것이 된다. 천도를 자연·무위로 설명함으로 인해, 왕충의 천에서는 『맹자』에 보이는 의지적 천의 모습이 부정되고 있다. 따라서 왕충에 있어서의 천은, 하나의 천 속에서의 설명이 가능하게 되고, 왕충은 그것을 '기를 품은 천'으로 설명하게 되었다고 할 수 있다. 이렇게 해서 비록 형체를 가지고 있고 공간을 형성하는 천이기는 하지만, ⑤에서 보듯이 천은 그 무언가에 의해서 생겨나거나 죽거나 하는 존재가 아님을 이야기하고 있다. 또한 음양 즉 기(氣)도 천과 함께 있는 것이기 때문에 생겨나지도 죽지도 않는 존재임을 이야기하고 있다.

그런데 여기서 한 가지 언급해 두고 싶은 것은, 왕충이 도가의 자연·무위를 받아들여 천을 설명하고는 있지만, 당시에 이야기되고 있던 도가의 도까지도 인정하고 있었던 것은 아니라는 것이다. 여기에 대해서는 『논형』 「도허」(道虛)에서 자세하게 밝히고 있는데, 예를 들면, 『회남자』(淮南子) 집필을 주도한 회남왕(淮南王) 유안(劉安)이 도를 배워서 천에 올라갔다는 이야기 등을 언급하면서 그것은 사실이 아니라고 하여[26], 당시에 일반적으로 가지고 있었던 도에 대한 이해를 비판하고 있

---

26 『논형』 「道虛」: 儒書言, 淮南王學道, 招會天下有道之人. 傾一國之尊, 下道術之士, 是以道術之士, 並會淮南, 奇方異術, 莫不爭出. 王遂得道, 舉家升天. 畜產皆仙, 犬吠於天上, 雞鳴於雲中. 此言仙藥有餘, 犬雞食之, 并隨王而升天也. 好道學仙之人, 皆謂之然. 此虛言也.

다. 그런데 사실『회남자』에도 도를 가지고 있으면 천문(天門)에 들어간 다는 이야기가 있다.[27] 이렇게 볼 때, 왕충 당시에 가지고 있었던 도에 대한 일반적인 생각은, 도를 배움으로써 하늘에 올라갈 수 있고 신선 도 될 수 있는, 그러한 신비적이고 초능력적인 의미에서의 도라고 하 는 것을 짐작할 수 있다.

이상에서『노자』와『장자』성립 당시 천관의 분위기로서『맹자』의 천 관을 검토하고, 그 천관의 전개로서 왕충의『논형』에 나타나는 천관을 검토했다. 이러한 검토를 근거로 하여, 다음에『노자』와『장자』의 도와 천을 조명해 보도록 하겠다.

5. 중국고대 천관을 통해서 본 노자와 장자의 도와 천

앞에서『노자』와『장자』의 도와 천을 검토하면서, 도와 천을 같은 의 미로 사용하면서도, '도는 천보다 앞선 존재'라는, 혹은 '도가 천지를 낳는다'고 하는 서로 모순되는 내용이 있음을 지적해 두었다. 그렇다면 『노자』와『장자』가 성립되던 당시의 천관에서 본다면, 『노자』와『장자』 에서 모순되는 천의 모습은 어떻게 설명될 수 있을까.

이 문제는, '도는 천보다 앞선 존재' 혹은 '도가 천지를 낳는다'는 의 미에서의 천은, 당시의 천관에서 볼 때 어떠한 천으로 해석할 수 있을 까, 또 도와 천을 같은 의미로 사용할 때의 천은, 당시의 천관에서 볼 때 어떠한 천으로 해석할 수 있을까를 밝힘으로써 해결될 수 있는 것

---

27 『회남자』「原道訓」: 昔者馮夷, 大丙之御也, 乘雲車, 入雲霓, 遊微霧, 鶩忽怳, 歷遠彌高 以極往. 經霜雪而無迹, 照日光而無景. 扶搖抮抱羊角而上, 經紀山川, 蹈騰崑崙, 排閶 闔, 淪天門. 末世之御, 雖有輕車良馬, 勁策利鍛, 不能與之爭先. 是故大丈夫, 恬然無 思, 澹然無慮, 以天爲蓋, 以地爲輿, 四時爲馬, 陰陽爲御, 乘雲陵霄, 與造化者俱.

왕충이 해석하는 기의 세계

이라고 생각한다.

당시 천에 대해서 가지고 있었던 생각은, 공간을 형성하고 만물을 생성하는 천과 인간사회의 지배자로서의 천이라고 하는 것이었다. 여기서 인간사회의 지배자로서의 천의 모습은, 앞의 「만장상」의 '요(堯)가 천하를 순(舜)에게 준 것은 천이 준 것이다'라는 예에서 볼 수 있었다. 그런데 '천이 준 것이다'라는 맹자의 말에 대해서, 만장(萬章)이 맹자에게 '천이 주었다고 하는 것은, 친절하게 명령하는 것입니까'라고 물으니, 맹자는 '아니다, 천은 말하지 않는다. 행위와 일로써 보여줄 뿐이다.'라고 대답하고 있다.[28] 이 맹자의 대답 중에서 '천은 말하지 않는다'는 말에 주목해서 보면, '말할 수 없다'는 천의 속성과 인간의 인식능력으로 직접 천을 알 수 없다는 사실 등을 지적할 수 있다.

이상의 당시의 천관으로부터 볼 때, '도는 천보다 앞선 존재' 혹은 '도가 천지를 낳는다'는 말에서의 '천'에는, 어떠한 천이 들어갈 수 있을까. 『맹자』에 나타나고 있는 두 가지 모습의 천 모두를 넣는 것은 조금 무리가 있는 것 같다. 공간을 형성하고 만물을 생성하는 천과 같은 경우는 그 '천'에 넣어서는 안 될 이유를 찾을 수가 없지만, 인간사회의 지배자로서의 천의 경우는 그렇지가 않다. 앞서 인간사회의 지배자로서의 천은 인간의 인식능력이 통하지 않는 존재임을 확인했다. 말하자면 도와의 관련을 구체적으로 살펴보지 않더라도, '인간 인식의 한계를 벗어난 도'와 일맥상통하는 면이 있다는 것이 된다. 따라서 『맹자』의 인간사회의 지배자로서의 천은, 도와 천을 같은 의미로 사용할 때의 천에 해당하는 것으로 보는 것이 타당할 것이다.

여기서 『노자』와 『장자』가 성립될 당시의 두 가지 천의 모습과 『노자』

---

28 『맹자』「萬章上」: 天與之者, 諄諄然命之乎. 曰, 否, 天不言. 以行與事示之而已矣.

와『장자』에 있어서의 서로 모순되는 천을, 각각 일치시켜 볼 수 있음이 확인되었다. 그렇다면 각각의 천의 관계를 좀 더 구체적으로 밝혀,『노자』와『장자』에서의 모순되는 천의 모습이 어떻게 해서 생기게 되었나를 검토해 보도록 하겠다.

먼저 '도는 천보다 앞선 존재' 혹은 '도가 천지를 낳는다'는 말에서의 '천'과 당시의 공간을 형성하고 만물을 생성하는 천과의 관계로부터 보면, 공간을 형성하고 만물을 생성하는 천의 경우는 인간이 경험할 수 있고 알 수 있는 부분이기 때문에, 이러한 천을 생각하고 있었다면, 충분히 '도는 천보다 앞선 존재'라거나 혹은 '도가 천지를 낳는다'는 말을 할 수 있었을 것이다. 그렇지만 인간사회의 지배자로서의 천의 경우는, 앞서 언급했듯이, 인간의 인식능력이 통하지 않는 존재이기 때문에, 이러한 천을 생각하고 있었다면, 천을 도와 같은 것으로 볼 가능성은 있어도, 도가 앞서는 존재라거나 도가 천을 낳는다 등의 말은 할 수 없었을 것이다.

이와 같이 그 당시의 천과『노자』와『장자』에 있어서의 천의 모습은 일치하고, 또한 같은 입장에서 이해할 수 있음을 지적해 왔는데, 앞으로 이러한 연장선상에서『노자』와『장자』에서의 모순되는 천의 모습도 설명될 수 있으리라 생각한다. 앞에서『맹자』의 천을 검토했을 때, 두 가지 모습의 천을 하나로 묶어서 보는 것은 무리가 있다고 지적해 두었다. 만약 이러한 천관의 연장선상에서『노자』와『장자』에 있어서의 천을 본다면, 그 천에 대한 모순되는 부분은 자연스러운 결과였다고도 할 수 있겠다. 말하자면『노자』·『장자』의 사상이 당시의 천관을 근거로 하면서, '인간 인식의 한계를 벗어난 도'라는 개념을 중심으로 천과 도의 관계를 설명했다고 하면,『노자』·『장자』에 보이고 있는 천의 두 가지 설명은 당연했다고 하는 것이다. 이렇게 볼 때, 이러한 상황을 좀

왕충이 해석하는 기의 세계

더 이해하기 쉽도록 하기 위해서는, '인간 인식의 한계를 벗어난 도'라는 개념을 그 당시의 천관에서 어떻게 설명할 수 있을까라는 점에 대한 이해가 필요하다.

앞에서 살펴보았듯이 왕충은 자연무위의 천을 주장하고 있다. 왕충은 이러한 천을 주장함에 있어서, 직접 천 자체에 인식능력이 없다는 점을 들어서 설명하기도 한다.[29] 여기서 천의 인식능력에 초점을 맞추어 보면, 사실은 맹자도 '천은 말하지 않는다'고 말하고 있는 것을 앞에서 언급했다. 물론 『맹자』에는 왕충처럼 천 자체에 인식능력이 없음을 증명하려고 하고 있지는 않다. 이러한 맹자와 왕충의 차이는, 앞에서 『춘추번로』와 왕충사상의 비교에서 보았듯이, 단순한 학파의 차이 대립 등으로만 설명할 수는 없다. 여기에는 시간의 흐름에 동반하여 지식이 축적됨에 따른 사고의 변화라는 측면이 더 큰 작용을 하고 있다고 생각하는데, 맹자의 경우는 왕충처럼 천의 인식능력을 증명해야 한다는 지식의 분위기 속에 살고 있지 않았다고 하는 것이 더 정확한 설명이지 않을까 한다. 『서경』「홍범」을 보면 "상제가 크게 노했다"(帝乃震怒)라고 하여, 상제가 인간적인 감정을 가지고 있는 것을 이야기하면서도 여기에 대해서 아무런 설명도 없다. 이러한 『서경』「홍범」에 비한다면, 맹자의 경우는 천에 대해서 조금은 합리적인 설명을 하고 있다고 할 수 있다. 이처럼 시간의 흐름에 동반하는 지식의 축적에 따라서 천의 이해에 변화가 일어남을 볼 수 있는데, 이러한 사실은 인간에게 있어서 상식적인 것이고, 따라서 『노자』·『장자』의 도라는 것도 이러한

---

29 「논형」「自然」: 何以天之自然也, 以天無口目也. 案有爲者, 口目之類也. 口欲食而目欲視, 有嗜欲於內, 發之於外, 口目求之, 得以爲利, 欲之爲也. 今無口目之欲, 於物無所求索, 夫何爲乎. 何以知天無口目也, 以地知之. 地以土爲體, 土本無口目. 天地夫婦也, 地體無口目, 亦知天無口目也. 使天體乎, 宜與地同. 使天氣乎, 氣若雲煙, 雲煙之屬, 安得口目.

측면에서의 접근이 가능하다고 생각한다.

『노자』·『장자』의 '인간 인식의 한계를 벗어난 도'라는 개념을, 이러한 지식의 축적에 따른 천의 이해라는 흐름 속에 넣어보면, 『맹자』의 '천은 말하지 않는다'는 천의 해석을 이어받아, 인간의 인식능력의 한계와 함께 인간 인식의 한계를 벗어난 천으로서의 도를 설명하고 있는 것이, 『노자』와 『장자』에서 말하는 도라고 할 수가 있다. 그런데 『맹자』의 천은 비록 '말하지 않는 천'이기는 하지만, 인간사회를 지배하면서 의지를 가진 천으로서, 『서경』「홍범」의 상제의 모습을 아직 그대로 가지고 있다. 그렇다면 『노자』·『장자』의 도의 경우는 어떨까. 『노자』에서 도에 대해서 상제의 선조(先祖)인 것 같다고 하고 있고,[30] 『장자』「대종사」에서도 "대저 도라는 것은 … 귀신을 신령스럽게 하고 상제를 신령하게 하며"(夫道, … 神鬼神帝)라고 하고 있는 점으로부터 볼 때, 도라고 하는 것은 상제보다도 앞선 존재로 되고 있다. 그렇지만, 『장자』「대종사」에서 또한 황제(黃帝)는 도를 얻어 하늘에 올라가고, 팽조(彭祖)는 도를 얻어 오래 살았다 등등의 이야기를 하고 있어,[31] 왕충이 거짓말이라고 비판하고 있는 내용 그대로의 도가 언급되고 있음을 볼 수 있다. 여기서 그 설명방법은 다르지만, 내용상 『노자』·『장자』의 도는 『서경』「홍범」의 상제나 『맹자』의 천의 범주를 벗어나지 못하고 있음을 알 수 있다.

이상에서 『노자』·『장자』의 도를 그 이전의 천관의 연장선상에서 볼 수 있음을 보아왔다. 그런데 『노자』·『장자』의 '인간 인식의 한계를 벗

---

30 『노자』4장 : 道沖而用之或不盈. 淵兮似萬物之宗. … 吾不知誰之子, 象帝之先.

31 『장자』「大宗師」: 夫道, … 堪坏得之, 以襲崑崙. 馮夷得之, 以遊大川. 肩吾得之, 以處太山. 黃帝得之, 以登雲天. 顓頊得之, 以處玄宮. 禺強得之, 立乎北極. 西王母得之, 坐乎少廣. 莫知其始, 莫知其終. 彭祖得之, 上及有虞, 下及五伯. 傅說得之, 以相武丁, 奄有天下, 乘東維, 騎箕尾, 而比於列星.

어난 도'라고 하는 개념은, 『노자』를 통해서 알 수 있듯이, 유가사상의 비판에 기인하고 있다.[32] 이처럼 당시의 시대적인 상황 속에서 인간의 인식에 초점을 맞추어, 이전의 천관을 비판적으로 받아들이고 있는 것이, 『노자』·『장자』의 도의 모습이 된다. 여기서 앞에서 언급한, 『노자』·『장자』에서 도를 상제보다도 앞선 존재로 말하고 있는 이유에 대해서도 그 대답을 얻을 수 있다. 도의 모습을 인간의 인식에서 찾아, 인간 인식의 한계를 벗어난 도를 주장하고자 한 것이 그 이유가 된다. 그러나 그 내용에 있어서는 상제의 범주를 벗어나지 못하고 있다. 이러한 사실에서 또한 『노자』·『장자』에서의 도와 천을 같은 것으로 보는 이유를 찾을 수 있다. 그리고 '인간 인식의 한계를 벗어난 도'='천'의 입장을 가지면서, '도는 천보다 앞선 존재' 혹은 '도가 천지를 낳는다'는 말을 한다는 것은, 당시의 공간을 형성하고 만물을 생성하는 천의 개념을 그대로 받아들이고 있다는 말이 된다. 이렇게 해서 『노자』·『장자』에는 모순되는 두 모습의 천이 보이게 되었다고 하겠다. 말하자면, 『노자』·『장자』의 도와 천의 경우에는, 유가사상의 비판이라고 하는 시대적 상황과 지식의 축적에 따른 천관의 변화가 있기는 있었지만, 아직은 그 이전의 의지적 천의 범주를 벗어날 수 없었다는 것이다.

왕충은 도가의 '자연'이란 개념의 입장에 대해서, "도가는 자연을 논하면서도, 사물을 인용하여 그 언행을 실증하는 것을 알지 못한다. 따라서 자연에 대한 학설은 신용을 받지 못한다"[33]라고 하고 있다. 여기서 왕충은 자신의 입장에서, 도가가 자연에 대해서 실증적으로 논증함이 없음을 비판하고 있다. 그렇지만 『노자』·『장자』에서 실증적으로 논

---

32 福永光司의 『老子』(朝日新聞社, 1974), 第一章(1 15쪽)에 여기에 대한 자세한 설명이 있음.

33 『논형』「自然」: 道家論自然, 不知引物事以驗其言行. 故自然之説, 未見信也.

중함이 없는 것은, 그 당시의 관점에서 보면 당연한 것이라고 하겠다. 앞서 『노자』·『장자』의 도는 「홍범」의 상제나 『맹자』의 천의 범주를 벗어나지 못하고 있다고 했는데, 이러한 천관이 당시의 일반적인 천관이고, 『노자』·『장자』의 사상 역시 이러한 범주를 벗어나지 못했다는 것이다. 또한 이러한 도에 대한 왕충의 비판을 참고로 한다면, 왕충 당시까지 신비적이고 초능력적인 도의 모습이 이어져왔다는 것을 알 수 있다.

　노자와 장자가 그 이전의 의지적 천에 대신하여, '인간 인식의 한계를 벗어난 도'를 제시하며 '자연'과 '무위'를 주장한 것은, 그 후의 천론에의 영향을 짐작할 수 있는 사건이었다고 할 수 있다. 자연과 무위를 근본존재의 성격으로 볼 경우, 이 근본존재의 성격은 언젠가는 법칙으로 바뀔 수 있기 때문이다. 왕충의 천론을 보면 그러한 사실이 현실로 나타나고 있음을 볼 수 있다. 말하자면 의지적 천의 모습이 자연무위라는 법칙으로 바뀌면서, 공간을 형성하고 만물을 생성하는 천의 내면에 들어올 수 있게 되어, 『노자』·『장자』에 보이고 있던 두 가지 모습의 천이 하나로 통일되게 된 것이다. 왕충에 의해서 두 가지 모습의 천이 하나로 통일되면서, 비록 형체를 가진 천이지만 이 천 이전에는 어떠한 존재도 없는 불생불사의 존재로 설명되게 되었다.

　이렇게 해서, 『노자』·『장자』의 천관은 그 이전의 유가의 천관을 비판적으로 받아들이고, 또 이 『노자』·『장자』의 천관에 근거하여 왕충의 천관이 형성되고 있음을 볼 수 있었다. 이것은, 『노자』와 『장자』를 포함하여, 중국고대에 있어서의 천관의 연속성과 시간의 흐름에 동반하여 지식이 축적되고 그에 따른 천관의 변화를 보여주는 것이 된다.

2절 기(氣) 개념에 의한 세계의 해석
-음양과 사상(사시)과 오행의 관계를 중심으로-

1. 머리말

중국사상에서 자연이나 인간을 설명하는 개념으로 기(氣)를 빼놓을 수 없다. 기라고 하면 구체적으로는 음양(陰陽)과 오행(五行)이 그 중심이 된다. 음양으로 세계를 설명하는 것은 『주역』 「계사전」에 잘 나타나 있다. 「계사전」을 보면, "역(易)에 태극(太極)이 있으니, 태극이 양의(兩儀)를 낳고 양의가 사상(四象)을 낳고 사상이 팔괘(八卦)를 낳는다."[34] 라고 하여, '태극 → 양의 → 사상 → 팔괘'라고 하는 '1 → 2 → 4 → 8'의 분화과정을 제시하고 있다. 여기서의 양의(兩儀)를 음양이라고 한다면,[35] 음양이 태극에서 분화되고, 이 음양에서 사상(四象)이 분화됨을 이야기하고 있는 것이 된다. 여기서 근본존재로부터 분화생성의 첫 단계로서의 음양의 모습을 볼 수 있고, 그 분화과정은 둘로 나누어져 분화되어 가는 과정을 그리고 있다.

그런데 주돈이(周敦頤)의 『태극도설』(太極圖說)을 보면, '태극 → 음양(양의) → 수화목금토(오행)'[36]라고 하는 분화과정이 제시되고 있다. 『주역』 「계사전」과 다른 점은 '음양에서 오행이 생성된다'고 하는 과정이다. 말

---

34 『주역』 「계사전」 : 易有太極, 是生兩儀, 兩儀生四象, 四象生八卦.

35 주자의 『周易本義』에 "一每生二, 自然之理也. 易者, 陰陽之變. 太極者, 其理也. 兩儀者, 始爲一, 以分陰陽."라고 하여, 이 兩儀를 陰陽으로 설명하고 있다. 『춘추번로』 「五行相生」에서도 "天地之氣, 合而爲一, 分爲陰陽, 判爲四時, 列爲五行."라고 하여, 兩儀를 陰陽으로 해석하고 있다.

36 周敦頤 『太極圖說』 : 無極而太極. 太極動而生陽, 動極而靜, 靜而生陰, 靜極復動. 一動一靜, 互爲其根. 分陰分陽, 兩儀立焉. 陽變陰合, 而生水火木金土.

하자면『태극도설』의 경우는『주역』「계사전」과는 달리, '1 → 2 → 5'의 분화과정을 말하고 있는데, 이것은 '음양과 사상의 관계'보다 '음양과 오행의 관계'의 중요성을 말하고 있는 것이 된다.

이상의 사실은, 태극 · 음양 · 사상 · 오행 개념을 중심으로 한 분화과정에 있어서,『주역』「계사전」에서 주돈이의『태극도설』에 이르기까지의 중국사상계에 많은 변화가 있었음을 보여주는 부분이라고 할 수 있다. 특히『태극도설』의 '2(음양) → 5(오행)'의 분화과정은, 둘로 나누어져 분화되는 틀을 벗어나 있기 때문에, 사상계의 변화에 대한 설명이 더욱더 요구되는 부분이기도 하다. 이렇듯 두 분화과정 사이의 문제점에 대해서는 납득할 만한 충분한 설명을 필요로 하고 있다. 이러한 설명 없이는 진정한 의미에서 중국사상의 흐름을 이해할 수 없다고 할 수 있다.

그래서 본 절에서는 태극에서 분화되는 과정에 관한 관점의 변화를 살피면서,『주역』「계사전」의 분화과정에서 어떻게 해서『태극도설』의 분화과정에 이르게 되는가를 밝혀 보고자 한다. 구체적으로는 분화과정 중의 음양과 사상과 오행의 각각의 관계에 대한 연구가 되는데, 여기서는 그 관계에 대한 관점을 중심으로 살펴보면서, 중국사상에서의 인간연구의 한 단면을 이해해 보고자 한다. 취급하는 시기는 전국시대부터이다. 이러한 음양과 사상과 오행의 관계를 통해서 중국사상에서 기의 세계가 어떻게 형성되고 있는가를 이해할 수 있고, 중국사상을 좀 더 깊이 이해하는 데서 빠뜨릴 수 없는 부분이라고 생각한다.

2. 분화과정 중의 음양과 사상의 관계에 들어온 오행 개념

『주역』「계사전」과『태극도설』의 분화과정에 대한 설명의 차이는, '음양과 사상의 관계'와 '음양과 오행의 관계'에서 보이고 있다. 그래서 여기서는 이 음양과 사상의 관계와 음양과 오행의 관계에 대해서 좀 더 구체적으로 살펴보고, 본 절에서의 논의의 초점을 명확히 해 두고자 한다.

먼저 「계사전」의 경우를 보면, 이미 언급했듯이, 태극에서 양의(兩儀) 즉 음과 양이 분화 생성되고, 음과 양에서 사상이 분화 생성되고, 사상에서 팔괘가 분화 생성된다고 하고 있는데, 이러한 분화생성에 대한 설명은 무엇을 위한 설명일까. 「계사전」에서는 이 분화생성에 대한 설명에 이어서 "팔괘는 길흉을 정하고, 길흉은 대업(大業)을 낳는다."[37]라고 하고 있다. 이 말에 의한다면, 태극으로부터의 분화생성의 설명은 팔괘까지의 설명이 목적이었음을 알 수 있다. 따라서 태극으로부터 둘로 나누어져 팔괘까지 생성되는 과정은, 팔괘까지 생성되는 과정이면서 또한 논리적으로 이치에 맞는 설명이었기에, 둘로 분화하여 생성한다는 설명이 가지는 의미는 컸다고 하겠다.

그런데『태극도설』에서는, 음양에서 오행이 생성된다고 하여, 둘로 분화하여 생성한다는 「계사전」의 분화생성의 틀을 깨고 있는 것이다. 『태극도설』도『주역』을 그 근거로 하고 있다. 그러면서도 「계사전」의 분화생성의 틀을 벗어나 있다는 것은, 『태극도설』에서는 태극에서 팔괘까지의 분화과정을 설명하는 것이 목적이 아니었음을 알 수 있다. 사실『태극도설』에서는 음양과 오행의 설명 다음에 팔괘가 아닌 '건도'(乾

---

37 『주역』「계사전」: 八卦定吉凶, 吉凶生大業.

道)와 '곤도'(坤道)의 설명이 이어지고 있음을 볼 수 있다.[38] 말하자면『태극도설』에서는 태극에서 오행까지의 분화생성만이 설명되고 있는 것이다. 이것은 당시에 가지고 있었던 오행에 대한 입장을 말해주는 것이 된다. 「계사전」에서『태극도설』에 이르는 사이에, 팔괘의 중요성은 사라지고 오행의 중요성이 부각되었다는 것이다. 말하자면 이것은 자연이나 인간의 설명에 있어서 팔괘가 아닌 오행의 중요성이 부각되었음을 의미하는 것이 된다.

이상으로부터 볼 때, 「계사전」과『태극도설』의 분화과정에 대한 설명의 차이는, 오행이라는 개념의 등장으로 인해 초래된 것이라고 하겠다. 이 오행 개념의 등장 시기에 대해서는 이론(異論)이 있지만,[39] 적어도 전국시대까지는 등장해 있었다고 할 수 있다. 따라서 「계사전」의 성립시기를 전국시대 말기에서 한대 초기로 본다면,[40] 「계사전」이 성립될 때 오행 개념도 이미 등장해 있었다고 할 수 있다. 그렇다고 한다면, 「계사전」이 성립되던 시기의 오행 개념은, 아직 태극에서 팔괘까지의 분화생성의 틀 안에 들어올 정도의 사상적 의미는 가지고 있지 않았다고 할 수 있다.[41] 이러한 오행이『태극도설』에서처럼 '음양 → 오행'이라는 분화과정의 주역(主役)이 되기 위해서는, 이 오행에 의한 만물생성

38 『太極圖說』: 無極之眞, 二五之精, 妙合而凝. 乾道成男, 坤道成女, 二氣交感, 化生萬物.

39 오행이라는 말은 尙書의 「甘誓」와 「洪範」에 처음으로 나타난다. 그런데 이 「甘誓」와 「洪範」은 僞書로 전국시대의 작품이라고 하는데, 이 주장에 따른다면, 오행의 기원은 전국시대가 된다. 그렇지만 김학목이 「干支와 陰陽五行의 結合時代」(『철학논집』 제25집, 2011)에서 주장하고 있는 것처럼, 그 기원을 殷末周初라고 주장하는 사람들도 있다.

40 赤塚忠 등의 『思想史』(중국문화총서3, 大修館書店, 1985) 68쪽에서는, 「계사전」의 성립시기를, 전국말기부터 전한 중기까지로 보고 있다. 金谷治 『易の話』(日本 講談社, 2003) 146쪽에서는, 「계사전」의 성립시기를, 진시황 말년부터 한나라 초기까지로 보고 있다.

41 양계초, 풍우란 외 (김홍경 옮김), 음양오행설의 연구 (신지서원, 1993) 135쪽[서복관의 「음양오행설과 관련 문헌의 연구」]에는, 음양이나 오행이라는 말이 같이 나오는가 어떤가라는 측면으로부터, 선진시대나 진한시대의 경우는, 음양관념이 오행관념을 필요로 하지 않았으며, 반대로 오행관념은 음양관념과 결합하지 않으면 안 되었다고 하고 있다.

의 설명이 설득력을 얻어야만 하고, 또한 그와 함께 음양과의 관계가 확립되어야만 한다.

오행에 의한 만물생성의 설명이 언제 설득력을 얻게 되는가의 문제는, 중국사상에서는 오행 단독의 자료를 통해서 볼 수 있는 것이 아니라, 음양과의 관계 속에서 볼 수 있는 문제라고 생각한다. 말하자면 「계사전」에서 말하는 태극에서 팔괘까지의 분화과정 중에서, 오행의 위치가 마련되고, 음양 등과 관계를 가지게 될 때, 비로소 오행에 의한 만물생성의 설명이 설득력을 얻었다고 할 수 있다.[42]

이렇게 볼 때, 본 절에서의 논의의 초점은, 오행이 음양과 어떻게 관계를 맺어 가는가라는 점에 있게 된다. 구체적으로는 태극에서 팔괘까지의 분화과정 중에, 오행이 어떠한 형태로 자리매김해 가는가를 밝히는 것이 되겠다. 또한 그로 인해서 태극에서 팔괘까지의 분화과정이 어떻게 변해 가는가를 살필 수도 있을 것이다. 태극에서 팔괘까지의 분화과정 중에 오행이 자리매김한다는 것은, 곧 분화과정에서 볼 때, 오행과 사상의 관계, 오행과 음양의 관계에 대한 해석이 된다. 그럼 다음에 오행이 분화과정 중에서 사상이나 음양과 어떠한 관계를 어떻게 맺어 가는지에 대해서 살펴보도록 하겠다.

3. 분화과정 중에서 사상(四時)과 오행의 관계 확립

『춘추번로』(春秋繁露)의 「오행상생」(五行相生)을 보면, "천지의 기는 합

---

42 양계초, 풍우란 외 (김홍경 옮김), 음양오행설의 연구 (신지서원, 1993) 140쪽[서복관의 「음양오행설과 관련 문헌의 연구」]에서도, 선진시대에는 결코 오행을 가지고 생성과 변화를 설명하지 않았다고 하고 있다.

해져서 하나가 되고, 나누어져서 음양이 되고, 갈라져서 사시가 되고, 펼쳐져서 오행이 된다"[43]라고 하고 있는데, 이 문장은 '일기(一氣) → 음양 → 사시 → 오행'의 분화과정을 설명하고 있는 것이라고 생각한다.[44] 숫자로 나타내면, 이것은 '1 → 2 → 4 → 5'의 분화과정이 된다. 이『춘추번로』의 분화과정의 설명은 그 내용에 있어서「계사전」의 분화과정을 참고자료로 하고 있음에 틀림없다. 이렇게 볼 때,『춘추번로』를 동중서(董仲舒)의 저작이라고 한다면,「계사전」의 분화과정과는 다른 분화과정에 대한 주장이 나오기까지의 시간은 그렇게 많이 걸리지 않았음을 알 수 있다.『태극도설』의 분화과정을 목표로서 생각한다면,『춘추번로』의 분화과정은, 그 과정으로서,「계사전」의 분화과정에 '오행'이 자리매김하게 된 모습이라고 볼 수 있다.

이렇듯『춘추번로』「오행상생」을 통해서, 오행의 등장이「계사전」의 분화과정의 틀에 어떠한 변화를 일으키고 있는지에 대해서 볼 수 있었다. 그런데 여기서 보듯이, 분화과정에 있어서 오행은 사시와 관련되어 있고,[45] 분화의 숫자의 측면에서 본다면 이것은 당연했다고 하겠다. 사실,「계사전」의 성립시기 무렵부터『춘추번로』의 성립시기까지, 오행

---

43 『春秋繁露』「五行相生」: 天地之氣, 合而爲一, 分爲陰陽, 判爲四時, 列爲五行.

44 '天地之氣, 合而爲一, 分爲陰陽, 判爲四時, 列爲五行.'이라는 문장의 의미는 '一氣 → 陰陽 → 四時 → 五行'의 분화과정을 설명하는 것으로 이해하고자 한다. 천지의 氣가 '合·分·判·列'의 작용을 통해서 一氣·陰陽·四時·五行으로 되는 것은, 단계적인 분화의 모습이라고 생각한다. 말하자면 一氣·陰陽·四時·五行은 천지의 氣이면서, 合·分·判·列의 작용에 의한 각 단계에 있어서의 분화된 모습이라는 것이다. 그렇기 때문에 一氣·陰陽·四時·五行은 천지의 氣에서 만물로 구체화되어 가는 과정이고, 신정근 옮김, 동중서의 춘추번로 , 춘추-역사해석학 (태학사, 2006) 659쪽에서도, 이 부분에 대해서, "1 → 2 → 4 → 5로 이어지는 수의 증가는, 근원 또는 이념이 현실로 점입(漸入)해 들어가는 과정을 표기하고 있는 것이다"고 하고 있다.

45 사상과 사시가 같은 것인가의 문제도 있지만, 분화과정의 전개에서 사상은 사시로 해석되어 왔고, 오행이 만난 것도 사상이 아니고 사시였다. 그래서 여기서는『太極圖說』까지의 분화과정을 밝히는 작업이기 때문에, 사시로 해석되는 사상과 오행의 관계를 논하고자 한다.

왕충이 해석하는 기의 세계

을 사시와 관련시켜 설명하면서, 오행사상의 확립을 꾀하고 있는 것을 여러 전적(典籍)을 통해서 확인할 수 있다.[46] 다음에 여기에 대해서 살펴보도록 하겠다.

먼저 『관자』(管子)[47]의 자료를 통해서 확인해 보도록 하자.

> 동지(冬至)를 지나 갑자일(甲子日)이 되면 목행(木行)이 지배한다. … (갑자일부터) 72일이 지나면 마친다. … 병자일(丙子日)이 되면 화행(火行)이 지배한다. … (병자일부터) 72일이 지나면 마친다. … 무자일(戊子日)이 되면 토행(土行)이 지배한다. … (무자일부터) 72일이 지나면 마친다. … 경자일(庚子日)이 되면 금행(金行)이 지배한다. … (경자일부터) 72일이 지나면 마친다. … 임자일(壬子日)이 되면 수행(水行)이 지배한다. … (임자일부터) 72일이 지나면 마친다.[48]

1년의 360일을 목·화·토·금·수의 오행으로 나누어, 각각의 오행이 각각 72일씩 지배하고 다스린다고 하고 있다. 여기서 한 가지 주목할 점은, 360일을 사시와 관련시키지 않고, 단지 오행만의 입장에서 오행이 지배하는 시간으로 구분하고 있다는 것이다. 『관자』에서 360일을 항상 오행의 시간으로만 구분하고 있지는 않다. 『관자』「사시」(四時)에서 볼 수 있듯이, 춘하추동 사시를 중심으로 목·화·금·수와 관련시키면서, 사시에서 토 단독의 시간은 언급되지 않는 곳도 있는 것이

---

46 전국시대 이전의 저술로 알려진, 『大戴禮記』「夏小正」이나 『詩経』「豳風七月」에도 時令이 이야기되고 있지만, 오행과의 관련은 보이지 않는다.

47 金谷治 『管子の硏究』(岩波書店, 1987) 361쪽에 의하면, 『管子』의 저작연대는 전국시대 중기부터 漢의 武帝·昭帝期 경까지 거의 300년에 걸쳐서 써진 것이라고 하고 있다.

48 『管子』「五行」: 日至, 睹甲子, 木行御. … 七十二日而畢. … 睹丙子, 火行御. … 七十二日而畢. … 睹戊子, 土行御. … 七十二日而畢. … 睹庚子, 金行御. … 七十二日而畢. … 睹壬子, 水行御. … 七十二日而畢.

다.[49] 이렇듯 『관자』의 자료를 통해 볼 경우, 사시 360일을 오행과 연관 시키고 있고, 그렇지만 아직 그 사이에 명확한 관계가 성립되고는 있 지 않고 있음을 알 수 있다.

다음은 『여씨춘추』(呂氏春秋)의 십이기(十二紀)에 있는 자료를 통해서 오행과 사시의 관계에 대한 당시의 분위기를 확인해 보도록 하자.

맹춘(孟春)의 달에, … 일시는 갑을(甲乙)이다. … 이달에는 입춘(立 春)이 들어 있다. 입춘 사흘 전에, 태사(太史)가 천자에게 '어느 날이 입춘입니다. 왕성한 덕은 목(木)에 있습니다.'고 알린다.[50]

이 「정월기」(正月紀)의 문장에서 보듯이, 『여씨춘추』의 경우는 열두 달 로 나누어 설명하는 가운데에 해당하는 오행과의 관계를 볼 수 있다. 『여씨춘추』에서는 춘하추동의 각각의 세 달을 목·화·금·수와 연관 시키고 있고, 토의 경우는, 『관자』「사시」에서처럼, 방위는 부여하고 있 지만 사시 중의 일수는 할당하고 있지 않다.[51] 이러한 『여씨춘추』 십이 기의 내용은 『예기』(禮記)「월령」(月令)에도 그대로 있는 점으로부터 볼

---

49 『管子』「四時」: "東方曰星, 其時曰春, 其氣曰風, 風生木與骨, …. 南方曰日, 其時曰夏, 其氣曰陽, 陽生火與氣 …. 中央曰土, 土德實輔四時入出, 以風雨節土益力, 土生皮肌 膚, 其德和平用均, 中正無私. 實輔四時, 春嬴育, 夏養長, 秋聚收, 冬閉藏. … 西方曰 辰, 其時曰秋, 其氣曰陰, 陰生金與甲, …. 北方曰月, 其時曰冬, 其氣曰寒, 寒生水與血, …."에서 土는 방위만 있고 四時 안에 자신만의 시간은 부여되고 있지 않음을 알 수 있다.

50 『呂氏春秋』《孟春紀》「正月紀」: 孟春之月, … 其日甲乙. … 是月也, 以立春. 先立春三 日, 太史謁之天子曰: '某日立春, 盛德在木.'

51 《孟春紀》「正月紀」와 같은 형식으로, 《孟夏紀》「四月紀」에서 "孟夏之月, … 其日丙 丁. … 是月也, 以立夏. 先立夏三日, 太史謁之天子曰: '某日立夏, 盛德在火.'"라고 하 고 있고, 《孟秋紀》「七月紀」에서 "孟秋之月, … 其日庚辛. … 是月也, 以立秋, 先立秋 三日, 大史謁之天子曰: '某日立秋, 盛德在金.'"라고 하고 있고, 《孟冬紀》「十月紀」에 서 "孟冬之月, … 其日壬癸. … 是月也, 以立冬. 先立冬三日, 太史謁之天子曰: '某日 立冬, 盛德在水.'"라고 하고 있다. 土는, 《季夏紀》「六月紀」의 "季夏之月, … 其日丙丁" 이라는 말에서 보듯이, 火의 계절인 《季夏紀》「六月紀」 중에서 "中央土, 其日戊己."라고 하고 있을 뿐이다.

왕충이 해석하는 기의 세계

때, 당시의 오행과 사시의 관계에 관한 관심이 얼마나 많았는가를 짐작할 수 있다.

『회남자』(淮南子)에는, 앞에서 살펴본 『관자』「오행」처럼, 목·화·토·금·수 각각의 오행이 360일 중 각각 72일씩 지배하고 다스린다는 내용도 있고,[52] 『여씨춘추』 십이기처럼, 열두 달로 나누어 각각의 달을 설명하는 가운데 오행과의 관계를 설명하는 내용도 있다. 후자의 경우는 『여씨춘추』 십이기와 비슷한 형식으로 설명하고 있고, 사시와 오행의 관계도 춘하추동을 각각 목·화·금·수와 연관시키고 있지만,[53] 토와 사시의 관계에 있어서는 『여씨춘추』 십이기와 그 내용을 달리하여 계하(季夏, 6월)를 토의 계절로 하고 있다.[54] 그런데 『회남자』에는 이러한 이전의 설명방식이 아닌 또 다른 오행과 사시의 관계에 대한 언급도 하고 있다. 『회남자』「천문훈」(天文訓)을 보면 다음과 같은 말이 있다.

갑을(甲乙) 인묘(寅卯)는 목(木)이고, 병정(丙丁) 사오(巳午)는 화(火)이며, 무기(戊己) 사계(四季)는 토(土)이고, 경신(庚辛) 신유(申酉)는 금(金)이며, 임계(壬癸) 해자(亥子)는 수(水)이다.[55]

---

52 『淮南子』「天文訓」: 壬午冬至, 甲子受制, 木用事, 火煙青. 七十二日, 丙子受制, 火用事, 火煙赤. 七十二日, 戊子受制, 土用事, 火煙黃. 七十二日, 庚子受制, 金用事, 火煙白. 七十二日, 壬子受制, 水用事, 火煙黑. 七十二日而歲終, 庚子受制. 歲遷六日, 以數推之, 十歲而複至甲子. ※마지막의 '十歲'는 원본에 '七十歲'로 되어 있으나, 王引之에 따라 '七'을 없앰.

53 『淮南子』「時則訓」: 孟春之月, 招搖指寅, 昏參中, 旦尾中, 其位東方, 其日甲乙, 盛德在木. ... 孟夏之月, 招搖指巳, 昏翼中, 旦婺女中, 其位南方, 其日丙丁, 盛德在火. ... 孟秋之月, 招搖指申, 昏鬥中, 旦畢中, 其位西方, 其日庚辛, 盛德在金. ... 孟冬之月, 招搖指亥, 昏危中, 旦七星中, 其位北方, 其日壬癸, 盛德在水.

54 『淮南子』「時則訓」: 季夏之月, 招搖指未, 昏心中, 旦奎中, 其位中央, 其日戊己, 盛德在土.

55 『淮南子』「天文訓」: 甲乙寅卯, 木也; 丙丁巳午, 火也; 戊己四季, 土也; 庚辛申酉, 金也;

여기서 '무기(戊己) 사계(四季)는 토(土)이다'의 원문은 '戊己四季土也'인데, 이 문장의 해석에 대해서는 두 가지의 해석이 있을 수 있다. 하나는 '戊己, 四季土也'로 하여 '무기(戊己)는 사계(四季, 네 계절)에 있어서의 토이다'라는 해석이고, 또 하나는 '戊己四季, 土也'로 하여 '무기(戊己)와 사계(四季, 네 계절의 끝)는 토이다'[56]라는 해석이다. 어떠한 해석을 취하든 사계절의 끝에 토의 자리가 들어오게 된다.

이상에서 「계사전」의 성립시기 무렵부터 『춘추번로』 성립시기까지의 자료를 통해서, 오행과 사시의 관계에 대한 관심과 그 관계 확립의 흔적에 대해서 살펴봤다. 그 관계 확립은 네 가지 모습으로 나타나고 있다. 첫째는 사시의 360일을 오행으로 72일씩 분류하는 것, 둘째는 사시를 오행 중의 목·화·금·수와 연관시키는 것, 셋째는 사시를 오행 중의 목·화·금·수와 연관시키면서 여름의 마지막 6월만을 화가 아닌 토의 계절로 하는 것, 넷째는 사시를 목·화·금·수와 연관시키고 토를 사시의 끝에 배속시키는 것의 네 가지 모습을 볼 수 있었다.

오행과 사시의 관계에 네 가지 모습이 있었다고 하는 것은, 사시에 오행이 관여하기 시작한 초기 단계였기 때문이라고 하는 사실을 그 원인으로 들 수가 있다. 그렇지만 그 원인에 못지않게, 오행과 사시의 '5'와 '4'라고 하는 숫자의 문제가 그 관계를 쉽게 설명하지 못하게 했다

壬癸亥子, 水也. 在土.

56 지금의 인용문에서 본다면, 10干과 12支를 조합하여 오행과 관련시키고 있고, 따라서 '戊己四季'의 '四季'를 12支로 보는 것이 문장의 형태상 타당하다고 할 수 있다. 또한 木火金水와 관계되는 12支에서 빠져 있는 12支가 辰未戌丑인데, 『淮南子』「天文訓」의 "帝張四維, 運之以斗, 月徙一辰, 復反其所. 正月指寅, 十二月指丑, 一歲而匝, 終而復始." 라고 하는 말로부터 본다면, 辰未戌丑은 각각 季春(3월), 季夏(6월), 季秋(9월), 季冬(12월)으로 '네 계절의 끝'이 된다. 이렇게 볼 때, '戊己四季'의 '四季'는 문장의 형태나 내용에 있어서 '네 계절의 끝'으로 보는 것이 더 타당하다고 할 수 있다. 또한 『五行大義』(隋, 蕭吉) 卷第二「論生死所」의 "土居四季, 季十八日, 并七十二日."이라는 말로부터 확인할 수 있다.

왕충이 해석하는 기의 세계

는 것은 그리 어렵지 않게 짐작할 수 있다. 이 숫자상의 문제는 단순한 숫자만의 문제가 아니다. 말하자면 사시는 자연현상으로서 이것을 다섯 계절로 보고 싶다고 해서 볼 수 있는 것이 아니다. 당시에 있어서 사시는 천에 의해서 펼쳐진 영원불변한 모습이고, 따라서 이 사시에 '5'라는 숫자를 개입시키려고 한 것은 굉장한 사건이었다고 할 수 있다. 이렇게 볼 때, 오행과 사시의 관계에 관한 문제를 단순히 오행의 등장만으로 이해할 수 있는 문제는 아니라고 생각한다. 말하자면 단순히 오행의 등장만으로 「계사전」의 '1 → 2 → 4 → 8'이라는 분화과정에서『춘추번로』의 '1 → 2 → 4 → 5'라는 분화과정으로의 이동을 설명할 수 있는 것은 아니라는 것이다. 따라서 사시에 오행이 관여하게 된 배경에는 현실적으로 그 관여를 배제할 수 없는 그러한 이유가 있었을 것이다.

숫자상 서로 수용하기 힘든 오행과 사시가 관계를 가질 수밖에 없었던 이유는 무엇이었을까. 앞서 인용한『관자』「오행」의 문장을 보면, 360일을 오행으로 구분함에 있어서, '갑자일'(甲子日)과 '목행'(木行), '병자일'(丙子日)과 '화행'(火行) 등으로, 그 '갑자(甲子)의 날 등'과 오행을 언급하면서 구분하고 있다. 또한 앞의『여씨춘추』십이기의 인용문에서는, '맹춘'(孟春)과 '갑을'(甲乙)의 날과 '목'(木)이 연결되어 있고,『회남자』「천문훈」에서는 '갑을(甲乙) 인묘(寅卯)는 목(木)이다' 등으로 이야기하고 있다. 여기서 한 가지 공통점을 발견할 수 있다. '날'이나 '달'을 '갑자'(甲子)나 '갑을'(甲乙) 등으로 표기하고 있고, 이 '갑자'나 '갑을' 등을 오행과 관련짓고 있다는 사실이다. 갑자나 갑을은 간지(干支)인데, 이 간지로 날짜를 나타내고 또 한편에서는 오행과 관련이 있다는 것이다. 이러한 사실로부터 오행과 사시가 관계를 가질 수밖에 없었던 이유에 대해서 조금은 이해할 수 있지 않을까 한다. 말하자면 한편에서는 간지가 360일의 날짜와 사시에 관련되어 있고, 또 한편에서는 간지가 오행과 관련되어, 간지를 중심으로 볼 때 언젠가는 사시와 오행의 관계를 정리할 필요성이 있었다고 하겠다. 그럼 다음에 이러한 문제에 대해서 조금 더 구체적으로 살펴보도록 하자.

먼저 간지와 날짜의 관계에 대해서 살펴보면, 간지가 은나라 때에 날짜의 기록으로 사용되었다는 것은, 갑골문의 연구를 통해서 이미 알려진 바이다. 따라서 날짜의 기록으로 『관자』나 『여씨춘추』, 『회남자』 등에서 간지가 사용되고 있는 것은 오랜 전통으로서 당연했다고 하겠다. 그리고 이 간지와 오행은, 춘추시대에 이미 결합해 있었다라고 하는 연구[57]도 있지만, 적어도 그 결합은 『관자』 등이 저술되기 이전이고, 또 그때에 이미 그 결합이 일반화되어 있었다고 볼 수밖에 없다. 이렇게 해서 간지를 중심으로 사시(360일)와 오행은 관계를 가질 수 있는 환경이 만들어졌다고 하겠다. 이러한 간지를 통한 사시와 오행의 만남은, 「계사전」의 분화과정 속에서 그러한 분화과정의 문제점을 지적하고 새로운 해석을 위한 만남이 아니었다. 매일 매일 간지를 사용하는 삶 속에서 사시와 오행은 만났다. 그렇지만 이 둘의 만남은, 사시가 분화과정 속에 있기 때문에, 오행이 사시에 접근하는 쪽으로의 만남이 될 수밖에 없었다고 생각한다. 그 결과가 앞에서 본 것처럼, 사시와 오행의 결합의 모습은 사시에 중심을 더 두고 토를 어떻게 처리할까 고민하고 있는 모습으로 나타났다고 생각한다.

사시와 오행의 관계에 네 가지 모습이 있었던 이유로, '4'와 '5'라는 숫자만이 아니라 이 숫자의 배후에 있는 각기 다른 세계에 주목해 볼 필요도 있다. 사시의 세계는 더 이상 설명할 필요가 없겠지만, 오행의

---

57 김학목의 「干支와 陰陽五行의 結合時代」(『철학논집』 제25집, 서강대 철학연구소, 2011) 186 191쪽 참조.

세계는 이 사시의 세계와는 전혀 다른 세계였다. 추연이 말하고 있는 오덕종시설(五德終始說)[58]이라는 오행상극의 이론을 통해 볼 때, 오행의 세계는 오행의 상극과 같은 이론을 중심으로 하는 세계였다는 것을 짐작할 수 있다. 따라서 사시와 오행의 관계 정립에 있어서는, '4'와 '5'의 숫자의 해결뿐만 아니라, 각각의 세계도 서로를 받아들일 수 있는 세계로 새로이 해석되어야만 한다. 각각의 세계의 새로운 해석이라고 하는 것은 각각의 세계의 변화를 의미한다.

그렇다면 만남을 통해서 사시의 세계와 오행의 세계는 각각 어떻게 변했을까. 먼저 오행의 세계의 변화를 본다면, 당연히 계절의 요소를 받아들이게 되었다. 토를 어느 계절로 해야 하는가에 대해서는 많은 고민이 있었지만, 그 외의 목ㆍ화ㆍ금ㆍ수에 대해서는 봄ㆍ여름ㆍ가을ㆍ겨울이 쉽게 배당되어, '목-봄', '화-여름', '금-가을', '수-겨울'이라는 조합과 함께 두 세계는 서로 연결되어 갔다. 이러한 계절의 요소를 받아들인 오행의 세계에는 또 다른 변모가 예견되고 있었다. 바로 오행의 순서에 대한 견해의 변모이다. 앞서 언급한 추연의 오덕종시설에 따르면 오행의 순서는 '토 → 목 → 금 → 화 → 수'가 된다. 또한 『서경』「홍범」에 의하면 오행의 순서는 '수-화-목-금-토'가 된다.[59] 그런데 이 오행이 사시를 만나고 사시의 순서로 벌려졌을 때, 일단 토를 제외한다면 오행의 순서는 '목 → 화 → 금 → 수'가 되고, 토가 중앙의 자리로 결정되면 '목 → 화 → 토 → 금 → 수'의 순서가 된다.[60] 따라서

---

58 『文選』「左太沖魏都賦」의 주해에 "七略曰, 鄒子有終始五德, 從所不勝, 木德繼之, 金德次之, 火德次之, 水德次之."라고 하는 문장이 있다. 『사기』「맹자순경열전」에 의하면, 추연은 전국시대 제나라의 사람으로 맹자보다 뒤의 사람이라고 하고 있다.

59 『書經』「洪範」: 五行 : 一曰水, 二曰火, 三曰木, 四曰金, 五曰土.

60 蘇輿『春秋繁露義證』「五行之義」의 "天有五行, 一曰木, 二曰火, 三曰土, 四曰金, 五曰水."에 대한 [주]에서 "此與洪範五行之次不同. 洪範一水二火三木四金五土. 鄭康成以爲本陰陽所生之次是也. 此以 四時更迭休王爲序, 所謂播五行於四時也."라고 하여,

오행이 '목 → 화 → 토 → 금 → 수'라는 순서를 가지게 된 계기는 바로 사시와의 만남에 의해서라고 하겠다. 이러한 '목 → 화 → 토 → 금 → 수'의 순서는 사시 즉 사시의 순환을 그 근거로 하고 있기 때문에, 여기서 오행상생의 모습도 읽어낼 수가 있는데, 사실『회남자』「천문훈」에서 사시를 오행과 대응시키면서 '수는 목을 낳고, 목은 화를 낳고, 화는 토를 낳고, 토는 금을 낳고, 금은 수를 낳는다.'라고 하고 있다.[61] 오행상생 이론이 사시와 만나기 전에 있었는지, 있었다면 어떠한 모습이었는지에 대해서는 알 수 없지만, 지금으로서는 오행이 사시와 만나면서 사시의 순환에 근거한 상생이론이 만들어지고, 이러한 이론이 오행의 새로운 세계를 만들어갔다고 하겠다. 사시를 만나 새로이 만들어진 오행 세계의 모습은 일단『춘추번로』에서, 근원으로부터의 분화과정 속에 자리매김하는 모습으로 나타나게 되는데, 여기에 대해서는 편의상 다음 항에서 논하도록 하겠다.

사시의 세계는 오행을 만나 어떻게 변했을까. 두 가지 점에서 그 변화를 확인할 수 있다. 하나는 사시의 변화나 구조가 오행의 상생이론이나 오행의 배당으로 이해되게 된 것이다. 또 하나는 오행을 받아들임으로 인해 십간(十干)이나 십이지(十二支)까지 기(氣)의 흐름 속에서 설명이 가능하게 된 것이다. 여기에 대해서도 내용상 다음 항에서 논하도록 하겠다.

이상에서 오행이 사시를 어떻게 해서 만나게 되었는지, 또 이 둘은 어떻게 관계를 맺어 가는지, 또한 이 둘은 어떻게 변해 가는지 등을 통해서, 사시(四象)와 오행의 관계가 분화과정 중에 자리매김하기까지의

木火土金水의 순서는 오행을 四時에 펼친 것이라고 하고 있다.

61 『淮南子』「天文訓」: 甲乙寅卯, 木也; 丙丁巳午, 火也; 戊己四季, 土也; 庚辛申酉, 金也; 壬癸亥子, 水也. 水生木, 木生火, 火生土, 土生金, 金生水.

왕충이 해석하는 기의 세계

과정을 살펴보았다. 이러한 분화과정 중의 사시(四象)와 오행의 관계 확립은 자연이나 인간을 연구하는 새로운 관점의 확립이기도 하다. 다음 항에서는 이 둘의 관계가 어떻게 변해 가는지, 또한 이 둘의 관계로 인해 분화과정에는 어떠한 변화가 일어나는지 등을 살피면서, 「계사전」에서 『태극도설』까지의 분화과정의 변화를 전체적으로 이해해 보고자 한다. 이를 통해서 중국사상에서 자연이나 인간을 설명하는 개념인 음양과 사상과 오행을 둘러싼 관계와 그 관점의 변화에 대해서도 이해할 수 있을 것이다.

4. 분화과정 중에서 음양과 오행의 관계 중시로의 전개

앞서 『춘추번로』「오행상생」의 '일기(一氣) → 음양 → 사시 → 오행'이라는 분화과정을 소개했는데, 이 분화과정에 이어서 오행의 '행'(行)의 의미를 "행(行)이란 가는 것이다. 그 가는 것이 같지 않기 때문에 오행(다섯 가지 행)이라고 한다."[62]라고 하고 있다. 여기서 다섯 가지로 그 길을 가는 오행은 사시와 관련이 되는 것이다. 오행을 하나의 분화과정으로 특별히 그 의미를 설명하고 있는 점으로부터 볼 때, 사시와 오행의 관계가 『춘추번로』에 이르러 근원으로부터의 분화과정 속에서 완벽하게 결합되었다고 할 수 있다. 이렇게 해서 오행은 결국은 천에까지 그 근거를 둘 수 있게 되었다. 『춘추번로』「오행지의」(五行之義)를 보면,

천에는 오행이 있다. 첫째는 목, 둘째는 화, 셋째는 토, 넷째는 금,

---

62 『春秋繁露』「五行相生」: 行者行也, 其行不同, 故謂之五行.

다섯째는 수라고 한다. 목은 오행의 시작이고 수는 오행의 끝이고 토는 오행의 중간이다. 이것은 천이 차례를 정한 순서다. 목이 화를 낳고, 화가 토를 낳고, 토가 금을 낳고, 금이 수를 낳고, 수가 목을 낳는 것은 부자(父子)이다.[63]

라고 하여, 오행은 천에 있는 존재이고, 또 천에 의해서 그 차례가 정해져 있고, 오행의 상생은 부자관계라고 하고 있다. 오행의 세계가 천에 의해서 펼쳐지는 세계로서 해석되게 된 것이다.

오행이 사시와 만나 결합되는 가운데 오행의 세계는 그전과는 다른 새로운 모습을 가지게 되었는데, 오행은 이러한 새로운 모습 속에서 사시와의 관계에 관한 주목할 만한 변화를 초래했다. 『관자』「사시」를 보면, 춘기(春氣)·하기(夏氣)·추기(秋氣)·동기(冬氣)에 의해서 목·화·금·수가 생겨남을 이야기하고 있다.[64] 그런데 『춘추번로』「오행지의」에서는, "목은 동방에 있으면서 춘기(春氣)를 주관하고, 화는 남방에 있으면서 하기(夏氣)를 주관하고, 금은 서방에 있으면서 추기(秋氣)를 주관하고, 수는 북방에 있으면서 동기(冬氣)를 주관한다."[65]고 하여, 천에 있는 오행이 각각 사방에 있으면서 각 계절의 기(氣)를 주관한다고 하고 있다. 『관자』와 『춘추번로』에서의 사시와 오행의 관계에는 큰 차이가 보여진다. 『관자』에서는 계절의 기에 의해서 오행이 생겨남을 이

---

63 『春秋繁露』「五行之義」: 天有五行. 一曰木, 二曰火, 三曰土, 四曰金, 五曰水. 木, 五行之始也; 水, 五行之終也; 土, 五行之中也. 此其天次之序也. 木生火, 火生土, 土生金, 金生水, 水生木, 此其父子也.

64 『管子』「四時」: 然則春夏秋冬將何行? 東方曰星, 其時曰春, 其氣曰風, 風生木與骨, … 南方曰日, 其時曰夏, 其氣曰陽, 陽生火與氣, … 西方曰辰, 其時曰秋, 其氣曰陰, 陰生金與甲, … 北方曰月, 其時曰冬, 其氣曰寒, 寒生水與血, ….

65 『春秋繁露』「五行之義」: 是故木居東方而主春氣, 火居南方而主夏氣, 金居西方而主秋氣, 水居北方而主冬氣.

왕충이 해석하는 기의 세계

야기하고 있는데, 『춘추번로』에서는 천에 오행이 있고 이 오행이 계절의 기를 주관한다고 하여, 『관자』에서보다는 오행의 위상이 높아져 있다. 심지어는 "수는 겨울이고, 금은 가을이고, 토는 계하(季夏)이고, 화는 여름이고, 목은 봄이다."[66]라고 하는 것처럼, 오행에 계절을 대응시키는 표현을 쓰기도 한다.

『춘추번로』「오행상생」의 분화과정 중에서, 사시의 분화를 거쳐 오행의 분화에 이르는 단계를 '펼쳐져서 오행이 된다'(列爲五行)고 표현하고 있었다. 여기서 이 '펼쳐지다'(列)의 의미를 다시 해석해 본다면, 사시로 분화된 기가 다섯 가지 길(오행)로 '펼쳐지다'라는 의미가 된다. 그런데 사시의 다섯 가지 길인 오행은, 『춘추번로』에서는, 앞에서 살펴보았듯이, 천에 있는 존재이고 또 천에 의해서 그 차례가 정해져 있는 것이다. 이렇게 본다면, 『춘추번로』에서의 사시와 오행의 관계는, 천에 의해서 정해진 오행의 길로 사시가 펼쳐진다고 설명할 수 있다. 따라서 『춘추번로』에서의 오행은, 『관자』에서 언급하듯이 계절의 기에 의해서 생기거나, 계절에만 소속된 것이 아니게 된다.[67] 그래서 오행을 중심으로 계절(四時)을 설명할 수 있었다고 생각한다.

이처럼 오행과 사시의 관계는, 그 관계가 분화과정 중에 확립되면서 점차 오행에 힘이 실리고, 동등한 비중으로, 자연 및 인간사회를 설명하는 두 가지 개념으로 확립되었다고 할 수 있다. 사시는 오행이 아니면 설명할 수 없게 되었다. 사시는 천에 의해서 차례가 정해진 오행을 통해서만 설명이 가능하게 되었다. 그래서 앞의 『춘추번로』「오행지의」의 인용문에서 보는 것처럼, 오행이 계절의 기를 주관한다고 하고 있

---

66 『春秋繁露』「五行對」: 水爲冬, 金爲秋, 土爲季夏, 火爲夏, 木爲春.

67 『春秋繁露』의 「五行相勝」「五行相生」「五行逆順」 등의 편에서 오행의 원리로 관직이나 사회를 설명하는 것을 볼 수 있다.

는 것이다.

여기서 잠깐 오행과 간지의 관계를 살펴본다면, 이러한 오행의 해석의 변화는 당연히 간지의 이해에도 영향을 끼칠 수밖에 없었다고 생각한다. 후한(後漢)의 왕충(王充)이 저술한 『논형』(論衡)을 보면, 당시에 유행하던 세간의 믿음을 미신이라고 강력하게 비판하는 내용이 많은데, 그러한 비판 중에 '갑을(甲乙)의 신(神)'에 대한 비판도 있다.[68] 이러한 '갑을의 신'이라고 하는 개념은, 오행과의 관계에서 오행에 대한 해석의 변화와 함께 생각할 수 있는 것이 아닐까 한다. 이렇게 해서 간지는 단순한 날짜의 기록부호에서, 천으로부터 기의 흐름 속에서 설명이 가능한 모습으로 바뀌어 갔다고 하겠다. 또한 간지는 오행으로 인해서 성립되었다는 해석도 나오게 되었다.[69]

오행의 근거를 천에 둔다는 것은, 사시와 관계없이, 천으로부터 바로 오행으로의 분화를 이야기할 수 있는 가능성이 생겼다는 것을 의미한다. 사실 수(隋)나라 때 소길(蕭吉)의 『오행대의』(五行大義) 「논구궁수」(論九宮數)를 보면, '역(易) → 태일(太一) → 천지(천) → 오행(수 → 목 → 화 → 토 → 금) → 팔괘 → 열두 달(十二月) → 지(地)'라는 분화생성의 순서를 제시하고 있다.[70] 이것은 「계사전」의 분화과정을 염두에 둔 설명임에 틀림없지만, 분화생성에서 둘로 분화되는 규칙을 완전히 무시하고 있

---

68 『論衡』「詰術」의 "詰曰, 夫人之在天地之間也, 萬物之貴者耳. 其有宅也, 猶鳥之有巢, 獸之有穴也. 謂宅有甲乙, 巢穴復有甲乙乎. 甲乙之神, 獨在民家, 不在鳥獸何."라는 문장에서 '갑을의 신'에 대한 당시의 믿음과 왕충의 비판의 태도를 엿볼 수 있다.

69 『五行大義』「釋名」〈論支干名〉: 支乾者, 因五行而立之.

70 『五行大義』「論數」〈論九宮數〉: 八卦既成. 問曰, 八卦從何而始. 曰, 因五行生. 又問, 五行因何生. 曰, 因天地生. 天地因何生. 曰, 因太一生. 太一因何生. 曰, 因易生. 故云, 易有太極, 是生兩儀. 故變易字爲太一, 變太一字爲天, 天一生. 變天字爲水, 天生水也. 變水字爲木, 水生木也. 變木字成火, 木生火也. 變火字成土, 火生土也. 變土字成金, 土生金也. 變金字爲八卦字, 八卦因五行生也. 變八卦字爲十二月字, 八卦所主月也. 變十二月字成地, 出萬物以終歸乎地也. 此九宮八卦創制之法.

다. 「계사전」의 둘로 분화되는 규칙은 오행의 등장으로 인해 무너지게 되었지만, 오행의 근거를 천에 둠으로써 『춘추번로』에서의 분화과정도 무시되고, 천지에서 바로 오행의 생성을 이야기하고 있다고 생각된다.

천지에서 바로 오행이 분화되었다는 생각을, 언제 어느 정도의 사람이 가지고 있었는지에 대해서는 구체적으로 논할 수는 없지만, 『오행대의』「논구궁수」에서 보는 것과 같은 생각이 있었다고 하는 것은 중요하다. '천지 → 오행'에서 천지를 음양으로 바꾸면 바로 음양에서 오행이 분화된다는 이론이 가능하게 되는 것이다. 사실 『춘추번로』「오행상생」의 천지의 기가 음양으로 분화된다는 말에서도 볼 수 있지만, 한대 이후는 일반적으로 천지의 내용을 음양으로 보고 있었다고 할 수 있다. 따라서 『오행대의』「논구궁수」에서 보는 것과 같은 생각에 이미 『태극도설』의 '태극 → 음양 → 오행'의 분화과정이 잉태되어 있었다고 할 수 있다.

오행이 사시와의 관계를 떠나서 천지에서 바로 분화된다는 생각의 등장은 오행과 음양의 새로운 관계 탄생의 가능성을 의미한다. 『춘추번로』에서와 같은 분화과정에서 본다면, 사시를 건너뛰어 오행이 음양에서 바로 분화되는 형태로 정립될 수 있다는 것이다. 이러한 오행과 천지(음양)의 관계로부터 본다면, 분화과정 중에서, 오행과 사시의 관계 중시로부터 오행과 음양의 관계 중시로의 전환은, 시간은 걸릴지 몰라도 예견된 모습이었다고 할 수 있다. 분화과정에서 오행과 음양의 관계의 성립을 수(隋)나라 때의 『오행대의』에서 볼 수 있다는 것은, 이러한 분위기 속에서 『주역』을 근거로 하는 『태극도설』의 분화과정의 성립도 있을 수 있었다는 것을 의미한다.

이상에서 『태극도설』의 '1 → 2 → 5'라는 분화과정이 성립될 수 있는, 오행을 중심으로 한 생각의 변화를 살펴왔는데, 충분히 납득할 수 있는 사상계의 변화를 읽을 수 있었다. 이『태극도설』의 음양과 오행의 관계 중시는, "양(陽)이 변하고 음(陰)이 합하여 수·화·목·금·토를 낳는데, 이 다섯 가지 기(五氣)가 순차로 펴져 사시가 운행된다(四時行)."[71]라는 말에서 분명하게 볼 수 있다. 오행을 사시보다 앞에 둘 뿐만 아니라 사시의 분화과정은 빠져있는 것이다. 또한 이러한 맥락에서 '오행'(五行)을 '오기'(五氣)라고 하고 있고, '사시'(四時)를 '사시행'(四時行)이라고 하고 있다.

분화과정에서 음양과 오행의 관계 중시는, 「계사전」의 분화과정에 보이고 있는 숫자상의 규칙보다는, 분화의 내용에 중점을 두는 생각으로 바뀌어 있었다는 것이 된다. 오행을 천지에서 바로 이야기할 정도로 오행의 중요성이 강조되면, 분화과정의 숫자상의 규칙은 그만큼 약해질 수밖에 없다. 이러한 분위기 속에서라면, 『주역』을 근거로 하고 있는 것과 『태극도설』의 분화과정 사이에 사실은 문제점이 있지만, 그러한 것을 문제 삼지 않은 것에 대해서 충분히 이해할 수 있다. 말하자면 『태극도설』의 분화과정에 대한 믿음을 가지고 「계사전」의 분화과정을 본다면, 숫자상의 규칙을 왜 지켜야 하는지 이해할 수 없게 되는 것이다. 오히려 『태극도설』의 분화과정이라는 새로운 관점위에서 『주역』 사상을 새로이 해석한다는 생각을 가지고 있었지 않았나 생각한다. 『태극도설』의 내용을 통해서 이러한 점을 충분히 엿볼 수 있다.

『태극도설』에서 분화과정의 숫자상의 규칙을 도외시하고 음양과 오행을 중심으로 한 분화과정을 주장했지만, 그렇다고 해서 「계사전」과의 사이의 문제점이 해결된 것은 아니다. 따라서 언젠가 다시 분화과정의 숫자상의 규칙에 초점이 맞추어질 때, 『태극도설』의 분화과정도

---

71 『太極圖說』: 陽變陰合, 而生水火木金土, 五氣順布, 四時行焉.

왕충이 해석하는 기의 세계

새로이 해석될 수밖에 없다고 할 수 있다. 사실, 『태극도설』에서 많은 시간이 흘러, 심효첨(沈孝瞻, 1696년 1757년)의 『자평진전』(子平眞詮)에 이르게 되면, 분화과정의 숫자상의 규칙에 초점을 맞춘 설명이 시도되고 있다. 『자평진전』「논십간십이지」(論十干十二支)에 다음과 같은 문장이 있다.

천지 사이는 일기(一氣)일 뿐이다. 오직 동(動)함과 정(靜)함만이 있어서 마침내 음과 양으로 나누어지고, 노(老)함과 소(少)함이 있어서 마침내 사상(四象)으로 나누어진다. 노(老)함이란 움직임이 극(極)에 이르거나 고요함이 극에 이른 시기이니, 이것은 태음(太陰)과 태양(太陽)이다. 소(少)함이란 움직임이 시작되거나 고요함이 시작되는 단계이니, 이것은 소음(少陰)과 소양(少陽)이다. 이러한 사상(四象)이 있고 나서 오행이 그 가운데에 갖추어진다. 수는 태음이고, 화는 태양이며, 목은 소양이고, 금은 소음이며, 토는 음양의 노소(老少)인 목ㆍ화ㆍ금ㆍ수의 충기(沖氣)가 응결된 것이다.[72]

일기(一氣)에서 음양으로 나누어지고, 음양에서 사상으로 나누어지는데, 이 사상이 바로 수화목금의 사행(四行)이고, 이 사행(四行)의 응결에 의해서 토가 생하여 오행이 갖추어짐을 이야기하고 있다. 간단하게 정리하면 '일기(一氣) → 음양 → 사상(四象)=사행(四行)[→오행]'이 되고, '1 → 2 → 4(=5)'라고 하는 형태로 일기(一氣)에서부터 오행까지의 분화과정을 설명하는 것이 된다. 여기서 주목해야 할 것은, 사상(四象)=사행

---

72 『자평진전』「論十干十二支」: 天地之間, 一氣而已. 惟有動靜, 遂分陰陽. 有老少, 遂分四象. 老者極動極靜之時, 是爲太陰太陽; 少者初動初靜之際, 是爲少陰少陽. 有是四象, 而五行具於其中矣. 水者, 太陰也; 火者, 太陽也; 木者, 少陽也; 金者, 少陰也; 土者, 陰陽老少木火金水沖氣所結也.

(四行)[→오행]의 관계인데, 오행을 4행(수화목금)과 1행(토)으로 나누어, 사상을 사행과 결합시키고 오행을 사행 내부의 문제로 해석함으로써, 음양과 사상과 오행의 숫자상의 문제를 해결했다고 하는 것이 된다.

음양과 사상, 오행의 관계가 태극에서부터 설명이 가능하게 될 때, 『주역』을 근간으로 하는 모든 중국사상이 진정한 의미에서 하나의 범주 안에 들어오게 되고, 십간과 십이지도 이러한 범주 안에서 설명이 가능하게 된다. 오행이 음과 양으로 나누어지면 십간이 되고,[73] 또 십간과 십이지는 천과 지(地)로 나누어 그 천지의 대응관계 속에서 십간과 십이지의 관계를 설명하고, 이 십간과 십이지에 의해서 만물이 형성됨을 설명하고 있다.[74] 이렇게 해서 『자평진전』에 이르러서, 근본존재에서 십이지까지의 자연과 인간을 설명하는 기(氣)의 요소들이 하나의 분화과정 속에서 설명되게 되었다. 결국, '일기(一氣) → 음양 → 사상=사행(→오행) → 십간(=십이지) → 만물'의 형태로, 오랜 중국역사 속에서 탄생한 '자연과 인간을 설명하는 기의 요소들'이 논리정연하게 설명되게 되면서, 분화과정 속에서 음양과 오행의 관계 중시도, 사상과 함께 논리에 맞는 새로운 음양과 오행의 관계를 가지게 되었다고 할 수 있다.

---

73 『자평진전』「論十干十二支」의 "有是五行, 何以又有十干十二支乎. 蓋有陰陽, 因生五行, 而五行之中, 各有陰陽. 即以木論, 甲乙者, 木之陰陽也."라는 문장을 통해서, 五行의 陰陽으로서의 十干에 대한 설명을 볼 수 있다.

74 『자평진전』「論十干十二支」의 "何以復有寅卯. 寅卯者, 又與甲乙分陰陽天地而言之者也. 以甲乙而分陰陽, 則甲爲陽, 乙爲陰, 木之行於天而爲陰陽者也. 以寅卯而分陰陽, 則寅爲陽, 卯爲陰, 木之存乎地而爲陰陽者也. 以甲乙寅卯而統分陰陽, 則甲乙爲陽寅卯爲陰, 木之在天成象而在地成形者也. 甲乙行乎天, 而寅卯受之; 寅卯存乎地, 而甲乙施焉. 是故甲乙如官長, 寅卯如該管地方. 甲祿於寅, 乙祿於卯, 如府官之在郡, 縣官之在邑, 而各施一月之令也."라는 문장에서, 十干과 十二支를 天과 地에 있어서의 대응하는 부분으로 설명하고, 十干과 十二支에 의해서 만물이 형성된다고 설명하고 있는 것을 볼 수 있다.

왕충이 해석하는 기의 세계

나가는 말

어느 시대든 시간의 흐름에 동반하여 지식이 축적되고, 그에 따라 인간의 생각에 변화가 일어나는 것은 당연한 현상이라고 할 수 있다. 중국고대의 천에 대한 관점 또한 이러한 생각의 틀을 벗어날 수는 없다. 『노자』와 『장자』의 도와 천에 대한 설명을 통해서, 결국 노자와 장자가 말하는 도라고 하는 것도 천에 대한 하나의 해석으로 볼 수 있고, 이것은 중국고대에 있어서의 천에 대한 생각의 연속성과 시간의 흐름에 동반한 천관의 변화를 보여주는 것이 된다. 노자와 장자의 천 해석은, 「홍범」 등에 보이는, 신과 같은 존재로서 인간사회를 지배한다고 하는 해석을 부정하고 있다. 물론 아직 그 이전의 천관을 다 벗어나고 있지는 않지만, 노자와 장자의 경우는 인간의 인식의 측면에서 천을 해석하고 있다. 말하자면 천의 존재를 그냥 믿고 인정하는 것이 아니라, 인간이 그 천의 존재에 대해서 믿어왔던 그대로를 인식이 가능한지 고민해 본 것이라고 하겠다. 그 결론은 인간의 인식능력으로는 천의 본래의 모습을 알 수 없다는 것이었다. 그래서 눈에 보이는 천이 아닌 천의 본래 모습에 대해서 '인간 인식의 한계를 벗어난 도'로 규정하였다고 할 수 있다. 인간의 인식의 입장에서 본다면, 그러한 도 즉 천의 본래의 모습을 '자연'과 '무위'로 해석하는 것은 자연스러운 모습이라고 할 수 있다. 이러한 도가의 천에 대한 새로운 해석은 당연히 그 이후의 천관에 영향을 끼칠 수밖에 없다. 기(음양, 오행)에 의한 천의 해석도 이러한 분위기와 연관되는 것이라고 할 수 있다.

기에 의한 천 해석의 움직임은 일찍부터 있었다고 할 수 있고, 적어도 전국시대 이후 한대에 걸쳐서 그 윤곽이 뚜렷하게 형성된 것으로 보인다. 음양이나 오행이 경험적으로 얻게 된 개념이라는 것은 이미 주지의 사실이고, 그렇다고 한다면 기에 의한 천의 해석은 인간의 경험에 입각한 철학적 해석이 된다. 「홍범」 등에 보이는 종교적 의미의 천이 기에 의한 해석을 통해 철학적인 천으로 바뀐 것이다. 기에 의한 천의 해석은 중국적 사상의 특색이라고 할 수 있다. 이 기에 의한 천의 해석에도 여러 가지 모습이 있는데, 『춘추번로』나 『태극도설』에서 이야기하는 것도 그러한 모습 중의 하나이다. 왕충의 천 해석도 이러한 기에 의한 해석 중의 하나이다.

왕충의 천관은 도가적 해석과 기에 의한 해석 위에 성립하고 있다.

3장

시대적 배경 및 동기

1절 왕충사상 형성의 시대적 배경

1. 사상의 공간적 배경으로서의 한왕조(漢王朝)

시대의 성격이란 그 시대의 사회적·사상적 배경의 중요한 부분을 차지하는 것이다. 따라서 왕충사상을 이해하기 위해서는 시대적 성격에 관한 연구가 필요한 것은 말할 것도 없는 사실이다. 고대 중국과 같이 국가의 주인인 왕이 존재하는 경우에는, 그 왕의 주권문제를 둘러싼 왕조이론이 대체로 그 시대의 성격을 결정하게 된다. 이러한 이유로 인해서, 왕충에게 있어서 한의 왕조이론이라는 것은, 그의 사상형성에 있어서 빠뜨릴 수 없는 하나의 사상적 배경이 되지 않을까 한다. 또한 그뿐만이 아니라, 왕충이 직접 체험하면서 거기에서부터 사상적 발상이 나오고 있는, 여러 가지 사회적 문제도 사실은 그 배경에 한왕조라고 하는 원인이 있는 것이다. 따라서 왕충사상의 연구에서 공간적 배경으로서의 한왕조라고 하는 것은, 가장 먼저 이해해 두어야 할 과제라고 할 수 있겠다.

진나라에 이어서 지배왕조가 된 한나라는, 당연히 한왕조의 영원한 존속과 발전을 위해서, 진왕조와는 다른 한왕조 나름의 성격을 만드는 데에 전력을 기울였다고 생각한다. 왕조 나름의 성격을 만든다고 하는 것은, 어떤 왕조에서든 그렇다고 생각하지만, 주로 그 왕조의 왕조로서의 이론적 근거와 정치에 관한 문제라고 생각한다. 왕조의 왕조로서의 이론적 근거라고 하는 것은, 백성을 지배할 수 있는 국가의 주인으로서의 주권이 어떻게 해서 그 왕조에 있는가에 대한 이론적 설명이라고 생각한다. 여기에 관한 당시의 전통적 사고방식은, 천이라고 하는 절대자에 그 근거가 있다고 하는 사고방식이고, 한나라의 당시도 이러한 생각에는 변함이 없었다고 생각된다. 그런데 왕충의 한왕조의 문화를 설명하는 말에,

공자가 말한다. 문왕은 이미 돌아가시고 없지만, 그 문화는 여기(공자)에 있지 않은가라고. 문왕의 문화는 전해져서 공자에게 있다. 공자는 한나라를 위해서 문화(문물제도)를 만들고, 전해져서 한나라에 있다. 천의 문화를 받아 있으니, 문인은 이것을 따라야만 한다.[75]

라고 하는 언급이 있다. '문왕(文王) → 공자(孔子) → 한(漢)'이라고 하는 문화적 전승관계를 밝히고, '주(周) → 한(漢)'으로 이어지는 정통적 문화국가로서의 한왕조를 인정하고 있다. 이렇게 본다고 하면, 마치 주나라에서 한나라에 이르기까지, 정통적 왕조로서의 이론이든가 정치에 관한 이론에 변함이 없고, 변할 필요도 없는 것 같이도 보인다. 그렇다면 그 실제는 어떠했을까. 사실은 왕조의 주권확립이라고 하는

---

75 『논형』「佚文」: 孔子曰, 文王既歿, 文不在茲乎. 文王之文, 傳在孔子. 孔子爲漢制文, 傳在漢也. 受天之文, 文人宜遵.

왕충이 해석하는 기의 세계

목적을 눈앞에 둔, 한왕조의 이론은 진나라뿐만 아니라, 문화적 정통 왕조로서 인정하고 있는 주나라와도, 그 이론에 차이가 있음을 볼 수가 있다. 그럼 이러한 한나라의 왕조이론에 대해서, 주권문제를 중심으로 하여 다음에 살펴보도록 하자.

주왕조의 경우는, 『서경』(書經) 「주서」(周書)의 자료로부터 볼 것 같으면, 천명(天命)에 의해서 왕조의 정당성을 부여하고, 덕치(德治)를 주장하고 있다.[76] 반면, 진왕조는 여러 가지 상황의 다름으로부터 법사상에 의해서 천하를 통일하고, 따라서 법치(法治)를 이상적인 정치이론이라고 주장하고, 왕조의 정당성도 무덕(武德)에서 찾고 있다.[77] 주왕조와 진왕조가 그 왕조이론이라든가 정치이론을 달리하고는 있지만, 그 목적은 같았을 것이다. 천하의 주권자로서의 지위를 확보하고, 천하를 다스리는 것을 그 목적으로 하고 있었음에 틀림없다. 진왕조의 입장에서 본다면, 당연히 주왕조의 상황을 참고로 하면서 진왕조의 이론을 만들고 있다.[78] 진왕조에 교체되어 한왕조가 천하의 주권자로서 군림하게 되었을 때도, 역시 진왕조라든가 주왕조의 이론을 참고로 하면서 한왕조의 이론을 만들어 내고 있다. 그중에서도 직접 체험하고, 멸망을 목격한 진왕조에 대해서는 특별한 감정을 가지고 있었음에 틀림없

---

76 「康誥」의 "王若曰, … 惟乃丕顯考文王, 克明德愼罰, 不敢侮鰥寡, … 以修我西土. 惟時怙冒聞于上帝, 帝休, 天乃大命文王, 殪戎殷, 誕受厥命."이라고 하는 말로부터 그러한 것을 볼 수 있다.

77 「史記」 「秦始皇本紀」에 "… 皇帝東游, 巡登之罘, 臨照于海. … 大聖作治, 建定法度, 顯箸綱紀. 外教諸侯, 光施文惠, 明以義理. 六国回辟, 貪戾無厭, 虐殺不已. 皇帝哀衆, 遂發討師, 奮揚武德. 義誅信行, 威旁達, 莫不賓服. 烹滅強暴, 振救黔首, 周定四極. 普施明法, 経緯天下, 永爲儀則. …"이라고 하는 始皇의 덕을 칭송하는 문장이 있고, 秦의 王朝인 이유를 武德에서 제시하고 있다.

78 「史記」 「秦始皇本紀」의 "… 古之帝者, 地不過千里, 諸侯各守其封域, 或朝或否, 相侵暴亂, 残伐不止, 猶刻金石, 以自爲紀. 古之五帝三王, 知教不同, 法度不明, 假威鬼神, 以欺遠方, 実不稱名, 故不久長. 其身未殁, 諸侯倍叛, 法令不行. 今皇帝并一海内, 以爲郡縣, 天下和平. …"(琅邪臺의 石碑의 文章)이라고 하는 말로부터, 진왕조가 그 이전 왕조의 주권확립의 방법을 검토·반성하고, 천하를 다스리고 있는 것을 알 수 있다.

다. 여기서는 진왕조와의 관계 속에서 한의 왕조이론을 만들어가는 과정에 대해서 간단하게 살펴보도록 하겠다.

『사기』(史記) 「역생육가열전」(酈生陸賈列傳)을 보면, 육가(陸賈)와 한고조(漢高祖)의 다음과 같은 대화가 있다.

> 육생(陸生)은 때때로 (천자) 앞에서 시경과 서경을 설명하고 칭찬했다. 고제(高帝)는 그것을 욕하여, 나는 마상(馬上)에 앉아서 천하를 얻었다, 어찌 시경이나 서경을 일삼겠는가라고 했다. 육생이 말했다, 마상에 앉아서 천하를 얻었다 해도, 어찌 마상에서 천하를 다스릴 수가 있겠습니까. 또한 탕왕과 무왕이 반역(의 방법)으로 천하를 취했지만, 순응(의 방법)으로 그것을 지켰으니, 문과 무를 병용하는 것이, 오랫동안 지키는 방법입니다. … 진나라는 형법에 맡기고 바꾸지 않아서, 마침내 조씨(趙氏 : 秦의 왕실)를 멸망시켰습니다. 진나라가 만약 천하를 통일한 뒤에, 인의를 실행하고, 이전의 성인을 본받았다고 한다면, 폐하가 어찌 천하를 얻어 소유할 수가 있었겠습니까, 라고. 고제는 기분이 좋지 않았지만, 부끄러워하는 모습도 있고, 그래서 육생에게 말했다, 나를 위해서, 진나라가 천하를 잃은 까닭, 내가 천하를 얻은 까닭은 무엇인가, 또한 옛날의 성공하고 실패한 나라에 대해서 한 자 적어주게, 라고. [79]

천하의 주권을 얻는 것은 '무력'만으로 가능하지만, 그 주권을 유지

---

79 『史記』「酈生陸賈列傳」: 陸生時時前説稱詩書. 高帝罵之曰, 迺公居馬上而得之, 安事詩書. 陸生曰, 居馬上得之, 寧可以馬上治之乎. 且湯武逆取而以順守之, 文武並用, 長久之術也. … 秦任刑法不變, 卒滅趙氏. 鄉使秦已并天下, 行仁義, 法先聖, 陛下安得而有之. 高帝不懌而有慙色, 迺謂陸生曰, 試爲我著秦所以失天下, 吾所以得之者何, 及古成敗之國.

왕충이 해석하는 기의 세계

하면서 천하를 다스리는 것은 무력만으로는 불가능하다고 하는 육가의 이야기는, 한고조의 마음을 움직이고, 따라서 그대로 한왕조 성격 형성의 시작을 알리는 이야기가 되었다고 할 수 있다. 한고조도 육가에게 부탁하고 있듯이, 한의 왕조이론을 만듦에 있어서, 진왕조가 천하를 잃게 된 까닭이라고 하는 것은, 빠뜨릴 수가 없는 것이었다고 할 수 있다. 그러면 이 진왕조가 천하를 잃어버린 이유에 대해서, 육가의 설명을 통해서 살펴보도록 하자.

대저 높은 데에 있는 사람은 스스로 처함이 편안하지 않아서는 안 되고, 위태로운 데에 처한 사람은 지팡이에 맡김이 단단하지 않아서는 안 된다. 스스로 처함이 편안하지 않으면 떨어지고, 지팡이에 맡김이 단단하지 않으면 쓰러진다. 그래서 성인(聖人)이 높은 데에 있는 처사이면 인의로써 보금자리를 삼고, 위태롭고 기울어진 곳에 처해 있으면 성현으로써 지팡이를 삼는다. 그러므로 높아도 떨어지지 않고, 위태로워도 쓰러지지 않는다. … 진나라는 형벌로써 보금자리를 삼기 때문에, 보금자리를 엎어서 알을 깨트리는 재앙이 있다. 이사(李斯)와 조고(趙高)로써 지팡이를 삼기 때문에, 갑자기 쓰러지고 넘어져서 다치는 재앙이 있는데, 왜 그런가, 맡기는 바의 것이 잘못됐기 때문이다.[80]

진시황은 형벌을 세우고, 거열(車裂)의 형벌을 행하여 간사함을 단속하고, 북쪽 오랑캐의 경계에 장성(長城)을 쌓아서 호(胡)나 월(越)을

---

80 『新語』「輔政」: 夫居高者自處不可以不安, 履危者任杖不可以不固. 自處不安則墜, 任杖不固則仆. 是以聖人居高處士, 則以仁義爲巢, 乘危履傾, 則以聖賢爲杖, 故高而不墜, 危而不仆. … 秦以刑罰爲巢, 故有覆巢破卵之患, 以李斯趙高爲杖, 故有頓仆跌傷之禍, 何者, 所任者非也.

방비하고, … 이사(李斯)는 안에서 법을 다스려, 일이 더욱 번거로워져서 천하가 더욱 어지러워지고, 법이 더욱 많아져서 천하가 더욱 기세가 성해졌다. … 진나라가 다스리고자 하지 않은 것이 아닌데도 다스림을 잃은 것은, 거조(擧措 : 조치)가 너무 많고, 형벌이 너무 지극하기 때문이다.[81]

진나라도 또한 천하의 주권자로서 천하를 다스리고자는 했지만, 그 방법이 '형벌'이라든가 '법'이었기 때문에 천하를 잃어버릴 수밖에 없었다고 지적하고 있다. 형벌 · 법의 부정은 자연히 법가에 의해서 부정된 인의의 긍정을 초래하고, 인의로써 천하를 다스려야만 하는 것을, 육가는 주장하고 있다. 다음은 가의(賈誼)의 경우를 보고자 하는데, 『신서』(新書)를 보면 「과진 상 · 중 · 하」(過秦 上·中·下)가 있고, 가의의 진왕조에 대한 비평이 보이고 있다. 「과진 중」(過秦 中) 중의 이야기를 그 예로서 들도록 하겠다.

진왕(秦王)은 탐욕스럽고 야비한 마음을 품고, 스스로 떨치는 지혜를 행하고, 공신을 믿지 않고, 사민(士民)을 친애하지 않았다. 왕도를 폐하고 사사로운 사랑을 세우고, 문서를 태우고 형법을 가혹하게 하고, 사기와 무력을 앞세우고 인의를 뒤로하고, 포학으로써 천하의 시작을 삼았다. 대저 천하를 병합하는 것은 사기(詐欺)와 무력을 높이 여기고, 위태로움을 편안히 하는 것은 권력에 따름을 귀하게 여긴다. 이것을 미루어 말하면, 천하를 취함과 지킴은 방법을 한

---

81 『新語』「無爲」 : 秦始皇設刑罰, 爲車裂之誅, 以斂姦邪, 築長城於戎境, 以備胡越, … 李斯治法於內, 事逾煩天下逾亂, 法逾滋而天下逾熾, … 秦非不欲治也, 然失之者, 乃擧措太衆, 刑罰太極故也.

왕충이 해석하는 기의 세계

가지로 하지 않는다. 진나라가 비록 전국(戰國)을 떠나서 천하에 왕

노릇을 하고 있지만, 그 도가 바뀌지 않고 그 정치가 바뀌지 않았으

니, 이것은 그 천하를 취하는 까닭인데, 외로이 홀로 (그러한 방법으로)

천하를 소유하고 있기 때문에, 그 망하는 것은 서서 기다릴 수 있

다. 가령 진왕이 상세(上世)의 일이나 은나라 주나라의 사적을 논하

여 그 정치를 제어했더라면, 뒤에 비록 음란하고 교만한 군주가 있

었다 해도, 나라를 기울고 위태롭게 하는 환난은 있지 않았을 것이

다.[82]

형벌 · 법 · 사기(詐欺) · 무력 등에 의해서 천하를 다스렸기 때문에,

진나라의 멸망은 당연한 것이었다고 언급하고 있다. 이 가의의 비평

은 육가의 지적과 대체로 동일한 내용이라고 할 수 있다. 이러한 진왕

조의 멸망에 대한 검토는 한왕조에 여러 가지 치국에 관한 정보를 제

공해 준 것이 아닐까 생각한다. 지금까지의 설명으로부터 판단한다면,

적어도 천하를 얻는 방법과 천하를 지키는 방법은 다르다고 하는 것,

천하를 지키는 데는 인의적 방법이 중요하다고 하는 것, 또 주왕조를

포함하여 그 이전의 왕조의 치국방법이 훌륭하다고 하는 것, 등의 정

보를 얻었다고 할 수 있겠다.

　그 이후의 한왕조는 점점 유가적 경향을 띠게 된다. 무제(武帝) 원광

(元光) 원년(元年)에, 처음으로 '효렴'(孝廉)을 천거하도록 군국(郡國)에 명

령하고 있는 것도, 이상의 치국에 관한 정보의 연장선상의 일이라고

82　『新書』「過秦中」 : 秦王懷貪鄙之心, 行自奮之智, 不信功臣, 不親士民. 廢王道而立私
　愛, 焚文書而酷刑法, 先詐力而後仁義, 以暴虐爲天下始. 夫倂兼者高詐力, 安危者貴
　順權, 推此言之, 取与守不同術也. 秦雖離戰國而王天下, 其道不易, 是其所
　以取之也, 孤獨而有之, 故其亡可立而待也. 藉使秦王論上世之事, 並殷周之跡, 以制
　御其政, 後雖有淫驕之主, 猶未有傾危之患也.

생각한다.[83] 이러한 분위기 속에서, 한무제는 "위로 요순에 나란하고, 아래로 삼왕에 짝하는"[84] 것을 목표로 하여 '현량'(賢良)에게 그 의견을 구한 결과, 동중서(董仲舒)의 '대책'(對策)을 받아들이게 되었다. 그런 후에 한왕조와 사회는 동중서의 사상적 분위기로 점점 변모하여 갔다. 그럼 동중서의 사상적 분위기라고 하는 것은 어떠한 것인가. 동중서의 '대책'을 보면, 한왕조가 마땅히 갖추어야 할 모습에 대해서,『춘추』(春秋)의 사상을 중심으로 하여 그 대략을 서술하고 있다. 먼저 '천인상관'(天人相關)과 '천견'(天譴)에 대해서 서술하고 있다. 그다음에 '수명(受命)의 부(符)'(천명을 받은 증거)에 대해서도 서술하고 있는데, 이것은 '천견'과 함께 '천인상관설'의 주된 내용이다. 이러한 천인관계는 주왕조를 계승하고 있다고 할 수 있는데, 동중서는 단지 계승할 뿐만 아니라, 자기 나름의 납득할 만한 설명을 베풀고 있다.『한서』(漢書)「동중서전」(董仲舒傳)에서,

천도의 큰 것은 음양에 있다. 양은 덕이고 음은 형벌이고, 형벌은 죽임을 주관하고 덕은 낳음을 주관한다. … 왕은 천의 뜻을 이어서 일을 하기 때문에, 덕교(德敎)에 맡기고 형벌에 맡기지 않는다.[85]

라고 하여 동중서는 천의 내용을 음양으로서 해석하고, 왕의 정치에 있어서도 그 음양과 관련지어 설명하고 있는 것이, 그의 새로운 해석이라고 할 수 있다. '천견'이라든가 '수명(受命)의 부(符)'에 대해서도 이

---

83 「漢書」「武帝紀」: 元光元年冬十一月, 初令郡國舉孝廉各一人.

84 「漢書」「武帝紀」: 上參堯舜, 下配三王.

85 「漢書」「董仲舒傳」: 天道之大者在陰陽. 陽爲德, 陰爲刑, 刑主殺而德主生. … 王者承天意以從事, 故任德敎而不任刑.

왕충이 해석하는 기의 세계

음양에 의해서 합리성을 부여하고자 하고 있다. 또한,

신(臣)은 이렇게 들었습니다. 천이 크게 받들어 왕이 되도록 하는 것
은, 반드시 사람의 힘이 이룰 수 있게 하는 것이 아니고 저절로 이
르게 됨이 있는데, 이것이 수명(受命)의 부(符)(천명을 받은 증거)이다.
천하의 사람이 마음을 한가지로 하여 돌아가는 것이 부모에게 돌아
가는 것 같기 때문에, 천의 상서로움이 (사람의) 정성에 감응하여 이
르렀다. … 후세에 이르러, (왕이) 방탕하고 (나라가) 쇠퇴하고, … 덕
교(德敎)를 폐하고 형벌에 맡겼다. 형벌이 알맞지 않게 되고서 사기
(邪氣)를 낳게 되고, 사기(邪氣)가 아래에 쌓이고, 원망과 미워함이
위에 쌓였다. 상하가 조화롭지 않자 음양이 어긋나고, 요사스러운
재앙이 발생했다. 이것이 재이(災異)가 인연하여 일어나는 이유이
다.[86]

라고 하여, 인간의 행위라든가 정치가 음양과 어떻게 관계되는가를
설명함에 의해서, 천인관계의 근거를 제공하고, '천견'(天譴)이라든가
'수명(受命)의 부(符)'의 정당성을 말하고 있다. 이러한 천인상관설에 의
해서 인간이라든가 인간사회, 정치방법 등을 설명하고 있는 것이, 동
중서가 목표로 했던 한왕조와 그 사회를 위한 사상이었다. 동중서의
사상에 의해서, 한왕조는 주왕조처럼 천으로부터 명(命)을 받은 정통왕
조가 되고, 덕교(德敎)와 같은 유가적 정치이론을 이상적 정치이론으로
가지게 되었다. 이렇게 해서 한왕조에 한왕조 나름의 왕조의 모습이

---

86 『漢書』「董仲舒傳」: 臣聞天之所大奉使之王者, 必有非人力所能致而自至者, 此受命
之符也. 天下之人同心歸之, 若歸父母, 故天瑞應誠而至. … 及至後世, 淫佚衰微, …
廢德敎而任刑罰. 刑罰不中, 則生邪氣, 邪氣積於下, 怨惡畜於上. 上下不和, 則陰陽繆,
而妖孼生矣. 此災異所緣而起也.

탄생한 것이다.

왕망(王莽)의 신(新)나라에 이어서 천하의 주권자가 된 후한왕조(後漢王朝)는 광무제(光武帝)로부터 시작된다. 후한의 왕조이론은 이 광무제 때부터 이미 확고한 이론을 가지고 있었다. 광무제가 아직 왕망의 집권하에 있었을 때에, "유씨가 다시 일어나고, 이씨가 보필이 된다."[87]라고 하는 도참을 듣고서 정권탈취라고 하는 대사를 결심하게 된다. 또 왕망의 정권을 무너뜨린 뒤, 황제에 즉위할 때도 "유수가 군대를 일으켜 도리에 어긋난 자를 체포하면, 사방 오랑캐가 운집해 용이 들에서 싸우다가, 사칠(四七)의 즈음에는 화(火)가 주인이 된다."[88]라고 하는 도참이 이용되고 있음을 「광무제기」(光武帝紀)로부터 볼 수 있다. 따라서 후한의 왕조이론은 도참에 의해서 지지되고 있음을 알 수 있다. 도참이라고 하는 것이 나온 것은, 장형(張衡)에 의하면, 전한(前漢) 말의 성·애제(成·哀帝) 이후라고 지적되고 있다.(『後漢書』「張衡列傳」) '도'(図)라고 하는 것은 하도(河圖), '참'(讖)이라고 하는 것은 부명(符命)의 책이기 때문에, 동중서의 천인상관설에 근거를 가지는 부명사상(符命思想)의 연장선상의 것이라고 생각된다. 이렇게 본다면, 후한왕조의 주권확립을 위한 이론이란, 전한왕조와 같지만, 단지 도참에 의해서 더 강화하려고 한 정도의 차이가 있다고 할 수 있다.

이상 간단하지만, 왕충이 살고 있었던 한왕조의 왕조이론의 형성과정과 그 성격에 대해서 정리해 봤다. 일단, 그 왕조이론으로부터 보면, 진나라와는 반대로 주왕조를 계승하고 있다고 할 수 있다. 그러나 거기에 합리적 해석이 베풀어지고 있는 것은 역시 시대의 산물이라고 할 수 있겠다. 진왕조에서 소멸한 천의 권위가 되살아나고, 거기에 시대

---

87 『後漢書』「光武帝紀」: 劉氏復起, 李氏爲輔.

88 『後漢書』「光武帝紀」: 劉秀發兵捕不道, 四夷雲集龍鬪野, 四七之際火爲主.

왕충이 해석하는 기의 세계

적 해석이 가해졌다고 하는 사실로부터, 새로운 의미에서의 천을 중심으로 하는 왕조와 지배관의 성립을 볼 수 있다.

2. 사회적 배경

1) 신비적 사회 풍조

논형을 쓴 것은 많은 책이 모두 진실을 잃어버리고, 허망한 말이 진실보다 더 우세를 차지하고 있음에 기인한다. …『논형』의 여러 편은, 실제로 세간의 일반인이 잘 알고 있는 것이고, 세간의 작자와 다름이 없다. 저 구허(九虛)·삼증(三增)·논사(論死)·정귀(訂鬼)와 같은 것은, 세속의 사람이 오랫동안 미혹되고 있는 것이고, 사람들이 깨달을 수 없는 것이다.[89]

진실을 잃어버린 사회적 실태가 바로『논형』저술의 배경으로 되고 있음을 왕충 스스로가 이야기하고 있는 말이다.『논형』중에서도 구허 (九虛)·삼증(三增)·논사(論死)·정귀(訂鬼) 등이 그러한 배경으로부터의 대표적 논문이라고 말하고 있다.「수송편」(須頌篇)에도 "옛날에 헛된 좋은 것이 있어도 진실로 마음으로 그렇다고 하고, 오래되고 먼 옛날의 허위를 믿고, 가까운 지금의 사실을 소홀히 한다. 이것이 삼증·구허가 이루어진 까닭이다."[90]라고 하고 있고, 또「대작편」(對作篇)의 앞의

---

89 「논형」「對作」: 論衡之造也, 起衆書並失實, 虛妄之言勝眞美也. … 論衡諸篇, 實俗間之凡人所能見, 與彼作者, 無以異也. 若夫九虛三增論死訂鬼, 世俗所久惑, 人所不能覺也.

90 「논형」「須頌」: 古有虛美, 誠心然之, 信久遠之僞, 忽近今之實. 斯蓋三增九虛, 所以成也.

인용문 외에도 "『논형』의 구허·삼증은 세속인으로 하여금 진실과 성실을 힘쓰게 하는 것이다. 논사·정귀는 세속인으로 하여금 상장(喪葬)을 간소하게 하는 것이다."[91]라고 하는 문장이 있다. 이러한 말로부터 보면, 물론『논형』전체가 비판이라고 하는 한 글자로 꿰뚫고 있지만, 특히 구허·삼증·논사·정귀가 세속에 대한 비판의 중심인 것을 알 수 있다. 바꾸어 말하면 구허·삼증·논사·정귀에서 비판되고 있는 내용이 그 당시의 세속인을 가장 미혹시키는 사회적 문제라고, 왕충이 생각하고 있었음을 알 수 있다. 그럼 구허·삼증·논사·정귀에서 비판하고 있는 내용이란 무엇인가. 구허(九虛)라고 하는 것은,「서허」(書虛)·「변허」(變虛)·「이허」(異虛)·「감허」(感虛)·「복허」(福虛)·「화허」(禍虛)·「용허」(龍虛)·「뇌허」(雷虛)·「도허」(道虛)를 말하고 있다. 삼증(三增)이란「어증」(語增)·「유증」(儒增)·「예증」(藝增)을 말하고 있다.「논사」(論死)·「정귀」(訂鬼)란 각각 하나의 편명이다. 우선 구허에서의 비판의 내용으로부터 보면, 이치에 맞지 않는 이야기라든가, 속신(俗信), 천·자연과 인간의 감응, 의지적 천, 신선사상 등이 그 대상으로 되고 있다. 삼증에서의 비판의 내용은 과장된 말을 그 대상으로 하고 있다. 특히 구허·삼증에서는, 세속인에게 신념을 제공하는 원천이라고 해야 할 '전서'(傳書)라든가 '경서'(經書)의 자료를 들어 비판하고 있다. 이것은 세속의 허망한 신념을 단지 대략적으로 비판하는 것만으로는 설득력이 없다고 하는 당시의 사회상황을 이야기하는 것이기도 하다.「논사」·「정귀」에서는, 귀신의 실체에 대해서 여러 가지 면에서 논증하고, 세속의 신념을 바로잡는 것을 그 내용으로 하고 있다. 이러한 구허·삼증·논사·정귀에서 비판하고 있는 내용은, 왕충 스스로도 말하고 있

---

91 「논형」「對作」: 論衡九虛三增, 所以使俗務實誠也. 論死訂鬼, 所以使俗薄喪葬也.

듯이, 세속인으로서는 그것이 허망인지를 깨닫기가 매우 힘든 것이었는데, 그러한 것이 사회문제가 되고 있는 사회상황 속에서 왕충의 선구로서 비판의 글을 쓴 사람이 이미 있었다. 바로 환담(桓譚)이라고 하는 인물이다.

『후한서』(後漢書) 「환담전」(桓譚傳)을 보면, 환담은 광무제 때 도참사상을 비판하여, 광무제의 분노를 산 적도 있는 사람이다. 이 환담의 비판사상과 왕충은 깊은 관계를 가지고 있고,[92] 『논형』 「대작편」에서 "많은 일이 진실을 잃지 않고, 모든 이론이 무너지고 어지러워지지 않았다면, 환담의 이론은 일어나지 않았을 것이다."[93]라고 하여, 진실을 잃은 사회를 배경으로 해서 환담의 『신론』(新論)이 만들어졌다는 왕충의 지적을 통해서 그러한 점을 엿볼 수 있다. 이러한 이야기로부터 보면, 적어도 후한 초의 사회는 이미 그 건전성을 잃고 있었다는 것이 된다. 말하자면 사회의 근거에 대한 해석에 많은 합리성의 결여가 나타나고 있었다는 것이다. 환담 외에 정흥(鄭興), 윤민(尹敏) 등도 도참사상을 부정하고 있고,[94] 이러한 사실은 이미 후한왕조와 사회 모두가 도참에 의해 물들어 있었다는 것을 엿보게 하고 있다. 따라서 그러한 사회 속에서, 환담 등 몇 사람의 비판이 있는 것은 당연한 것이라고 생각하지만, 그러나 가령 그러한 비판이 있었다고 해도, 그 사회가 바로 허망으로부터 건전성을 회복할 수는 없었던 것이다.[95] 오히려 후한왕조는 당시의 사회 풍조를 부추기기라도 하듯이, 광무제 중원(中元) 원년에는 도참을

---

92 桓譚의 비판사상과 왕충의 관계에 대해서는, 大久保隆郎씨의 「桓譚と王充」이라는 논문에 상세하게 설명되어 있다.

93 『논형』 「對作」: 衆事不失實, 凡論不壞亂, 則桓譚之論不起.

94 『後漢書』 「鄭范陳賈張列傳」과 「儒林列傳」에서 볼 수 있다.

95 도참에 대한 비판 혹은 否認이라고 해도, 왕조라고 하는 정치적 현실이 있고, 따라서 죽음을 각오하면서까지 철저하게 비판할 수는 없었던 것이, 『後漢書』의 각각의 열전에 보이고 있다.

천하에 선포하고 있다.⁹⁶ 이와 같은 도참적 사회 풍조가 점점 심해지는 그 중심에 살고 있었던 왕충으로서는, 사회의 건전성을 회복시키기 위해서는, 앞에서 본 바와 같이, 그 허망의 근거를 철저하게 검토 · 비판하는 외에 방법이 없었는지도 모른다. 왕충은 이 방법을 취하게 된 자신의 생각을 「대작편」에서 다음과 같이 표현하고 있다.

세속의 사람의 성향은 기괴한 말을 좋아하고 허망한 문장에 기뻐한다. 왜냐하면, 실제의 사실은 마음을 기분 좋게 할 수 없지만, 허식적이고 허구한 것은 사람의 귀를 놀라게 하고 마음을 움직이게 하기 때문이다. 따라서 재능이 있는 학자로서 담론을 좋아하는 자는, 실제의 사실을 과장하여 보태어, 과도하게 형용된 말을 한다. 문장을 쓰는 자는, 내용이 없는 문장을 만들어, 허망된 전달을 한다. 듣는 사람은 정말로 그렇다고 생각하여, 기뻐하여 마지않고, 보는 사람은 실제의 사실이라고 생각하여, 끊임없이 전달한다. 끊임없이 전달하면 문장이 책에 실려지게 되고, 기뻐하여 마지않으면 잘못 현자(賢者)의 귀에 들어가게 된다. 지극하게는 혹은 남면(南面)한 왕이나 스승으로 칭하는 사람이 간사하고 거짓된 담론을 짓게 되고, 성(城)을 관장하는 대관(大官)이나 고관(高官)이 허망된 책을 읽게 된다. 일의 시비를 명백히 구별하고, 마음을 아프게 하여 그러한 사실을 근심한다면, 어찌 논하지 않을 수 있겠는가. … 어찌 내 마음이 참을 수 있겠는가.⁹⁷

<hr>

96 「後漢書」「光武帝紀」: 宣布圖讖於天下.

97 「논형」「對作」: 世俗之性, 好奇怪之語, 說虛妄之文. 何則, 實事不能快意, 而華虛驚耳動心也. 是故才能之士, 好談論者, 增益實事, 爲美盛之語. 用筆墨者, 造生空文, 爲虛妄之傳. 聽者以爲眞然, 說而不舍, 覽者以爲實事, 傳而不絕. 不絕則文載竹帛之上, 不舍則誤入賢者之耳. 至或南面稱師, 賦姦僞之說, 典城佩紫, 讀虛妄之書. 明辨然否, 疾

　　　　　　　　　　　　왕충이 해석하는 기의 세계

남면(南面)한 사람 즉 왕에 이르기까지—당시의 상황을 말하고 있을 지도 모름—그 허망을 믿을 만큼 그 사태가 심각하게 된 것은, 허망의 말이 책에 기재되었기 때문이며, 또 이러한 일련의 사태의 최초의 원인은 세속인의 본성에 있다고, 왕충은 판단하고 있는 것이다. 이와 같은 왕충의 판단으로부터 보면, 당시 사회의 허망을 비판하고 제거하는 것은, 간단한 일이 아닌 것을 알 수 있다. 당시의 역사적 사실과 그것에 대한 왕충의 판단과를 종합해서 본다고 하면, 왕충의 방법은 필연적이었던 것 같이도 생각된다. 그럼 당시의 사회가 그 정도로까지 심각하게 된 이유에 대해서 잠시 살펴보기로 하자.

『논형』「도허편」(道虛篇)을 보면, 『사기』(史記)나 『회남자』(淮南子) 등의 선인(仙人)에 관한 문장을 들고 그것을 비판하고 있다. 사실 이 선인이 실재한다고 하는 신선사상은, 한대에 들어와서 나타났던 것은 아니라고 생각한다. 천을 최고신으로서 간주하는 고대 중국사회에서는 항상 신선사상의 가능성을 가지고 있었던 것이다. 엄격한 법치주의를 정치이론으로 한 진나라에 있어서도 신선사상을 믿고 있었음을 볼 수 있다.[98] 따라서 중국사회에 있어서 적어도 한대 이전에 이미 신선사상을 믿고 있었다는 것을 알 수 있다. 또 옛날부터 점복을 믿고, 실제로 점복을 행하여 미래의 길흉을 예견하기도 한 것 등은, 이미 주지의 사실이라고 생각하지만, 진대(秦代)에서도 『시경』(詩經)·『서경』(書經)·제자백가(諸子百家)의 책 등을 소지하는 것은 금지되었지만, 의약·점복·농업의 책만은 거기에서 제외된 사실로부터,[99] 진대 사회에 옛날부터

心傷之, 安能不論. ... 豈吾心所能忍哉.

98 『史記』「秦始皇本紀」에 "因使韓終, 侯公, 石生求仙人不死之藥." 등의 말이 있고, 신선사상의 분위기를 느끼게 한다.

99 그러한 내용은, 『史記』「秦始皇本紀」와 「李斯列傳」에 나와 있는데, 李斯의 의견을 진시황이 받아들인 것이다.

의 점복이 그대로 남아 있었다는 것을 알 수 있다. 이러한 사실로부터 보면, 한대 사회에 있어서 문제가 되는 여러 가지 사회 풍조는, 그 이전에 이미 만들어져서 사회 풍조로 되어 있었다고 할 수 있다.

한왕조가 동중서의 천인상관설에 의해서 왕조이론을 정하고, 당시의 사회에 그러한 한대적 공간을 제공했을 때, 그 사회는 그때까지는 없었던 사상적 기반 위에서 신비주의적 사회로 나아가게 되었다고 생각된다. 그러나 신비주의적 사회라고 하는 것이, 당시에 비판 받아야만 하는 사회였던가 하면, 결코 그렇지는 않았다고 생각한다. 당시의 진리라는 것을 생각해 보면, 일단 천하를 소유한 자의 이론, 즉 왕조이론이라는 것이 일반적으로 진리 기준의 역할을 한 것이 아닐까 한다. 또 그 왕조이론이 성인의 말에 근거하고 있다면, 더더욱 진리의 기준으로 적합하다고 할 수 있다. 따라서 공양춘추(公羊春秋)에 근거를 가지는 당시의 왕조이론으로부터 본다면, 당시의 신비적 색채를 띤 사회라고 하는 것은, 비판받아야 할 대상이 아니라, 오히려 진리에 꼭 들어맞는 모습이라고 해야 하지 않을까 한다. 이러한 이유로, 사회는 점점 신비적 색채를 더하게 되고, 왕조이론에까지 영향을 미치고 있는 것이다. 그래서 후한이 되어서는 도참설에 의해서 왕조이론이 지지받게 되었던 것이다. 그런데 그러한 왕조이론과 함께 사회가 점점 더 신비적 색채를 띠게 되었을 때, 앞에서 본 바와 같이, 한쪽에서 비판의 소리도 나오기 시작한 것이다. 왕조이론을 진리의 기준으로 한다면, 비판의 소리는 어떠한 이론을 근거로 하더라도 오히려 반 진리적 주장이 되어버린다. 실제로 그렇게 되었다. 환담(桓譚)·정흥(鄭興)·윤민(尹敏) 등이 광무제를 향해서 도참을 비판하지만, 오히려 반 진리적 주장으로 취급되는 것이 『후한서』의 각각의 「전」(傳)에 나와 있다.

이상에서 본 바와 같이, 한의 왕조이론이 정해지고 나서부터 후한왕

왕충이 해석하는 기의 세계

조의 초기에 이르러서는, 비판하는 측에서 본다면, 왕조와 사회 모두 정말로 심각한 신비주의에 뒤덮여 있었다고 할 수 있는데, 그 가장 큰 원인이 한나라의 왕조이론에 있었던 것은 일단 틀림없는 사실이라고 생각한다. 그러나 진리의 기준이라는 측면에서 보면, 아무리 심각한 신비주의라고 해도 그것은 진리이며, 그것에 대한 비판은 반 진리라고 하는 것이, 이미 본 것처럼, 한왕조 사회의 실상이었다. 환담 등이 이 것을 모를 리 없었다고 생각한다. 그럼에도 불구하고 굳이 비판한 것은 왜일까. 당시의 사회적 실상이 당시의 왕조로부터 봐서는 진리라고 해도, 더욱 합리적이라고 생각하는 자신들의 진리의 기준으로부터 봐서는 도저히 진리로서 인정할 수 없었기 때문이 아닐까. 그럼 환담·정흥·윤민 등은 무엇을 진리의 기준으로 해서 비판하고 있는 것인가. 『후한서』의 각각의 「전」을 보면, "신(환담)은 참서(讖書)를 읽지 않습니다. 제(帝)가 그 까닭을 물었다. 환담이 다시 참서가 경서(經書)가 아님을 극단적으로 말했다."[100], "신(정흥)은 참(讖)을 하지 않습니다."[101], "윤민이 대답해 말했다. 참서는 성인이 지은 것이 아닙니다."[102]라고 하여, 참서는 학문의 목표인 경서도 아니고, 성인의 저작도 아니라는 것을 말하고 있다. 여기서 환담 등이 비판의 기준으로 삼고 있는 것은, 경서라든가 성인의 저작이라는 것을 알 수 있다. 그러나 이러한 기준만으로는 왕조에 대해서 설득력을 가지지 못했다. 「환담전」(桓譚傳)을 보면, 광무제는 앞의 '참서가 경서가 아니다'라는 환담의 이야기에 대해서, "환담은 성인을 비난하고 법을 업신여기니, 끌어내려 목을 베라"[103]고 하

---

100 『후한서』「桓譚馮衍列傳上」: 臣不讀讖. 帝問其故. 譚復極言讖之非經.

101 『후한서』「鄭范陳賈張列傳」: 臣不爲讖.

102 『후한서』「儒林列傳」: 敏對曰, 讖書非聖人所作.

103 『후한서』「桓譚馮衍列傳上」: 桓譚非聖無法, 將下斬之.

여, 성인이라면 진리의 기준이 될 수 있지만, 단지 성인의 경서인가 어떤가라는 말만으로는 진리의 기준이 될 수 없음을 지적하고 있다. 그것도 그러한 것이, 도참이라고 해도 또한 공양춘추를 그 근본으로 하고 있는 한나라의 왕조이론 위에 서 있는 것이다. 따라서 가령 당시의 왕조와 사회가, 보다 합리적인 진리의 기준에 맞지 않는다고 해도, 보통의 방법으로는 비판할 수 없는 상황에 있었다고 할 수 있다. 단지 일반적 기준을 가지고 와서 막연하게 비판하는 것은, 주권자에게 비판을 위한 비판으로밖에 보이지 않을는지도 모른다. 이러한 상황 속에서 왕충은, 앞서 언급한 것처럼, 진실로 가득한 사회를 목적으로 해서, 당시의 진리의 기준에 근거를 제공하고 있는 경서나 전서 등을 그 가장 중요한 비판의 대상으로 한 것은 아닐까 한다. 경서나 전서 등의 비판에는 왕충의 최고의 지식이 동원되고 있다. 자신만이 납득하는 기준으로 비판하는 것이 아니라, 실증적 방법에 의해서 객관적으로 비판하고 있는 것이다.[104]

그런데 실증적 방법에 의해서 경서나 전서 등의 허망된 내용을 비판하게 되었을 때, 그 비판의 대상으로서의 사회는 한대 이전까지 거슬러 올라갈 수밖에 없었다고 생각한다. 하나의 사회가 그 이전 사회 위에 만들어져 있다는 것은 당연한 것이며, 한대 사회라고 해도 예외는 아닐 것이다. 공간적으로 같은 한대적 공간에 있어도, 시간적으로 보면 그 사회의 사상은 각 시대적 모습을 가지고 있는 것이다. 즉 한대 사회라고 하는 것은, 그 이전 사회의 사상을 기반으로 하면서, 한대 사회적 조건에 의한 한대적 특색을 가지고 있는 사회라고 할 수 있다. 따라서 단지 한대 사회적 특색, 즉 한대적 신비주의만을 비판하려고 한

---

104 胡適은「王充的論衡」에서, 왕충의 실증적 방법을 당시의 천문학 발달의 산물로서 언급하고 있다.

다면, 한대 사회만이 그 비판의 대상이 되겠지만, 왕충과 같이 객관적 기준을 가지고 근본적으로 한대 사회를 비판하려고 한다면, 한대 사회의 기반으로서의 사회까지도 그 비판의 대상이 되게 되는 것이다. 그래서 시대를 불문하고, 모든 허망이 그 비판의 대상이 되고, 그 객관적 비판의 결과로 만들어진 것이 『논형』의 사상체계가 된다. 당연히 비판의 대상으로서 학파라든가 인물에 구애됨이 없고, 가령 「문공편」(問孔篇)을 지어서 공자를 비판하거나 하는 것도, 그에게 있어서는 이상한 것이 아니었다고 생각한다.[105] 이렇게 보면, 물론 한대적 제한은 있지만, 한대의 과학 등에 의해서 지지되고 있는 실증이라는 객관적 기준에 의해서, 한대를 포함하여 그 이전의 사회적 사상이 비판·종합되고 있는 것이, 왕충의 『논형』이라고 할 수 있다. 또 이것은 당시의 신비주의적 사회로부터 요청된 결과라고도 할 수 있다.

2) 한왕조 사회를 위한 학자로서의 역할

이상에서는 신비주의라고 하는 왕충으로서는 비판할 수밖에 없는 시대적 상황과 왕충의 비판 방법이라든가 비판의 대상 등에 대해서 생각해 보았는데, 왕충의 사상형성에 있어서 왕조라고 하는 것도 절대로 무시할 수 없는 존재였다고 생각한다. 아니, 사상형성에 절대적 존재였는지도 모른다. 당시에 왕조라고 하는 존재는, 세력을 유지하고 있는 한 천하의 주인으로서, 누구도 거역하기 어려운 존재임에 틀림

---

105 王充의 이와 같은 객관적 사고방식은, 당시에 있어서 諸子의 책을 중요시해야 하는 이유에 대해서, 다음과 같이 절실하게 말하게 했다고 생각한다. "今五經遭亡秦之奢侈, 触李斯之横議, 燔燒禁防. ... 漢興收五經, 經書缺滅而不明, 篇章棄散而不具. ... 秦雖無道, 不燔諸子, 諸子尺書, 文篇具在, 可觀讀以正説, 可釆以示後人. ... 由此言之, 書亦爲本, 經亦爲末. 末失事實, 本得道質. ... 知經誤者在諸子. 諸子尺書, 文明實是."(「書解」)

없었다. 환담 등의 도참에 대한 비판이 가령 왕조를 위해서였다고 해도, 광무제를 설득시키지 않는 한 그 이상 계속해서 주장할 수가 없었던 것은, 역시 왕조라고 하는 세력에 대한 복종이었다고 하겠다. 따라서 환담 등만이 아니라 모든 학자라고 해도 될 정도로 학자가 왕조이론에 거스를 수는 없었다고 생각한다. 그래서 대체로 도참설을 인정하거나, 학설에 신비적 색채를 띠게 되었던 것이다. 그런데 왕충의 경우는 도참설 등의 신비적 색채를 비판했고 이는 사실 당시의 왕조이론을 거스르고 있는 것이다. 이러한 점으로 인해 학자들은 왕충을 한대 최고의 비판사상가로서 주저 없이 거론하고 있다. 그러나 왕충은 한편에서는 이처럼 왕조이론을 비판하면서도, 다른 한편에서는 왕조의 치세를 칭찬하고 있다. 이것은 확실히 모순된 사상으로밖에 보이지 않는다. 이 점에 대해서는 이미 풍우란(馮友蘭) · 임계유(任継愈) 등 여러 학자의 비판을 면할 수 없었다. 사토쿄겐(佐藤匡玄)은 『논형의 연구』(論衡の研究)에서 이 점에 대해서 말하고, 후외려(侯外廬) 등의 『중국사상통사』(中国思想通史)에서는 이것을 모순이라고 평하고 있지만, 자신은 그 평에는 전혀 찬성하기 어렵다고 하면서, 왕충이 객관적 입장에서 비판한 결과, 왕조의 치세를 칭찬할 수밖에 없었다고 말하고, 그것은 절대 모순이 아니라고 주장하고 있다.[106] 그럼 이러한 모순이다, 모순이 아니다 등의 정반대 평가가 나오게 된 원인은 무엇일까. 모순이라고 하는 쪽의 주장에서는, 왕충은 본래 재이(災異) · 부서(符瑞) 등등의 참위 미신을 부정했지만, 「선한」(宣漢) · 「회국」(恢國) 등의 편에서는 그 부정한 부서(符瑞)에 의해서 한왕조의 우월함을 증명하고 있다고 하는 모순을 지적하고 있다. 그래서 그들은 그 모순의 원인으로서 왕충의 정권에의 타

106　佐藤匡玄『論衡の研究』第五章「大漢論」212쪽.

협을 들고 있다. 여기에 대해서 사토쿄겐은 단지 대한사상(大漢思想)에만 관심을 두고, 왕충은 정권에 타협했던 것은 아니고, 당시는 정치적으로도 문화적으로도 태평을 구가해야 할 객관적 조건이 갖추어져 있었고, 그 위에 왕충이 객관적으로 평가한 결과, 한왕조가 이전 시대보다 우월함을 주장하게 되었다고 하고 있다. 그런데 이렇게 본다고 하면, 실은 양쪽의 논점이 맞지 않은 것을 알 수 있다. 한쪽은 신비적 색채를 부정하면서도 긍정한다고 하는 점에, 다른 한쪽은 대한사상에 각각 초점을 맞추고 있는 것이다. 그러나 논점은 어떻든 간에, 양쪽이 지적하는 것이 『논형』의 사상 중에 나타나고 있는 것은 사실이다. 만약양쪽의 지적이 모두 참이라고 한다면, 그와 함께 해결해야 할 새로운문제점이 나타나게 된다. 신비적 색채를 부정하면서도 긍정한다고 하는 모순에 대해 그 원인을 정권에의 타협에서 찾고 있는 쪽에서는, 왕충의 객관적 비판이라고 하는 방법론을 포함하여 그 모순의 원인을 찾지 않으면 안 된다는 새로운 문제점에 봉착하게 된다. 또 객관적 비판에 의해 대한사상을 주장하게 되었다는 쪽에서는, 객관적 비판이라고하는 하나의 방법론에 의한 결과가 어떻게 신비적 색채의 부정과 긍정이라는, 모순으로밖에 보이지 않는 두 결과를 초래하게 되었는가라고하는 문제점까지도 포함하여 대한사상을 생각하지 않으면 안 된다고하는 것이다. 둘이면서 하나인 이상의 문제점의 해결 방법은, 왕충사상의 시대적 배경으로서의 왕조라는 측면에서 찾을 수 있지 않을까 한다. 먼저 왕충의 경우, 당시의 왕조이론에 거스르고 있다고 지적했지만, 그러나 그렇다고 해서 왕조까지 비판하고 있는 것은 아니라고 생각한다. 즉 왕조이론을 비판하고는 있지만, 왕조가 왕조인 근거까지도 비판하고 있는 것은 아니라는 것이다. 보다 정확하게 말하면, 동중서의 천인감응설, 재이설 등에 의해 왕조이론이 확립될 때, 왕조에 왕조로서의 정당성을 부여하는, 근본존재와 인간세계의 관계도 확립되었는데, 이 관계까지 비판하고 있는 것은 아니라는 것이다. 왕충도 역시 인간세계의 근본으로서의 천을, 또 이 천의 기준에 맞는지 어떤지의 기준으로서의 서상(瑞祥) 등등 한대를 지탱하고 있는 사상적 공리에 대해, 한 사람의 한대인(漢代人)으로서 인정하고 있는 것이다. 비판하고 있는 것은 단지 이 기본적인 틀의 관계를 해석하는 방법에 대해서이다. 실증적 방법으로써 그 관계를 해석함에 의해 이전의 신비적·미신적 요소를 배제하려고 했을 뿐인 것이다. 따라서 왕충의 비판은, 한왕조를 위해 최선을 다한 결과라고 해야 하지 않을까 한다. 『논형』「대작편」에,

건초(建初) 초년(初年)에 중원은 몹시 흉년이 들어, 영천(潁川)이나 여남(汝南)의 백성은 유랑하여 사방으로 흩어졌기 때문에, 성주(聖主)는 근심하고 위로하여, 조서가 자주 이르렀다. 논형의 저자인 나(왕충)는 군수에게 의견서를 드리고, 사치를 금지하여 곤핍을 대비해야 한다고 했다. 의견은 받아들여 쓰여지지 않았고, 물러나서 초고에 제목을 달아, 이름하여 '비핍'(備乏)이라고 했다. 술은 오곡을 낭비하고, 도적을 발생시켜, 술에 빠지고 도적이 끊어지지 않기 때문에, 군수에게 의견서를 드리고, 백성에게 술을 금하도록 했다. 물러나서 초고에 제목을 달아, 이름하여 '금주'(禁酒)라고 했다.[107]

라는 문장이 있고, 왕충의 한왕조 사회를 위한 노력을 볼 수 있다.

---

107 『논형』「對作」: 建初孟年, 中州頗歉, 潁川汝南民流四散, 聖主憂懷, 詔書數至. 論衡之人, 奏記郡守, 宜禁奢侈, 以備困乏. 言不納用, 退題記草, 名曰備乏. 酒靡五穀, 生起盜賊, 沈湎飲酒, 盜賊不絶, 奏記郡守, 禁民酒. 退題記草, 名曰禁酒.

왕충이 해석하는 기의 세계

이러한 왕충의 태도로부터 본다고 하면, 「선한」(宣漢)·「회국」(恢國) 등의 편은 왕충의 근본사상과 아무런 모순도 없는 것을 알 수 있다. 또한 「대작편」에 다음과 같은 말도 있다.

대저 동중서는 재이(災異)의 일을 말했는데, 무제는 오히려 죄를 주지 않고 그 몸을 존중했다. 하물며 논하는 것은 꺼리는 것을 범하는 말도 없고, 실제의 도리에 맞는 일을 바르게 하고, 사실(史實)의 말을 넣고 있음에야, 말할 것도 없다. 따라서 저 현인이 세상에 있는 경우는, 나아가서 벼슬을 하면 충의를 다하고 교화를 선양하여, 조정을 밝게 하고, 물러나 있으면 학설을 설명하고 시비를 평론하여, 추락한 풍속을 각성시키는 것이다. …『논형』『정무』(政務)는 그 시(詩)와 같다. 채용되기를 희망하고, 게다가 잘못됨이 있음을 말한다. 이것이 대체로『논형』이라는 책이 저술된 이유이다. 또한 무릇 저작의 잘못됨은, 생각하건대 그 말이 허망하고 비방하는 것이다. 『논형』은 실제로 허망을 미워하는 것을 일로 삼고, 제세(齊世)·선한(宣漢)·회국(恢國)·험부(驗符)·성포(盛褒)·수송(須頌) 등의 편의 말에는, 비방하는 말은 없다. 저작이 이와 같다면, 죄를 면할 수가 있을 것이다.[108]

『논형』을 만든 것은 현인으로서의 역할이고, 왕조에 채용되는 것을 희망했다고, 또『논형』의 내용은 사실만을 쓰고, 거기에 왕조를 비방하

---

108 『논형』「對作」: 夫仲舒言災異之事, 孝武猶不罪而尊其身. 況所論無觸忌之言, 核道實之事, 收故實之語乎. 故夫賢人之在世也, 進則盡忠宣化, 以明朝廷, 退則稱論貶說, 以覺失俗. … 論衡政務, 其猶詩也. 冀望見采, 而云有過. 斯蓋論衡之書所以興也. 且凡造作之過, 意其言妄而謗誹也. 論衡實事疾妄, 齊世宣漢恢國驗符盛褒須頌之言, 無誹謗之辭. 造作如此, 可以免於罪矣.

는 말이 없기 때문에, 왕조로부터 책망을 받는 일은 없을 것이라고, 말하고 있다. 한왕조의 학자로서, 왕조에 거역하지 않고, 자기가 할 수 있는 한의 일을 하고, 한왕조에 도움이 될 것을 원하고 있는 왕충의 모습을 볼 수 있다. 이와 같이 왕충은 당시의 한왕조를 자신을 포함하는 전체의 왕조로서 인정하고, 그 인정한 위에서 한왕조의 장래를 위해서 비판 이론을 전개한 것을 알 수 있다. 여기서 왕충사상의 배경으로서 한왕조라는 존재의 중요성을 볼 수 있지만, 한왕조를 사상의 배경으로 한다는 것은, 절대 왕조라는 시대에 있어서 일반 상식적인 이야기에 지나지 않을는지도 모른다. 그러나 이것은 단지 부정이든 긍정이든, 그 배후에 왕조사회가 없으면 불가능하기 때문이라고 하는 의미에서의 배경을 말하는 것이 아니다. 한왕조와 왕충과의 적극적인 관계에서의 배경을 말하고 있다. 그런데 이미 본 바와 같이, 왕충의 경우는, 일견 왕조까지도 비판하고 있는 듯이도 보이고, 또 어떤 면에서는 한왕조를 긍정하고 있기 때문에, 연구자로 하여금 왕충사상의 배경으로서 한왕조라는 존재의 위치를 결정하기 어렵게 한 것이다. 이상에서 보면, 한왕조라는 존재는 왕충사상의 적극적 배경이었다고 보아도 좋을 것이다. 따라서 「선한」・「회국」 등의 편뿐만 아니라, 『논형』 전체에 대한사상의 정신이 흐르고 있다고 해도 틀림이 없을 것이다.[109]

이상의 왕충사상의 배경과 그 정신으로부터 보면, 왕충의 자유로운 비판은 왕조로부터도 허용되는 것같이도 생각되는데, 그것은 어떠할까. 근본존재와 왕조의 관계를 해석하는 방법이, 가령 신비적・미신적 경향이 있다고 해도, 그것은 당시의 왕조이론으로서 공인된 이론이며, 이미 언급했듯이, 이 공인된 왕조이론을 비판한다는 것은 간단하

---

109   大久保隆郎 「王充伝私論(III)」에서는, 왕충의 頌漢論은 왕충사상의 초기의 형태이며,
     『論衡』 전체의 하나의 원초 형태였다고 지적하고 있다.

게 할 수 있는 것은 아니었다. 그래서 왕충은 실증적 방법에 의해 왕조이론을 검증하고, 신비적·미신적 색채를 배제하려고 했다고 전술했지만, 그러나 사실 아무리 실증적 방법에 의해서라고 해도 왕조이론의 비판은, 환담 등의 예로부터 볼 수 있듯이, 그것은 기존권위에 대한 도전이기도 하고, 그렇기 때문에 왕조 측에서 바로 받아들인다고는 생각하기 어려운 것이다. 따라서 왕충 역시 자유로이 비판하기 힘든 상황에 있었음에 틀림없다고 생각한다. 그럼 왕충에게 자유로운 비판을 가능하게 한 배경이란 어떠한 것이었는가. 그 배경에 대해서 사토쿄겐은 『논형의 연구』(論衡の研究)에서, 지리적 환경이라든가 시대적 분위기 등을 들고 있지만,[110] 그것보다 우선 왕충의 말로부터 그 문제에 대해서 생각해 보고자 한다. 앞의 「대작편」 인용문 중의 '물러나 있으면 학설을 설명하고 시비를 평론하여, 추락한 풍속을 각성시키는 것이다.'라고 하는 것이, 당시 왕충의 입장이고, 그 『논형』을 쓴 목적으로서는 『논형』『정무』(政務)는 그 시(詩)와 같다. 채용되기를 희망한다.'라는 사실을 밝히고 있다. 여기서 일단 『논형』이 왕조 측에 채용되기는커녕, 왕조 측에 그 존재도 알려지지 않았다는 것을, 자유 비판의 배경의 하나로서 들 수 있는 것이 아닐까 한다. 왕충 이전도 그 이후도 한의 왕조이론은 변함없이 신비적 색채를 띠고 있었다. 당시의 상황으로부터 추측해 보면, 만약 왕충의 비판사상이 왕조 측에 알려졌다고 한다면, 역시 환담과 같은 곤욕을 치렀음에 틀림이 없다고 생각한다. 만약 왕조에 알려져서, 왕조 측에서 그것을 용인했다고 하면, 왕충 이후의 한의 왕조이론이라든가 정치이론이, 이전과 변함없을 리가 없는 것이

110　佐藤匡玄『論衡の研究』제2장「王充の學問的立場」과 大久保隆郎「後漢章帝建初の治世について」를 보면, 왕충의 비판사상은, 언론의 자유를 대폭 인정한 寬厚緩和의 章帝의 治世를 반영하여 전개했다고 한다.

다. 『논형』「자기편」(自紀篇)에, "나(充)의 책이 이미 이루어지고, 어떤 사람이 옛 책에 합일하는가를 조사하니, 앞사람의 책과는 닮지 않았다. 그래서 어떤 사람이 말하기를, ….."[111]라고 하고 있는 것으로부터 보면, 왕충이 자신의 저작을 누군가에게 보인 적이 있음을 알 수 있다. 그러나 무시되고 있다. 이것은, 『논형』「제세편」(齊世篇)에서 왕충이

> 양자운(楊子雲)이 『태현』(太玄)을 짓고 『법언』(法言)을 지었지만, 장백송(張伯松)은 한 번도 보려고 하지 않았다. 그와 어깨를 나란히 했기 때문에, 그 말(책)을 경시했다. 만약 자운(子雲)이 백송(伯松) 이전에 태어나 있었다면, 백송(伯松)은 비장의 귀중한 서적으로 생각했을 것이다.[112]

라고 하여, 당시의 학자의 타인의 저작에 대한 태도를 지적하고 있는 대로이다. 범엽(范曄) 『후한서』(後漢書) 「왕충전」의 이현(李賢) 주(注)에 인용하는 원산송(袁山松) 『후한서』(後漢書)를 보면,[113] 실제로 왕충의 저작 『논형』이 다른 사람에게 보여지고는 있지만, 왕충 당시에 수도 낙양에까지 전해지고 있지 않음을 알 수 있다. 이상으로부터 왕충의 비판사상이 왕조 측에 알려져 있지 않았던 것은 확실하고, 그러한 사정이 왕충에게 비판사상을 완수하게 했다고 생각한다. 『논형』이라는 존재가 왕조 측에 알려지지 않았다고 하는 것은, 다시 직접적으로는 왕충의 신분을, 간접적으로는 수도에서 먼 회계(會稽)라는 지리적 환경을

---

111 『논형』「自紀」: 充書旣成, 或稽合於古, 不類前人. 或曰, ….

112 『논형』「齊世」: 楊子雲作太玄, 造法言, 張伯松不肯壹觀. 與之併肩, 故賤其言. 使子雲在伯松前, 伯松以爲金匱矣.

113 袁山松 『後漢書』: 充所作論衡, 中土未有傳者, 蔡邕入吳始得之, 恒秘玩以爲談助.

왕충이 해석하는 기의 세계

그 배경으로 하고 있다고 할 수 있겠다.

　왕충은 원래 왕조를 비판할 의도도 없었고, 게다가 채용될 것을 꿈꾸며 비판사상을 전개하고 있지만, 그러나 사실은 당시 환담들의 비판이 왕조 측에 받아들여지지 않았던 것을 왕충은 잘 알고 있었음에 틀림없다. 그러면서도 왕조를 위해 감히 비판사상을 전개한 것은, 당시의 과학 등에 의한 해석 방법인 실증적 방법을 굳게 믿고 있었기 때문이라고 생각한다. 또한 왕조를 위해 왕조이론에 거스르는 주장을 관철할 수 있었던 또 하나의 이유를 한왕조 이론의 성립 과정에서 찾을 수 있다. 진왕조가 멸망하고 한왕조가 천하의 주권을 잡았을 때, 한왕조는 왕조이론을 가지고 있지 않았다. 그도 그럴 것이 당시는 이미 덕 등의 왕조이론에 의해 왕조의 교체를 설명할 필요도 없고, 힘에 의해서도 충분히 왕조의 교체가 정당화되던 시대였다. 진왕조가 그 주역이 되고, 바로 세력을 기반으로 하는 왕조이론에 의해 왕조로서의 정당성을 제시하고 있다. 이 진왕조에 반대하여 흥기한 한왕조는, 왕조이론이라고 하는 것은 아무것도 가지지 않고, 단지 힘에 의해 천하의 주권을 손에 넣었던 것이다. 그다음에 학자들에 의해 진의 멸망 원인과 한나라의 정치이론이 연구되었는데, 결국 동중서의 이론에 의해 한왕조이론이 정해졌다고 하는 것은, 이미 언급한 대로이다. 이와 같은 한왕조 이론의 성립 과정으로부터 보면, 어쨌든 한왕조의 이론이 된 이상단지 일개 학자의 이론을 비판하는 것처럼 비판할 수는 없지만, 만약장래에 그 이론이 왕조이론으로서 문제가 생기는 경우에는, 비판과 함께 새로운 왕조이론 제출에의 가능성이 이미 그 속에 포함되어 있다고도 할 수 있지 않을까 한다. 즉 왕조이론의 제출이 학자의 임무로서 자리 잡았다는 것은, 또 학자에 의해 기존의 왕조이론이 비판되고, 새로운 왕조이론이 제출될 수 있다고 하는 것 등도 의미하는 것이라고 생각한다.[114] 소제(昭帝) 시원(始元) 6년에 소위 염철(鹽鐵)회의를 소집하게 되는데, 그것에 대해 『염철론』(鹽鐵論) 「본의편」(本議篇)에 기록[115]이 있고, 그 기록에 의하면, 현량(賢良)·문학(文學)은 승상(丞相)·어사(御史)와 염철(鹽鐵) 등의 문제를 둘러싸고 토론하는 중에, 그러한 정책을 지지하고 있는 정치이론까지도 비판하게 된다. 결과적으로는, 『한서』(漢書) 「소제기」(昭帝紀)의 〈시원(始元) 6년 2월〉의 기록[116]으로부터, 현량(賢良)·문학(文學)의 의견이 받아들여진 것도 있음을 알 수 있다. 일단 이러한 염철회의로부터, 한대의 학자에 의한 비판적 분위기가 정착해 가고 있는 모습을 볼 수 있다. 후한왕조가 되어 도참설 등에 의해 점점 왕조이론에 신비적 색채가 짙어져 왔을 때, 환담들이 왕조의 권위 앞에서 마지막까지 다 비판할 수는 없었지만, 어쨌든 왕조이론의 신비적 색채에 대한 그들의 비판은, 역시 한대적 분위기에서 이해할 수 있는 문제가 아닐까 한다. 이상으로부터 생각하면, 왕충의 비판사상은 한왕조 이론의 성립 과정과 함께 형성되어 온 한대적 분위기 속에서 그 꽃을 피웠다고 해야 하지 않을까 한다.

왕조적 공간이라고 하는 것은, 말하자면 생명체에게 환경과 같은 것이고, 자신도 알지 못하는 사이에 영향을 받으면서 살아가는 하나의 세계라고 생각한다. 왕충은 한왕조라고 하는 공간 속에서, 한왕조를 위해서라고 하는 목적의식 위에, 한대적 분위기라든가 왕조이론의 신비적 색채, 또 그것에 대한 선배들의 비판 등등을 배경으로 해서, 『논

---

114 춘추전국시대에 제자백가에 의해서 치국·부국책이 나와, 그중의 韓非의 설에 의해서 秦이 천하통일을 완수하고, 漢代에 이르러서 董仲舒의 이론에 의해서 한왕조의 이론이 정해지는, 일련의 역사적 과정 속에서 자연적으로 시대적 분위기로서 정착했다고 생각한다.

115 『鹽鐵論』「本議篇」: 惟始元六年, 有詔書, 使丞相御史與所擧賢良文學語, 問民間所疾苦.

116 『漢書』「昭帝紀」: 六年.... 二月, 詔有司問郡國所擧賢良文學民所疾苦. 議罷鹽鐵榷酤.

왕충이 해석하는 기의 세계

형』의 사상을 전개하고 있다고 할 수 있겠다. 그러한 배경으로부터 생겨난 실증적 방법은, 기존의 이론을 새롭게 해석하고, 새로운 시대에 새로운 이론—왕조이론—을 제공한다고 하는, 『논형』의 또 하나의 모습을 말해 주는 것이다.

2절 왕충사상의 동기

1. 왕충의 경험을 통해 본 사상형성의 동기

왕충이『논형』을 쓴 동기나 목적은 다음과 같은 말에서 명확히 알 수 있다.

공자가 춘추(春秋)를 지은 것은 주나라의 민풍(民風)이 나쁘게 됐기 때문이다. 그래서 조그마한 선(善)이라도 들어 올리고, 조그마한 악(惡)이라도 비방하고, 난세(亂世)를 다스려 바른 데로 돌려서, 인도(人道)가 다 갖춰지고 왕도(王道)도 다 갖춰져 있다. … 논형을 쓴 것은 많은 책이 모두 진실을 잃어버리고, 허망한 말이 진실보다 더 우세를 차지하고 있음에 기인한다. … 그 근본은 다 인간에게 잘못이 있음으로 해서 시작됐다. 그러므로 심사(心思)를 최대한 발휘해서 세속을 비난하고 있다. 세속의 성질은 기괴한 말을 좋아하고 허망한 문장을 즐긴다.[117]

공자가『춘추』를 저작한 것과 마찬가지로, 당시의 진실을 잃어버린 세태를 보고서, 그러한 세태를 어떻게든 구하고자 하여 이『논형』을 지었다는 것을 엿볼 수 있다. 여기서 왕충이『논형』을 쓴 동기나 목적에 대해서는 분명해졌다고 생각한다. 이렇게 보면, 당시의 시대적 배경에

---

117 『논형』「對作」: 孔子作春秋, 周民弊也. 故采求毫毛之善, 貶纖介之惡, 撥亂世, 反諸正, 人道浹, 王道備, … 是故論衡之造也, 起衆書並失實, 虛妄之言勝真美也. … 其本皆起人間有非. 故盡思極心, 以譏世俗. 世俗之性, 好奇怪之語, 說虛妄之文.

그 동기가 있고, 거기에서 자신의 목적을 세우고『논형』을 썼다는 것을 알 수 있다. 따라서 이상과 같은 사실로부터 본다고 하면, 시대적 배경 외에 별도로 왕충사상의 동기에 대해 연구할 필요가 없는 것은 아닌 가라고 생각된다. 그럼 여기서 다음과 같은 사실에 대해 생각해 보자. 왕충사상의 모든 것은『논형』에 있다. 그러나 왕충사상 형성의 시작은 『논형』과 함께 시작된 것은 아니라고 생각한다. 자신의 사상적 관점 없 이는 다른 사상에 대한 확실한 비판은 생각할 수 없기 때문이다. 이러 한 사실로부터 생각하면,『논형』을 쓰기 전에 이미 어느 정도의 사상적 윤곽을 가지고 있었음에 틀림없다. 그러나 그 최초의 사상적 윤곽이 『논형』을 쓰고 난 후의 사상 윤곽과 똑같은 것이라고는 말할 수가 없 다. 일반적으로 생각하면, 논문을 하나하나 쓰고 있는 중에 점점 최종 적인 사상적 윤곽을 잡아 가게 되기 때문이다. 어쨌든 이상과 같이 왕 충이『논형』을 쓰기 전에 이미 사상적 관점 혹은 사상적 윤곽을 가지고 있었다고 한다면, 그것은 어떤 것이었을까. 그것이 어떤 것이든 간에 『논형』을 쓴 동기와는 별도로, 왕충사상 형성의 동기라는 새로이 연구 해야 할 과제가 주어진 것이라고 할 수 있다.

　일반적으로 어떤 사람의 사상적 관점을 생각할 경우, 두 가지 접근 방법이 있을 수 있다. 그 사람의 간접적 경험과 직접적 경험의 두 가지 방법이다. 다양한 사회적 배경, 사상적 배경 속에서 인간의 지적활동 은 간접적이든 직접적이든 자신의 경험에 의지할 수밖에 없다. 따라서 그 경험을 추적하는 것에 의해, 그 사람이 어떠한 상황 속에서 어떠한 사상과 만나서 자신만의 사상적 관점을 구축하게 되었는가를 알 수가 있다. 여기서 왕충의 경우로 돌아가서,『논형』을 저술함에 있어서, 어 떤 사상적 관점을 가지고 있었는지, 또 그것은 어떤 동기에 의한 것인 지에 대해서 밝혀보고자 하는데, 이상에서 말한 간접적 경험과 직접적 경험의 두 가지 방법으로부터 접근해 가고자 한다.

먼저 왕충의 간접적 경험을 통해서 사상형성의 동기를 살펴보고자 하는데, 사상형성에 있어서 간접적 경험이라고 하면 기존 사상과의 만남일 것이다. 『후한서』 「왕충전」의 기록[118]을 통해서 본다면, 왕충의 다양한 사상과의 만남을 엿보게 하고 있다. 그러한 사상 중에 가장 강력한 만남은 환담의 사상과의 만남이 아닐까 한다. 『논형』에는 환담의 저술에 대한 왕충의 다양한 평가가 나와 있는데, 그것을 들어보면 다음과 같다.

(군산[君山: 환담]은) 또 『신론』(新論)을 저술하여, 세간의 일을 논하고, 그렇고 그렇지 않음을 변별·증명하고, 허망의 말이나 거짓·꾸밈의 말이 증명되고 정해지지 않음이 없었다. 저 양성자장(陽成子長)이나 양자운(楊子雲) 등의 논설가 중에서 군산이 제일인자다.[119]

시비(是非)가 분명하지 않고, 그렇고 그렇지 않음도 정해지지 않고, 환군산(桓君山)이 그것을 논하여 진실을 얻었다고 할 수 있겠다. 문장을 논하여 진실을 살피면, 군산은 한나라의 현인이다.[120]

동중서가 도덕이나 정치를 언급한 것은 칭찬할 만하다. 세상의 일을 따져서 정하고, 세상의 의혹을 논설하는 것은, 환군산 이상의 사

---

118 『後漢書』「王充王符仲長統列傳」: 家貧無書, 常遊洛陽市肆, 閱所賣書, 一見輒能誦憶, 遂博通衆流百家之言.

119 『논형』「超奇」: 又作新論, 論世間事, 弁照然否, 虛妄之言, 僞飾之辭, 莫不證定. 彼子長子雲說論之徒, 君山爲甲.

120 『논형』「定賢」: 是非不分, 然否不定, 桓君山論之, 可謂得實矣. 論文以察實, 則君山漢之賢人也.

람은 없다. 그러므로 동중서의 문장은 따라갈 수가 있지만, 군산의 의론은 따라가기 어렵다.[121]

왕충이 환담을 높게 평가하고 있는 점은, 세상의 의혹의 시비(是非)나 그렇고 그렇지 않음을 논설하는 면에서이며, 그러한 면에서는 환담 이상의 사람은 없다고 말하고 있다. 이러한 왕충의 말로부터 보면, 환담의 『신론』(新論)과 왕충의 『논형』은 그 취지를 같이하고 있다는 것을 알 수 있는데, 이러한 사실에 대해서 왕충은 「대작편」에서 "많은 일이 진실을 잃지 않고, 모든 이론이 무너지고 어지러워지지 않았다면, 환담의 이론은 일어나지 않았을 것이다."[122]라고 하여, 『논형』 저작과 같은 이유로 『신론』이 만들어졌다는 것을 분명히 하고 있다. 또 그 실증이라고 하는 방법론에 있어서도 양자는 그 취지를 같이하고 있다.[123] 이상으로부터 왕충의, 환담으로부터의 사상적 영향을 엿볼 수 있는데, 왕충의 신비주의에 대한 비판도 역시 이 연장선상에서 이해할 수 있을 것이라 생각한다.

그럼 다음은 왕충의 직접적 경험으로부터 그 사상형성의 동기에 대해서 생각해 보고자 한다. 왕충은 『논형』 「자기편」(自紀篇)에서 자신에 대해서 말하고 있는데, 그 기록을 보면 왕충이 젊었을 때 우등생으로서의 모습이 그려져 있다. 그중에 "재능은 높지만 구차스러운 저술을 숭상하지 않고, 말은 잘하지만 같이 이야기하는 것을 좋아하지 않는다."[124] 등과 같은 말이 있다. 자신에 대해서 스스로 재능이 높다고 평

---

121 『논형』「案書」: 仲舒之言道德政治, 可嘉美也. 質定世事, 論說世疑, 桓君山莫上也. 故仲舒之文可及, 而君山之論難追也.

122 『논형』「對作」: 衆事不失實, 凡論不壞亂, 則桓譚之論不起.

123 狩野直喜 『兩漢學術考』 173쪽 참조.

124 『논형』「自紀」: 才高而不尚苟作, 口辯而不好談對.

가하고 있다. 그러나 그러한 재능이 있음에도 불구하고, 자신의 재능에 맞는 관직을 얻을 수 없었다는 것에 대해서, 「자기편」에서 "나는 벼슬했지만 불우한 적이 많았고, 단지 저술을 하여 자신의 생각을 적을 뿐이다."[125]라고 토로하고 있다. 이 말에 이어서 어떤 사람의 비판과 그에 대한 왕충의 대답이 나와 있는데, 그것을 인용하여 좀 더 왕충의 생각을 검토해 보기로 하자.

어떤 사람이 조롱하여 말했다. 큰 재능을 귀하게 여기는 것은, 벼슬을 하여 주군을 만나서, 몸이 중용되고 의견이 받아들여지고, 사업은 잘되고 공적은 이루어지기 때문에 높다고 한다. 지금 그대는 세상을 살아가는 것은 곤경에 처하고, 벼슬은 자주 내쫓기고, 재능은 아직 일에 단련이 되지 않고, 역량은 아직 직무에 충분히 발휘되지 않는다. 그러므로 다만 곰곰이 생각하고 문장을 짓고, 훌륭한 말을 써서 나타낸다고 해도, 어떻게 몸에 도움이 되겠는가. 많이 써서 어떻게 하려고 하는 것인가. (왕충이) 대답해 말했다. … 또한 성공한 사람이 아직 반드시 지자(知者)는 아니고, 실패한 사람이 아직 반드시 어리석은 사람은 아니다. 우연히 만난 사람은 얻게 되고, 만나지 못하면 잃게 된다. 그러므로 명(命)이 두텁고 녹(祿)이 좋으면 범용(凡庸)한 사람이라도 존귀하게 되지만, 명(命)이 엷고 녹(祿)이 나쁘면 훌륭한 준재도 곤경에 처한다. 반드시 우연히 만남으로써 재능을 헤아리고 덕을 헤아린다면, 성(城)을 마음대로 하거나 봉록을 먹는 사람은, 재능이 공자나 묵자보다 어질다. 몸은 귀하지만 명성은 천하고, 고결한 지위에 있으면서 암흑의 행위를 하고, 천종(千鍾)의

---

125 『논형』 「自紀」: 充仕數不偶, 而徒著書自紀.

왕충이 해석하는 기의 세계

녹을 받으면서 조금의 덕행도 없는 것이, 조롱할 만하다. 덕이 높고 명성이 높은데 관직이 낮고 녹이 적은 것 같은 것은, 재능의 잘못이 아니기 때문에, 걱정할 만한 것이 못 된다. … 높은 선비가 귀하게 여기는 바는 속인과 같지 않다. 그러므로 그 명성은 세간과 같지 않다. 신체는 초목과 같이 썩지만, 명성은 일월과 나란히 빛나고, 생활은 공자와 비길 정도로 곤궁하지만, 문장은 양웅(楊雄)과 쌍벽을 이루는 것은, 나는 영광으로 생각한다. 신분은 출세해도 지혜는 곤궁하고, 관직은 커도 덕행이 적은 것은, 저들에게는 영광이 되지만, 나에게는 걱정거리다.[126]

당시의 사람들이 진리로서 믿고 있는 일반적인 사고방식은, 재능과 벼슬은 일치한다는 것이다. 어떤 사람의 비판도 역시 그러한 사고방식에서의 것이다. 일단 당시의 일반적인 사고방식을 기준으로 한다고 하면, 재능은 있지만 그것에 상응하는 관직은 얻지 못했다고 하는 왕충의 사고방식은 성립하기 어려운 것이다. 오히려 관직이 높지 않기 때문에 재능도 그만큼 높지 않다고 해야만 하는 것이다. 왕충이 젊었을 때 직접 경험한 당시의 현실에 대한 최초의 난제가 다름 아닌 재능과 벼슬의 관계에 대한 문제였다고 하는 것이다. 어쨌든 왕충이 자신의 재능을 인정한 이상, 당시의 일반적인 사고방식을 인정할 수는 없었던

126 『논형』「自紀」: 或虧(戲)曰, 所貴鴻材者, 仕宦偶合, 身容說納, 事得功立, 故爲高也. 今吾子涉世落魄, 仕數黜斥, 材未練於事, 力未盡於職. 故徒幽思屬文, 著記美言, 何補於身. 衆多欲以何趣乎. 答曰, … 且達者未必知, 窮者未必愚. 遇者則得, 不遇失之. 故夫命厚祿善, 庸人尊顯, 命薄祿惡, 奇俊落魄. 必以偶合稱材量德, 則夫專城食土者, 材賢孔墨. 身貴而名賤, 則居潔而行墨, 食千鍾之祿, 無一長之德, 乃可戲也. 若夫德高而名白, 官卑而祿泊, 非才能之過, 未足以爲累也. … 高士所貴, 不與俗均, 故其名稱, 不與世同. 身與草木俱朽, 聲與日月並彰, 行與孔子比窮, 文與楊雄爲雙, 吾榮之. 身通而知困, 官大而德細, 於彼爲榮, 於我爲累. ※或虧(戲) : '虧'는 '戲'로 고침. 孫詒讓의 설에 따름.

것이었다. 즉 재능과 벼슬의 일치관계를 부정할 수밖에 없었던 것이다. 따라서 어떤 사람의 비판에 대한 왕충의 대답을 보면, 우선 재능과 벼슬은 원인과 결과의 관계는 아니라는 것을 주장하면서, 재능이 있는 훌륭한 선비는 세속과 달리, 재능과 관계있는 훌륭한 명성이나 훌륭한 문장 등을 목적으로 하는 것이라고 하고 있다. 그럼 다음은 이러한 문제를 왕충과 자신의 집안과의 관계에서 잠시 살펴보도록 하자.

나는 미미한 일족(一族)이고 외로운 가문이다. 어떤 사람이 그것을 비웃어 말했다. 조상에 훌륭한 기반이 없고, 서적에 남아 있는 문장이 없으면, 비록 크고 빛나는 이론을 써도, 전통을 이어받음이 없기 때문에, 마침내 높다고 평가하지 않는다. 대저 기(氣)가 점점 나타남이 없이 갑자기 이르는 것을 변(變)이라고 하고, 사물이 동류가 없는데 터무니없이 생겨나는 것을 이(異)라고 하고, 평소에는 있지 않고 갑자기 나타나는 것을 요(妖)라고 하고, 보통과는 달리 돌연히 나오는 것을 괴(怪)라고 한다. 그대의 조상은 누구인가. 그 조상은 사전(史傳)에 실려 있지 않다. 하물며 그대는 묵가의 길을 밟거나 유가의 문을 나오지 않았기 때문에, 수천만 어의 저작을 해도, 마땅히 요변(妖變)이 되어버리니, 어찌 이 문장을 보물로 하고 현명함을 많이 가지고 있다고 할 수 있겠는가. (왕충이) 대답해서 말했다. 새는 대대로 봉황이 되는 새가 없고, 짐승에는 기린이 되는 종자가 없고, 사람에게는 조상 이래의 성현이 없고, 물건에는 항상 아름다운 보배는 없다. 재능은 높은데 억눌려지는 것은, 때를 만나서 그러하다. 인물이 귀하기 때문에 홀로 일어나고, 물건이 귀하기 때문에 홀로 생산된다. … 오제(五帝)는 한 세대에 일어나지 않고, 이윤(伊尹) · 여망(呂望)은 같은 집에서 태어나지 않고, 천 리로써 그 일어난 곳을 달리하고 있고, 몇백 년으로써 그 태어난 때를 달리하고 있다. 인물은 아름다운 재능으로서 함부로 나타나지 않고, 좋은 가문으로 인하여 입신출세하지 않는 것을, 귀하게 여긴다.[127]

비판자가 말하는 것은, 비록 훌륭한 문장이 있다고 해도 일족일문 중에 그 전통이 없고, 또 스스로가 유가·묵가 등의 훌륭한 문호의 출신도 아니면, 그 문장은 훌륭하지도 않고 또 재능이 있다고는 말할 수 없다고 한다. 이러한 비난에 대해서 왕충은, 과거의 사실을 예로 들어가면서, 세상의 고귀한 것은 그 종류가 없다고 하여, 자신의 문장과 재능에 대해서 변호하고 있는 것이다. 지금의 집안에 대해서의 비난과 왕충의 대답은, 어느 정도 문장이 만들어진 단계에서, 혹은『논형』이 완성된 단계에서 주고받았을 가능성이 크다. 어쨌든 이 비판으로부터 보면, 집안과 재능 혹은 문장과를 결부시켜서 필연적 관계로 보는 것이, 당시의 일반적인 사고방식이었다고 하겠다. 그렇다고 한다면, 이러한 일반적인 사고방식은, 미미한 일족(一族)이고 외로운 가문인 왕충을, 아마도 젊었을 때부터 고민하게 했음에 틀림없다고 생각한다. 그럼 지금부터 이 집안과 재능의 문제를, 재능과 벼슬의 문제와 함께 전체적으로 생각해 보도록 하겠다.

먼저 재능과 벼슬의 문제에 대해서 보자면, 왕충이 결과적으로 높은 관직에 승진했다고 한다면, 왕충 스스로의 생각대로 자신의 재능이 높다는 것이 분명해져서, 이 문제에 한해서는 당시의 사람들과 같은 사

---

127 『논형』「自紀」: 充細族孤門. 或嘔之曰, 宗祖無淑懿之基, 文墨無篇籍之遺, 雖著鴻麗之論, 無所稟階, 終不爲高. 夫氣無漸而卒至曰變, 物無類而妄生曰異, 不常有而忽見曰妖, 詭於衆而突出曰怪. 吾子何祖, 其先不載. 況未嘗履墨涂, 出儒門, 吐論數千萬言, 宜爲妖變, 安得宝斯文而多賢. 答曰, 鳥無世鳳凰, 獸無種麒麟, 人無祖聖賢, 物無常嘉珍. 才高見屈, 遭時則然. 士貴故孤興, 物貴故獨産. ⋯ 五帝不一世而起, 伊望不同家而出, 千里殊跡, 百載異發. 士貴雅材而愼興, 不因高據以顯達.

고방식을 가지게 되었을는지도 모른다. 그러나 왕충은 높은 관직에 승진하지 못했던 것이다. 그 원인이 자신의 재능에 있었다고는 결코 인정하지 않았다고 생각한다. 더욱이 자신의 재능이 없는 이유로서 자신의 집안을 거론하는 것은 더더욱 용납할 수 없었을 것이다. 지금은 그 결과로부터 관직 · 재능 · 집안이라는 순번으로 보아 왔지만, 이것을 반대로 집안 · 재능 · 관직이라는 순번으로 살펴보면, 집안이 관리로서 불우했던 원인 중의 하나로도 보인다.[128] 어쨌든 집안이 재능이 없는 원인으로서도 지적되고 있는데, 관직이라고 하는 결과로부터 보면, 집안과 재능 양쪽 모두가 그 원인으로 되고 있다. 왕조사회의 측면에서 본다면, 재능과 집안의 관계에 있어서의 필연성이, 재능과 관직의 관계에 있어서의 필연성보다는 부정하기 쉬운 것이었다고 생각한다. 그러나 재능과 집안의 관계든 재능과 관직의 관계든, 그 관계의 필연성이라는 것은, 당시의 천인상관설에 그 뿌리를 두고 있다. 따라서 그 필연성이라는 면에 있어서는, 양쪽의 관계가 같은 무게로 왕충을 괴롭혔음에 틀림없다.

현실에 직면해서의 삶의 방식에는 크게 두 가지 정도로 생각할 수 있다. 하나는 현실의 기존체제에 자신을 맞추어서 살아가는 방식, 다른 하나는 현실의 기존체제에 구애받지 않고 자신의 주장을 관철하려고 하는 삶의 방식이다. 가치적 측면으로부터 보면, 전자는 기존의 가치에 따르려고 하고, 후자는 자신이 생각하는 가치를 지키려고 하고 있다. 어떠한 방식의 삶이 더 가치가 있는지에 대해서는, 단지 그 삶의 방식만으로는 결정하기 어려운 것이라고 생각한다. 전자에 있어서는 자신만이 생각하는 가치를 가지면서도 기존의 가치를 따르는 경우가

---

128 佐藤匡玄『論衡の研究』第一章「偶然論」71 72쪽 참조.

왕충이 해석하는 기의 세계

있을 수 있고, 후자에 있어서는 기존가치의 문제점이 아니라, 단지 기존체제로부터 배척되고 그 반감으로서 자신만의 가치를 가질 수 있기 때문이다. 왕충의 경우는 물론 후자에 속하지만, 일반적으로는 전자에 속하는 사람이 많다고 생각한다. 왕충이 후자의 삶을 선택한 것은, 지금까지 본 대로이며, 관리로서의 불우에 그 동기가 있었다고 생각한다. 사람에 따라서 각각 다르다고는 생각하지만, 관리로서 불우하고 그것이 불만이어도 어떻게든 출세하려고 하는 것이 일반적인 인간의 성향이라고 생각한다. 전자에 속하는 사람이 많은 것도 그러한 이유이기 때문이다. 이렇게 본다면, 왕충의 후자적인 삶의 방식은, 관리로서의 불우에 대한 반감으로부터 선택한 것처럼도 보인다. 그러나 「대작편」의 『논형』『정무』(政務)는 그 시(詩)와 같다. 채용되기를 희망한다.'라고 하는 『논형』을 쓴 목적으로부터 판단하면, 왕충이 기존체제에 대해서 반감만 가지고 있었던 것은 아님을 알 수 있다. 또 당시의 기존체제나 사회적 상황 속에는 여러 가지 문제점을 안고 있다는 것에 대해서는 이미 말한 대로이다. 이러한 여러 가지 상황으로부터 고려할 때, 왕충은 기존체제에 대한 반감만을 가지고, 자신을 변호하려고 후자적인 삶의 방식을 걸어간 것이 아니라는 것을 알 수 있다. 그럼 왕충에게 후자적인 삶의 방식을 걸어가게 한 힘은 과연 무엇이었을까. 사회적 문제를 목전으로 해서 그것을 고발하고 자신의 주장을 끝까지 지킨다는 것은, 역시 그 사람의 의지에 의한 것이라고 생각된다. 의지라는 것은 심성과 관계되는 문제이다. 이러한 이유로 지금부터 왕충의 심성에 대해서 살펴보고자 하는데, 우선 다음의 자료부터 보기로 하자.

(왕충이) 어린애였을 때, 친구들과 노는데, 업신여겨짐을 좋아하지 않았다. 친구들은 참새를 잡고, 매미 잡이, 동전놀이, 나무타기 등

을 좋아했는데, 왕충만은 즐겨 하지 않았다. (아버지) 송(誦)은 기이하게 여겼다. 6세 때 문자를 가르쳤는데, 공손하고 정중하고 어질고 순하고, 예의와 공경이 다 갖춰져 있고, 조심성 있고 엄숙하고 조용하며, 대인의 뜻을 가지고 있었다. 아버지는 매질한 적이 없고, 어머니는 잔소리한 적도 없고, 동네 사람들은 책망을 한 적도 없다.[129]

어릴 때부터 왕충은 다른 사람과 사고방식이 달라서 자기 주관을 명확하게 가지고, 학문의 세계에 들어와서는 그 의지가 단호했다는 것을 알 수 있다. 왕충은 이와 같은 자신의 심성에 대해 같은 「자기편」(自紀篇)에서 상세하게 설명하고 있다.

왕충은 사람됨이 맑고 신중하고, 교제는 반드시 친구를 선택하고, 함부로 교제하는 것을 좋아하지 않았다. 친구로 삼는 것은, 지위가 비록 낮더라도, 나이가 비록 어리더라도, 행위가 세속을 초월해 있으면, 반드시 그 사람과 친구가 되었다. 훌륭한 친구나 고상한 사람을 좋아하고, 세속적인 재능이 있는 사람들과 널리는 사귀지 않았다. 세속적인 재능이 있는 사람은 이쪽의 조그마한 과실로 인해, 익명의 투서로 모함하거나 한다. 그러나 결국 스스로 변명하지 않고, 또한 그 사람을 비난하고 원망하지 않았다. … 나는 좋아하고 미워하는 것도 없다. 그러므로 침묵한 채 아무것도 말하지 않는다.[130]

---

129 『논형』「自紀」: 爲小兒, 與儕倫遨戲, 不好狎侮. 儕倫好掩雀捕蟬, 戲錢林熙, 充獨不肯. 誦奇之. 六歲教書, 恭愿仁順, 禮敬具備, 矜莊寂寥, 有巨人之志. 父未嘗笞, 母未嘗非, 閭里未嘗讓.

130 『논형』「自紀」: 充爲人清重, 遊必擇友, 不好苟交. 所友, 位雖微卑, 年雖幼稚, 行苟離俗, 必與之友. 好傑友雅徒, 不氾結俗材. 俗材因其微過, 蜚條陷之. 然終不自明, 亦不非怨其人. …. 吾無好憎, 故黙無言.

왕충이 해석하는 기의 세계

왕충은 성격이 담백하고, 부귀를 욕심내지 않았다. 상관에게 인정받아서 발탁되어 몇 단계나 진급해도, 높은 관직을 바라지 않았다. 상관에게 인정받지 못해서 벼슬이 박탈당하거나 좌천되어도, 아래 지위를 화내지 않았다. 현(縣)의 관리가 됨에 이르러서는 선택하거나 피하는 바가 없었다.[131]

왕충은 마음이 태어날 때부터 맑고 신중하고, 또 욕심이 없고 담백한 성격이어서, 세속의 일에 초월한 삶의 방식을 가지고 있었던 것에 대해서 스스로 서술하고 있다. 이상으로부터 왕충은 태어날 때부터 확고한 자신의 세계를 가진 성격이었다는 것을 알 수 있다. 따라서 벼슬을 비롯하여 세속의 여러 가지 일을 접하면서 세속에 초월한 삶의 방식을 가지게 된 것은, 다름 아닌 왕충의 태어날 때부터의 심성에 의한 것임을 알 수 있다. 여기서 일단 왕충이 후자적인 삶의 방식을 걸어가게 된 원동력이 그의 태어날 때부터 가진 심성에 있었다는 것이 분명하게 되었다. 그럼 지금까지 분명하게 밝혀진 사실을 통해서, 왕충의 직접적 경험으로부터의 사상형성의 동기에 대해서 정리해 보고자 한다.

당시 젊은 왕충에 있어서 자신을 가장 괴롭힌 현실적 모순점이란, 재능과 벼슬, 재능과 집안 등의 관계의 필연성이었다. 그러한 필연적 관계에 대해서 모순을 느낀 왕충은, 자신의 성격상 그것을 묵인할 수는 없었다고 생각한다. 확고한 자신의 세계 속에서, 자신의 재능이 높은 것을 증명하기 위함이기도 했지만, 재능과 관계되는 필연적 관계에 대해서 정면으로 의문을 제기하고 해결해 갔다고 할 수 있다. 『논형』 중에서 왕충이 우연적 세계를 강조하고 있는 것을 보면, 결과적으로

---

131 『논형』「自紀」: 充性恬澹, 不貪富貴. 爲上所知, 拔擢越次, 不慕高官. 不爲上所知, 貶黜抑屈, 不恚下位. 比爲縣吏, 無所擇避.

그 필연적 관계를 우연적 관계로 수정함에 의해서, 자신 속의 모순, 또 현실적 모순을 해결한 것은 아닐까 생각한다. 물론 그와 같은 정신적 작업에는, 직접적 경험뿐만이 아니라, 간접적 경험도 작용하고 있다고 생각한다. 가령 왕충이 필연적 세계를 우연적 세계로 수정함에 의해서 당시의 모순을 해결할 수밖에 없었다고 한다면, 적어도 다음과 같은 사실은 말할 수 있을 것이다. 왕충의 마음속에 직·간접적 경험이 더해져서, 전체적으로 우연적 세계를 인정하고 비판적 관점을 가지게 된 것이, 왕충의 사상형성의 초기에 있었던 모습이라고 하는 것이다. 이러한 사상적 관점 위에서 『논형』을 쓰기 시작하고, 점점 사상적 체계가 형성되고, 다양한 사상의 내용이 전개되게 되었다고 생각한다.

2. 『논형』의 자료를 통해 본 사상형성과 그 동기

여기서는, 이상과 같은 생각을 뒷받침하기 위해, 『논형』 중에서 그 증거가 되는 자료를 찾아보고자 한다.

① 조행(操行)은 언제까지나 어짊이 있지만, 벼슬살이에는 언제까지나 등용됨을 만남이 없다. 어질고 어질지 않고는 재능의 문제이고, 만날 수 있고 없고는 그때그때의 운이기 때문이다. 재능이 높고 조행이 훌륭하다고 해서 그 사람이 반드시 존귀하게 되는 것은 보증할 수 없다. 또한 재능이 낮고 조행이 훌륭하지 못하다 해서 반드시 비천하게 된다는 것도 보증할 수 없다. 높은 재능이나 훌륭한 조행의 사람이라 해도 때를 만나지 못하면 좌천되어 아래에 있고, 열등한 재능이나 조행의 사람이라도 때를 만나게 되면 승진하여 많은

왕충이 해석하는 기의 세계

사람의 위에 서게도 된다. 세상에는 각각 자기 나름의 선비 등용방법이 있고, 선비 역시 각각 자기 나름의 진퇴의 길을 가지게 되는 것이다. 승진은 때를 만남에 있고, 좌천은 때를 만나지 못함에 있다. 훌륭한 지위에 있는 사람이 반드시 어진 것은 아니며 단지 때를 만났을 뿐이고, 낮은 지위에 있는 사람이 반드시 어리석은 것은 아니며 단지 때를 만나지 못했을 뿐이다.[132]

② 무릇 사람에게는, 벼슬살이가 제자리걸음을 하고 승진하지 못하는 자가 있고, 행위와 절조가 훼방 받아서 완수하지 못하는 자가 있고, 죄과(罪過)가 누적되어 제거되지 못하는 자가 있고, 명성이 숨겨진 채 드러나지 않는 자가 있다. (그것은) 재능이 열등해서도 아니고 조행이 잘못되어서도 아니다. 또한 앎이 부족해서도 아니고, 하는 방법이 어리석기 때문도 아니다. 외부의 재앙이 해를 끼침을 만났기 때문이다. 단지 사람의 행위뿐만 아니라 모든 것이 다 그러하다. 살아 움직이는 것은 모두 누해(累害)를 입는다. 누해는 밖으로부터 오는 것이고 안으로부터 오는 것이 아니다.[133]

③ 대체로 사람이 우연히 때를 만나고 누해(累害)를 만나는 것은 다 운명(命)에 의한 것이다. (운명에는) 사생(死生)·수요(壽夭)의 운명이 있고, 또 귀천·빈부의 운명이 있다. 왕공(王公)으로부터 서인(庶人)

---

132 『논형』「逢遇」: 操行有常賢, 仕宦無常遇. 賢不賢, 才也. 遇不遇, 時也. 才高行潔, 不可保以必尊貴. 能薄操濁, 不可保以必卑賤. 或高才潔行, 不遇, 退在下流. 薄能濁操, 遇, [進]在衆上. 世各自有以取士, 士亦各自得以進[退]. 進在遇, 退在不遇. 處尊居顯, 未必賢, 遇也. 位卑在下, 未必愚, 不遇也. ※ '[進]在眾上'으로 '進'을 보충하고, '士亦各自得以進[退]'로 '退'를 보충함.

133 『논형』「累害」: 凡人, 仕宦有稽留不進, 行節有毀傷不全, 罪過有累積不除, 聲名有暗昧不明. 才非下, 行非悖也. 又知非昏, 策非昧也. 逢遭外禍累害之也. 非唯人行, 凡物皆然. 生動之類, 咸被累害. 累害自外, 不由其內.

3장 · 시대적 배경 및 동기   105

에 이르기까지, 성현(聖賢)으로부터 하우(下愚)에 이르기까지, 모든 머리와 눈이 있는 것, 피를 머금고 있는 것은 다 운명이 있다. 운명이 빈천에 해당되면 비록 그 사람을 부귀하게 해도 재앙을 만나게 되고, 운명이 부귀에 해당되면 비록 그 사람을 빈천하게 하더라도 오히려 복이나 좋은 일을 만나게 된다. 그러므로 운명이 부귀하면 빈천한 지위에 있어도 자연히 영달하게 되고, 운명이 빈천하면 부귀의 지위에 있어도 저절로 위태롭게 된다. 그래서 부귀에는 신(神)의 도움이 있는 것 같고, 빈천에는 귀신의 재앙이 있는 것 같다.[134]

인용문 ①과 ②는 우연에 관한 자료이다. ①에서는 '벼슬살이'란 '재능·조행'과 필연적 관계에 있는 것이 아니라, 단지 우연에 의해서 얻어지는 것을, ②에서는 '벼슬살이'·'행위와 절조'·'죄과'·'명성'에 대해서 자신의 의지와는 관계없이 '외부의 재앙'에 의해 좌우되는 것을, 각각 이야기하면서 인간세계의 우연성을 주장하고 있다. 인용문 ③은 그러한 우연성의 근거를 설명하고 있는 내용이다. 인용문 ③을 보면, 첫머리에서 인용문 ①과 ②의 사실을 받아서 그러한 우연성을 운명(命)에 결부시키고 있다. 그럼 여기서 잠시 이들 인용문의 편(篇)의 목차에 주의해서 보도록 하자.

먼저 우연을 화제로 하고 있는 인용문 ①과 ②는 『논형』의 첫 번째와 두 번째에 있는 편의 첫머리이다. 그다음의 운명(命)을 화제로 하고 있는 인용문 ③은 세 번째에 있는 편의 첫머리이다. 편의 순서를 보고 바로 사상의 형성과정을 추측한다는 것은, 작자의 의도를 알지 못하는

---

134 『논형』「命祿」: 凡人遇偶及遭累害, 皆由命也. 有死生壽夭之命, 亦有貴賤貧富之命. 自王公逮庶人, 聖賢及下愚, 凡有首目之類, 含血之屬, 莫不有命. 命當貧賤, 雖富貴之, 猶涉禍患矣. 命當富貴, 雖貧賤之, 猶逢福善矣. 故命貴從賤地自達, 命賤從富位自危. 故夫富貴若有神助, 貧賤若有鬼禍.

왕충이 해석하는 기의 세계

한 사실 상당한 위험이 동반되는 일이라고 할 수 있다. 현재의 편의 순서가 작자의 저술 순서라고 판단하기 어려운 점도 있고, 또 작자의 저술 순서와 같다고 해도 그것이 반드시 작자의 사상형성 과정의 순서라고는 말하기 어렵기 때문이다. 그러나 인용문 ① · ② · ③의 경우는 작자의 의도를 모른다고 하더라도, 그 순서와 관련하여 작자의 사상형성 과정에 대해서 어느 정도 짐작할 수 있을 것 같다. 인용문 ③의 첫머리를 보면, 인용문 ①의 사실을 먼저 언급하고, 이어서 인용문 ②의 사실을 언급하면서, 그러한 사실을 운명에 결부시키고 있다. 그것도 편의 첫머리에서 그러한 순서로 문제를 풀어가고 있는 것을 본다면, 적어도 우연과 운명에 한해서는, 이들 편의 순서가 왕충의 저술 순서와 일치하고 있는 것을 우선 짐작할 수 있다. 물론 이것만으로는 아직 그의 사상형성의 순서가 이와 같다고는 말하기 어렵다. 그렇지만 이론 전개에 있어서는 이와 같은 순서로 전개하고 있다는 사실에 대해서는 의심의 여지가 없다고 생각한다. 그럼 또 다음 자료를 보기로 하자.

④ 대체로 사람이 운명을 받는 것은 두 종류가 있다. 하나는 당연히 만나야만 하는 운명이고, 또 하나는 신체의 강하고 약함이나 수명의 길고 짧음의 운명이다. 당연히 만나야만 하는 운명이라는 것은 전사(戰死) · 소사(燒死) · 압사(壓死) · 익사(溺死) 등을 말하고, 신체의 강하고 약함이나 수명의 길고 짧음의 운명은 기(氣)를 받음의 많고 적음을 말하는 것이다. 전사 · 소사 · 압사 · 익사 등은 처음 기를 받을 때 만나는 운명이고 확실한 기간이 정해져 있는 것은 아니다. 그런데 신체의 강하고 약함이나 수명의 길고 짧음은 백(百)을 그 숫자로 하고, 백 세까지 이르지 못한 자는 기가 부족한 것이다. 대체로 기를 많이 받으면 그 몸이 건강하고, 몸이 건강하면 그 수명은 길

다. 기를 적게 받으면 그 몸이 허약하고, 몸이 허약하면 수명은 짧다.[135]

⑤ 자하(子夏)가 '사생(死生)은 명(命)이 있고, 부귀는 천에 있다.'고 말하고 '사생(死生)은 천에 있고, 부귀는 명(命)이 있다.'고 말하지 않은 것은, 사생(死生)은 원래 그 상(象)이 천에 있는 것이 아니고 성(性)을 주체로 삼고 있기 때문이다. … 부귀의 경우는 받는 것은 성(性)과 같지만, 그 받는 바의 기(氣)는 뭇별(衆星)의 정(精)을 얻어 있는 것이다. 뭇별은 천에 있고 천에는 그들의 상(象)이 있다. 부귀의 상(象)을 얻으면 부귀하게 되고, 빈천의 상(象)을 얻으면 빈천하게 된다. 그런 까닭에 '(부귀는) 천에 있다'고 하는 것이다. … 천이 베푸는 기는 뭇별의 기를 그 가운데에 가지고 있다. … 같은 귀(貴)라고 해도 차례에 높고 낮음이 있고, 같은 부(富)라고 해도 자산에 많고 적음이 있지만, 이들은 전부 별의 지위의 존비(尊卑) 소대(小大)에 의해서 수여되는 것이다.[136]

먼저 편의 순서로부터 보면, 인용문 ④는 『논형』의 네 번째에 있는 편의 첫머리이며, 인용문 ⑤는 여섯 번째에 있는 편의 자료이다. 이러한 편의 순서에 따라서 왕충의 이론 전개가 계속 이어지고 있다. 앞의 인용문 ③에서 이야기했던 '사생(死生)·수요(壽天)의 운명'과 '귀천·빈

135 『논형』「氣壽」: 凡人稟命, 有二品. 一曰, 所當觸値之命, 二曰, 彊弱壽夭之命. 所當觸値, 謂兵燒壓溺也, 彊壽弱夭, 謂稟氣渥薄也. 兵燒壓溺, 遭以所稟爲命, 未必有審期也. 若夫彊弱夭壽, 以百爲數, 不至百者, 氣自不足也. 夫稟氣渥, 則其體彊, 體彊則其命長. 氣薄, 則其體弱, 體弱則命短.

136 『논형』「命義」: 子夏曰死生有命, 富貴在天, 而不曰死生在天, 富貴有命者, 何則死生者, 無象在天, 以性爲主. … 至於富貴, 所稟猶性, 所稟之氣, 得眾星之精. 眾星在天, 天有其象. 得富貴象則富貴, 得貧賤象則貧賤, 故曰在天. … 天所施氣, 眾星之氣在其中矣. … 貴或秩有高下, 富或貲有多少, 皆星位尊卑小大之所授也.

왕충이 해석하는 기의 세계

부의 운명'에 대한 구체적인 내용 설명을 인용문 ④와 ⑤에서 전개하고 있다. 인용문 ④에서는 '사생(死生)·수요(壽夭)의 운명'에 대해서 '당연히 만나야만 하는 운명'과 '신체의 강하고 약함이나 수명의 길고 짧음의 운명'의 두 가지로 나누어서, ⑤에서는 '귀천·빈부의 운명'에 대해서 천의 뭇별(衆星)에 근거를 두고서 각각 설명하고 있다. 이러한 운명을 설명함에 있어서, 그의 독특한 기에 관한 이론이라든가 천에 관한 이론이 나타나고 있다.

이상, 『논형』속의 자료를 통해서 왕충사상의 이론적 체계의 형성과정에 대해서 살펴보았다. 간단하게 요약해 보면, 우선 인간세계의 우연성을 이야기하고, 그와 같은 우연성의 근거로서 운명을 논하고, 특별한 운명의 성격을 설명하는 가운데에 그의 기에 관한 이론과 천에 관한 이론이 그 모습을 나타내고 있다. 그의 사상의 이론적 체계의 형성과정을 이와 같이 본다고 하면, 결국 인간세계의 우연성이라는 것이 그의 사상의 이론적 체계화에 초석의 역할을 하고 있음을 알 수 있다. 여기에서 앞서 말한 왕충의 사상형성의 동기를 생각해 보면, 지금의 이론적 체계의 형성과정에 있어서와 겹치는 부분이 있는 것을 알 수 있다. 그것은 바로 인용문 ①·②에 있어서의 '벼슬살이'와 '재능·조행' 또 '누해'(累害)가 된다. 이러한 것은 앞에서 든 「자기편」의 인용문에 나와 있는 것처럼, 젊은 시절의 왕충을 가장 괴롭힌 당시의 필연적 관계 속의 요소인 것이다. 이러한 사실은 '재능과 관직', '재능과 집안' 등의 관계 속에서 경험한 당시의 모순점이, 그대로 왕충의 사상형성의 동기로 되고 있는 것을 말해주는 것이기도 하다. 따라서 『논형』의 첫머리에서 주장하고 있는 인간세계의 우연성이란, 그의 사상의 이론적 체계화의 초석이 될 뿐만 아니라, 왕충의 사실상의 사상형성의 기반이라고 할 수 있다.

이상에서 보면, 그의 성격, 간접적 경험에 의한 사상적 영향 등이 하나가 되어, 당시의 필연적 세계의 모순점과 부딪쳤을 때, 왕충 나름의 사상형성의 동기가 부여되고, 필연적 세계 대신에 우연적 세계를 설정하고, 『논형』이라는 책을 만들었다고 할 수 있다. 그러나 당시의 필연적 세계의 모순점이라는 것을 '재능과 관직', '재능과 집안' 등의 관계 속에서 찾아냈다는 것은, 자신의 재능의 변호에 강한 관심을 가지고 있었음을 말해 주는 것이기도 하다. 물론 정말로 자신의 재능이 높고, 그래서 당시의 필연적 세계의 모순점을 고발하려고 이론을 전개했는지도 모른다. 그러나 당시의 필연적 세계의 모순점을 고발함에 있어서는, 당시의 일반적 관점으로부터 출발한 것이 아니라, 자신의 주관적 관점과 당시의 필연적 세계가 부딪힌 것이, 그 출발점이 되고 있는 것이다. 또 당시 왕충의 재능은 객관적으로 그렇게 인정받고 있지 않았다고 생각된다. 이상과 같은 사실로부터 생각하면, 왕충의 사상형성의 동기로서 물론 당시의 필연적 세계의 모순점을 들 수 있지만, 그러나 그것보다 자신의 재능의 변호에 가장 강한 동기가 있었는지도 모른다. 어쨌든, 왕충의 주관적 관점과 당시의 필연적 세계가 공존할 수 없었던 것에, 왕충의 사상형성의 동기가 있었다고 생각된다.

이상과 같은 동기로부터 본다고 하면, 왕충의 사상은, 그 근본존재로부터 보면 천에서 기(氣), 기에서 운명, 운명에서 우연이라고 하는 순서로 전개되지만, 그 사상형성의 과정으로부터 보면 우연에서 운명, 운명에서 기·천으로 발전하고 있음을 알 수 있다.

왕충이 해석하는 기의 세계

4장

기의 세계의 근원에 대한 해석

1절 천론(天論)

1. 자연적 천

> 도가는 자연을 논하면서도, 사물을 인용하여 그 언행을 실증하는
> 것을 알지 못한다. 따라서 자연에 대한 학설은 신용을 받지 못한
> 다.[137]

왕충의 실증이라고 하는 방법론을 잘 표현하고 있는 문장이다. 『논
형』의 이론 전개는 이 방법론에 의해 펼쳐지고 있다. 따라서 왕충의 천
에 대한 이론도 이러한 방법론을 염두에 두면서 검토해 보도록 하겠
다. 왕충의 천을 논하기에 앞서, 먼저 그의 천론을 성립시킨 기본 입장
부터 살펴보도록 하자.

---

137 「논형」「自然」: 道家論自然, 不知引物事以驗其言行. 故自然之説, 未見信也.

유가(儒家)는 부부의 도를 설명함에 그 기준을 천지에서 취한다. 부부가 천지를 기준으로 하는 것을 알면서도 부부의 도를 미루어서 천지의 본성을 논하는 것을 알지 못하니 도리에 어둡다고 해야 하겠다.[138]

왕충에 의하자면, '부부는 천지를 기준으로 한다'는 것을 안다면, 당연히 '부부의 도를 미루어서 천지의 본성을 논하는 것'까지도 알아야 하는데, 유가의 경우는 그렇지 못하다고 비난하고 있다. 여기서 이야기하는 유가란, 당시의 천인상관적 천론을 믿고 있는 일반적인 유가를 가리키고 있다고 생각한다. 비록 간단하지만 이 유가에 대한 비난에서 왕충의 천지에 대한 관점을 어느 정도 엿볼 수 있을 것 같다. 그러면 여기서 왕충이 이야기한 '부부는 천지를 기준으로 한다'는 것과 '부부의 도를 미루어서 천지의 본성을 논하는 것'이 무엇을 의미하고 있는가에 대해서 살펴보고 왕충의 관점에 접근해 보도록 하겠다.

'부부는 천지를 기준으로 한다'는 사실로부터, 역으로 '부부의 도를 미루어서 천지의 본성을 논하는 것'을 이야기할 수 있다는 것은, 결국 천지의 내용(본성)과 부부의 내용(도)을 같은 범주의 유사성 내지 동질성의 것으로 간주했기 때문인 것이다. 그렇기 때문에 사실상 왕충의 천지에 대한 해석은 '부부는 천지를 기준으로 한다'는 사실에서 이미 결정됐다고 하겠다. '부부의 도를 미루어서 천지의 본성을 논하는 것'은 단지 유가를 비난하기 위한 '부부는 천지를 기준으로 한다'는 사실의 부연 설명에 지나지 않는 것이다. 그렇다면 왕충이 비난하고 있듯이, 당시의 유가가 정말로 '부부의 도를 미루어서 천지의 본성을 논하는

---

138 『논형』「自然」: 儒家說夫婦之道, 取法於天地. 知夫婦法天地, 不知推夫婦之道, 以論天地之性, 可謂惑矣.

왕충이 해석하는 기의 세계

것'을 알지 못했다고 한다면, 유가는 '부부는 천지를 기준으로 한다'는 사실에 대해서 왕충과 같은 이해를 하면서도 그것을 몰랐던 것인가, 아니면 왕충과 이해를 달리했기에 '부부의 도를 미루어서 천지의 본성을 논하는 것'을 끄집어낼 수 없었던 것인가. 왕충의 비난은 결국 유가도 자기와 이해를 같이하고 있다는 것을 전제로 삼고 있다. 그럼 여기서 왕충과 유가의 '부부는 천지를 기준으로 한다'는 것에 대한 해석을 밝혀, 한 걸음 더 왕충의 견해에 접근해 보기로 하자.

먼저 유가가 '부부는 천지를 기준으로 한다'는 이야기를 했다고 하면, 역시 천지와 부부의 유사성 내지 동질성을 인정하고 있었다고 생각된다. 왜냐하면 부부와 천지의 이질성에도 불구하고 그렇게 말할 수는 없기 때문이다. 그러나 아직 이러한 사실만으로 왕충과 유가의 견해에 대해서 '같다' 혹은 '다르다'라고 이야기하는 것은 조금 성급한 감이 있다. 다음에 유가의 천관(天觀)과 '부부는 천지를 기준으로 한다'는 말에 대한 해석을 살펴본 뒤에, 양자 견해의 동이(同異) 여부를 논하기로 하겠다.

왕충이 이야기하는 유가란 당시의 천인상관적 천론을 믿고 있었던 사람들이다. 그러한 사실로부터 당시의 유가는 천을 인격신으로 간주하고 있었다는 것을 알 수 있다.[139] 천을 인격신으로 간주했다는 것은, 인간의 부부의 작용처럼 천지가 만물을 만들어 내는 작용을 할 때, 천은 인격신으로서 자신의 의도대로 할 수가 있다는 것을 의미한다고 이해할 수 있다. 부부의 도라고 하는 것은 자식을 낳는 도리인데, 당시

---

139 「논형」「初稟」의 "文王得赤雀, 武王得白魚赤烏. 儒者論之, 以爲雀則文王受命, 魚烏則武王受命, 文武受命於天, 天用雀與魚烏命授之也. 天用赤雀命文王, 文王不受, 天復用魚烏命武王也."라는 문장으로부터 당시의 유자들이 동중서 이래의 천인상관설을 믿고, 그에 따라 천을 인격신으로 간주하고 있는 것을 엿볼 수 있다. 또한 이러한 사실은 일반적으로 인정되고 있는 사실이다.

의 유가는, 천을 인격신으로 생각한 이상, 이 부부의 도가 아무리 불가사의하다고 해도 인격신인 천(천지)이 만물을 만들어 내는 작용에는 비할 바가 아니라고 생각했음에 틀림없을 것이다. 그렇다면 부부를 통해서 신(神)으로서의 천의 작용을 이해하는 것은 가능할지도 모르겠지만, 부부의 작용을 천지의 작용과 같다고 하는 것은 역시 무리라고 생각된다. 만약 양자의 작용이 완전히 동일하다고 하면 천은 이미 신이 아니게 되기 때문이다. 따라서 유가의 견해에 의한다면, 천지의 본성에는 부부의 도로부터는 이해할 수 없는 부분도 있기 때문에, 천지의 본성과 부부의 도를 같은 범주의 것으로서 취급할 수가 없었을 것이다.

이상으로부터 일단 왕충과 유가의 '부부는 천지를 기준으로 한다'는 말에 대한 해석이 각각 다른 것을 알 수 있다. 그렇다고 한다면 왕충의 유가에 대한 비난은 그 타당성을 잃어버리게 된다. 왜냐하면 자기의 입장과는 다른 유가의 입장을 자기의 입장에서 판단한 결과이기 때문이다. 따라서 유가의 입장에서 보면 가령 '부부는 천지를 기준으로 한다'는 사실을 안다고 해도, '부부의 도를 미루어서 천지의 본성을 논하는 것'에 대해서 알지 못하는 것은 당연한 사실이라 하겠다. 그렇기 때문에 만약 왕충이 정말로 유가의 견해를 비판하고자 한다면, '부부는 천지를 기준으로 한다'는 말을 해석하는 유가의 입장을 그 대상으로 삼아야만 하는 것이다. 그럼 여기서 이 '부부는 천지를 기준으로 한다'는 말과 관련하여 왕충과 유가의 견해를 조금 더 생각해 보기로 하겠다.

최초에 '부부는 천지를 기준으로 한다'는 말이 사용되었을 때를 생각해 보면, 천지에 관한 지식이 먼저 있고 난 다음에, 그 천지와 부부의 관계를 그렇게 생각했음에 틀림없다. 천지에 대해서 전혀 모른 채 부부와의 관계를 이야기한다는 것은 있을 수 없기 때문이다. 당시의 유가도 역시 예외는 아니었을 것이다. 천지라고 해도 천에 관한 해석이 그 중심이 되는데, 이미 언급했듯이, 유가는 천을 인격신으로 생각하고 천지의 작용을 설명하고 있는 것이다. 따라서 유가는 그러한 천지에 관한 지식으로부터 천지와 부부의 관계를 설명하고 있음에 틀림없다. 그런데 왕충의 경우는 반대로 '부부는 천지를 기준으로 한다'는 말에 근거하여 천지를 설명하고자 하고 있다. 왕충의 이러한 생각은, 이론의 진위와 관계없이, 이론의 전개 과정 그 자체에 논리적인 문제점을 가지고 있다. 천지에 관한 지식을 전제로 하지 않고 '부부는 천지를 기준으로 한다'는 사실을 진리로서 믿고 있었기 때문이다. 이것은 당시의 인간세계와 천지에 관한 사상적 분위기를 엿보게 하고 있는데, 왕충은 원래 '부부는 천지를 기준으로 한다'는 생각에 대해서 유가와 같은 입장에 서 있었다는 것을 가르쳐 주는 것이기도 하다. '부부는 천지를 기준으로 한다'는 생각에 대해서 원래 유가와 같은 입장에 서 있으면서, 유가의 천관을 비판하고자 한 왕충은, 철저하지 못하게도 유가의 천관에 의해서 성립되고 있는 당시의 '부부는 천지를 기준으로 한다'는 사상을 자신의 사상적 기초로 삼아버린 것이다. 사실은 이 시점에서 왕충과 유가의 견해는 완전히 다르게 되고, 따라서 왕충이 어떠한 증거도 없이 '부부는 천지를 기준으로 한다'는 말을 자신의 사상적 기초로 한 것은 납득하기 어려운 것이 된다. 이렇게 볼 때, 왕충이 '부부는 천지를 기준으로 한다'는 말과 관련하여 유가를 비난하고자 한 것은, 처음부터 논리적인 무리를 동반하고 있었다고 하겠다. 그러나 그렇다고 해서 왕충의 천론이 전혀 가치가 없다고 하는 것은 아니다. 그럼 다음에 지금까지 밝혀진 사실에 근거하여 왕충의 천론의 기본적 입장에 대해서 생각해 보고자 한다.

여기서 먼저 이야기해야만 할 것은, 어떠한 문제가 있든, 왕충의 천론의 기본적 입장은 그 나름대로 성립하고 의미가 있다고 하는 것이다. 단지 여기서 생각해 보고자 하는 것은, 유가에 대한 비난, 즉 논리적으로 모순되는 것처럼 보이는 천론의 기본적 입장을 통해서, 왕충의 입장을 조금 더 이해해 보고자 하는 것이다. 그럼 우선 천지에 관한 지식 위에 성립할 수 있는 '부부는 천지를 기준으로 한다'는 관점을, 거꾸로 천지를 설명하기 위해서 자신의 사상적 기초로 한다고 하는, 왕충의 논리적으로 모순되는 기본입장부터 생각해 보도록 하자. 왕충이 논리적으로 모순되는 기본입장을 가질 수밖에 없었다고 하는 것은, 앞서 지적했듯이, 당시의 사회에 있어서의 부부와 천지, 혹은 인간세계와 천지에 관한 사상적 분위기를 단적으로 나타내는 것이라고 하겠다. 말하자면 당시의 사람들에게 있어서는, '부부는 천지를 기준으로 한다'는 관점이 단순히 이론적인 연구의 결과 혹은 하나의 가설에 지나지 않는 것이 아니라, 증명의 필요도 없는 절대적 진리이고, 당시의 사회를 사상적으로 지배하고 있는, 그러한 절대적 지위에 있는 존재였다고 하는 것이다. 이와 같이 당시의 세계관을 믿고, 그러한 세계관 속에서 자신의 이론을 체계화하고자 한 왕충으로부터 보면, 자신의 기본입장에 논리적 모순이라고 하는 것은 절대로 없다고 생각했음에 틀림없다. 이 문제를 다른 각도에서 보도록 하자.

공자를 중심으로 하여 그 이전과 이후가 같은 세계관을 가지고 있었지만, 공자 이전은 신앙적 차원에서 그 세계관을 믿고, 공자 이후는 이론적으로 그 세계관을 이해하고자 했다고 일반적으로 생각하고 있다.[140] 이렇게 본다고 하면, 고대 중국에 있어서의 천에 관한 이론이란, 천에 대한 신념으로부터 그 천을 이론적으로 설명했다고 할 수 있겠다. 그렇다면 왕충 당시의 '부부는 천지를 기준으로 한다'는 관점도 그

140　武内義雄『中国思想史』第一章 참조.

러한 신념에 의한 이론이었다고 할 수 있겠다. 물론 신념과 이론은 명확하게 구별된다. 그러나 그 이론에는 천에 대한 신념이 내재되어 있고, 상황에 따라서는 그 이론이 신념으로 바뀔 가능성도 충분히 있는 것이다. 정말로 왕충은, 당시의 사상적 분위기 속에서, '부부는 천지를 기준으로 한다'는 관점을 단지 이론으로서가 아니라, 천에 대한 신념으로서 받아들이고 있었던 것은 아닐까. 틀림없이 그렇다고 생각한다. 왜냐하면 그 '부부는 천지를 기준으로 한다'는 관점을 천에 대한 신념으로서 받아들이지 않았다고 한다면, '부부는 천지를 기준으로 한다'는 말을 통한 유가에 대한 비난은 있을 수 없기 때문이다. 어쨌든 왕충의 유가에 대한 비난에서 볼 때, 왕충은 '부부는 천지를 기준으로 한다'는 관점을 자신의 천론에서의 근본적 신념 즉 공리로서 생각하고 있었다고 하겠다. 이상, 왕충의 천론의 기본적 입장에 대해서 생각해 봤는데, 그럼 지금부터 왕충의 기본적 입장에서의 천에 관한 해석을 보도록 하자.

왕충의 천에 관한 해석을 살핌에 있어서는, 편의상 본체와 작용의 두 방면으로 나누어 살피도록 하겠다. 먼저 본체로서의 천에 대해서 살펴보도록 하자.

① 천이 형체가 있는 것은 지(地)와 다름이 없다. (夫天體也, 與地無異. 「變虛」)

천의 평평한 것은 지(地)와 다름이 없다. (天平正, 與地無異. 「說日」)

지(地)가 그 아래가 없으므로 천은 그 위가 없다. (地無下, 則天無上矣. 「道虛」)

② 천지는 기를 품고 있는 자연한 존재이다. (天地, 含氣之自然也. 「談天」)

인용문 ①로부터 천은 형체가 있는 것이고, 평평하고, 우주공간의 가장 위에 존재한다는 사실을 알 수 있다. 그런데 여기서 바로 볼 수 있듯이, 왕충은 천의 이러한 사실을 밝힘에 있어 항상 지(地)의 사실을 그 증거로서 끌어들이고 있다. 이것은 바로 왕충의 '부부는 천지를 기준으로 한다'는 관점으로부터의 해석의 한 단면이 될 것이다.

그럼 여기서 잠깐 『논형』「자연편」(自然篇)의 문장을 보도록 하자. "천지는 부부이다. 지(地)의 형체에 입과 눈이 없으므로 또한 천에 입과 눈이 없음을 안다."[141]라고 하여, 천지는 부부임을 말하고 있다. 이것은 당시에 있어서 당연한 사실이고, 단지 왕충 한 사람만의 생각이 아닌 것은 주지의 사실이다. 그러나 왕충은 그러한 사실을 단지 막연하게 믿는 것이 아니라, '부부는 천지를 기준으로 한다'는 공리로부터 명석하고 판명한 사실로서 이끌어 내고 있는 것이다. 그 해석방법이 다름 아닌 '부부의 도를 미루어서 천지의 본성을 논하는 것'이었던 것이다. '부부는 천지를 기준으로 한다'는 공리만으로는 천 혹은 천지의 관계에 대해서 명석하고 판명하게 이해할 수 없지만, 그러나 부부의 관계에 대해서는 인간이 몸소 체험하고 있는 것이기 때문에, 이 부부에 관한 사실이야말로 명석하고 판명한 사실이라고 생각하고, 이 부부로부터 천지를 논할 수 있다고, 생각했다고 하겠다. 여기서 또 한 가지 이야기할 수 있는 것은, 왕충이 생각하고 있는 명석하고 판명한 사실이라는 것은 현실의 경험적인 사실이라고 하는 것이다. 현실의 경험적인 사실로부터 이론을 전개하고자 하는 이것이 바로 왕충의 실증적 방법론인 것이다. 어쨌든 왕충은 '부부는 천지를 기준으로 한다'는 관점으로부터, 천지는 인간의 부부처럼 부부인 것을 명석하고 판명한 사실로서 이끌어 내고 있다. 또 인간의 부부가 서로 같은 구조를 하고 있는

141　『논형』「自然」: 天地夫婦也, 地體無口目, 亦知天無口目也.

　　　　　　　　　　　　　　왕충이 해석하는 기의 세계

사실로부터, 천지의 부부도 같은 구조여야 한다고 생각하여, 지(地)의 형체에 입이나 눈이 없기 때문에 천에도 입이나 눈이 없다고 하고 있다. 여기서 앞의 인용문 ①을 보면, 지금의 이러한 생각에 근거하여 천을 설명하고 있는 것을 알 수 있다.

다음의 인용문 ②를 보면, 평평한 형체인 천은 그 내부에 기(氣)를 품고 있는 것을 알 수 있다. 그렇다면 왕충은 이러한 기를 품은 천의 모습을 어떻게 구상했으며 또한 어떠한 모습으로 받아들였던 것인가. 『논형』「자연편」을 보면, "천의 운행은 기를 베푸는 것이다. 천체가 움직이면 기가 방출되고, 만물이 곧 생겨난다. 사람이 활동하여 기를 베푸는 것과 같으니, 신체가 움직이면 기가 방출되고 아이 또한 생겨난다."[142]라고 하여, 천이 기를 베푸는 것은 사람이 기를 베푸는 것과 같다고 하고 있다. 이것은 사람의 신체를 기준으로 하여 천체를 설명하는 것이고, 따라서 사람에게 기가 있기 때문에 천에도 기가 있다고 하는 것이 된다. 이 또한 인간의 부부로부터 천을 해석한 결과라고 할 수 있다.

이상에서 본체로서의 천에 관한 왕충의 이론을 살펴봤는데, 철저하게 '부부는 천지를 기준으로 한다'는 관점에서 실증적으로 이론을 전개하고 있는 것을 알 수 있다. 이 '부부는 천지를 기준으로 한다'는 관점에서의 이론 전개라고 하는 측면으로부터 보면, 천에 대한 이론이 마지막이 되는 것은 당연한 것이다. 그러나 인간의 부부도 천지를 기준으로 하는 존재에 지나지 않기 때문에, 그 존재라고 하는 측면으로부터 보면, 역시 천이 최고의 존재인 것이다. 물론 왕충은 천지는 부부라고 하는 관점에서 천과 지(地)를 서로 상대의 설명 기준으로 하기는 한

---

142 『논형』「自然」: 天之動行也, 施氣也. 體動氣乃出, 物乃生矣. 由人動[施]氣也, 體動氣乃出, 子亦生也. ※'由人動[施]氣也'는 문맥상 '施'를 보충함.

다.[143] 그러나 천이 최고의 존재인 이상, 천이 지상세계(인간세계)의 기준이 될 수밖에 없다.

국가의 운명은 뭇별(衆星)에 달려있다. 천에 늘어선 별들(列宿)에 길흉이 있음에 국가에 화복이 있다. 뭇별이 추이(推移)함에 사람에게 성쇠가 있다. … 부귀의 경우는, 받는 것은 성(性)과 같지만 그 받는 바의 기(氣)는 뭇별의 정(精)을 얻어 있는 것이다. 뭇별은 천에 있고 천에는 그들의 상(象)이 있다. 부귀의 상을 얻으면 부귀하게 되고, 빈천의 상을 얻으면 빈천하게 된다. 그런 까닭에 '(부귀는) 천에 있다'고 하는 것이다. 천에 있다고 하는 것은 어떠한 것인가. 천에는 백관(百官)이 있고 뭇별이 있다. 천이 기를 베풀어서 뭇별이 정(精)을 유포하게 되지만, 천이 베푸는 기는 뭇별의 기를 그 가운데에 가지고 있다. 사람은 기를 받아서 나고 기를 품고서 성장하는데, 귀한 기를 얻으면 귀하게 되고 천한 기를 얻으면 천하게 된다. 같은 귀(貴)라고 해도 차례에 높고 낮음이 있고, 같은 부(富)라고 해도 자산에 많고 적음이 있지만, 이들은 전부 별의 지위의 존비(尊卑) 소대(小大)에 의해서 수여되는 것이다. 그러므로 천에 백관이 있고 천에 뭇별이 있고, 지상에 만민(萬民)·오제삼왕(五帝三王)의 정(精)이 있다. 천에 왕량(王梁)·조보(造父)가 있고 사람에게 역시 그러한 사람이 있고, 그러한 기를 받는 까닭으로 말을 모는데 교묘하다.[144]

---

143 『논형』「談天」: 二十八宿爲日月舍, 猶地有郵亭爲長吏廨矣. 郵亭著地, 亦如星舍著天也.

144 『논형』「命義」: 國命繫於衆星. 列宿吉凶, 國有禍福. 衆星推移, 人有盛衰. … 至於富貴, 所稟猶性. 所稟之氣, 得衆星之精. 衆星在天, 天有其象. 得富貴象則富貴, 得貧賤象則貧賤, 故曰在天. 在天如何. 天有百官, 有衆星. 天施氣而衆星布精. 天所施氣, 衆星之氣在其中矣. 人稟氣而生, 舍氣而長, 得貴則貴, 得賤則賤. 貴或秩有高下, 富或貲有多少, 皆星位尊卑小大之所授也. 故天有百官, 天有衆星, 地有萬民五帝三王之精. 天有王梁造父, 人亦有之, 稟受其氣, 故巧於御.

왕충이 해석하는 기의 세계

이 인용문으로부터 알 수 있듯이, 왕충은 최고의 존재자인 천을 지상세계의 모든 기준으로서 설명하고 있다. 그런데 이러한 지상세계의 기준으로서의 천의 모습은 역시 지상세계의 모습을 기준으로 하여 그렸음에 틀림없다. 말하자면 '부부는 천지를 기준으로 한다'는 관점에서의 왕충 나름의 천상세계에 관한 해석인 것이다. 왕충의 견해에 의하면, 지상세계에 국가라든가 인간사회의 부귀빈천 등이 있다고 하는 것은 천상세계에도 거기에 상응하는 무언가가 있다고 하는 것을 의미하고, 왕충은 천상의 뭇별을 거기에 상응하는 것으로서 해석했다고 하는 것이다. 이러한 왕충의 천론을 존재적 측면에서 보면, 천상세계가 지상세계의 기준이 될 뿐만 아니라 천상세계의 존재에 응해서 지상세계의 존재가 존재하게 된다. 이러한 왕충의 천론은 '천지(인)대응설'이라고 이름을 붙일 수 있을 것이다.

이상으로 천의 본체와 함께 천상세계의 구조에 관한, 왕충의 기본적 입장으로부터의 해석을 살펴봤다. 그러면 다음에 이상의 고찰을 염두에 두면서 작용으로서의 천에 대해서 살펴보도록 하자. 당시의 천인상관설에서 주장되던 의지적 천에 대한 왕충의 비판은 "천도는 저절로 그러하고(자연) 의식적으로 함이 없다(무위)."(夫天道, 自然也, 無爲. 「譴告」)라는 해석의 결과로 나타났다. 인용문의 천도라는 것은 곧 천의 작용적 측면이고, 따라서 자연과 무위는 천의 작용에 대한 설명이 된다. 여기서 우선 천의 작용방법이 자연무위하다는 사실을 알았다. 그러면 이 천의 작용의 자연무위에 대한 왕충의 설명을 조금 더 살펴보도록 하자.

어떻게 해서 천이 자연인 것을 알 수 있는가. 천에는 입과 눈이 없기 때문이다. 생각건대 어떠한 것을 함이 있는 것은 입과 눈이 있는 부류이다. 입은 먹고 싶어 하고 눈은 보고 싶어 하는데, 욕망이

심중에 있으면 그것을 외부에 나타내고, 입과 눈이 그 대상을 구하여, 손에 넣음으로써 이욕(利欲)의 행위가 된다. 지금 (천에는) 입이나 눈의 욕망이 없고 외부의 사물에 대해서 요구하는 것이 없는데 도대체 무엇을 하겠는가. 어떻게 해서 천에 입과 눈이 없는 것을 아는가. 지(地)로부터 안다. 지(地)는 흙을 본체로 하고 흙에는 본래 입과 눈이 없다. 천지는 부부이다. 지(地)의 본체에 입과 눈이 없으니 역시 천에도 입과 눈이 없음을 안다.[145]

왕충은 천의 작용의 자연무위를 천의 본체적 측면에서 설명을 시도하고 있다. 요컨대 '천지부부'의 관점에 서서, 경험상 의식적으로 행함이 있는 것은 입과 눈 등을 가지고 있는데, 천에는 그러한 입이나 눈 등의 의식적으로 행하는 요소가 없기 때문에 천은 자연무위의 존재라고 주장하고 있다. 왕충의 이러한 생각에 대해서 어떤 사람이 "모든 활동하는 것은 다 본래 유위(有爲)이다. 욕망이 있기 때문에 활동하고, 활동하면 유위다. 지금 천의 운행은 사람과 서로 닮아 있다. 그런데 어찌 무위(無爲)라고 할 수 있겠는가."라고 의문을 제시하고 있다.[146] 입과 눈 등이 있으면 유위적 존재이지만, 천에는 입과 눈 등이 없기 때문에 천은 자연무위의 존재라고 하는 왕충의 논증방법과 같은 논법으로, 활동하는 것은 유위적 존재인데, 천은 운행하고 있기 때문에 유위적 존재라고 하여, 왕충과 같은 논법을 취하면서도 왕충과는 정반대의 결론을

---

145 『논형』「自然」: 何以[知]天之自然也, 以天無口目也. 案有爲者, 口目之類也. 口欲食而目欲視, 有嗜欲於內, 發之於外, 口目求之, 得以爲利欲之爲也. 今無口目之欲, 於物無所求索, 夫何爲乎. 何以知天無口目也. 以地知之. 地以土爲體, 土本無口目. 天地夫婦也, 地體無口目, 亦知天無口目也. ※'何以[知]天之自然也'에서 '知'가 탈락된 것을 보충. 劉盼遂의 설에 따름.

146 『논형』「自然」: 或曰, 凡動行之類, 皆本無有爲. 有欲故動, 動則有爲. 今天動行與人相似, 安得無爲. ※'皆本無有爲'의 '無'는 衍文. 孫人和의 설에 따름.

왕충이 해석하는 기의 세계

이끌어 내어 왕충에게 제시하고 있는 것이다. 이에 대한 왕충의 대답은 어떠했는가.

> 천의 운행은 기(氣)를 베푸는 것이다. 천체가 움직이면 기가 방출되고 만물이 곧 생겨난다. 사람이 활동하여 기를 베푸는 것과 같으니, 신체가 움직이면 기가 방출되고 아이 또한 생겨난다. 대개 사람이 기를 베푸는 것은 아이를 낳고자 해서가 아니라, 기가 베풀어져서 아이가 저절로 생긴다. 천이 운행하여 만물을 생겨나게 하려고 하지 않아도 만물은 저절로 생겨나니 이것이 바로 자연이다. 기를 베풂은 만물을 만들고자 함이 아니나 만물은 저절로 만들어지니 이것이 바로 무위(無爲)이다.[147]

왕충의 대답은 말할 것도 없이 천의 작용은 자연무위라고 하는 것을 고수하고 있다. 그 논증방법은, 자신의 기본입장에 근거하여, 인간의 부부의 작용인 '아이를 낳는 것'이 무욕(無欲)의 일이기 때문에, 천지의 작용인 '만물을 낳는 것'도 역시 무욕의 일이라고 하여, 천의 작용이 자연무위인 것을 증명하고 있다. 따라서 어떤 사람이 제시한, 천은 운행하고 있기 때문에 유위의 존재라고 하는 의문에 대해서, 왕충은 천은 운행해도 그 운행은 자연무위적인 움직임에 지나지 않는다고 반박하고 있는 것이 된다. 그러나 사실은 어떤 사람이 제시한 의문과 왕충의 대답은 서로 다른 입장을 취하고 있다. 어떤 사람의 의문은 천의 운행의 원인으로부터 그 성격을 이야기하고, 왕충의 대답은 천의 운행의

---

147 『논형』「自然」: 天之動行也, 施氣也. 體動氣乃出, 物乃生矣. 由人動[施]氣也, 體動氣乃出, 子亦生也. 夫人之施氣也, 非欲以生子, 氣施而子自生矣. 天動不欲以生物, 而物自生, 此則自然也. 施氣不欲為物, 而物自為, 此則無為也. ※'由人動[施]氣也'는 문맥상 '施'를 보충함.

내용으로부터 그 성격을 논증하고 있다. 어떤 사람은 아마도 왕충의, 천은 입과 눈 등이 없기 때문에 무욕의 존재라고 하는 이야기를 듣고, 그렇다면 무욕의 존재인 천이 유위의 존재처럼 활동하는 것은 무엇 때문인가라고 하는 의문을 품고 그것을 제시했음에 틀림없다고 생각된다. 왕충도 또한 천의 운행의 원인을 찾고는 있다. 그러나 왕충은, 천의 운행은 '기를 베푸는 것'이라는 것만을 이야기하고, 기를 베풀 때에 천은 의지가 있는지 어떤지라고 하는 천의 운행의 직접적인 원인에 대해서는 언급하고 있지 않은 것이다. '기를 베푸는 것'이란 천의 운행의 내용 혹은 목적은 되지만, 천의 운행의 제일 원인이 될 수는 없는 것이다. 그래서 천의 운행의 제일 원인에 관한 왕충의 이야기를 들을 수는 없지만, 어쨌든 왕충의 대답으로부터 천의 작용의 자연무위에 관한 그의 생각은 충분히 볼 수가 있다. 이 대답의 문장에 나타나 있는, 왕충의 천의 작용에 관한 생각을 정리해 보면 다음과 같이 될 것이다.

먼저 왕충은 천의 작용이 자연무위라는 것을 설명함에 있어서, 자연과 무위의 두 개념으로 나누어 설명하고 있다. 자연이란 천에 의도성이 없기 때문에 만물은 저절로 생겨난다고 하는 만물의 발생적 측면에 있어서의 자연한 성질을 말하고, 무위란 천에 만물을 만들고자 하는 의도가 없다고 하는 천의 작용적 측면에 있어서의 무작위성을 말하고 있다. 이와 같이 천은 자연무위의 작용을 하고 있지만, 그 천의 작용이란 천의 운행밖에 없다. 이렇게 보면 '만물을 낳는 것'이란 천의 작용의 결과라고 할 수 있겠다. 또 천의 운행이란 '기를 베푸는 것'이기 때문에, 사실은 '기를 베푸는 것'이 천의 작용의 내용이 되는 것이다. 따라서 천의 작용의 모습이라고 하면 천의 운행밖에 없지만, '기를 베푸는 것'을 그 내용으로 하고, '만물을 낳는 것'을 그 결과로 하고 있다. 왕충에 의하면, 이러한 것은 인간의 부부의 작용과 같은 내용이고, 다

왕충이 해석하는 기의 세계

만 그 범위가 부부보다 천이 넓을 뿐이다. 왕충의 이러한 생각은, 개체로서의 인간은 유위의 존재이지만, 부부의 세계는 무위의 세계라고 하는 자기 나름의 해석에 의한 것이다. 그럼 왕충 나름의 해석은 어떤 것이었을까. 인간이 유위의 존재라고 한다면, 인간의 세계는 유위의 세계가 틀림없다. 부부의 세계라고 해도 역시 성욕(性慾)에 의해서 성립하는 유욕(有欲)의 세계인 것이다. 그런데 왕충은 이 유욕의 세계를 무위의 세계라고 하고 있는 것이다. 이것은 일견 모순처럼 보이지만, 실은 왕충 나름의 이유는 있었다고 생각한다. 부부의 세계는 성욕에 그 근거를 두고 있다. 그러나 왕충은 부부의 세계의 결과인 '아이를 낳는 것'을 무욕의 사실로서 받아들이고 있다. 이것은 부부의 세계의 근거와 부부의 세계의 결과의 무관계, 즉 성욕과 '아이를 낳는 것'의 무관계를 의미하는 것이 된다. 다시 말하면 '아이를 낳는' 부부의 세계는, 성욕에 그 근거를 두고 있는 유위의 세계이기는 하지만, '아이를 낳기' 위해서라고 하는 의지가 없는, 무의지의 세계라고 하는 것이다. 이러한 무의지의 측면에서, 왕충은 부부의 세계를 인간의 유위의 세계 중에서 무위의 세계로서 취급한 것이 아닐까 한다. 이와 같이 왕충은 부부의 세계라고 하는 것은, 유위의 인간세계 중에서 유위의 세계와는 관계없는 독자적인 무위의 세계를 전개시켜 간다는 생각을 근거로 하여 천의 작용의 세계를 해석한 것이다.

　이상, '부부는 천지를 기준으로 한다'는 기본적 입장에 근거한, 왕충의 천의 본체와 작용에 관한 해석을 살펴봤다. 왕충이 생각하고 있는 천을 한마디로 말하면, 천이란 무욕의 형체이고, '기를 베푸는' 작용을 하는 자연무위의 존재라고 할 수 있겠다. 이러한 왕충의 천론은 당시의 천인상관설을 주장하고 있는 사람들의 천론과는 그 취지를 완전히 달리하고 있었다는 것은 말할 필요도 없는 사실일 것이다. 따라서 당시의 사람들에게는 납득하기 힘든 사상이었을는지도 모른다. 그러나 왕충은 실증적으로 자기 나름의 일관되고 논리 정연한 천론 체계를 세움에 의해서, 그의 전 사상체계에 보다 객관성을 부여하게 되었다고 생각한다.

2. 왕충의 천론에서의 의지적 천의 모습

지금까지 왕충이 주장하고 있는 천이 자연적 천이라고 하는 것을 논증해 왔는데, 기본입장으로부터 일관된 왕충의 해석을 볼 수가 있었다. 그런데 『논형』을 보면, 왕충은 이러한 자연적 천에 다른 모습을 부여하고 있기도 한 것을 알 수 있다. 여기서는 그러한 점에 대해서 살펴보고자 한다.

천이란 지(地)와 같이 입이나 눈이 없기 때문에 무욕의 형체라는 것은 이미 살펴본 대로이다. 그런데 천에 이 입이나 눈이 없다면 마음도 없다고 할 수 있다. 왜냐하면 마음도 역시 유위의 작용을 하기 때문이다. 이것은 "… 귀·눈·손·발이 마음에 연관되어 있는 것과 같다. 마음이 하는 바가 있으면 귀와 눈이 듣고 보고, 손과 발이 움직인다."[148] 라는 말에서 확인할 수 있다. 이 인용문에 의하면, 마음이 유위의 작용을 하는 존재일 뿐만 아니라, 모든 유위의 근원적 존재인 것도 알 수 있다. 그럼 여기서 다음의 문장을 보기로 하자.

역(易)에서 '대인(大人)은 천지와 그 덕(德)을 합한다.'고 한다. 따라

---

148 『논형』「變動」: 猶耳目手足繫於心矣. 心有所爲, 耳目視聽, 手足動作.

왕충이 해석하는 기의 세계

서 태백(太伯)도 '천은 말하지 아니하고 그 도리를 현자(賢者)의 마음에 넣어 두고 있다.'고 한다. 대개 대인의 덕은 천의 덕이고, 현자의 말은 천의 말이다. 대인은 꾸짖고 현자는 간(諫)하는데, 이것이 바로 천의 견고(譴告)이다. 그런데 도리어 이 견고를 재이(災異)에 돌리고 있기 때문에 그것을 의심한다. 육경(六經)의 문장이나 성인(聖人)의 말이, 걸핏하면 천을 말하는 것은, 무도(無道)를 감화하고 어리석은 사람을 겁내게 하려고 함이다. (그것이) 단지 내 마음일 뿐만이 아니라 역시 천의 뜻임을 말하고자 함이다. 그 천을 말하는 것도 인심(人心)에 의해서이지 상천(上天)의 창창(蒼蒼)한 천체를 말하고 있는 것이 아니다.[149]

왕충의 자연적 천론에서 보면, 천상세계와 인간세계가 대응관계에 있기는 하지만, 천과 인간의 의지적 측면에 있어서의 관계는 있을 수 없는 것을 알 수 있다. 이러한 천론을 주장하고 있는 왕충이, 당시의 재이에 의한 견고설(譴告說)을 비판한다고 하는 것은 지극히 당연한 일이라고 생각한다. 이 인용문이 실려 있는 「견고편」(譴告篇)이라고 하는 것이 그러한 당시의 견고설에 대한 비판을 그 내용으로 하고 있다. 그런데 지금의 인용문을 보면, 왕충은 재이에 의한 견고설을 비판은 하고 있지만, 견고 그 자체에 대해서까지 비판하고 있지 않은 것을 알 수 있다. 즉 왕충은 천의 견고 그 자체에 대해서는 인정하고 있었다고 하는 것이다. 그러나 그것을 어떻게 설명하든지 간에 왕충에 있어서의

---

149 「논형」「譴告」: 易曰, 大人與天地合其德. 故太伯曰, 天不言, 殖其道於賢者之心. 夫大人之德, 則天德也. 賢者之言, 則天言也. 大人刺而賢者諫, 是則天譴告也. 而反歸[譴]告於災異, 故疑之也. 六經之文, 聖人之語, 動言天者, 欲化無道, 懼愚者. 之(欲)言非獨吾心, 亦天意也. 及其言天, 猶以人心, 非謂上天蒼蒼之體也. ※反歸[譴]告於災異 : '歸' 다음에 '譴'을 보충. 黃暉에 따름. ※之(欲)言非獨吾心 : 宋本에는 '之'가 '欲'으로 되어 있음. 宋本에 따름.

자연적 천과 천의 견고는 서로 용납할 수 없는 사상으로밖에 생각할 수 없다. 천이 인간세계의 근원이기는 하지만, 천이 무욕의 형체이기 때문에 왕충은 운명에 의해서 천과 인간세계의 관계를 설명하고 있다. 이러한 그의 천론과 인간세계의 모든 것이 운명에 의해서 결정된다고 하는 그의 숙명론(宿命論)으로부터 본다면, 유위의 요소를 포함하고 있는 천의 견고는 그 설 곳을 잃어버리게 된다. 그러나 왕충은 천의 견고를 인정하고, 또 그와 함께 의지적 천의 요소인 '천의 뜻'이나 '천의 말' 등을 이야기하고 있는 것이다. 여기에 대해서는 다음과 같이도 생각할 수 있다. 자연적 천의 법칙을 '천의 뜻'이나 '천의 말', '천의 견고' 등으로 표현했을 가능성도 있다고 하는 것이다. 이것은 가능성으로서는 충분히 있을 수 있다. 그러나 왕충의 숙명론을 생각하면, 적어도 천의 견고는 그 가능성을 잃어버리게 된다. 따라서 왕충이 천의 견고라고 말하고 있는 것은 자연적 천의 측면으로부터가 아님을 알 수 있다. 그렇다고 한다면, 천의 견고의 근거가 되는 천의 뜻이나 천의 말 등의 개념도 자연적 천의 법칙을 의미하고 있지 않음을 알 수 있다. '그 천을 말하는 것도 인심(人心)에 의해서이지 상천(上天)의 창창(蒼蒼)한 천체를 말하고 있는 것이 아니다.'라고 하고는 있지만, 대개 왕충이 천에 유위의 요소를 적용시키고 있다는 것에는 틀림이 없는 것 같다. 그럼 또 다음의 문장을 보도록 하자.

요(堯)의 마음은 천의 뜻을 알고 있었다. 요가 (순에게) 준 것은 천 역시 준 것이고, 백관(百官)·신자(臣子)가 다 순(舜)을 추대했다. 순이 우(禹)에게 주고, 우가 계(啓)에게 전한 것은 다 인심이 천의 뜻을 체현한 것이다. … 주공(周公)이 인심을 추량하여 천의 뜻에 부합시킨 것이다. 상천(上天)의 마음은 성인의 가슴에 있다.[150]

왕충이 해석하는 기의 세계

천의 뜻, 천의 마음 등으로 말하고 있는 것은, 의지적 천의 모습을 연상시키기에 충분하다. 그러한 천의 뜻에 따라서 요임금이 순임금에게, 순임금이 우임금에게 왕위를 물려주었다 등으로 말하고 있다. 이것도 역시 왕충의 자연적 천으로부터는 이해할 수 없는 것이 된다. 이 문장과 닮은 문장을『맹자』「만장상」(萬章上)에서도 볼 수 있다.

> 만장(萬章)이 말했다. '요(堯)가 천하를 순(舜)에게 주셨다 하니 사실입니까?' 맹자께서 말씀하셨다. '아니다, 천자가 천하를 남에게 주지 못한다.' '그러면 순이 천하를 차지한 것은 누가 준 것입니까?' '천이 준 것이다.' '천이 주었다 함은 천이 말로 명령하셨습니까?' '아니다, 천은 말하지 않으시고, 행동(行)과 하는 일(事)로써 보여주실 따름이다.' '행동(行)과 하는 일(事)로써 보여주신다는 것은 무엇입니까?' '… 옛날 요가 순을 천에 천거하심에 천이 이를 받아들였고, 그를 백성들 앞에 내보였더니, 백성들이 받아들인 것이다. 그래서 천은 말하지 않고 행동(行)과 하는 일(事)로써 보여주실 따름이다, 라고 한다.'[151]

그 의미로부터 보면, 요임금이 순임금에게 그 왕위를 준 것은 사실은 천이라든가 백성이 준 것이라고 하고 있는 점이, 「견고편」의 내용과 흡사하다. 이와 같이 왕충이 맹자와 같은 생각을 가지고 있었다고 하는 것은, 그의 자연적 천론에서 보면 모순되지만, 자연적 천의 설명 중

---

150 『논형』 「譴告」 : 堯之心, 知天之意也. 堯授之, 天亦授之, 百官臣子皆鄕與舜. 舜之授禹, 禹之傳啓, 皆以人心效天意. … 周公推心合天志也. 上天之心, 在聖人之胸.

151 『맹자』 「萬章上」 : 萬章曰, 堯以天下與舜, 有諸. 孟子曰, 否, 天子不能以天下與人. 然則舜有天下也, 孰與之. 曰, 天與之. 天與之者, 諄諄然命之乎. 曰, 否, 天不言, 以行與事示之而已矣. 曰, 以行與事示之者, 如之何. 曰, … 昔者堯薦舜於天而天受之, 暴之於民而民受之. 故曰, 天不言, 以行與事示之而已矣.

에 의지적 천의 모습도 그려지고 있었던 것을 이야기하는 것이 된다.

이상으로 왕충은 자연적 천의 모습뿐만 아니라, 의지적 천의 모습도 천에 부여하고 있는 것을 알 수 있는데, 물론『논형』을 통해서 보면 자연적 천의 모습이 그 주류를 이루고 있다. 그 주류는 아니기 때문에, 의도적으로 의지적 천의 모습을 논하고자 하지는 않았다고 생각하지만, 아무튼 의지적 천의 모습이 머릿속에 있었다고 한다면, 경우에 따라서는 사상의 전개를 위해서 의지적 천의 모습을 논할 때도 있었지 않았을까 생각한다. 앞의 「견고편」의 인용문에,『역』(易)〈건괘〉(乾卦)의 「문언전」(文言傳)에 나오는 '대인(大人)은 천지와 그 덕(德)을 합한다.'라고 하는 말을 인용하고 있는데, 왕충은 이 말을 대체로 의지적 천의 입장으로부터『논형』에서 몇 번인가 인용하고 있다.[152] 또 「기괴편」(奇怪篇)에는 "천과 사람은 도(道)를 한가지로 하고, 좋고 싫음도 마음을 같이 한다."[153]라고 하는 말이 있고, 「변수편」(辯祟篇)에는 "천은 백신(百神)의 우두머리이다. 도덕·인의는 천의 도이고, 전율(戰栗)·공구(恐懼)는 천의 마음이다. 도덕을 파괴하는 것은 천의 도를 무시함이고, (마음이) 험악하고 좁아서 자기 멋대로 행동하는 것은 천의 뜻에 어긋나는 것이다."[154]라는 말이 있다. 왕충이 이러한 말을 하는 것은 물론 의지적 천을 설명하기 위함이 아니라 당시의 사상을 비판하기 위함이었다. 그러나 '가령 그렇다면'이라고 하는 가정으로서가 아니라, 자신의 비판을 정당화하기 위해서 하나의 확실한 증거로서 제시하고 있는 것이다. 그

---

152 「白虎通」「聖人」에 "聖人者何. 聖者, 通也, 道也, 聲也. 道無所不通, 明無所不照, 聞聲知情, 與天地合德, 日月合明, 四時合序, 鬼神合吉凶."라고 하는 문장이 있는데, 「乾卦文言傳」의 말로 聖人을 설명하고 있다. 王充도 또한 자신의 사상 중에서 이 말을 이용함에 의해서, 자신의 이론을 정당화하고자 했다고 생각한다.

153 「논형」「奇怪」: 天人同道, 好惡均心.

154 「논형」「辨祟」: 天百神主也. 道德仁義, 天之道也. 戰栗恐懼, 天之心也. 廢道滅德, 賤天之道, 嶮隘恣睢, 悖天之意.

왕충이 해석하는 기의 세계

의 자연적 천론에서 보면, 이러한 것은 아무리 비판을 위한 도구로서 제시했다고 해도 이해할 수 없는 것이다. 비판의 근거에서 그 결론까지 일관되지 않으면, 그 도달한 결론이 맞는지 어떤지는 모르기 때문이다. 따라서 왕충이 정말로 자연적 천을 믿고, 그 자연적 천으로부터 결론을 내고 싶었다고 한다면, 의지적 천의 요소를 그 전개 과정에 넣지 말았어야 했다. 어쨌든 왕충이 자연적 천으로부터 결론을 내고 싶었든 어떻든, 의지적 천을 완전히는 부정하고 있지 않음을 지금의 인용문에서 충분히 볼 수 있었다. 이러한 사실을 뒷받침하고 있는 것이 왕충의 다음과 같은 말이 아닐까 한다.

장화(章和) 2년에 주(州)의 관리를 그만두고 집에 있었다. 나이는 이제 70이고, … 햇수도 점점 지나가서, 경인(庚寅)년과 신묘(辛卯)년의 경계가 되었다. 죽는 것은 겁나지만, 나는 아직 활력이 넘친다. 그래서 '양성(養性)의 서(書)' 16편을 지었다. 기력을 기르고 신체를 소중히 하고, 식사를 알맞게 하고 술도 알맞게 하고, 눈을 감고 귀를 막고, 정력을 아끼고 마음을 편안하게 하여, 단지 약을 먹거나 도인법(導引法)을 보조로 하여, 생명이 늘어날 수 있고, 잠시 동안만이라도 늙지 않기를 바랐다. 그러나 이미 늙고 되돌아가지 못함에 책을 써서 후세의 사람에게 보이기로 했다. 오직 사람의 생명만은 길고 짧음이 그 기간이 있고, 사람도 동물이기 때문에 생사에 일정한 시간이 있다.[155]

---

155 『논형』「自紀」: 章和二年, 罷州家居. 年漸七十, … 曆數冉冉, 庚辛域際. 雖懼終徂, 愚猶沛沛. 乃作養性之書, 凡十六篇. 養氣自守, 適食則酒, 閉明塞聰, 愛精自保, 適輔服藥引導, 庶冀性命可延, 斯須不老. 旣晩無還, 垂書示後. 惟人性命, 長短有期, 人亦蟲物, 生死一時.

왕충은 만년(晚年)에 죽는 것을 두려워하여 약을 복용하거나 도인법(導引法) 등에 의해서 수명(壽命)을 연장시키고자 노력한 것을 술회(述懷)하고 있다. 그런데『논형』「도허편」(道虛篇)을 보면, 약을 복용하거나 도인(導引) 등에 의해서 수명을 연장시킬 수 있다는 도가(道家)의 사상에 대해서 그것은 거짓말이라고 논증하고 있다. 이「도허편」이라는 것은 왕충의 비판의 중심적 부분인 '구허'(九虛)의 하나이다. 철저하게 비판한 사상을 자신의 만년에 실천한다고 하는 것은, 죽음을 느끼기 시작한 인간의 어쩔 수 없는 약함 때문일까. 어쨌든 지금의 인용문으로부터 추측해 보면, 왕충에게 있어서 이론과 신념은 반드시는 일치하는 것이 아님을 알 수 있다. 처음부터 확고한 신념 위에서 이론 전개를 진행했다고 하면, 적어도 비판한 것을 다시 긍정한다고 하는 것은 있을 수 없기 때문이다. 이상에서 보면, 왕충이 자연적 천론을 자신의 천론으로서 체계를 지우고는 있지만, 신념 중에는 의지적 천의 모습도 있었다고 생각된다. 그래서 자연적 천만으로 설명하기 힘든 부분에는 의지적 천의 모습을 가지고 와서 설명하고 있는 것이 아닐까 한다.

3. 왕충 천론의 형성과 이전의 천론과의 관계

1) 왕충 천론의 형성

천이라는 것은 말할 필요도 없이 당시에 있어서 세계의 근본존재이며, 왕조의 존재 근거이기도 했다. 그래서 이미 말한 바와 같이, 왕충은 단지 세계의 근본존재만을 설명하기 위해서가 아니라, 왕조의 존재 근거도 포함하여 자신의 천론을 전개했다고 생각한다. 그럼 왕충의 자연적 천론은 어떻게 해서 형성된 것인가. 일반적으로 중국고대에 있어서 사상형성이라는 것을 생각해 보면, 현실의 상황과 학자로서의 임무 등이 사상형성의 원인이 되고 있음을 알 수 있다. 즉 현실의 문제점에 직면해서 어떻게 하면 이러한 현실을 구제할 수 있을까라고 하는 생각으로부터 사상형성이 시작된다고 할 수 있다.[156] 물론 그 중심은 국가 혹은 왕조적 차원이다. 이미 살펴본 대로 왕충의 사상형성도 역시 이들을 벗어나지 않는다.

「대작편」에서 서술하고 있듯이, 왕충이 『논형』을 쓴 것은 당시의 진실을 잃은 사회를 비판하기 위해서였다. 여기서 『논형』을 쓴 동기 혹은 목적을 두 개로 나누어 볼 수 있다. 하나는 진실을 잃었다고 하는 사상적 측면, 다른 하나는 사회라고 하는 공간적 측면이다. 먼저 사상적 측면으로부터 보면, 진실을 잃은 사상이라는 것은 신비적이고 미신적인 색채를 띠고 있는 사상이며, 그러한 사상의 근본이 되는 것이 의지적 천론이라고 할 수 있다. 또 그 공간이라고 하는 것은 한왕조 사회이다. 즉 왕충은 의지적 천론에 의해서 진실을 잃은 한왕조 사회에 직면해서, 그것을 비판함에 의해서 진실로 가득 찬 한왕조 사회를 만들고자 『논형』을 쓴 것이다. 그래서 왕충은 한왕조 사회를 위해서, 의지적 천론 대신에 자연적 천론을 제출하게 되었다고 할 수 있겠다. 일견 한왕조로부터 본다면 의지적 천론 쪽이 자연적 천론보다도 도움이 되는 것처럼 보인다. 왕조에 그 존재 이유를 부여해 주는 근본존재가, 무욕의 형체라고 하는 것보다는 인격신이라고 하는 것이 왕조에 있어서 권위가 서기 때문이다. 그러나 왕충이 걱정한 것은 단지 진실을 잃은 사회 그것만이 아니라고 생각한다. 「대작편」을 보면, "공자가 춘추(春秋)를

---

156 『논형』「對作」을 보면, 孔子를 비롯하여 여러 학자의 저술과 그 동기에 대해서 설명하고 있다.

지은 것은 주나라의 민풍(民風)이 나쁘게 됐기 때문이다. 그래서 조그마한 선(善)이라도 들어 올리고, 조그마한 악(惡)이라도 비방하고, 난세(亂世)를 다스려 바른 데로 돌려서, 인도(人道)가 다 갖춰지고 왕도(王道)도 다 갖춰져 있다."[157]라고 하는 말이 있다. 이 말을 보면, 진실을 잃은 상태가 계속되면 이윽고는 인도(人道)도 왕도(王道)도 존재하지 않는 난세가 되고, 그와 함께 왕조는 왕조로서 존재할 수 없게 될지도 모른다. 왕충의 진정한 걱정은 다름 아닌 이 진실을 상실한 상태가 불러올지도 모를 왕조의 존재 위기, 거기에 있었던 것은 아닐까. 그래서 왕충은 어떻게 해서든 그런 상태에까지 이르는 것을 막기 위해서, 자연적 천론을 객관적이고 실증적인 방법으로 제출하여 납득시키고자 한 것이 아닐까.

이상에서 보면 왕충에게 있어서는, 왕조를 위해서 자연적 천론을 내야만 하는 상태였다는 것을 알 수 있는데, 그러나 그것으로 모든 문제점이 해결된 것은 아니다. 천이 근본존재인 이상, 왕조는 그 왕조인 근거가 천으로부터 설명되지 않으면 안 되는 것이다. 이것이 의지적 천론의 경우는 납득하기 쉽게 설명되지만, 자연적 천론의 경우는 설명하기 어려운 측면이 있다. 즉 왕충의 자연적 천론의 경우는 천을 무욕의 형체로서 생각하고, 천의 작용을 단지 천이 운행하여 기를 베푸는 것이라고 생각하고 있기 때문에, 이러한 천론으로부터 왕조의 근거를 설명한다는 것은 실로 어려운 작업이 아닌가 한다. 왕충도 또한 그 설명의 어려움을 느꼈을 것이라 생각한다. 그래서 왕충은 이러한 천의 모습이라든가 성격·작용 외에, 왕조의 근거를 설명할 수 있는 무언가를 천 속에서 찾을 수밖에 없었다고 생각하는데, 결국 성좌(星座)의 세계

---

157 『논형』「對作」: 孔子作春秋, 周民弊也. 故采求毫毛之善, 貶纖介之惡, 撥亂世, 反諸正, 人道浹, 王道備.

를 찾음으로써, 그것에 관한 자기 나름의 해답을 얻었다고 생각한다.

이와 같이 왕충의 천론이라는 것은 당시의 왕조와의 관계로부터 형성되어 있는 것이다. 그런데 왕조와의 관계보다 먼저 언급해야 할 관계가 있다. 사상의 동기를 언급할 때 봤듯이, 왕충의 개인적 입장과의 관계인 것이다. 세계를 판단하는 기준은 자신에게 있고, 그것이 개인적 입장을 결정하는 것이다. 즉 왕충이 당시의 사회를 진실을 잃은 사회로서 판단한 것은, 말할 것도 없이 자신의 개인적 입장에서인 것이다. 따라서 왕충의 개인적 입장이라고 하는 것이 그의 천론 형성의 제일 원인이라고 할 수 있겠다. 그런데 이러한 것은 사상형성에 있어서 일반적인 사실이고, 여기서 특별하게 언급할 필요성이 없는 것 같이도 생각된다. 단지 왕충의 경우는, 능력이 있음에도 불구하고 벼슬살이에는 불우하다고 생각하는 자신의 입장이, 자연적 천론에 의해 합리화된다고 하는, 그러한 면에 있어서 주목해야 할 점이 있지 않나 생각한다. 말하자면 이것은 자신의 입장의 합리화라고 하는 선상(線上)에 자연적 천론이 있고, 시각을 조금 바꾸면, 자신의 입장을 합리화하기 위해서 자연적 천론을 세웠다고도 할 수가 있다. 이상으로 왕충의 천론 형성에 자신의 개인적 입장이라든가 왕조가 관계하고 있는 것에 대해서 살펴봤다. 지금까지의 사실로부터 생각하면, 자연적 천론으로 일관해도 문제가 없는 것 같이도 생각되는데, 그럼 왕충은 왜 의지적 천의 모습을 인정하지 않으면 안 되었던 것일까. 다음의 자료를 보도록 하자.

상천(上天)의 마음은 성인(聖人)의 가슴 속에 있고, 그 견고(譴告)에 이르러서는 성인의 입에 있다. 성인의 말을 믿지 않고, 도리어 재이(災異)의 기(氣)를 믿고, 상천의 뜻을 찾으려고 함은 얼마나 그 어긋나는가. 지금 세상에는 성인이 없으니 어찌 성인의 말을 얻을 곳이

있겠는가. 현인(賢人)의 성인에 가까운 재능도 역시 성인의 다음이다.[158]

이것은 「견고편」(譴告篇)의 마지막에 있는 문장으로, 견고(譴告)에 관한 왕충의 견해가 명확히 나타나 있다. 재이에 의한 견고는 믿지 않지만, 어쨌든 왕충은 천의 견고를 믿고, 그로 인해 천에 의지적 천의 요소를 인정하고 있다는 사실에 대해서는 이미 본 대로이다. 그럼 여기서 이 왕충이 생각하고 있는 천의 견고라는 것에 대해서 조금 더 논해 보기로 하자. 먼저 근본존재인 천으로부터 보면, 왕충은 자연적 천을 주장하고는 있지만, 역시 인간세계의 기준을 천에 두고 있다. 이 천이 인간세계의 기준인 이상, 인간의 살아가는 방식은 천을 절대적 기준으로 할 수밖에 없다고 생각한다. 그런데 왕충은 자연적 천론을 주장하고, 천을 무욕의 형체로서 생각하고 있기 때문에, 이 문제는 당시의 의지적 천의 분위기 속에서 살고 있었던 왕충에게는 매우 어려운 과제였다고 할 수 있다. 그래서 왕충은 진리를 깨달은 인간인 성인(聖人)이라는 개념을 가져와서 이 문제를 해결하고자 하고 있다. 성인은 진리를 깨달은 인간이기 때문에, 진리의 근원인 천의 마음을 당연히 알고 있다. 따라서 하계(下界)의 인간은 성인의 말을 기준으로 해서 살아가지 않으면 안 되고, 그 성인의 말 중에서 때로는 견고로서 받아들여야만 하는 말도 들어 있다고, 왕충은 생각한 것이 아닐까. 여기서 왕충은 성인과 천을 마음속에서 통하는 존재로서 생각하고 있는데, 이것은 당시의 의지적 천론의 영향이라고 생각한다. 천은 자연적 천이라고 하는 생각을

---

158 「논형」「譴告」: 上天之心, 在聖人之胸, 及其譴告, 在聖人之口. 不信聖人之言, 反然災異之気, 求索上天之意, 何其遠哉. 世無聖人, 安所得聖人之言. 賢人庶幾之才, 亦聖人之次也.

　　　　　　　　　왕충이 해석하는 기의 세계

일관시켰다고 한다면, 천 가운데에 있는 근본존재로서의 성격을 천의 원리 혹은 천의 법칙으로서 생각하는 것도 가능했다고 생각한다. 그러나 당시까지의 천론이라든가 당시의 의지적 천론으로부터 보면, 그것은 역시 무리였는지도 모른다. 그래서 왕충은 천의 마음이라든가 천의 뜻이라는 의지적 천론의 개념으로써, 성인과 천의 관계를 해석하려고 생각한 것은 아닐까. 이상으로부터 천은 인간세계의 기준이며, 그것과 관련하여 천과 성인의 관계를 설명하는 중에, 왕충은 의지적 천의 모습을 인정하지 않을 수 없었다고 정리할 수 있다. 이것은 자신의 자연적 천론의 주장에는 맞지 않지만, 왕충에게 있어서 최선의 해석인 것처럼도 생각된다. 성인 대신에 현인을 세우고 있는 것도 여러 가지 의미를 가지고, 시대적 반영이라고도 할 수 있다.

이상으로 의지적 천의 모습을 인정하게 된 왕충의 생각에 대해서 살펴보았지만, 그 외에도 이유는 있다고 생각한다. 처음부터 순수하게 이론적 근거를 세워서 이론을 전개하려는 방향이 아니라, 물론 이론적 근거는 있다고 생각하지만, 상황에 따라서 목적과 함께 이론을 전개하는 방향을 취하고 있었던 것도 그 하나의 이유가 된다고 생각한다.『논형』의 사상에 나타나 있는 왕충의 목적에 대해서 생각해 보면, 먼저 스스로 주장하고 있는 것처럼, 진실을 잃은 사회를 비판하고 구제하려고 하는 목적을 들 수 있다. 그리고 또 관직에 불우하기는 했지만 자신의 재능은 결코 낮지 않다고 하는 자신의 입장을 합리화하려고 하는 목적도 있었다고 생각된다. 어쨌든 이러한 목적이 이론 전개의 배후에 있었다고 하는 것이, 이론과 신념의 불일치를 초래하고, 따라서 순수한 이론 전개의 경우와는 다른 방향으로 전개될 가능성을 남겼다고 생각한다. 결과로부터 본다면, 『양성(養性)의 서(書)』16편을 쓰는 등은, 그 가능성이 현실로 나타난 것이라고 할 수 있다.

왕충의 천론 형성을 둘러싸고, 그의 생각을 이상과 같이 논해 왔는데, 자연적 천론이든 의지적 천의 모습이든, 왕충에게 있어서는 최선의 방법에 의한 것이고, 시대적 한계를 엿보게 하는 것이기도 했다.

2) 이전의 천론과의 관계

왕충의 천론이라고 하면, 먼저 자연무위라고 하는 천의 성격을 그 특색으로서 들 수 있다. 이 자연무위라고 하는 개념은 주지하듯이 도가(道家)의 중심 개념이다. 여기서 바로 왕충의 천론과 도가의 관계를 엿볼 수 있다. 왕충은 「자연편」(自然篇)에서 천의 자연무위를 논증함에 있어서 도가를 그 근거로서 끌고 있다. 「자연편」의 첫머리를 보면, "천지가 기를 합하여 만물이 저절로 생기는 것은, 부부가 기를 합하여 아이가 저절로 생기는 것과 같다. … 시험 삼아 도가에 근거하여 그것을 논해 보자."[159]라고 하고 있고, 왕충의 도가에 대한 입장을 볼 수 있다. 그러나 왕충은 단순히 도가사상에 의해서 천의 자연무위를 설명하는 것은 아니다. 도가사상을 그 근거로 하고는 있지만, 이미 언급한 것처럼, 실증적 방법에 의해서 천의 자연무위를 논하고 있다. 이 절의 「자연적 천」의 첫머리에서 언급한, '도가는 자연을 논하면서도, 사물을 인용하여 그 언행을 실증하는 것을 알지 못한다. 따라서 자연에 대한 학설은 신용을 받지 못한다.'라는 문장에서 볼 수 있듯이, 왕충은 도가의 자연무위라고 하는 사상은 맞지만, 실증적 방법에 의해서 논하지 않았기 때문에, 사람들로부터 신용을 받지 못했다고 하고 있다. 그래서 이 실증적 방법에 의해서 천이 자연무위인 것을 밝혀서, 사람들로부터 신

---

159 「논형」「自然」: 天地合氣, 萬物自生, 猶夫婦合氣, 子自生矣. … 試依道家論之.

용을 받으려고 했다고 하겠다. 이렇게 본다면 실증적 방법에 의한 천의 자연무위의 논증이란, 어떤 의미에서는 도가의 도의 자연무위를 실증적 방법에 의해서 논증하는 것이라고도 할 수 있다. 따라서 「자연편」의 말미에서 "비록 유가의 학설과는 다르지만, 황노(黃老)의 뜻에는 합한다."[160]라고, 자신의 천론과 도가의 주장이 합치하고 있음을 말하고 있다. 그럼 정말로 양자는 완전히 일치하는 것일까. 사실 그 근본존재의 자연무위라고 하는 성격에서 본다면, 양자는 완전히 같다고 말할 수 있을 것이다. 그러나 그 근본존재의 측면에서 본다면, 양자의 견해는 반드시 같지는 않은 것처럼 보인다. 도가가 말하는 자연무위의 근본존재는 도이지만, 왕충의 경우는 그것을 천이라고 하고 있다. 그것은 분명 도가의 사상에서 영향을 받았음에는 틀림이 없지만, 왕충은 거기에 그치지 않고 자신의 세계관에 맞춰서 내용을 바꾸고 있고, 단지 그 외형만을 흡수했다고 봐야 하지 않을까 한다.[161] 따라서 '부부는 천지를 기준으로 한다'는 기본입장으로 천을 자연무위한 근본존재로서 해석한 왕충의 천론은, 유가와 도가의 융합으로 만들어진 이론이라고 할 수 있겠다.

왕충의 천론이 유가의 천론과 도가의 본체론을 자신의 입장에서 비판·종합해서 생겨난 것은 분명한 사실이다. 그러나 이러한 왕충에 의한 양 이론의 비판·종합이, 양자의 이론이 대립하는 중에, 어느 날 갑자기 이루어졌다고는 생각하기 어렵다. 이미 연구되어 일반적으로 알려져 있는 것처럼, 처음에는 유가·도가·법가 등이 자신의 순수한 모습을 가지고 있었지만, 그것이 시대의 흐름과 함께 점점 융합되어, 한

---

160 「논형」「自然」: 雖違儒家之説, 合黄老之義也.

161 侯外廬 등의 「中国思想通史」에서는, 왕충이 도가사상의 영향을 받은 것은 확실하지만, 老莊은 形而上的 唯心主義, 왕충은 形而下的 唯物主義라고 하는 근본적인 입장의 차이가 있음을 지적하고 있다.

대에 들어와서는 그러한 경향을 일반적으로 볼 수 있게 되었다.[162] 그러한 분위기 속에서 왕충은 자연스럽게 유가와 도가의 이론을 비판·종합하여, 자기 나름의 천론을 만들어 낸 것이 아닐까. 그것은 말하자면, 왕충이 자신의 입장으로부터 천론을 만들고자 했을 때, 유가와 도가의 이론은 두 개이면서 하나의 사회 속에 섞여 있고, 왕충의 천론에 한해서 말하자면, 양 이론이 거의 동등한 자격을 가지고 왕충 앞에 전시되어 있었다는 것을 말하고 있는 것이 아닐까.

　이상으로 왕충의 천론이 유가와 도가의 이론을 비판·종합함에 의해서 성립되었다고 하는 사실에 대해서 살펴보았는데, 근본존재를 천이라고 하는 입장에서 보면, 그는 천론의 기저에 유가적 입장을 가지고 있었음을 알 수 있다. 그런데 이 근본존재인 천의 측면에서 보면, 왕충의 천론에는 그 이전의 유가적 천론으로부터는 이해하기 힘든 요소를 포함하고 있는 것을 알 수 있다. 즉 유가적 천론에 있어서의 천에는 의지적 천과 자연적 천의 두 가지 모습이 있는데, 원래 유가적 천론이라고 하면 의지적 천이 그 주류를 이루고 정통으로 간주되고 있었다. 자연적 천은 주지하듯이 순자에 의해서 제시되었는데, 유가로서는 이단적 요소가 많다고 생각되고 있었다. 여기서 의지적 천과 자연적 천의 차이를 살펴보면, 의지적 천의 경우는 천이 인간세계의 기준이 되고 있지만, 자연적 천의 경우는, 천은 자연물이고, 천과 인간은 분리되고, 천은 인간세계의 기준이 아님을 지적하고 있다. 이러한 양자의 차이에서 보면, 양자를 하나의 천론 속에 섞는다는 것은 매우 어려운 일이라고 할 수 있다. 그러나 왕충의 천론에는 이 두 가지 천의 모습이 혼합되어 있다. 왕충은 천을 무욕의 형체라고 하고, 또 천의 운행 그 자체

162　金谷治『秦漢思想史研究』第三章「秦漢儒生の活動(上)」참조.

와 인간의 행위는 무관계라고 지적하면서도, 한편에서는 천은 인간세계의 모든 것을 지배하는 인간세계의 기준이라고 말하고 있다. 그럼 다음에 한대의 천론의 상황을 살피면서, 이상과 같은 왕충의 입장에 대해서 생각해 보고자 한다.

동중서(董仲舒)는 의지적 천의 입장에 서서, 근본존재인 천으로부터 지상세계의 모든 것을 설명하려고 하고 있다. 이것은 왕충 이전의 의지적 천을 중심으로 하는 사고방식의 집대성이라고도 할 수 있다. 『한서』(漢書) 「동중서전」(董仲舒傳)의 대책(對策)을 보면, 정치적 측면에 있어서의 천과 왕의 관계를 말하고, 제도라든가 질서 등도 천에 근거하고 있음을 말하고 있다.[163] 이와 같이 지상세계의 기준을 천에 설정한다는 것은, 당시에 있어서 의지적 천의 입장에서가 아니면 무리였다고 하겠다. 또 이 동중서와 같은 생각은 의지적 천론의 기본방향이고, 의지적 천론의 입장에서는 언제라도 그러한 설명이 나올 가능성을 처음부터 가지고 있었다고 할 수 있다. 그럼 왜 한대에 들어와서 비로소 그러한 설명이 나오게 되었는가. 여기에 대해서는 「인간사회」 장에서 자세하게 설명하지만, 다음과 같은 것도 그 이유로서 들 수가 있겠다. 진왕조가 멸망한 뒤에 유가적 천이 그 권위를 회복했다고 하는 것이다. 즉 한왕조의 이론 확립이라는 국면을 맞이하여 유가적 천론의 입장에서는, 진왕조의 가혹한 정치를 경험한 사람들에게 납득할 수 있는 이론을 제시하지 않으면 안 된다고 하는 시대적 요청이 부여되었다고 할 수 있다. 그래서 철저하게 천과 인간의 관계를 설명할 수밖에 없었다고 생

---

163 「漢書」「董仲舒傳」: 國家將有失道之敗, 而天乃先出災害以譴告之, … 以此見天心之仁愛人君而欲止其亂也. … 天道之大者在陰陽. 陽爲德, 陰爲刑. … 王者承天意以從事, 故任德敎而不任刑. … 故春秋受命所先制者, 改正朔, 易服色, 所以應天也. 然則宮室旌旗之制, 有法而然者也. … 故聖人法天而立道, 亦溥愛而亡私, 布德施仁以厚之, 設誼立禮以導之.

각한다. 어쨌든 이 유가의 의지적 천론이 한왕조의 이론으로서의 지위를 확보한 이상, 이 의지적 천론은 한왕조가 존속하는 한 그 지위를 잃는 일은 없다고 할 수 있다. 이러한 점으로부터 보면, 한왕조를 위해 새로운 천론을 제출하려고 하는 왕충의 입장으로서는, 그 천과 인간의 관계를 그대로 인정할 수밖에 없었다고 하겠다. 따라서 왕충에게 있어서 기존의 천론의 형태를 인정하는 것과 천에 있어서의 의지적 측면을 비판하는 것은 별개의 문제였다고 할 수 있다. 결과적으로 기존의 천론의 형태를 인정하면서도 천을 자연적 천으로 생각할 수밖에 없었던 상황 속에서, 유가적 천론의 양 측면이 왕충의 천론 속에서 통일되게 되었다고 생각된다. 이와 같이 이전의 천론과의 관계로부터 왕충의 천론을 생각해 보면, 자연적 천론으로부터 설명할 수 없는 부분을 기존의 의지적 천론으로부터 빌려온 것이 아니라, 기존의 의지적 천론의 틀 속에서 천을 자연적인 것으로서 해석했다고 봐야 하지 않을까 한다. 또 그 천을 자연적인 것으로서 해석함과 동시에, 천과 인간의 전체적 틀도 그 내용이 바뀌고, 그 속에서 왕충의 독특한 천론의 모습이 나타나게 되었던 것은 아닐까 한다.

이상의 사실을 정리해 보면, 왕충의 천론에서는, 유가의 의지적 천과 자연적 천의 모습, 도가의 본체론 등을 혼재(混在)시키고, 그로 인해 이전의 근본존재에 관한 모든 이론을 비판·종합하고, 이렇게 해서 그의 천론이 나오게 되었다고 할 수 있다. 여기서 자연적 천에 대해서 조금 더 생각해 보면, 천을 자연적인 것으로 간주하는 것은 분명히 순자의 천론과 그 취지를 같이하고 있다. 그러나 천을 자연무위한 존재자로서 취급함에 이르러서는 순자의 천론의 영역을 벗어나 있다. 이미 살펴본 것처럼 이 자연무위라는 것은 도가사상으로부터의 영향이다. 그럼 천은 단순한 자연물에 지나지 않는데, 그러한 설명 외에 이

왕충이 해석하는 기의 세계

자연물은 자연무위한 성질을 가지고 있다고 덧붙일 필요가 어디에 있었던가. 그것은 아마도 천이 자연물일지라도, 인간세계의 근본존재이고, 기준이라고 하는 것을 설명하기 위해서였던 것이 아닐까 한다. 즉 천은 아무것도 하지 않는 단순한 자연물이 아니라, 『노자』의 '아무것도 함이 없지만 하지 않음이 없다'(無爲而無不爲)와 같은 작용을 하는 근본존재임을 설명하기 위함이었던 것이 아닐까 하는 것이다. 다시 말하면 왕충은, 천은 자연물이면서 인간세계의 근원이라고 하는 두 종류의 견해 사이의, 즉 순자의 자연적 천과 유가 전통의 의지적 천과의 사이의, 논리적으로 설명하기 어려운 부분을 도가의 사상으로 해결하고자 한 것이라고 할 수 있다. 이렇게 해서 왕충은 결과적으로 자연물인 천에 인간세계의 근원이 있다고 하는 천론을 만들어 낸 것이다.

왕충의 이러한 천론은 당시로서는, 인간세계의 근원을 천의 의지의 표현인 성좌(星座)세계에서 찾는 등, 아직 의지적 천의 측면으로부터 탈피할 수는 없었다고 하겠다. 그러나 그 인간세계의 근원도 자연물인 천의 하나의 모습인 이상, 시각을 바꾸면 천의 법칙이나 도리로서 볼 수도 있다. 또 상황이 바뀌면 그것이 천의 법칙이나 도리로 변하는 것은 그렇게 어려운 일이 아니었다고 생각한다. 이러한 점으로부터 본다면, 왕충의 천론은 사상사적으로 봐서, 고대의 천론으로부터 북송(北宋) 이후의 천론으로, 한 걸음 다가서고 있다고도 볼 수 있다.

2절 기론(氣論)

1. 천과 기

「천론」에서 기를 품고 있는 천의 모습과 기를 베푸는 천의 작용에 대해서 살펴봤다. 이러한 사실로부터 볼 때, 천과 기는 깊은 관계에 있고, 왕충의 천과 기에 대해서 보다 정확하게 이해하기 위해서는, 천과 기의 관계 속에서 논해야 함을 알 수 있다. 그래서 여기서는 천과 기의 관계를 분명히 밝히면서 왕충의 기론에 대해서 논하고자 한다.

왕충에 있어서의 천과 기의 관계라고 하면, 어느 쪽이 보다 근본적 존재인가라는 측면에서 주로 언급되어 왔다. 사상이란 대체로 근본존재를 설정하고 논하고자 하는 경향을 가지고 있고, 따라서 사상을 연구하는 측에서도 가능한 한 근본존재로부터 연역적으로 연구하고자 하는 생각을 가지고 있다고 할 수 있다. 이러한 점으로부터 볼 때, 천과 기의 관계에 있어서, 어느 쪽이 보다 근본적 존재인가라는 문제를 둘러싸고 논하고자 하는 것은 당연한 방법이라고 생각된다. 그런데 이미 언급했듯이, 왕충사상에 있어서의 근본존재에 대해서는, 있을 수 있는 모든 경우가 제출되고 있다. 이것은 왕충의 천과 기에 관한 설명이 애매하고, 보는 방법에 따라서는 여러 해석의 가능성을 품고 있는 것이라고 하겠다. 사상의 연구에 있어서, 어떤 사람의 사상을 가장 잘 이해하기 위해서는 그 어떤 사람의 관점에 서서 그 사상을 보지 않으면 안 된다는 것은 지극히 당연한 사실이다. 그래서 연구자는 한정된 자료로부터 그 사람의 관점을 생각하면서 그 사람의 사상을 밝히려고 하는 것이다. 이러한 생각에서 보면, 가령 왕충의 자료에 애매한 점이

왕충이 해석하는 기의 세계

있다고 해도, 같은 자료로부터 서로 반대되는 이론을 도출해낸다는 것은, 연구자의 보는 방법에도 그 신빙성을 의심받을 만한 여지를 가지고 있다고 봐야만 하지 않을까 한다. 이상과 같은 문제점을 염두에 두면서, 쉽사리 파악하기 힘든 『논형』의 서술의 성격을 이해한 뒤, 이하에서 천과 기에 관한 나름대로의 고찰을 전개해 가고자 한다. 천과 기를 논함에 있어서, 기일원론(氣一元論)이다 아니다 등의 고정된 관점에 집착하지 않고, 가능한 한 자료 그 자체에 의거해서, 또 여러 상황을 고려하면서 고찰해 가겠다. 편의상, 존재와 작용으로 나누어 천과 기의 관계에 대해서 살피도록 하겠다.

먼저 존재적 측면에서 봤을 경우, 천과 기는 어떠한 관계에 있는가. 두 방면으로 나누어 간단히 설명해 보도록 하겠다.

(1) 존재라고 하는 것은 공간적 존재이다. 따라서 천과 기는 당연히 자신이 존재하는 장소를 가지고 있다고 해야만 한다. 그럼 천과 기는 어디에, 어떤 방식으로 존재하고 있는가. 천이 존재하는 장소에 대해서는 이미 천은 우주공간의 가장 위에 존재하고 있다는 사실을 살펴봤다. 그리고 기가 존재하는 장소도 천지라는 것을 이미 살펴봤다. 천과 기의 관계에 한해서 보자면, 기는 우주공간의 가장 위에 존재하는 천의 내부에 존재하는 것이 된다. 여기서 일단 천과 기가 존재하는 장소는 같은 곳이라는 것을 알 수 있다. 그럼 같은 장소에서 천과 기는 어떠한 방식으로 존재하고 있는가. 『논형』「담천편」(談天篇)에 "천은 형체 있는 것이고 기가 아니다."(天體, 非氣也.)라고 하여 천은 기가 아니라고 분명하게 말하고 있다. 따라서 어쨌든 천과 기는 별개의 존재이기 때문에, 그 존재의 상태는 천체 중에 기가 존재할 수 있을 정도의 공간이 있고, 그 공간에 기가 존재하고 있다고밖에 생각할 수 없다. 왕충은 천을 논함에 있어서, 인간의 모습으로부터 천의 모습을 논하고 있는 것

에 대해서는 이미 언급한 대로이다. 그럼 지금의 천과 기의 존재의 상태의 경우도, 인간의 모습으로부터 설명할 수는 없는 것일까. 『논형』 「무형편」(無形篇)에 다음과 같은 말이 있다.

> 사람은 기(氣)로써 수명을 얻고, 형체는 기를 따라서 움직인다. 기와 성(性)이 같지 않으면 형체가 같지 않다. … 형체가 혈기(血氣)를 싸고 있는 것은 주머니가 좁쌀을 담고 있는 것과 같다. … 기는 좁쌀과 같고, 형체는 주머니와 같다. … 사람은 기를 천에서 받고, 기가 이루어져 형체가 성립한다.[164]

인간에게 있어서의 형체와 기의 관계를 두 가지 측면으로 나누어 설명하고 있다. 존재의 주종(主從)적 측면과 존재의 상태적 측면의 두 가지 측면이다. 먼저 존재의 상태적 측면에서 보면, 인간에게 있어서의 형체와 기는 별개의 것이고, 그 형체와 기가 존재하는 상태는 형체 내부에 기가 존재한다는 모습이다. 이러한 인간에게 있어서의 존재의 상태는 천의 경우와 완벽하게 일치하고 있다. 왕충의 천에 관한 설명으로부터 판단하는 한, 이것은 또한 인간의 모습으로부터 천의 모습을 설명했다고 보아야만 하지 않을까 한다. 이렇게 볼 것 같으면, 인간에게 있어서의 형체와 기의 주종적 측면도 천의 경우에 들어맞는 것이 아닐까 생각해 볼 수 있다. 인간의 경우, 기가 먼저 존재하고, 그 기에 따라서 형체가 존재하게 된다고 하고 있다. 즉 인간의 존재는 기를 주(主)로 하고 형체를 종(從)으로 하는 존재라고 하는 것이다. 여기서 인간

---

164 『논형』「無形」: 人以氣爲壽, 形隨氣而動. 氣性不均, 則於體不同. … 形之[包]血氣也, 猶囊之貯粟米也. … 氣猶粟米, 形猶囊也. 人稟氣於天, 氣成而形立. ※形之[包]血氣也 : '形之' 다음에 '包'를 첨가함.

왕충이 해석하는 기의 세계

의 존재는, 그 존재의 상태로부터 보면, 형체와 기라고 하는 별개의 것에 의해서 존재하지만, 그 주종적 측면에서 보면, 기가 주가 되고 형체가 종이 되는 관계에 있음을 알 수 있다. 이러한 존재에 있어서의 인간의 경우를 그대로 천의 경우에 적용한다고 하면, 천체와 기는 별개의 것으로서 존재하고는 있지만, 기를 중심으로 하는 천체라고 하는 전체적인 근본존재의 모습을 상상할 수 있다. 이러한 방식으로 볼 수가 있다면, 왕충의 사상을 기일원론(氣一元論)으로 간주해도 지장이 없을 것 같다. 그럼 다음의 자료를 보도록 하자.

역(易)을 해설하는 사람은, '원기(元氣)가 아직 분화하지 않고 혼돈하게 하나로 되어 있다'고 한다. 유서(儒書)에는 또 '명행몽홍(溟涬濛澒: 천지의 기가 아직 분리되지 않은 모습)함은 (천지의) 기가 아직 분화하지 않은 부류이다. 그것이 분리됨에 이르러서는 맑은 것은 천이 되고 탁한 것은 지(地)가 되었다'고 한다. 역을 해설하는 사람이나 유서의 말과 같다면, 천지가 나누어지기 시작한 때는 형체가 아직 작고, 서로 떨어진 거리가 가깝다. … 기를 품고 있는 부류는 성장하지 아니함이 없다. 천지는 기를 품고 있는 자연한 존재이다. 처음 성립되고부터 이래, 연수가 심히 많기 때문에, 천지가 서로 떨어진 거리의 넓고 좁고 멀고 가까움은, 다시 계산할 수 없을 정도이다. 유서의 말은 꽤 보는 바가 있다.[165]

이 인용문을 보면, 왕충은 유서(儒書)의 말에 동감의 뜻을 나타내고

---

165 「논형」「談天」: 說易者曰, 元氣未分, 渾沌爲一. 儒書又言, 溟涬濛澒, 氣未分之類也. 及其分離, 淸者爲天, 濁者爲地. 如說易之家, 儒書之言, 天地始分, 形體尚小, 相去近也. … 含氣之類, 無有不長. 天地, 含氣之自然也. 從始立以來, 年歲甚多, 則天地相去, 廣狹遠近, 不可復計. 儒書之言, 殆有所見.

있다. 그러나 유서의 천지에 관한 설명의 전체에 대해서 동감의 뜻을 나타낸 것은 아니라고 생각한다. 왜냐하면 왕충은 같은 「담천편」(談天篇)에서, 천은 기라고 하는 유자(儒者)의 말을 비판하고, 천은 형체를 가지고 있고 기가 아니라고 주장하고 있기 때문이다. 그럼 왕충은 유서의 어떠한 말에 동감하고 있는가. 그것은 아마도 유서의 말 중에 '천지가 나누어지기 시작한 때는 형체가 아직 작고, 서로 떨어진 거리가 가깝다.'라고 해석할 수 있는 부분일 것이다. 왕충은 이러한 생각의 연장선상에서, 천지개벽 이래 세월이 너무나 많이 흘러 천지간의 거리를 계산할 수 없을 정도라고 하고 있다. 이러한 주장의 근거로서 왕충은 천지를 비롯하여 기를 품고 있는 것은 반드시 성장한다는 사실을 제시하고 있다. 이 말대로라고 한다면, 천과 기의 관계는 기가 그 중심적 역할을 하는 관계라고 할 수 있겠다. 이러한 형태의 관계는 인간의 경우와 같은 관계가 되고, 여기서도 인간의 모습으로부터 천의 모습을 논하려고 하는 왕충의 사고방식을 볼 수가 있다. 그러나 그렇게 기 중심의 천과 기의 관계라고 단정하는 것은 아직 성급한 감이 있다. 일반적으로 성장하는 것은 어떠한 것으로부터 생성된 것이다. 따라서 그 성장에 관한 설명은 생성으로부터 설명할 필요가 있다. 그렇게 함에 의해서 먼저 성장 그 자체가 이해될 수 있고, 또 성장에 있어서 무엇이 중심인가도 이야기할 수 있기 때문이다. 인간의 경우를 보면, 천에서 기를 받아 생성되고 있기 때문에, 성장이라고 하는 것은 당연한 것이 된다. 또 기에 의해서 존재하고 있기 때문에, 그 존재 중의 형체와 기는 반드시 관계를 가지고 있고, 그 관계 중에서 기가 중심적 역할을 한다고 말할 수 있는 것이다. 천과 기의 관계에 있어서도, 인간의 경우와 같은 이러한 설명이 있으면 당연히 이해하기 쉽게 된다. 그럼 다음에 이러한 천과 기의 생성적 측면을 논하여 전체적으로 그 관계를 생각해

왕충이 해석하는 기의 세계

보기로 하겠다.

(2) 존재는 시간적 존재이기도 하다. 생성과 성장이라고 하는 것은 존재의 시간적 측면이다. 이 시간적 측면에서 봤을 때, 천과 기는 어떠한 존재이고 또 어떠한 관계에 있는가.

> 혈맥(血脈)이 있는 부류는 태어나지 아니함이 없고, 태어나면 죽지 않음이 없다. 그 태어남으로써 그 죽는 것을 안다. 천지는 태어나지 않기 때문에 죽지 않고, 음양은 태어나지 않기 때문에 죽지 않는다. 죽음은 태어남의 효과이고, 태어남은 죽음의 증거이다. 대저 시작이 있는 것은 반드시 끝이 있고, 끝이 있는 것은 반드시 시작이 있다. 단지 끝과 시작이 없는 것이 곧 오래 살고 죽지 않는다.[166]

이 인용문을 통해서 천과 기는 시간적으로 태어나지도 죽지도 않는 존재임을 알 수 있다. 이 태어나지도 죽지도 않는다는 것은, "상세(上世)의 천은 하세(下世)의 천이다. 천은 변화가 없고 기는 변경이 없다."[167]라고 설명하고 있듯이, 시간에 따른 변화가 없음을 말하는 것이 된다. 태어나지도 않고 변화하지도 않는 존재라는 것은, 그 존재의 원인이 자신에게 있는 절대적 존재라는 것이다. 이렇게 본다면, 천과 기는 우주의 근본존재로서, 서로 관계가 없는 절대적 존재자라고 할 수 있겠다. 실제로 근본존재란 시간적 측면에서 불생·불사·불변의 성격을 가지지 않으면 안 된다. 따라서 왕충이 천과 기를 근본존재로서 생각했다면, 이상과 같이 말하는 것은 당연하다고 생각된다. 왕충이

---

166 『논형』「道虛」: 有血脈之類, 無有不生, 生無不死. 以其生, 故知其死也. 天地不生, 故不死, 陰陽不生, 故不死. 死者, 生之效, 生者, 死之驗也. 夫有始者, 必有終, 有終者, 必有始. 唯無終始者, 乃長生不死.

167 『논형』「齊世」: 上世之天, 下世之天也. 天不變易, 氣不改更.

천을 논할 때 인간의 모습에서 천의 모습을 논하거나 하는데, 이 시간적 측면에서는 인간을 유한하고 변화하는 존재로서 취급하고, 천과의 차이를 지적할 수밖에 없었다고 생각한다. 이상과 같은 사실로부터 생각하면, 생성이나 성장이란 인간과 같은 유한한 존재에 있어서의 현상이고, 천과 기와 같은 무한하고 불변하는 존재와는 관계가 없음을 알 수 있다. 여기서 (1)에서 문제가 되었던, 천은 기를 포함하고 있기 때문에 성장하고, 그러한 점에서 천과 기 중에서 기가 중심적 역할을 한다고 하는 해석은, 시간적 측면에서의 사실과는 모순되고 있음을 알 수 있다. 여기서는 다만 이 문제를 존재라는 측면에서 논리적으로 생각해 보기로만 한다. 천이 근본존재라고 하는 측면에서 논리적으로 생각해 보면, 천에 있어서 기가 중심적 역할을 하면서, 천을 성장시킨다고 하는 것은 있을 수 없는 일이 된다. 따라서 (1)에서의 문제점은 존재적 측면에서는 해결할 수 없는 문제로서, 일단 보류할 수밖에 없다고 생각한다.

이상, 천과 기의 관계를 존재적 측면에서 논해 왔는데, 일단 분명히 밝혀진 사실을 정리해 보면 다음과 같이 된다. 천과 기는 각각 근본적인 실재이고, 그 존재의 상태는 천이라고 하는 실재의 내부에 기라고 하는 실재가 포함되어 있는, 말하자면 양자일체의 상태에 있어서 존재한다고 정리할 수가 있다.

그럼 다음에 그러한 양자일체의 개별 존재자인 천과 기에 대해서, 작용적 측면으로부터 그 관계를 논하도록 하겠다. 『논형』「설일편」(説日篇)을 보면, "달의 운행은 태양과 같아서 역시 모두 천에 붙어 있다. … 이러한 점으로부터 말하면 태양의 운행은 천에 붙어 있음이 명백하다."[168]라고 하여, 태양과 달은 천에 붙어서 운행한다고 하고 있다. 또한 "열성(列星)은 천에 붙어서 천이 이미 운행함에 천을 따라서 선회하

왕충이 해석하는 기의 세계

니, 이 또한 운행이다."[169]라고 하여, 별의 운행도 역시 천의 운행에 의한 것이라고 하고 있다. 여기서 왕충이 생각하는 천상세계의 구조는, 태양이나 달과 별 등이 천체에 붙어있는 구조라고 하는 새로운 사실을 지적할 수가 있다. 그렇다면 천과 기의 관계는 구체적으로는 태양·달·별 등을 포함한 천상세계와 기의 관계가 된다.

> 반론하여 말했다, 인도(人道)는 행함이 있기 때문에 움직여 가는데, 천도(天道)는 행함이 없는데 어떻게 해서 운행하는가. (왕충이) 말했다, 천의 운행은 기를 자연히 베푸는 것이다. 기를 베풀면 만물이 저절로 생긴다. 의도적으로 기를 베풀어서 만물을 발생시키는 것은 아니다. 운행하지 않으면 기는 베풀어지지 않는다. 기가 베풀어지지 않으면 만물이 발생하지 않고, 사람의 행동과는 다르다. 일월오성(日月五星)의 운행은 모두 기를 베푸는 것이다.[170]

여기서 천도(天道)는 천상세계의 작용을 말하고, 따라서 천의 운행은 곧 일월오성의 운행이 되고, 그 운행에 의해서 기가 베풀어진다고 하고 있다. 이러한 천상세계의 운행과 기가 베풀어져 나오는 것은, 외부로부터의 힘에 의한 것도 아니고, 내부의 의지에 의한 것도 아니다. 아무런 목적도 없는 자연스러운 움직임이다. 이렇게 보면 전체적 천의 운행과 기의 움직임은 같은 움직임 속에서 이해할 수 있다. 그러나 천의 운행이 있고 기가 베풀어진다고 하는 점으로부터 판단할 때, 그 작

---

168 「논형」「說日」: 月行與日同, 亦皆附天. ⋯ 由此言之, 日行附天, 明矣.

169 「논형」「說日」: 列星著天, 天已行也, 隨天而轉, 是亦行也.

170 「논형」「說日」: 難曰, 人道有爲故行, 天道無爲何行. 曰, 天之行也, 施氣自然也. 施氣則物自生. 非故施氣以生物也. 不動, 氣不施. 氣不施, 物不生, 與人行異. 日月五星之行, 皆施氣焉.

용의 논리적 순서로서는 천의 작용이 기의 작용에 앞서는 것으로 볼 수 있다. 즉 작용의 측면에서 보면, 기는 천에 종속되고 있다고 할 수 있겠다. 그와 함께 기의 성격도 자연무위의 천의 성격에 의해서 부여되었다고 할 수 있겠다.

『논형』의 「자연편」(自然篇)에 "천을 자연무위라고 하는 것은 무엇 때문인가. 기(氣) 때문이다. (기는) 고요하고 담백하고 하고자 함이 없고, 함이 없고 일삼음이 없는 것이다."[171]라고 하고 있다. 자연무위는 천의 작용적 측면의 성격인데, 이것이 기와 관계가 있음을 말하고 있는 것이다. 천론의 설명에서 볼 수 있듯이, 천이 근본존재인 이상, 지상세계의 만물과의 관계를 설명할 수밖에 없고, 그때 자연무위라고 하는 도가의 사상을 가지고 와서 천의 성격을 설명했다고 할 수 있다. 또 천의 작용을 '기를 베푸는 것'으로서 생각하고 있는 것도, 왕충이 생각하고 있는 천만으로는 천과 만물의 관계를 다 설명할 수 없기 때문에, 기를 가지고 와서 설명하고자 했음에 틀림없다. 이렇게 본다면, 사실 자연무위의 실체는 기라고 생각된다. 지금의 「자연편」의 인용문에서 말하고 있는 것도 그러한 사실이 아닐까 생각한다. 말하자면 천과 기는 사실상 별개의 존재이고, 무욕(無欲)의 형체인 천 대신에 우주공간에서 작용을 수행하고 있는 것은 기라는 것이다. 기가 없고서는 천은 단순한 무욕의 형체에 지나지 않게 된다. 기가 있기 때문에 천은 자연무위한 작용자(作用者)로서의 자격을 얻게 되는 것이다. 따라서 천은 작용의 근원이기는 하지만, 자연무위한 작용의 주체는 기가 된다. 이것은 도가의 자연무위를 왕충 나름으로 해석한 것이라고 할 수 있다.

이상과 같은 사실로부터 생각하면, 천과 기는 작용적 측면에서 관계

---

171 『논형』「自然」: 謂天自然無爲者何, 氣也. 恬澹無欲, 無爲無事者也.

왕충이 해석하는 기의 세계

를 가지게 되는데, 그 관계란 천의 운행에 의해서 기가 베풀어지는 것이고, 말하자면 천의 작용이 기의 작용으로 옮겨가는 접점에서의 관계이다. 그러나 그러한 관계뿐이긴 하지만, 천의 작용에 의해서 기의 작용이 있을 수 있기 때문에, 작용적 측면에서는 천이 기보다는 근본존재가 된다. 그렇지만 천의 작용은 기가 없으면 '무'(無) 그 자체인 것이다. 따라서 작용의 자연무위한 성격이라는 것은, 천의 작용이 기에 옮겨진 순간, 현실로 나타나는 성격이라고 할 수 있다. 그래서 이 작용의 자연무위한 성격의 근원은 천에 있지만, 그 작용의 자연무위한 성격은 천과 기가 동시에 가지게 된다고 할 수 있다.

논리적으로 말하면 천의 작용이 근원적 작용이고, 기의 작용도 천의 작용에 포함된다. 그래서 왕충은 천과 기의 작용을 함께하여 '천도'(天道)라고 하는 말을 사용하여 표현하고는 있지만, '기도'(氣道)라는 말을 사용하고 있지는 않은 것이 아닐까 한다.[172] 따라서 왕충의 천도라는 것은, 단지 천의 작용을 의미할 뿐만이 아니라, 천의 작용과 기의 작용을 총칭하는 것이기도 하다. 이미 언급했듯이 왕충은, 천이 운행하는 이유를 천의 본체적 측면에서 찾지 않고, '기를 베푼다'고 하는 작용적 측면에서 찾고 있다. 이것은 원래 왕충이 천과 기를 정적(靜的)인 것으로서가 아니라, 동적(動的)인 면에서 파악하려고 한 것에 그 원인이 있는 것이 아닐까 한다. 말하자면 천과 기의 존재적 측면에서의 파악을 중시했다고 하면, 어떠한 형태든 천의 운행의 이유를 천의 본체로부터 설명했을 것이라고 생각한다. 또한 천의 작용과 기의 작용에 대해서도, 어떠한 구별도 없이 같은 범주에서 '천도'라는 말을 사용하지는 않

---

172 『논형』「自然篇」의 "天道無爲, 故春不爲生, 而夏不爲長, 秋不爲成, 冬不爲藏. 陽氣自出, 物自生長, 陰氣自起, 物自成藏."을 예로서 보면, 天道라고 말하면서도 사실은 氣의 작용을 설명하고 있다.

앉을 것이다. 이러한 것은 천과 기를 주로 작용적 측면으로부터 파악하려고 하고, 그러한 관점에서 존재적 측면의 사실도 논하려고 한 결과가 아닐까 한다.

이상으로 작용적 측면에서의 천과 기의 관계에 대한 왕충의 생각을 어느 정도 엿볼 수가 있는데, 이러한 생각 위에서 앞의 존재적 측면에서의 문제점에 대해서 한 번 더 언급해 보도록 하자. 천과 기 중에서 기가 중심적 역할을 하면서 천이 성장한다고 하는 것은, 사실상 왕충의 천과 기에 관한 이론으로부터는 이해할 수 없는 것이다. 만약 정말로 왕충이 그러한 생각을 가지고 있었다고 한다면, 그것은 왕충의 작용적 측면을 중시하는 사고방식으로부터, 조금이기는 하지만, 이해를 구할 수 있지 않을까 한다. 이미 언급했듯이 작용의 주체는 기이다. 기가 주체적으로 작용하는 천의 작용에 중점(重點)을 두고 있었다면, 현상적으로는 인간의 모습과의 유사점을 바로 찾아낼 수 있었다고 생각한다.

이상, 천과 기의 관계를 존재적 측면과 작용적 측면의 두 방면으로 나누어 고찰해 왔는데, 지금까지 언급해 온 것을 정리하자면 다음과 같이 될 것이다. 첫째, 천과 기는 둘 다 근본적인 실재자(實在者)이다. 둘째, 존재의 상태는 양자일체의 상태이다. 셋째, 현실적 작용의 측면에서 말하자면 같은 작용인데, 논리적 측면에서 말하자면 기는 천에 종속되어 있다. 이러한 사실을 기의 측면에서 말하면, 천과의 관계 중에서 기의 실재자로서의 측면과 작용자로서의 측면이 분명하게 되었다고 할 수 있겠다.

왕충이 해석하는 기의 세계

2. 작용자로서의 기

기라고 하는 것은 실제로 우주공간에서 만물을 만드는 작용을 하는 존재이다. 그러면 이 기가 작용하는 우주공간이란 구체적으로 어떠한 장소인가. "지(地)가 그 아래가 없으므로 천은 그 위가 없다."[173]라는 말에서 볼 수 있듯이, 우주공간은 천지에 의해서 형성되어 있는 공간이다. 이 천지의 우주공간 속에서 기는 만물을 만들어 내는 것이다.[174] 그럼 이 우주공간의 원근(遠近)과 광협(廣狹)에 대해서는, 왕충은 어떻게 설명하고 있는가.

먼저 이 우주공간의 원근에 대해서 보기로 하자. 『논형』에는 천지의 우주공간의 원근에 대해서 세 종류의 표현이 나타나고 있다. '육만여 리'(六萬餘里. 「談天」), '수만 리'(數萬里. 「變虛」), '만 리로써 헤아린다'(以萬里數. 「感虛」)는 세 종류이다. 이 중에서 숫자를 밝히고 있는 것은 '육만여 리'이다. 그런데 이 '육만여 리'의 경우는 그 전거(典據)를 '비전'(秘傳)이라고 하고 있다.[175] 이 '비전'의 숫자를 왕충도 그대로 받아들였는지 어떤지에 대해서는 단정을 할 수 없지만, 이상의 표현에서 본다면, 우주공간은 몇만 리(萬里) 거리 정도의 유한한 공간이라고 생각하고 있었음을 알 수 있다. 그럼 우주공간의 광협(廣狹)에 대해서는 어떻게 생각하고 있었을까. 「담천편」(談天篇)의 "(북극성 아래에서) 태양의 남쪽까지 5만 리(里)이고, 북극성의 북쪽까지도 5만 리이다. 북극성의 북쪽까지도 5만 리라면, 북극성의 동쪽과 서쪽도 모두 5만 리이다. 동서가 10만 리,

---

173 『논형』「道虛」: 地無下, 則天無上矣.

174 『논형』「自然」: 夫天覆於上, 地偃於下, 下氣烝上, 上氣降下, 萬物自生其中間矣.

175 『논형』「談天」: 祕傳或言, 天之離天下, 六萬餘里.

남북이 10만 리면, 총계 백만 리이다."[176]라는 말을 통해, 북극성을 중심으로 해서 동서남북으로 각각 '5만 리'의 거리를 가지고 있는 것이, 지상세계의 넓이임을 알 수 있다. 이 지상세계의 넓이가 바로 천지 사이의 우주공간의 넓이가 된다. 이렇게 보면 우주공간의 넓이는 '백만 리'가 된다.

이상, 천지의 우주공간에 관한 왕충의 생각을 살펴봤다. 그 공간이 유한의 공간이라는 것은 충분히 알았는데, 그러나 그 유한이라는 것은 시간적 측면과 공간적 측면의 모두를 포함하는 것이 아니고, 공간적 측면에만 관계되는 성격이다. 그렇다면 시간적 측면에 있어서는 왕충은 어떻게 생각하고 있는가. 직접 거기에 대해서 설명하고 있는 부분은 없다. 그렇지만 우주공간이란 천지 사이이기 때문에, 천과 지의 개념으로부터 추측할 수는 있을 것이다. 이미 언급했듯이, 천과 지는 형체를 가지고 있고 불생불변의 존재이다. 이러한 불생불변의 형체인 천과 지의 사이에 있는 공간, 그것은 틀림없이 시간적으로 동질성의 무한의 존재이다. 따라서 이상을 정리하자면, 기가 작용하는 우주공간이란 장소는, 시간적으로 동질성의 무한의 공간이고, 공간적으로는 천과 지 사이의 유한한 공간임을 알 수 있다.

그럼 그러한 우주공간에서 활약하고 있는 기는, 어떠한 모습을 가지고, 어떠한 역할을 하고 있는가. 먼저 기의 모습에 대해서 그 형체의 측면에서 보도록 하자. 『논형』을 보면 기의 형체와 관련하여, "형체가 아니면 기이다"(非形體則氣也.「卜筮」), "형체가 없으면 기이다"(無體則氣也.「祀義」), "기는 구름이나 연기와 같다"(氣若雲煙.「變虛」) 등의 말을 볼 수가 있다. 이러한 말로부터 보면, 기라고 하는 것은 형체가 없는 것이지만,

---

176 『논형』「談天」: 以至日南五萬里, 極北亦五萬里也. 極北亦五萬里, 極東西亦皆五萬里焉. 東西十萬, 南北十萬, 相承百萬里.

그러나 존재적으로 없는 것이 아니라, 다만 정해진 형체가 없는 존재일 뿐이라는 것을 알 수 있다. 다음은 그 내용적인 측면에서의 기의 모습인데, "기가 베풀어지지 않으면 만물이 발생하지 않는다.",[177] "모든 살아 숨 쉬는 것은 기가 끊어지면 죽는다."[178] 등의 말로부터, 기라고 하는 것은 만물의 생성이나 생명의 근본이 되는 존재임을 알 수 있다. 말하자면 기란 생명력 그 자체인 것이다. 이 생명력을 얻은 것은 생명을 유지하고 살아갈 수가 있지만, 반면 이 생명력을 잃은 것은 생명의 주체로서의 존재도 잃어버리게 된다. 따라서 기의 특징 중에서 가장 주목해야 할 것은 이 생명력이라고 할 수 있다. 또 모든 생명체가 기로부터 시작된다고 하는 의미에서 보면, 기라고 하는 것은 생명의 원동력이면서 생명체의 최소의 단위라고도 할 수 있다. 이상으로부터 보면 기의 작용이란 생명체의 최소의 단위로서, 이 지상세계에 모든 생명체를 만들어 낸다고 하는 것을 알 수 있다. 그럼 생명체의 최소의 단위로서의 기는 어떠한 모습의 존재일까. 지금부터 여기에 대해서 논하여 기와 생명체의 관계에 대해서 조금 더 분명히 해 보고자 한다.

『논형』에 나와 있는, 근본존재자의 의미에 있어서의 기의 종류를 보면, '천지의 기', '음양의 기', '원기'(元氣), '오행(五行)의 기', '오상(五常)의 기', '태양의 기', '요상(妖祥)의 기' 등이 나타나고 있다. 먼저 '천지의 기'와 '음양의 기'에 대해서 보면, "음양의 기는 천지의 기이다"[179]라는 말로부터, 사실은 천지의 기와 음양의 기는 같은 기라는 것을 알 수 있다. 다만 천지의 기라는 것은 천과 지라고 하는 그 기가 존재하는 장소를 나타내어 그 기에 이름을 붙인 것이고, 음양의 기란 천과 지의 기를

---

177 『논형』「説日」: 氣不施, 物不生.
178 『논형』「道虚」: 諸生息之物, 氣絶則死.
179 『논형』「講瑞」: 陰陽之氣, 天地之氣也.

그 성질로부터 이름을 붙인 개념인 것이다. 그런데 왕충의 천과 기에 관한 이론에서 보는 한, 그 장소의 차이라고 하는 것은, 사실은 근본적인 차이를 말하고 있는 것이기도 하다. 말하자면 천에 있는 양기와 지(地)에 있는 음기는, 하나의 근본적인 기로부터 분화한 성질이 다른 기를 의미하는 것이 아니라, 원래 다른 실재자 중에 있는 성질이 다른 기라고 해야 하는 것이다. 다음은 '원기'에 대해서 보도록 하자.

> 사람은 원기를 천에서 받고, 각각 수요(壽夭)의 명(命)을 받아서, 장단(長短)의 형체를 세운다.[180]

> 사람이 아직 태어나지 않을 때는 원기 중에 있고, 이미 죽음에 다시 원기에 돌아간다. 원기는 황홀(荒忽)하고 사람의 기가 그 가운데에 있다.[181]

등의 자료를 통해서, 원기라고 하는 것은 만물을 생성하는 근원적 기를 가리키고 있음을 알 수 있다. 따라서 원기는 음기와 양기를 포함하고 있는 개념이고, 음기와 양기의 각각 대신에 사용하는 것도 가능한 개념이라고 할 수 있다. 그러한 의미에서 말하자면, 원기(元氣)란 만물생성의 근원(元)이라는 의미에 있어서의 기의 개념이라고 할 수 있겠다. 그럼 다음은 '오행의 기'와 '오상의 기'에 대해서 보도록 하자.

> ① 또 한 사람의 몸에 오행의 기를 품고 있기 때문에, 한 사람의 행위에 오상의 조행(操行)이 있다. 오상은 오행의 도이다. 오장(五臟)이

---

180 『논형』「無形」: 人稟元氣於天, 各受壽夭之命, 以立長短之形.
181 『논형』「論死」: 人未生, 在元氣之中, 既死, 復歸元氣. 元氣荒忽, 人氣在其中.

왕충이 해석하는 기의 세계

몸 안에 있어서 오행의 기가 갖추어져 있다.[182]

② 사람이 총명하고 지혜가 있는 이유는 오상의 기를 품고 있기 때문이다. 오상의 기가 사람에게 있는 것은 오장이 형체 중에 있기 때문이다.[183]

③ 잔인함은 인(仁)의 기를 받음이 적고, 성냄은 용(勇)의 기를 받음이 두텁다. … 사람은 오상을 받고 오장을 품고, 모두 몸에 갖추고 있다.[184]

오행의 기라고 하는 것은 목·화·토·금·수의 오기(五氣)를 말하고 있는데, 왕충은 이 오행의 기를 오상의 기와 같은 기로 취급하고 있다. 또한 왕충은 오상의 기를 인의예지신의 기라고 생각하고 있다. 이 오행·오상의 기가 존재하는 장소는 오장(五臟)이다. 일단 여기서 기라고 하는 측면에서 본다고 하면, 오행과 오상은 같은 기의 다른 이름인 것을 알 수 있다. 그렇다면 같은 기를 오행과 오상이라고 하는 다른 개념으로써 나타내야만 했던 이유는 어디에 있는 것일까. 인용문 ①을 보면, 오행이란 그 기의 측면이고, 오상이란 그 기의 작용의 측면처럼도 보인다. 또 오상을 오행의 도라고도 하고 있다. 이와 같이 사용되고 있는 오행과 오상을 보면, 왕충에게 있어서는, 같은 기라고 하는 측면보다는 오행과 오상이라고 하는 개념 쪽이 더 중요했는지도 모른다. 어쨌든 이 두 개념을 구별하여 사용했다고 하는 것은, 오행과 오상의 개

---

182 『논형』「物勢」: 且一人之身, 含五行之氣, 故一人之行, 有五常之操. 五常, 五行之道也. 五藏在內, 五行氣俱.

183 『논형』「論死」: 人之所以聰明智惠者, 以含五常之氣也. 五常之氣所以在人者, 以五藏在形中也.

184 『논형』「率性」: 殘則授(受)不仁之氣泊, 而怒則稟勇渥也. … 人受五常, 含五藏, 皆具於身. ※殘則授不仁之氣泊: '授'는 '受'로 해야 하고, '不'은 衍文. 吳承仕에 따름.

념 그 자체와 연관되는 문제가 아닐까 생각한다. 즉 원래 오행이란 만물생성의 원소이고, 오상이란 다섯 종류의 덕목이기 때문에, 같은 기의 두 가지 모습을 각각의 개념으로 나타낸 것이 아닐까 생각한다. 이상의 사실로부터 굳이 말하자면, 오행의 기와 오상의 기는 원래 같은 기이기는 하지만, 천지의 본체적 측면에서는 오행의 기라고 하고, 인간의 본성적 측면에서는 오상의 기라고 하고 있다고 할 수 있겠다.[185]

그럼 다음은 '태양의 기'와 '요상(妖祥)의 기'에 대해서 살펴보도록 하자.

> 천지의 기가 요(妖)가 되는 것은 태양(太陽 : 매우 왕성한 양기)의 기이다. 요기(妖氣)와 독기(毒氣)는 같고, 기가 사람을 해치는 것을 독기라고 하고, 기가 변화하는 것을 요기라고 한다. … 그러므로 무릇 세간의 요상(妖祥)이라고 하는 것이나 귀신이라고 하는 것은, 모두 태양의 기가 하는 것이다. 태양의 기는 천의 기이다. … 태양의 기는 왕성하고 음이 없기 때문에, 단지 형상을 이룰 수 있을 뿐이고, 형체를 이룰 수는 없다.[186]

인용문을 통해서 태양의 기와 요상의 기는 같은 기라는 것을 알 수 있다. 전체적으로는 태양의 기이지만, 그 기의 변화라고 하는 측면에서 요상의 기라고 하고 있고, 사람을 해치는 측면에서는 독기라고 하고 있다. 이 태양의 기는 음기가 없는, 단지 양기만의 기를 가리키고

---

185 『논형』 「本性」의 "人稟天地之性, 懷五常之氣."라는 문장에서, 본성의 측면에서 오상 개념을 쓰고 있는 것을 볼 수 있다.

186 『논형』 「訂鬼」 : 天地之氣爲妖者, 太陽之氣也. 妖與毒同, 氣中傷人者謂之毒, 氣變化者謂之妖. … 故凡世間所謂妖祥, 所謂鬼神者, 皆太陽之氣爲之也. 太陽之氣, 天氣也. … 太陽之氣, 盛而無陰, 故徒能爲象, 不能爲形.

있는 개념이다. 그리고 태양의 기의 작용은 형상만을 이루는 것이기 때문에, 태양의 기라는 개념은 만물생성과는 관계가 없는 것이 된다. 왕충이 이 태양의 기라는 개념을 이야기하고 있는 것은, 세상의 여러 가지 기이한 현상을 설명하기 위함이었고, 그래서 순수한 양기만의 작용을 인정하게 된 것이라고 할 수 있다.

　이상으로 『논형』에 나타나고 있는 기의 개념을, 근본존재적 측면에 있어서 간단하게 살피고 그 기의 모습을 보아 왔다. 이상의 설명으로부터 본다면, 세상의 생명체를 만들어 내는 기에는 양기, 음기, 오행의 기, 오상의 기 등이 포함되어 있다. 따라서 모든 생명체는 이러한 각각의 기의 조합에 의한 것이다. 각각의 기는 하나의 생명체 속에서 각각 다른 부분을 만들어 내고 있다. 인간의 경우를 예로서 보면, 그러한 각각의 기에 의해서 인간의 형상, 형체, 본성 등이 만들어지게 된다. 원소로서의 기와 만물생성의 관계는 대체로 이상과 같은데, 그러나 기의 작용은 만물생성뿐만이 아니라, 만물에 존재의 질서를 부여하는 것이기도 하다고 왕충은 생각하고 있다.

　　천에는 백관(百官)이 있고 뭇별(衆星)이 있다. 천이 기를 베풀어서 뭇별이 정(精)을 유포하게 되지만, 천이 베푸는 기는 뭇별의 기를 그 가운데에 가지고 있다. 사람은 기를 받아서 나고 기를 품고서 성장하는데, 귀한 기를 얻으면 귀하게 되고 천한 기를 얻으면 천하게 된다. 같은 귀(貴)라고 해도 차례에 높고 낮음이 있고, 같은 부(富)라고 해도 자산에 많고 적음이 있지만, 이들은 전부 별의 지위의 존비(尊卑) 소대(小大)에 의해서 수여되는 것이다.[187]

187 『논형』「命義」: 天有百官, 有眾星. 天施氣而眾星布精. 天所施氣, 眾星之氣在其中矣. 人稟氣而生, 舍氣而長, 得貴則貴, 得賤則賤. 貴或秩有高下, 富或貲有多少, 皆星位

인간이 받는 기 중에는 뭇별(衆星)의 기도 들어 있다. 뭇별이란 천상세계의 질서 중에 있는 존재이고, 이 뭇별의 기라고 하는 것은 천상세계의 질서를 지상세계에 전달하는 역할을 하는 기이다. 따라서 이 뭇별의 기에 의해서 인간세계에서의 인간의 부귀빈천이 결정된다. 왕충은 이러한 이론을 동물의 세계에까지 확대하고 있다.[188] 이러한 사실로부터 보면, 기의 작용 중에는 천상세계의 질서를 지상세계에 전달하는 작용도 들어있는 것을 알 수 있다. 전달자로서의 기의 작용은, 사회질서의 전달이기 때문에, 사회적 측면에서의 기의 작용이라고 할 수 있겠다. 반면에 앞의 만물생성으로서의 기의 작용은, 개체의 생성에 관한 작용이기 때문에, 개체적 측면에서의 기의 작용이라고 할 수 있겠다.

3. 왕충의 기론의 특색

왕충의 기론이 이전의 음양·오행 등의 기론에서 영향을 받아서 성립되고 있는 것은 틀림이 없다. 그러나 이전의 기론을 기반으로 하고는 있지만, 자기 나름의 천론과 함께 자기 나름의 기론의 측면도 가지고 있다. 그럼 왕충의 기론에 있어서 특색이라고 하면 어떠한 점을 들 수 있을까.

먼저 사회질서의 전달자로서의 기의 모습을 그의 기론의 특색의 하나로서 들 수 있다. 이전의 이론에서도, 기를 통해서 천의 의지를 전달한다고 하는 그러한 이론이 보이고는 있다. 동중서의 재이론(災異論)

尊卑小大之所授也.

188　『논형』「物勢」: 天有四星之精, 降生四獸之體, 含血之蟲, 以四獸爲長.

　　　　　　　왕충이 해석하는 기의 세계

에 의하면, 천이 재이를 통해서 자신의 의지를 왕에게 전하고 있다. 그 재이라고 하는 것은 기에 의한 것이기 때문에, 이미 동중서에 있어서 전달자로서의 기의 모습을 그리고 있었음을 알 수 있다. 이러한 천과 지상세계의 사이에 기를 그 매개자로서 넣어서 설명하고 있는 부분에서 본다면, 왕충은 동중서의 기론의 형식을 그대로 계승하고 있다고 할 수 있다. 그러나 왕충과 동중서에 있어서의 전달자로서의 기의 모습에는 차이가 있다. 동중서의 경우는 올바른 사회질서를 지켜야 한다는 천의 의지를 왕에게 전하는 것만으로, 기의 전달자로서의 역할은 끝난다. 이에 비해서 왕충의 경우는, 기 그 자체가 천상의 사회질서의 암호로서, 개체 속에서 유전자와 같은 역할을 하여 그 질서를 전개시켜 가는 것이, 전달자로서의 기의 역할인 것이다. 그러면 동중서의 기론의 영향을 받으면서도 그 내용이 다르게 된 이유는 무엇인가. 그것은 아마도 천론의 차이에 그 이유가 있지 않나 생각한다. 왕충은 의지적 천 대신에 자연적 천을 주장하고 있기 때문에, 동중서와 같은 설명은 불가능했다고 생각한다. 왕충의 경우는 천의 의지에 관련되는 부분까지도 기의 내용에 넣어서 설명할 수밖에 없었다고 할 수 있다. 그 결과, 천상사회의 질서는 기의 내용에 들어오게 되고, 그것을 개체의 내면에서 기 스스로가 전개하여 간다고 하는 방향으로 이론을 정립해 갔다고 할 수 있다. 어쨌든 이러한 사회질서의 전달자로서의 기는, 천상세계와 지상세계의 매개자로서, 왕충의 사상 중에서 매우 중요한 이론적 역할을 하고 있다. 왕충의 천론도 이와 같은 기론에 의해서 정립되고 있다.

다음으로 왕충의 기론의 특색으로서 들 수 있는 것이, '오상의 기'라는 개념이다. 당시에 있어서 오행이 기라고 하는 것은 당연한 사실이지만, 오상을 기로서 취급하고 있는 것은 『논형』 외에는 찾아볼 수가 없다. 일반적으로 오상에 대해서는 '오상의 도'[189]라는 개념을 사용하든가 혹은 덕으로서 나타내고 있었다. 그럼 왕충이 이러한 오상을 '오상의 기'로서 생각하게 된 이유는 무엇인가. 『춘추번로』 등을 보면 오행에 인의예지신의 오상을 짝 짓고 있다. 왕충이 이러한 사상을 이어받고 있는 것은 두말할 나위 없는 사실이다. 그런데 오행과 오상의 관계에서, 왕충 이전과 왕충은 그 해석의 입장을 달리하고 있었다. 말하자면 의지적 천론의 경우는 오상의 덕을 천의 내용으로 간주하고 있고, 따라서 천을 의지적 존재로서 간주하는 한, 오상 그 자체에 대해서 새삼 논할 필요는 없었다. 그러나 왕충은 천을 자연적인 존재로서 이해하게 되고, 여기서 오상에 대해서도 새롭게 해석해야만 하는 입장에 놓여 있었다고 할 수 있다. 그 새로운 해석이 이전의 오행과 오상의 관계 위에서 행해졌다고 하는 것은 어렵잖게 상상할 수 있다. 따라서 오상의 근거는 기에 있고, 또 오행과 오상의 관계를 양면일체의 관계로 해석한 것은, 당시의 사상적 상황과 왕충의 기론으로부터 보면, 당연한 해석이었다고 할 수 있다.

---

189 「漢書」「董仲舒傳」: 夫仁誼禮知信五常之道, 王者所當脩飭也.

왕충이 해석하는 기의 세계

5장

현실세계

1절 인간과 만물

1. 인간계와 동물계

인간과 인간 이외의 만물과의 관계가, 인간을 연구함에 있어서 어떠한 의미를 가질까. 왕충의 천지대응설에 서서 보면, 이 관계는 굉장히 중요한 문제로 떠오르고 있다. 천지대응설이라고 하는 것은, 이미 언급했듯이, 천상에 형상이 있고 지상에 거기에 상응하는 형체 등의 나타남이 있다고 하는 것이다. 따라서 인간뿐만 아니라 지상에 있는 사물은 모두 천상에 그 형상을 가지고 있다고 말하지 않으면 안 된다. 여기서 지상의 사물이라고 하는 것은 특히 동물에 한해서 말하고 있다. 왕충은 "초목은 의지적으로 하고자 함이 없다"(草木無欲.「道虛」)고 하고 있는데, 아마도 초목은 사회를 가지지 않기 때문에 천상의 형상의 사회와 대응시키지 않은 것이 아닐까 한다. 어쨌든 천상의 형상의 사회에 대응하는 지상의 사회의 주체는 동물이고, 이 동물의 세계는 인간적 입장에서 예로부터 분류되어 온 것처럼, 왕충에 의해서도 인간계와 인간을 제외한 동물계로 분류되고 있다. 또 왕충의 이론에 의하면, 천은 의식을 가지고 있지 않고 무위자연하게 만물을 만들기 때문에, 인간계와 동물계는 별개의 사회로서 자연적으로 존재하게 되었다고 할 수 있다. 이러한 생각은 당시의 천인감응설의 비판과 관계를 가지고 있는 것이다.[190] 당시의 천인감응설에 의할 것 같으면, 인간계와 동물계는 천의 명령을 기반으로 하여 서로 관계를 가진다고 하고 있다. 그 관계라고 하는 것은, 인간계가 주가 되고, 동물계는 인간계를 위해서 존재하는 종적 존재라고 하는 관계가 된다. 왕충은 이 천명(天命)이라고 하는 것을 부정하고, 따라서 인간계와 동물계라고 하는 것은 서로 관계가 없는 별개의 사회로서 이 지상에 존재한다고 보고 있는 것이다. 이것은 왕충에 이르러서, 동물계가 이전과는 달리 이 세상에 존재하는 독립적 존재로서 인정되는 해석도 나오게 되었다고 하는 것이다. 여기서 그 사회를 중심으로 인간계와 동물계의 관계를 생각해 본다고 하면, 천인감응설을 주장하는 측의 경우는, 동물계의 정점에 인간사회가 존재한다고 하는 관계라고 할 수 있는데, 왕충의 경우는 인간사회의 옆에 동물계가 있다고 하는 관계라고 할 수 있다. 그럼 지금부터 왕충의 이러한 독특한 사고방식에 대해서 살펴보기로 하자.

먼저 동물계의 존재근거에 대해서 보기로 하자. 『논형』「용허편」(龍虛篇)을 보면, "천에 창룡(蒼龍)·백호(白虎)·주조(朱鳥)·현무(玄武)의 형상이 있기 때문에, 지상에도 용·호랑이·새·거북이라는 동물이 있다. 네 개의 별의 정(精)이 내려와서 네 종류의 짐승을 낳았다."[191]라고

---

190 『논형』「初稟」의 "文王得赤雀, 武王得白魚赤烏. 儒者論之, 以爲雀則文王受命, 魚烏則武王受命. 文武受命於天, 天用雀與魚烏命授之也. … 故雀與魚烏, 天使爲王之命也, 王所奉以行誅者也. 如實論之, 非命也. 命謂初所稟得而生也."라는 문장을 통해서 당시의 천인감응설의 분위기와 그에 대한 왕충의 비판을 볼 수 있다.

191 『논형』「龍虛」: 天有倉(蒼)龍白虎朱鳥玄武之象也, 地亦有龍虎鳥龜之物. 四星之精, 降生四獸. ※倉龍: '倉'은 '蒼'으로 해야 함(劉盼遂).

　　　　　　　　왕충이 해석하는 기의 세계

하여, 동물의 경우도 또한 천상의 별에 그 형상이 있고, 지상에 그 형체가 있음을 이야기하고 있다. 이 창룡(蒼龍)·백호(白虎)·주조(朱鳥)·현무(玄武) 네 개의 별은 28수(宿) 중의 동·서·남·북의 성좌인데, 사실은 인간이라든가 인간사회의 형상도 되는 것이다.[192] 이러한 사실로 볼 때, 왕충은 같은 성좌로부터 인간계와 동물계의 양 세계를 설명하고 있는 것을 알 수 있다. 또 동물계에도 인간사회와 똑같이 질서가 있음을 지적하고 있다. 「물세편」(物勢篇)에서 "천에는 네 개의 별의 정(精)이 있고, 내려와서 네 종류의 짐승의 형체를 낳는다. 피를 품은 동물은 이 네 종류의 짐승으로써 우두머리를 삼는다."[193]라고 하여, 네 개의 별의 정(精)을 받아서 태어난 네 종류의 짐승이 동물 중에서 우두머리임을 말하고 있다. 이 문장을 보는 한, 동물계의 질서라고 하는 것도 그 근거가 성좌에 있다고 생각한 것을 알 수 있다. 또 "신작(神雀)과 난조(鸞鳥)는 모두 뭇 새들의 우두머리이다."[194] 등의 문장도 보이고 있는데, 그러나 왕충은 인간사회에만 관심이 있었기 때문인지, 달리 동물계의 질서에 관해서 명확한 설명을 하고 있지는 않다. 그렇지만 이 설명만을 보더라도, 왕충은 동물계의 질서에 대해서도 인간세계와 똑같이 성좌를 그 근거로 하고 있음을 충분히 알 수 있다.

이상의 사실을 정리해 본다면, 인간계와 동물계는 그 근거를 똑같이 천상의 성좌에 두고, 그러면서도 지상에서의 양 세계는 서로 독립의 세계라고 하고 있다. 그래서 왕충은 「초품편」(初稟篇)에서, 천명에 의해서 문왕(文王)에게는 적작(赤雀)이, 무왕(武王)에게는 백어(白魚)와 적오(赤

---

192 『漢書』卷二十六「天文志第六」에 "凡天文在圖籍昭昭可知者, 經星常宿中外官凡百一十八名, 積數七百八十三星, 皆有州國官宮物類之象."이라고 하고 있고, 왕충의 생각이 당시의 일반적인 생각임을 알 수 있다.

193 『논형』 「物勢」: 天有四星之精, 降生四獸之體, 含血之蟲, 以四獸爲長.

194 『논형』 「講瑞」: 神雀鸞鳥, 皆衆鳥之長也.

烏)가 오게 되었다고 하는 주장을 비판하고, 문왕과 무왕은 단지 우연히 적작과 백어·적오를 각각 봤을 뿐이라고 하여,[195] 인간계와 동물계는 독립의 세계이기 때문에, 필연이 아닌 우연의 관계만이 있음을 말하고 있다. 그러나 우연이라고는 해도, 왕충은 "명(命)은 길흉의 주인이고, 저절로 그러한 도리이고, 우연히 만나는 운명"[196]이라고 하여, 그 우연의 배후에 명(命)이라는 필연이 있다고 하고 있다. 이렇게 보면 천인감응설에서와 같은 천명은 인정하지 않지만, 자기 나름의 운명의 해석과 함께 왕충도 또한 인간계와 동물계는 관계가 있다고 인정하는 것이 된다. 이상과 같이 양 세계의 관계가 왕충 나름의 운명에 의해서 성립되고 있는데, 운명이라고 하는 것은 인간이라든가 인간사회를 중심으로 사용하고 있는 개념이라는 점으로부터 생각한다면, 그 관계라고 하는 것은 인간사회를 중심으로 하여 생각한 관계인 것도 알 수 있다. 어쨌든 이런 식으로 인간계와 동물계가 관계를 가지고 있다고 한다면, 양 세계가 관계가 없는 독립의 세계로 존재한다고 하는 이야기와의 관계에 대해서는 어떤 식으로 설명해야만 할 것인가.

왕충이 천지대응설을 주장하고 있는 사실에 대해서는 이미 언급한 대로이다. 그런데 왕충은 천상의 사회의 형상에 따라서 지상의 사회에 그 형체가 있다고 하는, 그러한 형상과 형체의 대응관계만을 이야기하는 것이 아니다. "무릇 사람이 귀하게 될 운명을 천에서 받으면, 반드시 길한 징조가 지상에 나타남이 있다. 지상에 나타나기 때문에 천명이 있다고 한다. 징조가 나타남은 한 가지가 아니다. 혹은 인물로써 나타나고, 혹은 상서로운 징조로써 나타나고, 혹은 광기(光氣)로써 나타난다."[197]라고 하는 자료로부터 볼 수 있듯이, 천으로부터 '명을 받는

---

195 『논형』「初稟」: 文王當興, 赤雀適來, 魚躍烏飛, 武王偶見, 非天使雀至, 白魚來也.
196 『논형』「偶會」: 命, 吉凶之主也, 自然之道, 適偶之數.

왕충이 해석하는 기의 세계

것' 그 자체에 대해서도 지상에 거기에 상응하는 대응이 있다고 하고 있다. 즉 왕충이 생각한 것은, 천상의 존재, 또 천상에서 일어나는 모든 움직임에 대해서 지상에 그 대응이 있다고 하는 것이다. 이것을 인간계와 동물계에 있어서 조금 더 구체적으로 설명하면 다음과 같이 될 것이라고 생각한다. 인간계와 동물계는 천상의 형상에 대응하여 지상에서 존재하고, 또 인간이 태어날 때 천으로부터 명을 받으면, 그 명에 대응하여 동물계의 적작(赤雀) 등과도 만나게 된다고 하는 것이다. 인간계와 동물계 그 자체는 원래 독립적인 세계로서 존재하지만, 양 세계는 천에 대응해서 존재하기 때문에, 천의 여러 가지 움직임에 대해서 대응할 수밖에 없다고 하는 것이다. 말하자면 천의 하나의 움직임에 대해서 지상에서는 인간계와 동물계의 두 세계에서 그 대응이 있다고 하는 것이다. 다시 한 번 앞의 '명'(命)의 설명을 포함하여 생각해 보면, 천상의 형상에 대응하여 인간이 인간계에 존재하게 되는 것, 이것이 명을 받는다고 하는 것인데, 그 천상의 형상에 대해서 동물계에도 대응이 있고, 동물계의 적작(赤雀) 등이 나오거나 하여 인간계의 그 명을 받은 사람과 우연히 만나게 된다고 하는 것과 같은 천지의 대응관계를 왕충은 생각하고 있었다고 할 수 있다.

이상의 인간계와 동물계에 관한 왕충의 생각을 정리해 보면, 양 세계는 서로 관계를 가지지 않는 독립적 존재이고, 명에 의해서 양 세계가 관계가 있는 듯이 보이기는 해도, 사실은 단지 천지의 대응관계에 지나지 않고, 인간계와 동물계 양 세계의 관계를 설명한 것이 아닌 것을 알 수 있다. 그래서 인간계와 동물계의 만남은 인과관계를 가지지 않기 때문에 우연이라고 하는 것이다. 그러나 우연이란 명에 의해서

---

197 『논형』「吉驗」: 凡人, 稟貴命於天, 必有吉驗見於地. 見於地, 故有天命也. 驗見非一, 或以人物, 或以禎祥, 或以光氣.

일어나는 것이고, 따라서 명으로부터 보면 우연은 필연으로 바뀐다고 할 수 있겠다. 이러한 의미에서 인간계와 동물계의 관계는, 인과관계를 가지지 않는 독립적 존재의, 명에 의한 필연적 관계라고도 할 수 있겠다.

지금까지 천에 그 근거를 두고 있는 지상의 사회라고 하는 측면에서 인간계와 동물계의 관계에 대해서 살펴봤는데, 그럼 다음은 다른 측면에서 양 세계의 관계를 살펴보기로 하자. 왕충에 의하면 인간과 동물은 모두 천으로부터 만들어진 천의 자식과 같은 존재이다.[198] 인간과 동물이 똑같이 천의 자식이기는 하지만, 그러나 그중에서도 인간이 가장 가치 있는 존재라고 하는 것은 왕충에 있어서도 변함이 없다.[199] 그렇게 본다면, 왕충이 생각한 지상세계도 또한 만물에 귀천의 등급이 있고, 그 정점에 인간이 존재한다고 하는 것이 된다. 이러한 인간과 동물의 생성이나 가치적 측면에서 보면, 인간계와 동물계는 같은 생물계 중에서 그 가치적 단계를 달리하는 관계, 즉 동물계의 정점에 인간계가 존재하는 관계가 된다. 이러한 양 세계의 관계는, 천인감응설의 경우에 있어서의 양 세계의 관계를 상기시키지만, 그러나 완전히 같다고는 할 수 없을 것이다. 물론 생성이나 가치적 측면에서는, 왕충은 천인감응설의 경우라든가 그 이전과 변함이 없는 생각을 가지고 있었음에 틀림없다고 생각한다. 그러나 이미 언급한 대로 사회라고 하는 측면에서는, 왕충과 천인감응설의 경우는 그 생각을 달리하고 있는 것이다.

이상, 왕충에 있어서의 인간계와 동물계의 관계를 두 가지 측면에서 살펴봤는데, 그것을 정리해 보면 다음과 같이 될 것이다. 사회의 구성

---

198 『논형』「雷虛」: 人在天地之間, 物也. 物, 亦物也. … 萬物於天, 皆子也.

199 『논형』「奇怪」의 "天地之性, 唯人爲貴, 則物賤矣."라는 문장이나, 「辨祟」의 "夫倮蟲三百六十, 人爲之長. 人物也, 萬物之中有知慧者也."라는 문장으로부터 볼 수 있다.

왕충이 해석하는 기의 세계

원의 생성과 가치라는 측면에서 보면, 동물계의 정점에 인간계가 존재한다고 하는 관계, 그러나 사회 그 자체를 중심으로 생각하면 양 세계는 함께 천에 그 근거를 두는 동질의 독립적 존재라고 하는 관계라고 하는 것이 왕충에 있어서의 인간계와 동물계의 전체적 관계라고 할 수 있겠다. 그럼 다음은 이러한 사실을 근거로 하여 인간과 동물의 같은 점과 다른 점 등에 대해서 살펴보고자 한다.

2. 인간과 동물의 차이점

인간계와 동물계는 둘 다 천상의 형상에 대응하고 있는 사회이고, 또 "다 같이 원기(元氣)를 받는데, 혹은 홀로 인간이 되고, 혹은 금수(禽獸)가 된다."[200]라고 하여, 양 세계의 구성원도 또한 같은 천의 기를 받고 있는 것을 밝히고 있다. 따라서 천이라고 하는 기준에서 본다면, 사회든 개별적 존재든 양 세계는 같은 기반 위에 서 있는 것이다. 그럼 인간이란 어떠한 존재이고, 동물이란 어떠한 존재인가. 먼저 인간과 동물의 형체적 측면에서 그 서로 다른 점 혹은 공통점 등에 대해서 생각해 보기로 하자.

이미 언급한 대로, 인간과 동물은 같은 생물계의 존재이다. 이러한 점으로부터 왕충은 인간을 동물로 분류하고 있다. "나충(倮蟲) 삼백인데 사람이 그 우두머리가 된다. 이로부터 말하면 사람도 또한 동물이다."[201]라고 하여, 왕충은 인간을 나충(倮蟲)이라고 부르고 있다. 이것은

---

200 『논형』「幸偶」: 俱稟元気, 或獨爲人, 或爲禽獸.
201 『논형』「商蟲」: 倮蟲三百, 人爲之長. 由此言之, 人亦蟲也.

그 이전의 생각을 그대로 이어받고 있는 것이라고 생각한다.[202] 그리고
인간을 나충(倮蟲)이라고 부르고 있는 것에 대해서, 동물을 분류하여
모충(毛蟲), 인충(鱗蟲) 등으로 부르고 있는 것이라든가, 그 분류방식 등
도 당시의 일반적인 생각이 아닐까 한다.[203] 그 개념으로부터 보아 분
류방식은 외견상의 특징을 그 기준으로 하고 있는 것을 알 수 있다. 그
러나 이처럼 같은 동물 중에 넣어서 분류하고는 있지만, 인간과 동물
사이에는 큰 차이가 있음을 왕충은 지적하고 있다. 다음 자료를 보도
록 하자.

누에가 뽕잎을 먹고 오래되면 실을 내어 고치가 되고, 고치는 또 변
화하여 나방이 되는데, 나방에는 두 개의 날개가 있고, 누에의 형태
에서 변해 버린다. 굼벵이는 변화하여 매미의 유충이 되고, 매미의
유충은 바뀌어 매미가 되는데, 매미에는 두 개의 날개가 생겨, 굼벵
이와 비슷하지도 않게 된다. 무릇 많은 꿈틀거리고 난다고 이름하
는 부류는, 많이 그 형태를 변화하고 형체를 바꾼다. 인간만이 홀로
변화하지 않는 것은 정기(正氣)를 얻었기 때문이다. 태어나서 영아
(嬰兒)가 되고, 성장하여 장부(丈夫)가 되고, 늙어서 부옹(父翁)이 되
지만, 태어나서부터 죽을 때까지 아직 변경함이 없는 것은 천성(天
性)이 그러하기 때문이다.[204]

---

202 「論衡」에는 '倮蟲' '三百'과 '三百六十'의 두 가지 표현이 있다. 『大戴禮』「易本命篇」과
『孔子家語』「執轡篇」에는 '倮蟲三百六十'으로 되어 있다.

203 『논형』「遭虎」에 '夫虎毛蟲', 「龍虛」에 '龍爲鱗蟲之長'이라고 하고 있고, 『春秋繁露』
「五行順逆」에 '鱗蟲', '羽蟲', '倮蟲', '毛蟲', '介蟲'이라고 하고 있는 것으로부터, 당시의
일반적인 분류방식을 볼 수 있다.

204 『논형』「無形」 : 蠶食桑老, 績而爲繭, 繭又化而爲蛾, 蛾有兩翼, 變去蠶形. 蠐螬化爲復
育, 復育轉而爲蟬, 蟬生兩翼, 不類蠐螬. 凡諸命蠕蜚之類, 多變其形, 易其體. 至人獨
不變者, 稟得正也. 生爲嬰兒, 長爲丈夫, 老爲父翁, 從生至死, 未嘗變更者, 天性然也.

왕충이 해석하는 기의 세계

인간의 형체는 변화하지 않지만, 동물의 경우는 형체에 변화가 있음을 예를 들어 설명하고 있다. 여기서 일단 형체의 불변과 변화라고 하는 인간계와 동물계의 차이에 대한 왕충의 견해를 볼 수 있다. 그런데 이러한 동물계의 형체의 변화에 대해서는 "두꺼비가 변화하여 메추라기가 되고, 참새가 물에 들어가서 대합조개가 된다. 저절로 그러한 성(性)을 받은 것이고, 도(道)를 배워서 할 수 있는 것이 아니다."[205]라고 하여, 동물의 경우는 변화하는 성질을 천성으로 가지고 태어난다고 하고 있다. 앞의 인용문에서 인간이 변화하지 않는 것도 천성이라고 하고 있는데, 그 이유는 천의 정기(正氣)를 받고 있기 때문이라고 하고 있다. 이러한 사실은, 변화하는 육체를 가지고 있는 동물의 경우는 천의 정기를 받고 있지 않다고 하는 것을 말하고 있는 것이기도 하다. 이상에서, 인간과 동물의 커다란 차이로서, 먼저 형체의 불변과 변화라고 하는 점에 대해서 살펴봤다.

이 형체의 문제와 관련하여 『논형』 중에는, "만물이 생기면 자연히 그 본래의 종류를 닮는다"(物生自類本種, 「奇怪」), "대저 만물은 종류가 있다"(夫恒物有種類, 「講瑞」), 라고 하는 말도 하고 있다. 인간뿐만이 아니라, 동물도 자신의 종류에 의해서 태어나고, 자연스럽게 그 본래의 종류를 닮아 간다고 하는 것이다. 그러나 인간의 경우는 달리 문제가 없다고 생각하지만, 동물의 경우는 그 형체가 다른 종류로 변화한다고도 말하고 있기 때문에, 지금의 말을 바로 받아들일 수는 없다고 생각한다. 그럼 이 동물의 종류에 대해서 잠시 보기로 하자.

대저 만물은 종류가 있고, 상서로운 동물은 일정한 종류가 없고 우

---

205 『논형』「道虛」: 蝦蟇化爲鶉, 雀入水爲蜃蛤. 稟自然之性, 非學道所能爲也.

연히 생긴다. … 노(魯)나라 사람이 머리에 뿔이 있는 노루를 얻어서 그것을 기린이라고 했는데, 또한 어쩌다가 노루에서 태어났고, 기린의 종류가 있는 것은 아니다. 이로부터 말하면, 봉황도 또한 어쩌다가 백조나 까치에서 태어나, 털이 기이하고 깃털이 특별하고, 뛰어나게 뭇새와 다르기 때문에 그것을 봉황이라고 말할 뿐이다. 어찌 뭇새와 종류를 달리할 수 있겠는가.[206]

봉황이나 기린 등의 상서로운 동물의 경우에도 그 종류가 있는지 어떤지에 관한 설명 부분이다. 왕충은 그러한 상서로운 동물도 일반적인 새나 짐승과 같은 종류의 동물이고, 단지 자신의 본래의 종류와는 다르고 진귀한 것이 있기 때문에, 봉황이나 기린 등과 같이 다른 명칭으로 불렀을 뿐이라고 하고 있다. 이러한 설명으로부터 본다면, 동물의 경우는 본래의 종류로부터의 돌연변이는 있지만, 그 종류가 있음을 인정하고 있는 것을 알 수 있다. 또 여기서 동물의 형체가 변화한다고 하는 점에 대해서 생각해 보면, 어떤 '종류'의 동물이 다른 어떤 종류의 동물로 변화한다고 하고 있다. 따라서 이 변화가 돌연변이든 무엇이든 자신의 종류가 있음에는 틀림없는 것이다. 이상으로부터 인간뿐만 아니라 동물도 역시 자신의 종류가 있다고 할 수 있겠다. 그러나 돌연변이라든가 변화를 인정하는 이상, 그 본래의 종류를 닮아 간다고 하는 이야기는 일반적으로는 들어맞지만, 모든 경우에 반드시 그렇다고는 말할 수 없는 것이 된다. 여기서 인간의 경우에 있어서도, 돌연변이라고는 말할 수 없을지 모르겠지만, 어쨌든 본래의 종류를 닮지 않은 경

---

206 「논형」「講瑞」: 夫恒物有種類, 瑞物無種適生. … 魯人得戴角之麚, 謂之騏驎, 亦或時生於麚, 非有騏驎之類. 由此言之, 鳳皇亦或時生於鵠鵲, 毛奇羽殊, 出異眾鳥, 則謂之鳳皇耳, 安得與眾鳥殊種類也.

우가 있는 것에 대해서 지적하고 있다.

요(堯)는 단주(丹朱)를 낳고 순(舜)은 상균(商均)을 낳았다. 상균과 단주는 요순의 종류이고, 단지 골성(骨性)이 다를 뿐이다. 곤(鯀)은 우(禹)를 낳고 고수(瞽瞍)는 순(舜)을 낳았다. 순과 우는, 곤과 고수의 종류이고, 지덕(知德)이 다르다. … 장창(張蒼)의 아버지는 오 척인데, 창(蒼)은 신장이 팔 척이고, 창의 손자는 신장이 육 척이다. … 어찌 일정한 종류가 있을 수 있겠는가.[207]

인간의 경우도 성품이나 신장 등은 일정한 것이 없음을 이야기하고 있다. 그런데 지금까지의 설명을 통해서 보면, 동물과 인간에 있어서 '종류' 개념의 사용 방법이 다른 것을 볼 수 있다. 즉 동물의 경우는 어떤 종류의 전체적 의미로서 종류를 사용하고 있고, 인간의 경우는 어떤 종류의 범주 안에서 개성의 의미로서 종류를 사용하고 있다. 이것은 물론 인간중심적 입장에 의한 것일 것이다. 어쨌든 인간의 경우는 어떤 종류의 범주를 언제까지고 유지하고, 그러한 의미에서 인간의 형체는 불변이라고 하고 있다고 하겠다. 이렇게 본다면 본래의 종류를 닮아 간다고 할 때의 '종류'는, 어떤 종류의 전체적 의미로서 사용하는 종류가 된다. 따라서 동물의 경우는 본래의 종류를 닮지 않은 예외가 인정되지만, 인간의 경우는 본래의 종류를 닮지 않은 예외는 인정될 수가 없었다고 하겠다. 이렇게 해서, 본래의 종류라고 하는 측면에서, 형체의 문제와 관련하여 인간과 동물 사이에 또 하나의 차이가 있음을

---

207 『논형』「講瑞」: 堯生丹朱, 舜生商均. 商均丹朱, 堯舜之類也, 骨性詭耳. 鯀生禹, 瞽瞍生舜. 舜禹, 鯀瞽瞍之種也, 知德殊矣. … 張湯(蒼)之父五尺, 湯(蒼)長八尺, 湯(蒼)孫長六尺. … 安得常種. ※'張湯'은 '張蒼'의 잘못이다(劉盼遂).

볼 수 있다.

　이상에서 인간과 동물에 있어서의 공통점과 차이점을 볼 수 있다. 그런데 왕충은 그 차이점보다는 공통점 쪽에 중점을 두고 있었는지도 모른다. 차이점의 기반이 되고 있는 것이, 자신의 종류가 있다고 하는 공통점이고, 실증적 측면에서 접근하고자 하는 왕충에 있어서 각각의 종류는 없어서는 안 되는 존재이기 때문이다. 이러한 왕충의 생각은 다음과 같은 생각과 연결되어 있다. "천지 사이에 다른 종류의 동물이 서로 더불어 교접(交接)하는 것은, 아직 그러한 일은 있지 않다."[208]라고 하여, 같은 종류가 아니면 서로 교합한다고 하는 것은 있을 수 없다고 하는 생각이다. 이 다른 종류가 교합하지 않는다는 것은, 만물이 각각 고유의 종류로 유지되고 있는 이유가 된다. 다른 종류가 교합하지 않는 이유에 대한 왕충의 생각은, 다음과 같은 자료로부터 엿볼 수가 있을 것이다.

　또한 대저 피를 품은 부류는, 서로 더불어 암컷과 수컷의 교합을 한다. 암컷과 수컷의 교합은, 모두 같은 종류의 동물을 보면, 정기(精氣)가 감응하고 욕정이 움직여, 이에 주고 베풀게 된다. 저 수컷 말이 암소를 보고, 수컷 참새가 암탉을 보아도, 서로 더불어 교합하지 않는 것은, 종류를 달리하기 때문이다.[209]

　같은 종류의 동물의 암컷과 수컷이 교합이 가능한 것은, 정기(精氣)가 감응하고 욕정이 움직이기 때문이고, 다른 종류의 경우는 그러한 정기

---

208 「논형」「奇怪」: 天地之間, 異類之物, 相與交接, 未之有也.
209 「논형」「奇怪」: 且夫含血之類, 相與爲牝牡. 牝牡之會, 皆見同類之物, 精感欲動, 乃能
　　授施. 若夫牡馬見雌牛, 雄雀見牝鷄, 不相與合者, 異類故也.

　　　　　　　　　　　　왕충이 해석하는 기의 세계

와 욕정이 감응하고 움직임이 없기 때문에 교합이 불가능하다는 것을 말하고 있다. 다른 종류의 교합 불가능에 대해서 이와 같이 말하고 있는 것은, 그 이유를 선천적인 본능에서 찾은 것이라고 할 수 있겠다. 따라서 다른 종류는 본능적으로 정기와 욕정이 반응하지 않도록 되어 있기 때문에 교합하지 않는다고 하는 것으로, 다른 종류의 교합하지 않는 이유가 충분히 설명되었다고 생각한다. 그런데 왕충은 억지로 다른 종류를 교합시키면 어떻게 되는가에 대해서까지 생각하고 있었다. "대저 비둘기나 참새로 하여금 정기(精氣)를 기러기나 백조에게 베풀게 해도, 마침내 새끼를 만들지 못하는 것은 무엇 때문인가. 비둘기나 참새의 몸은 작고 기러기나 백조의 형체는 크기 때문이다."[210]라고 하여, 다른 종류는 교합하게 해도 자식이 생기지 않는다고 하고 있다. 그 이유로서는 형체의 크고 작은 차이를 들고 있다. 이 인용문에서는 필요에 따라서, 형체의 크고 작음으로써 다른 종류의 교합 불가능을 설명한 것이라고 생각하는데, 만약 같은 정도의 형체였다고 한다면 어떤 식으로 설명했을까. 그 설명은 어떻든 간에, 다른 종류의 교합 불가능이라고 하는 내용에는 변함이 없었을 것이다.

이상, 형체적 측면에서 인간과 동물의 공통점 및 차이점 등의 모습에 대해서 살펴봤는데, 다음은 본성적 측면에서 살펴보고 전체적으로 인간과 동물의 관계에 대해서 생각해 보고자 한다.

> 사람은 원기(元氣)를 천에서 받고, 각각 수요(壽天)의 명(命)을 받아서 장단(長短)의 형체를 세운다. … 기(氣)로써 성(性)이 되고, 성이 이루어져서 명(命)이 정해진다. … 기와 성(性)이 같지 않으면 형체가 같

---

210 『논형』「奇怪」: 夫令鳩雀施氣於雁鵠, 終不成子者, 何也. 鳩雀之身小, 雁鵠之形大也.

지 않다. 소의 수명은 말의 반이고 말의 수명은 사람의 반이다. 그렇다면 소와 말의 형체는 사람과 다르다. 소와 말의 형체를 받으면 당연히 저절로 소와 말의 수명을 얻게 된다. 소와 말이 변하여 사람이 되지 않는다면 수명은 또한 사람보다 짧다. … 사람은 기를 천에서 받고, 기가 이루어져 형체가 성립한다.[211]

인간이든 동물이든 천에서 원기(元氣)를 받고, 그로 인해 명(命)이라든가 형체가 결정된다. 본성의 측면에서 말하자면, 기(氣)에 의해서 본성이 결정되고, 본성이 완성되면 명이 정해지고 형체가 결정된다고 하고 있다. 말하자면 인간이나 동물 등은 각각의 본성의 차이에 의해서 각각의 수명이나 형체가 다르게 된다고 하는 것이다. 이렇게 본다면 본성과 형체의 관계는, 본성이 근본이고 형체가 말초(末梢)라고 하는 관계에 있는 것을 알 수 있다. 따라서 인간과 동물의 차이 등의 관계를 살피기 위해서는, 그 본성을 분명히 밝히는 것이 근본적 방법이라고 할 수 있겠다.

"피를 품고 있는 부류는 굶주림을 알고 추위를 안다."[212] 인간을 포함하여 동물은 살기 위해서 본능적으로 '앎'이라는 능력을 가지고 있다는 것이다. 앎이라는 능력은 삶이라고 하는 것과 직접적 관계에 있고, 또한 동물의 본성의 핵심인 것을 말해 주는 것이기도 하다. 그리고 동물 중에서 인간이 가장 귀한 이유는, "천지의 성(性)을 받은 것 중에서 사람이 귀하다고 하는 것은, 그 지식을 귀하게 여기기 때문이다."[213]라는

---

211 『논형』「無形」: 人稟元氣於天, 各受壽夭之命, 以立長短之形, … 用氣爲性, 性成命定. … 氣性不均, 則於體不同. 牛壽半馬, 馬壽半人. 然則牛馬之形, 與人異矣. 稟牛馬之形, 當自得牛馬之壽. 牛馬之不變爲人, 則年壽亦短於人. … 人稟氣於天, 氣成而形立.

212 『논형』「自然」: 含血之類, 知饑知寒.

왕충이 해석하는 기의 세계

말에서 볼 수 있듯이, '지식'이 있기 때문임을 알 수 있다. 여기서 인간과 동물의 본성적 측면에서의 차이라고 하는 것은, 그 앎의 능력에 의해서 어느 정도의 어떠한 지식을 가지고 있는가라고 하는 것을 기준으로 이야기해야 함을 알 수 있다. 그러나 인간이 동물보다 귀하다고 해도, 동물이 아는 것을 모두 알면서, 그 위에 다시 또 자기 나름의 지식도 가지고 있다고 하는 것은 아니다. "조수(鳥獸)의 앎은 사람과 통하지 않는다."[214]라는 말에서 보듯이, 인간과 동물에 있어서의 앎이라고 하는 것은, 자신의 종류 안에 한정되어 있고, 다른 종류에까지 미치는 것은 아니라고 하고 있다. 따라서 인간이 동물보다 귀하다고 할 때, 그 비교하는 기준이라고 하는 것은, 단지 인간이 가지고 있는 지식이기 때문에 혹은 지식의 양이 많기 때문에 등으로 그 기준을 정할 수는 없다고 생각한다. 그 기준이란 인간과 동물에 있어서 공통의 진리가 아니면 안 된다고 생각한다. 인간과 동물에 있어서 공통의 진리라고 하는 것은 또한 근본존재의 내용이 된다. 따라서 근본존재의 진리를 어느 정도 알고 있는가에 의해서 인간과 동물의 우열이 결정된다고 하겠다. 그렇기 때문에 왕충이 인간을 귀하다고 한 것은, 인간이 만물 중에서 가장 근본존재의 진리를 알고 있다고 하는 것을 의미하게 된다. 「가치세계」장에서 자세히 언급하고 있지만, 앎이라고 하는 인식능력에 의해서 얻어지는 근본존재의 최고 진리는 인간의 윤리와 관계있는 것이 된다. 그럼 이상의 사실을 근거로 하여, 인간과 동물의 지식에 대해서 생각해 보도록 하자.

『논형』「서허편」(書虛篇)의 "대저 부모 형제 관계를 어지럽히고, 친척을 범하고, 상하의 차례를 무시하는 것은, 금수(禽獸)의 본성으로서 곧

---

213 『논형』「別通」: 天地之性, 人爲貴, 貴其識知也.
214 『논형』「指瑞」: 鳥獸之知, 不與人通.

어지럽고 윤리를 알지 못한다."[215]라는 문장으로부터, 지식의 내용에는 여러 가지가 있겠지만, 금수(禽獸)의 본성에는 없는 '윤리'가 인간으로서 인간다운 지식의 핵심이라고 하는 것을 알 수 있다. 인간 중에도 "하우(下愚)는 예의를 무시하고, 감정대로 하고 욕심대로 하니, 조수(鳥獸)와 같다."[216]라고 하여, 예의가 없는 인간을 하우(下愚)라고 하는 것으로부터, 어리석은 사람과 지혜 있는 사람의 판단기준을, 윤리에 관한 지식에 두고 있는 것을 알 수 있다. 여기서 인간과 동물의 본성적 측면에서의 차이점뿐만 아니라, 인간계와 동물계에 있어서의 하나의 차이점도 지적할 수 있다. 인간과 동물은 똑같이 인식능력을 가지고 있지만, 그중에서 인간만이 본성적으로 근본존재의 진리인 윤리를 인식할 수가 있는 존재이고, 그래서 인간계는 윤리가 있는 사회, 동물계는 그렇지 않은 사회라고 하는 차이점이다.

사실은 왕충은 동물계도 윤리적인 측면에서 설명하기도 한다. 말하자면 봉황이나 기린은 동물 중의 성스러운 동물이라고 하고, 그 이유로 다른 새나 짐승과 먹이를 다투지 않는 것 등을 들고 있다.[217] 이렇게 보면, 동물 중의 봉황이나 기린에 한해서는 윤리적 측면이 인정되고 있는 것처럼도 보인다. 또한 "봉황이나 기린은 어질고 성스러운 동물이다"[218]라고 하여, 봉황이나 기린에 어질고(仁) 성스럽다(聖)는 덕을 인정하고 있다. 어쨌든 이처럼 동물 중에도 윤리적인 측면에서 설명하는 경우가 있는데, 그러나 전체적으로는 동물계에는 윤리가 없다고 하는 것이 왕충의 생각이라고 할 수 있다. 왜냐하면, 동물계의 경우는 천지

---

215 『논형』「書虛」: 夫亂骨肉, 犯親戚, 無上下之序者, 禽獸之性, 則亂不知倫理.

216 『논형』「非韓」: 下愚無禮, 順情從欲, 與鳥獸同.

217 『논형』「講瑞」: 夫鳳皇, 鳥之聖者也, 麒麟, 獸之聖者也, … 夫上世之名鳳皇麒麟, 聞其鳥獸之奇者耳. 毛角有奇, 又不妄翔苟遊, 與鳥獸爭飽, 則謂之鳳皇麒麟矣.

218 『논형』「指瑞」: 鳳皇麒麟, 仁聖之禽也.

왕충이 해석하는 기의 세계

대응설에 의해서 상하 질서는 인정되고 있지만, 그것은 자연적 질서일 뿐이고, 그 속에 윤리를 인정하고 있는 것은 아니기 때문이다.

이상에서, 본성과 관련하여 인간과 동물의 관계를 살펴봤는데, 천의 정기(正氣)를 받고 있는 인간의 본성이 근본존재의 진리로서의 윤리적 본성이고, 동물의 경우는 그렇지 않은 것을 알았다. 이 본성이야말로 그 종류의 본래의 진정한 모습이고, 형체는 이 본성에 의해서 결정되는 것이기 때문에, 천의 진리에 근거한 본성을 가지고 있는 인간의 형체가 불변적이고, 그렇지 않은 동물의 형체가 변화 가능하다는 것도 지금에 와서는 충분히 이해될 수 있다. 또 형체의 변화는 그 본성의 변화를 의미하고, 따라서 그 종류의 변화를 의미하는 것이 된다. 인간의 경우도 태어나서부터 죽을 때까지 신체가 변화는 하지만, 그러나 그러한 변화는 형체의 변화가 아니라고 하고 있다.[219] 따라서 인간의 그 본래의 진정한 모습은 죽을 때까지 절대로 변하지 않는 것이다.

---

219 『논형』「無形」: 人生至老, 身變者, 髮與膚也. 人少則髮黑, 老則髮白, 白久則黃, 髮之變, 形非變也.

2절 인간세계

1. 인간의 생성

인간을 포함하여 만물은 기로부터 생성된다. 그 생성의 모습을 보면, 천지 사이의 공간에서, 양기와 음기에 의해서 만들어진다. 따라서 생성의 구체적인 측면에서 말하면, 천과 지(地)가 동등한 역할을 하고 있다고 할 수 있다. 그래서 왕충은 "하나의 천과 하나의 지(地)가 나란히 만물을 낳는다."[220]라고 하여, 천지를 만물의 생성에 있어서 불가결의 병립관계의 것으로서 언급하고 있다. 그런데 여기서 세계의 근원으로서 논한 왕충의 천론과 기론을 상기한다면, 조금 더 설명의 필요성을 느끼는 부분이 있음을 알게 된다. 즉 왕충이 만물을 생성하는 것을 기라고 할 때, 거기에는 다음과 같은 두 가지의 견해가 생기게 되는 것이다.

(1) 왕충은 한편에서 기의 작용을 천도라고 하고, 그 천의 작용의 결과를 만물을 낳는 것이라고 하고 있다. 만약 그렇다고 한다면, 만물의 생성은 천만으로 설명할 수가 있는 것이다.

(2) 그러나 또 한편에서는 여기서 언급한 것처럼, 왕충은 천지로부터 만물이 생성된다고 하고 있다. 천뿐만이 아니라, 천과 지 양자가 서로 기다리지 않으면 만물은 생성되지 않는다고 말하고 있는 것이다.

(1)과 (2)의 말만 본다면 양자는 서로 일치하고 있지 않다. 그러나 일견 논리적으로 불일치하는 것 같이 보이지만, 왕충의 입장에서 본다면

---

220 「논형」「齊世」: 一天一地, 並生萬物.

왕충이 해석하는 기의 세계

그 나름대로 논리적 타당성을 가지고 있었지 않았을까 생각한다. 그래서 지금부터 인간의 생성의 문제를 언급하면서, 그 두 가지 견해가 있는 이유에 대해서도 밝혀 보고자 한다.

먼저 기에 의한 인간의 생성과 소멸에 관한 자료를 보도록 하자.

① 대저 사람이 태어나는 까닭은 음양의 기 때문이다. 음기가 주관하여 골육이 되고, 양기가 주관하여 정신이 된다. 사람이 태어남에 음양의 기가 갖추어지기 때문에 골육이 견고하고 정기(精氣)가 왕성하다.[221]

② 사람이 살아 있는 까닭은 정기(精氣) 때문이다. 죽으면 정기가 없어진다. 정기가 될 수 있는 것은 혈맥이다. 사람이 죽으면 혈맥이 마르고, (혈맥이) 마르면 정기가 없어지고, (정기가) 없어지면 형체가 썩고, (형체가) 썩으면 회토(灰土)가 된다. … 사람이 죽으면 정신은 천에 올라가고 해골(骸骨)은 땅에 돌아간다. … 사람이 아직 태어나지 않을 때는 원기 중에 있고, 이미 죽음에 다시 원기에 돌아간다. 원기는 황홀(荒忽)하고 사람의 기가 그 가운데에 있다.[222]

③ 사람은 원기(元氣)를 천에서 받고, 각각 수요(壽夭)의 명(命)을 받아서 장단(長短)의 형체를 세운다. … 사람은 기로써 수명(壽命)을 이루고, 형체는 기를 따라서 움직인다. … 사람은 기를 천에서 받고, 기가 이루어져 형체가 성립한다.[223]

---

221 『논형』「訂鬼」: 夫人所以生者, 陰陽氣也. 陰氣主爲骨肉, 陽氣主爲精神. 人之生也, 陰陽氣具, 故骨肉堅, 精氣盛.

222 『논형』「論死」: 人之所以生者, 精氣也. 死而精氣滅. 能爲精氣者, 血脈也. 人死血脈竭, 竭而精氣滅, 滅而形體朽, 朽而成灰土, … 人死, 精神升天, 骸骨歸土, … 人未生, 在元氣之中, 旣死, 復歸元氣. 元氣荒忽, 人氣在其中..

223 『논형』「無形」: 人稟元氣於天, 各受壽夭之命, 以立長短之形, … 人以氣爲壽, 形隨氣而動. … 人稟氣於天, 氣成而形立.

이들 자료로부터 인간의 생사에 대해서 어느 정도 이해할 수가 있는데, 먼저 음양의 기로부터 인간이 만들어질 때의 모습을 보면, 양기가 먼저 움직이고 그다음에 음기가 거기에 따른다. 죽을 때도 양기가 먼저 없어지고 그다음에 음기에서 만들어진 형체가 없어진다고 하고 있다. 이러한 사실은 자료 ②와 ③에서 볼 수 있다. 이러한 인간의 생사의 모습을 기의 움직임으로부터 보면, 자료 ②에서 볼 수 있듯이, '원기(元氣) → 사람의 기 → 원기'라고 하는 기의 순환 속에서 이해하고 있다. 여기에 대해서 왕충은 다음과 같이도 표현하고 있다.

한겨울 달은 한기(寒氣)가 세력을 떨쳐 물이 얼어 얼음이 되고, 봄을 지나가 기(氣)가 따뜻해지면 얼음이 풀려 물이 된다. 사람이 천지 사이에서 태어나는 것은 얼음과 같다. 음양의 기가 엉겨 사람이 되고, 나이가 다하고 수명이 다하면 죽어서 다시 기가 된다.[224]

물이 얼음이 되고 얼음이 또 물이 되는 현상과 같이, 음양의 기가 응집하여 인간이 되고, 인간이 일정 기간을 지나게 되면 다시 기로 복귀한다.[225] 그 기간의 길이는 사람에 따라서 각각 다르겠지만, 왕충에 의하면 한계는 백 년이라고 한다.[226]

또 인용문 ①로부터는, 생성에 있어서 음양의 기와 인간의 구성요소의 관계에 대해서 엿볼 수 있다. 양기는 인간에게 가장 중요한 정신이

---

224 「논형」「論死」: 隆冬之月, 寒氣用事, 水凝爲氷, 踰春氣温, 氷釋爲水. 人生於天地之間, 其猶氷也. 陰陽之氣, 凝而爲人, 年終壽盡, 死還爲氣.

225 이러한 사고방식으로부터, 「論死篇」에서 "鬼者, 歸也. 神者, 荒忽無形者也. 或説, 鬼神, 陰陽之名也. 陰氣逆物而歸, 故謂之鬼, 陽氣導物而生, 故謂之神. 神者, 伸(申)也, 申復無已, 終而復始."라고 하여, '鬼神'의 '鬼'는 '歸', '神'은 '申'의 의미라고 하고 있다. 왕충은 이러한 생각에 근거하여 당시의 鬼神論을 비판하고 있다.

226 「논형」「氣壽」: 百歲之壽, 蓋人年之正數也, 猶物至秋而死, 物命之正期也.

왕충이 해석하는 기의 세계

되지만, 음기는 그 양기에 따라서 인간의 이차적 요소인 골육이 된다. 음양의 기로부터 인간이 생성되는 것에 관해서는 대체로 이러한 형태로 설명되고 있다. 전반적으로 말하면, 인간의 생성에 관한 한, 양기는 음기보다도 더 근본적 존재라고 하는 것이다. 왕충은 「논사편」(論死篇)에서 "사람은 만물이다"(人, 物也)라고 하여, 인간도 만물 중의 하나의 존재에 지나지 않음을 강조하고 있고, 따라서 그러한 왕충의 생성론은 인간에 한정되지 않고 만물 전체에 관계되는 것이다.

이상, 인간의 생성과 소멸에 대해서 살펴봤다. 그럼 여기서 지금까지 살펴본 것을 근거로 하여, 처음에 문제점으로서 거론해 둔, 천이 만물을 생성한다고 하는 생각과 천지가 만물을 생성한다고 하는 생각의 불일치점을 해결하고, 인간의 생성에 대해서 조금 더 분명히 밝히고자 한다. 이 문제는 왕충에 있어서의 근본적 존재로부터 개체의 생성에 이르기까지의, 생성론(生成論)적인 단계를 생각해 보면 바로 해결되지 않을까 생각한다. 그 생성의 단계는, 근본적 존재로서의 천과 기, 근본적 존재의 작용으로서의 천 혹은 기의 작용, 기로부터의 생성이라고 하는 3단계로 나누어진다. 이 중에서 천 혹은 기의 작용이라고 하는 것은 천이 만물을 생성한다고 하는 것에 해당하고, 기로부터의 생성은 천지가 만물을 생성하는 것에 해당한다고 말할 수가 있을 것이다. 따라서 천이 만물을 생성한다고 하는 것과 천지가 만물을 생성한다고 하는 것은, 그 차원을 달리하는 사고방식이 되는 것이다. 바꿔 말하면, 천이 만물을 생성한다고 하는 것은 모든 현상의 원천인 근본존재의 작용이지만, 천지가 만물을 생성한다고 하는 것은 그 근본존재의 작용을 인정한 뒤의 차원으로, 기로부터 만물이 생성되는 것에 대한 설명인 것이다. 따라서 양자의 설명이 불일치하는 것 같이 보이는 것은 지극히 당연하다고 생각된다. 그렇지만 그 생성론적인 차원이 다른 것을 생각하면, 사실은 양자 사이에는 어떠한 견해 차이도 발생하지 않는다. 다시 말하면, 천지의 생성이라는 것을 볼 때, 이 생성의 근원은 사실은 천인 것이다. 그러한 연유로 천이 기를 베풀고, 만물이 생성된다고 하고 있는 것이다. 그러나 생명력의 원천을 천에 인정한 뒤에는, 거기에 따른 구체적 생성의 문제에 대해서 언급하기 위하여, 천지음양으로부터 만물이 생성된다고 하는 설명이 등장한 것이다. 이것은 현실의 생성의 문제를 논리적으로 근본존재로부터 설명하느냐, 혹은 구체적으로 설명하느냐라는, 하나의 생성의 문제를 두 가지 측면에서 설명한 것이라고도 할 수 있겠다. 따라서 양자의 설명을 종합적으로 봄에 의해서, 천지로부터의 생성의 문제가 더욱 분명하게 된다고 하겠다. 어쨌든 똑같이 '기로부터 생성된다'고 해도, 그 생성의 단계의 차이 혹은 설명에 의해서 기의 내용이 다르게 된다. 이것은 생성의 근원에서부터 점차로 만물이 구체화되는 과정에서 일어난 문제라고 생각된다. 그러면 다음에 이 문제를 생성이 더욱 구체화되는 차원에서 살펴보도록 하자.

인간은 기로부터 생성된다. 양기는 정신이 되고 음기는 형체가 된다. 구체적 현실로부터 보면 이러한 말은 너무나도 막연하다. 만물(인간) 생성의 근본원리가 설령 그렇다손 치더라도, 그것을 구체적 현실과 연결 지어서 설명하지 않는다면, 공리공론에 지나지 않는 이론이 되고 말 것이다. 눈을 현실로 돌려보면 만물을 생성하는 것은 결코 기가 아니다. 만물 그 자체이다. 인간도 기를 천으로부터 받는 것이 아니고, 인간으로부터 받아서 태어나는 것이다. 왕충은 이러한 현실과 자기가 이해하고 있는 원리를 어떻게 일치시키고 있는가. 이하, 여기에 관한 왕충의 생각을 살펴보기로 하자.

사람이 천지에서 태어나는 것은, 물고기가 못에서, 서캐와 이가 사

왕충이 해석하는 기의 세계

람에게서, 기로 인해서 생기고, 종류가 서로 낳는 것과 같다. 만물이 천지 사이에서 생기는 것은 모두 한 가지 사실이다.[227]

천지는 부부이다. 천이 기(氣)를 지(地)에 베풀어서 만물을 낳고, 사람은 서로서로 낳고, 그중의 정미(精微)한 사람이 성인(聖人)이 되는 것은, 모두 아버지의 기에 의한 것이고, 다시 받고 취하는 것은 아니다.[228]

이러한 자료로부터, 인간을 포함하여 만물은, 제일 처음은 천지의 기로부터 태어나게 되지만, 그 이후는 같은 종류로부터 기를 받아 태어남을 알 수 있다. 근본의 기와 현재의 만물을 생각할 때, 이러한 이론은 당연하다고 생각한다. 왕충은 이러한 이론에 의해서 당시의 "성인(聖人)의 태어남은, 사람의 기에 의하지 않고, 다시 정기(精氣)를 천에서 받는다."[229]라고 하는 이론을 부정하고, 인간 중에서 가장 훌륭한 성인(聖人)조차도 천지의 기로부터 태어나는 것이 아니라, 인간으로부터 태어난다고 이야기하고 있다.

만물로부터의 생성, 이것은 논리적으로 보아 생성 단계의 마지막에 해당하고, 또한 현실과 직접적인 관계가 있는 생성이다. 그래서 왕충의 생성론은 천도, 기(음양)에 의한 생성으로부터 만물에 의한 생성에 이르러, 그 전개의 과정을 종결하게 된다. 그렇지만 아직 의문점은 얼마간 남아 있다. 의문점을 크게 두 가지로 나누어 생각해 보자. 왕충

---

227 『논형』「物勢」: 人生於天地也, 猶魚之於淵, 蟣虱之於人也, 因氣而生, 種類相產. 萬物生天地之間, 皆一實也.

228 『논형』「奇怪」: 天地, 夫婦也. 天施氣於地以生物, 人轉相生, 精微爲聖, 皆因父気, 不更稟取.

229 『논형』「奇怪」: 聖人之生, 不因人氣, 更稟精於天.

은 생성의 논리적 과정으로서는 그렇게 생각했다고 할 수 있다. 그러나 현실적 차원에서 보면, 눈에 보이는 존재는 만물밖에 없다. 따라서 천도에 의한 생성으로부터 논리를 전개하여 가서, 자연스럽게 만물에 의한 생성의 단계에 도달할 수가 있었다고는 생각하기 어렵다. 사실은 처음부터 만물의 생성에 초점을 맞추어 놓고, 그 위에 만물의 배후에 있는 생성의 근거를 앞서 언급한 것처럼 이론을 세운 것은 아닐까. 이렇게 봄으로써, 만물로부터의 생성과 기로부터의 생성을 하나의 맥락에서 볼 수가 있다. 그렇다면 그 맥락은 어떻게 설명될까, 이것이 문제이다.

왕충의 생각을 정리하여 보면 대체로 다음과 같다. 만물은 기에 의해서 생성되지만, 그 생성되는 장소는, 기의 전체 중에서 기로부터 직접 생성되는 것이 아니라, 기에 의해서 만들어져 있는 만물이라고 하는 개별적이고 구체적인 것이라고 생각한 것 같다. 그 이유로서는, (가) 만물의 기는 천지의 기이고, 양자는 항상 통하고 있다는 것, (나) 생성의 경우, 만물이 자신의 기를 베풀 때도, 천지와 똑같이 자연무위라는 것을 들 수가 있다. (가)에 대해서 조금 더 설명하자면, "모든 살아 숨 쉬는 생물은 기가 끊어지면 죽는다."[230]라는 말로부터, 만물은 천지의 기를 받아들여서 살아가는 것을 알 수 있는데, 이것은 호흡의 측면에서의 설명이다. 만물은 호흡뿐만 아니라, 먹는 것에 의해서 살아가는 존재이기도 하다. 따라서 만물의 생명이 천지의 기를 근원으로 하고 있는 것을 생각한다면, 이 먹는 것도 기와 관계있는 것이 아닐까. 왕충은 이 문제에 대해서도 놓치지 않고 언급하고 있다. "또한 사람의 살아감에 음식으로써 기(氣)를 삼는 것은, 초목의 생장에 흙으로써 기를 삼는

---

230 『논형』「道虛」: 諸生息之物, 氣絶則死.

　　　　　　　　왕충이 해석하는 기의 세계

것과 같다."[231]라고 하여, 인간이라든가 초목 등이 음식물이라든가 흙 등에 의해서 영양분을 취하는 것은, 기를 섭취하는 것이라고 하고 있다. 여기서 만물은 각각 자신의 형체를 가지고 있지만, 천지의 기가 그 만물에 흐르고 있는 것을 알 수 있다. 이상과 같이 왕충은 양자의 하나의 맥락을 기의 차원에서 설명하고 있다. 그래서 앞의 인용 자료를 봐도 특별한 경우를 제외하고는 인간의 구체적인 생성을 기로부터 논하고 있는 것이다.

또 하나의 의문점을 들어보면 다음과 같다. 만물이 기로부터 생성되고 기와 같은 차원에서 설명할 수 있다고 해도, 만물은 어디까지나 만물이고 단순한 기가 아니다. 기로부터의 생성만으로는 충분히 설명할 수 없는, 만물 그 나름대로의 성질이나 형체 등을 가지고 있는 것이다. 물론 그것도 기로부터 만들어진 것일는지도 모르겠지만, 기라고 하는 추상적이고 일반적인 말로써 구체적이고 개별적인 존재인 만물을 한마디로 설명한다는 것은 불가능하다는 것이다. 만물 각각은 그 나름대로의 다른 개성을 가지고 있기 때문이다. 이러한 개성에는 공통의 성질이 없다. 또한 개성은, 개체의 생명이라고 하는 관점에서 보면, 개체의 현실적인 모습이다. 말하자면 근원적인 생명의 흐름이 있고, 그것을 근거로 하여 각각의 개성이 현실적으로 나타나는 것이다. 그래서 만물에 있어서, 기로부터의 생성 즉 개체의 생명적 차원의 생성은, 근원적 생성으로서 만물에 공통되는 점이 있겠지만, 개체의 개성은 현실적인 성립으로서, 만물 각각에 고유하고 독자적인 것이라고 할 수 있겠다. 지금 제시하려고 하는 의문점은, 다름 아닌 바로 그 현실적 성립의 근거는 어디에 있는가에 관한 문제이다.

---

231 『논형』「道虛」: 且人之生也, 以食爲氣, 猶草木生以土爲氣矣.

이 의문은 앞서 인용한 「물세편」(物勢篇)의 '기로 인해서 생기고, 종류가 서로 낳는다.'(因氣而生, 種類相產.)라고 하는 말과 관계있는 문제이다. 지금의 말을 통해서 본다면, 현실적 성립은 '종류가 서로 낳는'(種類相產) 것, 즉 자신의 '종류'의 개성을 받아들이는 것을 의미하게 된다. 그렇다고 한다면 이 종류의 개성은 어떻게 결정되는 것일까. 이 문제를 해결하기 위해서는 종류가 발생한 처음으로 거슬러 올라갈 수밖에 없다. 즉 '기로 인해서 생기는'(因氣而生) 과정을 규명하는 문제가 된다. 『논형』을 보면 자세하게는 설명하고 있지 않지만, 우선 개성을 가진 종류의 성립은 기(氣)에 의해서 생성되는 '장소의 차이'에 의해 결정된다고 하고 있다. 앞서 인용한 「물세편」에서는 '사람은 천지에서', '물고기는 못에서', '서캐와 이는 사람에게서' 각각 생겨남을 이야기하고 있다. 또 벌레(蟲)는 바람의 기(風氣)에 의해서 생긴다고도 하고 있다.[232] 각각 기가 작용하는 장소가 다름으로 인해 생성되는 종류도 다르게 됨을 알 수 있다. 다시 말해 만물은 기에 의해서 생성되지만, 그 기가 작용하는 장소의 차이에 의해서 만물 각각의 형체 및 개성이 결정된다고 하는 것이다. 또 같은 장소라고 해도 여러 가지 종류가 있는데, 거기에 대해서는 다음과 같이 생각하고 있는 것 같다.

『논형』의 「행우편」(幸偶篇)을 보면, "함께 원기(元氣)를 받는데 혹은 홀로 사람이 되고, 혹은 금수(禽獸)가 된다. … 천이 베풀어 줌에 좌우의 다름이 있는 것이 아니라, 사람이나 만물이 성(性)을 받음에 두텁고 엷음이 있는 것이다"[233]라고 하고 있다. 또 앞에서 인용한 「무형편」(無形篇)의 내용 중에 '기와 성(性)이 같지 않으면 형체가 같지 않다. 소의 수명

---

232 『논형』「商蟲」: 夫蟲, 風氣所生, 蒼頡知之, 故凡蟲爲風之字. 取氣於風, 故八日而化.

233 『논형』「幸偶」: 俱稟元氣, 或獨爲人, 或爲禽獸. … 非天稟施有左右也, 人物受性, 有厚薄也.

은 말의 반이고 말의 수명은 사람의 반이다. 그렇다면 소와 말의 형체는 사람과 다르다. 소와 말의 형체를 받으면 당연히 저절로 소와 말의 수명을 얻게 된다.'라는 말이 있다. 천지 사이라는 장소는 같지만, 받아서 태어나는 기와 성(性)이 다르기 때문에 사람이나 소나 말 등의 다른 종류가 있는 것을 말하고 있다. 그러나 기와 성이 다르다고 해도 원래 다른 기를 받는 것이 아니다. 같은 원기(元氣)를 받고 있지만 그 받는 양이 다를 뿐이라고 한다. 같은 인간이라는 종류에 있어서도 '현우'(賢愚) 등의 다름이 있는 것을, 왕충은 태어날 때 받는 기의 많고 적음으로 설명하고 있다.[234] 이렇게 본다면 기의 양에 의해서 종류의 발생이라는, 말하자면 양적 변화에 의해서 질적 변화가 일어나는 듯이도 보인다. 그러나 왕충에 있어서 기라고 하는 것은 단순한 양적 존재가 아니라 질적 존재이기도 한 것이다. 그렇기 때문에 기의 양적 변화는 질적 변화를 의미하고, 종류의 다름이란 이 기의 질적 변화에 의한 것이라고 이해할 수 있다. 그래서 왕충은 같은 장소에서도 여러 가지 종류가 있는 이유에 대해서, 기의 많고 적음이라고 하는 양의 문제만을 언급하면서 설명할 수 있었다고 생각한다.

　이상, 현실적 성립의 근거에 대해서 살펴봤는데, 기가 작용하는 장소의 차이와 기를 받을 때의 많고 적은 양에 그 근거를 두고 있는 것을 알았다. 이것을 기의 측면에서 보면, 기의 다름에 의해서 종류의 다름이 있을 수 있기 때문에, 기가 작용하는 장소의 다름이라고 하는 것은 결국 장소의 다름에 의한 기의 다름을 말하는 것이 된다. 따라서 만물은 각각 국한된 장소의 국한된 기를 받음에 의해서, 또한 그 받는 기의 양에 의해서 각각 고유의 모습을 가지게 된다는 것을 알 수 있다.

---

234 『논형』「率性」: 人之善惡, 共一元気. 氣有少多, 故性有賢愚.

지금까지 인간의 생성을 중심으로 생성일반을 논하면서 인간의 생성에 대해서 밝혀 왔다. 인간의 생성에 대해서 한마디로 말하자면, 인간이라고 하는 동일 종류의 개체를 통해서, 각각의 역할을 가지고 있는 천지음양의 기를 받는 것이라고 할 수 있겠다. 물론 그 과정은 자연무위이다.

2. 인간관

인간은 어떠한 모습을 가지고 이 세상에 태어나는 것일까. 전통적으로는 인간으로서의 모습을 본성에서 찾고 있는데, 왕충도 또한 선이라든가 악이라는 본성을 인간의 모습으로서 가지고 태어난다고 말하고 있다. 그러나 인간은 그러한 본성 외에도 인간으로서의 외형적 모습도 가지고 태어난다. 따라서 인간의 모습에는 선이라든가 악이라고 하는 본성과 인간으로서의 외형적 모습이라는 두 가지 모습이 있게 되는데, 이에 대한 왕충의 견해는 이미 살펴본 대로이다. 다시 한 번 확인하자면, 왕충은 「무형편」에서 "기(氣)로써 성(性)이 되고, 성이 이루어져서 명(命)이 정해진다. … 사람은 기로써 수명(壽命)을 이루고, 형체는 기를 따라서 움직인다. 기와 성(性)이 같지 않으면 형체가 같지 않다."[235]라고 하여, 본성에 의해서 외형적 모습이 결정된다고 하고 있다. 따라서 근본적으로 말하면 본성 속에 외형적 모습이 포함되어 있다고 할 수 있는 것이다. 이와 같이 인간의 모습을 인간의 본성에 있어서 이해하려고 하는 것은, 다름 아닌 중국 전통의 도덕적 인간관인 것이다. 인간은

---

235 『논형』「無形」: 用氣爲性, 性成命定. … 人以氣爲壽, 形隨氣而動. 氣性不均, 則於體不同.

태어날 때부터 선이라든가 악이라는 도덕적 가치를 가지고 태어나고, 그것이 인간의 본래의 모습이라고 하는 것이다.

그런데 천에서 받은 도덕적 가치를 인간의 본래의 모습이라는 점에서 보면, 『맹자』「공손추상」(公孫丑上)의 "측은해하는 마음이 없으면 사람이 아니며, 부끄러워하고 미워하는 마음이 없으면 사람이 아니며, 사양하는 마음이 없으면 사람이 아니며, 옳고 그름을 가리는 마음이 없으면 사람이 아니다."[236]라고 하는 말에서도 제시되고 있듯이, 그 모습은 그것이 없으면 인간이 아니게 되는, 그러한 인간의 자격으로서의 모습과 같이도 생각된다. 그런데 왕충은 선이라든가 악이라는 도덕적 가치를 본성으로서 가지고 타고난다고 하고 있다. 따라서 만약 천으로부터 받은 인간의 모습을 정말로 인간의 자격으로서의 모습이라고 한다면, 인간에게는 극선(極善)에서 극악(極惡)까지 여러 종류의 이질적 인간의 모습이 인정되게 된다. 그런데 인간의 자격으로서의 모습에 여러 가지가 있게 된다면, 사실은 그 기준이 없는 것과 마찬가지라고 할 수 있다. 그렇기 때문에 인간의 자격으로서의 모습을 이야기하기 위해서는 하나의 기준에서 논해져야만 한다. 이렇게 본다면, 그 천으로부터 받은 인간의 선과 악의 모습이라고 하는 것은, 인간의 자격으로서의 모습이라고는 볼 수가 없게 된다. 그럼 왕충에게 인간의 자격으로서의 모습은 어떤 것인가.

이 문제는 본성의 근거에서 찾아야만 할 문제가 아닐까 한다. 기의 측면에서 보면 본성이라는 것은 오상(五常)의 기에 의한 것이다. 선악의 본성은 이 오상의 기를 받을 때의 많고 적음에 의해서 결정된다. 따라서 인간은 현실적으로 극선에서 극악까지 여러 가지 모습을 가지고

---

236 『맹자』「公孫丑上」: 無惻隱之心, 非人也, 無羞惡之心, 非人也, 無辭讓之心, 非人也, 無是非之心, 非人也.

있지만, 그 근본은 오상의 기인 것이다. 이것은 선악 즉 오상의 기의 많고 적음 이전에, 오상의 기의 차원에서 인간의 모습의 기준을 논해야 함을 말하는 것이 된다. 이렇게 보면 왕충에 있어서 인간의 자격으로서의 모습이라는 것은, 오상의 기를 가지고 있는지 어떤지가 그 기준이 된다. 오상의 기를 받아서 태어난 사람이라면 모두 인간으로서의 자격을 가지게 되는 것이다. 그렇기 때문에 태어날 때 결정된 선악의 본성을 바꾼다고 해도 인간으로서의 자격에는 변함이 없다고 할 수 있다. 그렇지만 오상의 기를 기준으로 할 때, 인간으로서의 가치에는 극선에서 극악까지 있음을 인정할 수 있다. 이 가치적 측면에서 볼 때, 오상의 기의 적음에 의한 악의 모습은, 인간의 모습이긴 하지만 변화의 대상으로서의 모습이라고도 할 수 있다. 그 변화에 의해서 인간으로서 보다 인간다운 자격을 얻을 수 있다고도 할 수 있다. 왕충은 이러한 점에 대해서 다음과 같이 설명하고 있다.

사람의 본성을 논하면 반드시 선이 있고 악이 있다. 그 선한 것은 본래 저절로 선하지만, 그 악한 것은 반드시 가르치고 알리고 솔선하여 힘써서 그 사람으로 하여금 선하게 해야 한다. 무릇 군주와 아버지는 신하와 자식의 본성을 자세히 관찰하여, 선하면 그것을 기르고 권장하고 거느려서, 악에 가까이 가도록 하지 않게 하고, 악하면 돕고 지키고 금지하고 막아서 선에 나아가게 한다. 선이 악에 나아가고 악이 선에 교화되어, 정하여져 본성의 행위가 된다.[237]

237 「논형」「率性」: 論人之性, 定有善有惡. 其善者, 固自善矣, 其惡者, 故可教告率勉, 使之爲善. 凡人君父, 審觀臣子之性, 善則養育勸率, 無令近惡, 近惡則輔保禁防, 令漸於善. 善漸於惡, 惡化於善, 成爲性行. ※近惡則輔保禁防 : '近惡'의 '近'은 衍文(楊守敬).

왕충이 해석하는 기의 세계

타고난 선한 본성을 지키고 악한 본성을 선으로 변화시키는 것에 가치를 두고 있다. 또한 군주와 아버지는 이러한 가치를 달성하도록 해야 하는 위치에 있는 사람이라고 하고 있다. 그리고 타고난 본성의 선악은, 악에서 선으로뿐만 아니라 선에서 악으로의 변화도 가능하다고 하고 있다. 그래서 왕충은 그 본성에 대한 후천적 인위적 노력을 중요시하고 있다. 타고난 본성과 달리 후천적 인위적으로 인간의 본성의 행위가 형성된다고 하는 것으로부터, 후천적 인위적 노력에 의해 인간의 최종적 모습이 결정된다고 하는 왕충의 생각을 읽을 수 있다.

이상의 사실로부터 왕충이 생각하는 현실적 인간의 모습을 두 가지로 나누어 볼 수 있다. 태어날 때 결정되는 선악의 모습과 후천적 인위적으로 형성한 선악의 모습의 두 가지이다. 왕충은 인간의 자격으로서의 모습의 범위 안에서 타고난 선악의 본성을 논하고, 그 선악의 본성을 변화 가능한 것으로 간주하고 있다. 선과 악 어느 것도 인간의 모습이지만, 더욱 가치 있는 것은 선의 모습이다. 또한 타고나는 본성은 자신의 노력과는 관계없이 오상의 기에 의해서 결정될 뿐이다. 이렇게 본다면, 자신의 인간으로서의 가치는 후천적 노력에 의해서 결정되는 선악의 모습에 달려있다고 할 수 있다. 왕충이 이렇게 인간의 모습을, 태어날 때의 선악의 모습과 후천적으로 결정되는 선악의 모습으로 이야기하게 된 것은, 기로써 천을 설명하고 있기 때문이다. 그리고 태어날 때의 본성은 오상의 기에 의해서 결정되는 자연적인 모습이기 때문에, 선악을 동시에 인간의 모습으로 이야기할 수밖에 없었다고 할 수 있다. 그 결과 후천적 변화의 중요성을 이야기하고 인위의 중요성을 이야기하고 있다고도 할 수 있다. 이 후천적 인위는 맹자나 노자에 있어서는 부정되었지만, 순자 이후 한대에 들어와서는 긍정하는 경향을 띠고 있다. 특히 한대의 경우는 기(음양, 오행)에 의한 해석의 결과라고 할 수 있다.

『춘추번로』의 「심찰명호」(深察名號)를 보면, 인탐(仁貪)의 성(性)을 인탐 (仁貪)의 기(氣)라고 하고 있고, 또 이것을 천의 음양과 관련해서 설명하고 있는 것을 볼 수 있다.[238] 천을 중심으로 설명하자면, 천에 있는 인 (仁)의 기와 탐(貪)의 기가, 인간의 형성과 함께 인간에게 있어서 인탐의 성이 된다고 할 수 있다. 여기서 인탐의 성만이 언급되고 있는 것은 음양을 중시하는 생각에 의한 것일 것이다. 어쨌든 많은 설명을 하고 있지는 않지만, 기 중에 도덕적 가치를 인정하면서 본성의 근원을 설명하고자 하는 당시의 분위기를 충분히 엿볼 수 있다. 그리고 천에 음양이 있듯이 인간에게도 인탐의 성이 있다면, 이 인탐의 성을 바로 선이라고 할 수는 없었을 것이다. 그래서 『춘추번로』에서는 본성(性)과 선을 구분하여, 본성에는 선의 가능성은 있지만, 본성 그 자체가 아직 선은 아니고, 본성이 선이 되기 위해서는 왕의 교화가 필요하다고 하고 있다.[239] 말하자면 본성에 있어서 후천적 인위의 필요성을 말하고 있는 것이다.

이러한 한대사상의 분위기 속에서 왕충은 인간의 본성을 기로 해석하면서, 태어날 때 선악의 본성이 결정되지만, 후천적 노력에 의한 본성의 변화를 중요시하게 되었다고 할 수 있다. 이러한 왕충의 성론은 기에 의한 해석의 결과이기 때문에 이전의 성론과 아무런 전제 없이 바로 비교하기 어려운 점은 있지만, 이전의 성론의 입장에서 보면 왕충의 성론은 이전의 성론의 종합이라고도 할 수 있다. 왕충 이전의 성

---

238 『춘추번로』「深察名號」: 人之誠, 有貪有仁. 仁貪之氣, 両在於身. 身之名, 取諸天. 天両有陰陽之施, 身亦両有貪仁之性.

239 『춘추번로』「實性」: 善如米, 性如禾. 禾雖出米, 而禾未可謂米也. 性雖出善, 而性未可謂善也. 米與善, 人之繼天而成於外也, 非在天所爲之內也. 天所爲, 有所至而止. 止之內謂之天, 止之外謂之王教. 王教在性外, 而性不得不遂. 故曰, 性有善質, 而未能爲善也. … 性者, 天質之樸也. 善者, 王教之化也.

론을 크게 두 요소로 나누면 맹자적인 것과 순자적인 것으로 나눌 수 있다. 말하자면 선한 본성으로 결정되어 있다는 것과 후천적으로 본성을 선하게 변화시켜야 한다는 것의 두 요소이다. 왕충 이전의 성론은 대체로 이 두 요소의 어느 한쪽이거나, 혹은 이 양쪽이 혼합된 형태를 띠고 있다. 그 양쪽이 혼합한 성론이라 하더라도, 그 양쪽의 요소가 너무나도 극단적이기 때문에, 양쪽 요소의 형태가 완전히 하나의 성론 안에서 설명되지는 못하고 있다. 그것이 왕충에 이르러 처음으로 양쪽의 요소가 하나의 성론 속에서 설명되게 된 것이 아닐까 하는 것이다. 왕충의 성론은 이미 말한 것처럼, 태어날 때의 기에 의한 본성과 후천적 인위에 의한 인성의 두 가지로 나누어진다. 전자는 비록 선악의 본성이기는 하지만, 도덕적 근원인 오상의 기에 의해서 결정되는 본성이고, 그러한 면에서 보면 맹자적 요소를 가지고 있다고 할 수 있다. 후자는 후천적 인위에 의해서, 태어날 때의 본성을 보다 가치 있는 인성으로 변화시켜 간다는 점에서, 순자적 요소를 가지고 있다고 할 수 있다. 이와 같이 왕충의 성론 속에는 양쪽의 요소가 보이고 있다. 그런데 두 가지 성론의 형태가 하나의 체계 속에서 종합되기 위해서는 양자를 연결해 줄 어떠한 요소가 없으면 안 된다. 그 요소가 다름 아닌 도덕적 근원인 오상의 기에 그 근거를 두고 있지만, 악의 본성이 인정되고 있다고 하는 점이다. 어쨌든 양쪽의 성론적 요소가 전체적으로 섞여서 왕충의 성론을 구성하고 있다고 하는 점은 틀림없는 사실이다. 물론 왕충이 의도적으로 양쪽의 성론을 종합해서 자신의 성론을 만들려고 하지는 않았다고 생각한다. 당시 사상계의 상황 속에서, 또한 자신의 입장에 서서, 이전의 성론을 객관적으로 비판해 가면서, 자신의 성론을 이론화하려고 노력하는 중에 자연적으로 이상과 같은 맹자적 성론과 순자적 성론의 종합으로 나아갔다고 하겠다. 즉 인간은 태어날 때 인간의 모습이 결정되어 있지만, 후천적으로 더욱 가치 있는 인간의 모습을 가지기 위하여 노력해야 한다는 것이, 전체적으로 왕충이 말하고 있는 인간의 모습이라고 할 수 있다.

6장

인간사회

1절 인간사회의 해석

1. 왕충 이전의 인간사회 해석

『서경』(書經) 「홍범」(洪範)의 '상제가 홍범구주(洪範九疇)를 내려준다'는 내용의 말을 통해서,[240] 중국고대에 전통적으로 내려오고 있던 인간사회에 대한 견해를 엿볼 수 있다. 지상의 인간사회는 천에 의해서 질서가 존재하고, 또 천은 인간사회를 자신의 의도대로 다스리려고 하고 있는 것을 볼 수 있다. 이렇게 본다면 인간사회의 근원은 천에 있으며, 인간사회라고 하는 것은 천의 의도에 의해서 인간의 존재와 함께 선천적으로 존재하는 것이라고 말할 수 있다. 따라서 인간은 태어나면서부터 사회의 일원이고, 이미 정해진 사회의 질서에 따르지 않으면 안 되는 운명을 지니고 있다고 할 수 있다. 그래서 천이라는 것은 인간사회

---

240 『書經』「洪範」: 箕子乃言曰, 我聞在昔, 鯀堙洪水, 汩陳其五行. 帝乃震怒, 不畀洪範九疇, 彝倫攸斁. 鯀則殛死, 禹乃嗣興, 天乃錫禹洪範九疇, 彝倫攸敘.

의 근원이기도 하고, 인간행위의 근본—도덕의 근본—이기도 하다. 그럼 이러한 중국고대의 전통적인 인간사회에 대한 견해가 왕충 이전까지 어떻게 해석되어 가고 있는가를 살펴보도록 하자.

먼저『맹자』「만장상」(萬章上)을 보면, "만장(萬章)이 말했다. '요(堯)가 천하를 순(舜)에게 주었다 하니 사실입니까?' 맹자께서 말씀하셨다. '아니다, 천자가 천하를 남에게 주지 못한다.' '그러면 순이 천하를 차지한 것은 누가 준 것입니까?' '천이 준 것이다.' '천이 주었다 함은 천이 말로 명령하셨습니까?' '아니다, 천은 말하지 않으시고, 행동(行)과 하는 일(事)로써 보여주실 따름이다.'"[241]라고 하는 만장과 맹자의 대화가 있다. 여기서 보면, 인간사회인 천하를 지배하고 다스리는 천자의 지위는 천에 의해서 허락되는 것이라고 하고 있다. 이것은 인간사회의 근원을 천에 두고 있는 이전의 견해를 그대로 받아들이고 있는 입장이라고 할 수 있다. 그런데 여기서 주목해 볼 점이 있다. 먼저 만장의 '천이 준 것은 말로 명령했느냐'라는 물음이다. 이것은 「홍범」에서와 같은 그 이전의 인간사회에 대한 견해를 인정하고는 있지만, 합리적인 설명을 통해서 그러한 견해를 이해하고 싶다는 것을 의미하고 있다. 맹자 또한 그 물음에 대해 '천은 말하지 않고 행동과 일로써 보여 준다'고 하여, 인간사회를 지배하는 천의 모습을 구체적으로 설명하고자 하고 있다. 이러한 만장의 물음과 맹자의 대답을 통해서 본다면, 설령 「홍범」에서처럼 인간사회의 근원을 천에 두고 있다 하더라도, 『맹자』의 인간사회에 대한 견해는 「홍범」에서의 견해와는 많은 차이가 있음을 볼 수 있다. 「홍범」에서의 인간사회에 대한 견해는 천에 대한 신앙의 차원이

---

241 「맹자」「萬章上」: 萬章曰, 堯以天下與舜, 有諸. 孟子曰, 否, 天子不能以天下與人. 然則舜有天下也, 孰與之. 曰, 天與之. 天與之者, 諄諄然命之乎. 曰, 否, 天不言, 以行與事示之而已矣.

왕충이 해석하는 기의 세계

고, 『맹자』의 인간사회에 대한 견해는 인간의 입장에서 합리적으로 해석하려고 하는 철학적 차원이라고 할 수 있다. 이것은 지식의 축적과 함께 인간사회와 천의 관계에 대한 해석이 변화했다는 것을 의미한다. 따라서 『맹자』의 이러한 인간사회에 대한 견해는 그 이후의 해석에도 영향을 끼칠 수밖에 없다고 생각한다.

순자는 주지하는 바와 같이 인간사회와 천을 분리하고 있다. 이러한 견해로부터 본다면, 인간사회는 맹자 이전과 같이 천의 품속에서 천과 일체가 되어 있는 것이 아니라, 천의 품속에서 벗어난 독립된 사회로 보게 되었다고 할 수 있다. 그렇다면 순자는 인간사회의 근원을 어떻게 해석하고 있었을까. 『순자』 「왕제편」(王制篇)의 "(사람이) 힘은 소만 못하고 달리는 것은 말만 못하나 소나 말이 사람에게 부림을 당하는 것은 무슨 까닭인가? 사람은 무리를 이룰 수 있으나 그것들은 무리를 이룰 수 없기 때문이다. … 사람은 살면서 무리를 이루지 않을 수 없다."[242]라는 말로부터, 인간은 집단을 만들 수 있는 능력이 있고, 또한 살아가면서 그 능력을 발휘하지 않을 수 없다고 하는 순자의 생각을 볼 수 있다. 말하자면 순자는 이 집단을 만드는 능력을 인간의 타고난 본능으로 생각하고 있었다는 것이 되는데, 여기서 인간사회의 근원에 대한 순자의 생각을 읽을 수 있다. 바로 인간사회의 근거를 인간의 타고난 본능 속에서 찾았다는 것이다. 그렇다면 인간사회의 질서에 대해서는 어떻게 생각하고 있었을까.

사람은 살면서 무리를 이루지 않을 수 없다. 무리를 이루되 분별이 없으면 다투게 되고, 다투면 어지러워지며, 어지러우면 곤궁해진

---

242 『순자』「王制」: 力不若牛, 走不若馬, 而牛馬爲用, 何也. 曰, 人能羣, 彼不能羣也. … 人生不能無羣.

다. 그러므로 분별이 없는 것은 사람들의 큰 해가 되고, 분별이 있는 것은 천하의 근본적인 이익이 된다. 그리고 군주란 이 분별을 주관하는 핵심이다.[243]

집단을 만드는 본능을 그냥 두면 인간사회에 큰 해가 되기 때문에, 천하의 이익을 위해서는 계급 등의 분별 즉 질서가 필요하고, 이 분별(질서)을 주관하는 사람이 군주라고 하고 있다. 말하자면 인간사회의 이익을 위해서 질서를 만들었다고 하는 것이다. 그리고 당시의 사회질서를 그대로 인정하면서 이 질서를 좀 더 자세하게 다음과 같이도 설명하고 있다.

대체로 양쪽이 다 존귀하면 서로를 받들어 섬길 수 없고, 양쪽이 다 미천하면 서로를 부릴 수 없으니, 이는 자연의 이치이다. 권세나 지위가 동등하고, 하고자 하는 것과 싫어하는 것이 같다면, 재물이 그 수요를 충족시킬 수 없고, 그렇게 되면 반드시 다툼이 일어나고, 다툼이 일어나면 반드시 혼란해지고, 혼란해지면 곤경에 빠진다. 고대의 왕은 이와 같은 혼란을 미워했기 때문에 예의를 제정해 그들을 구분하여, 사람들로 하여금 빈부와 귀천의 차등이 있게 함으로써, 서로 함께 (자신의 일에) 임할 수 있게 하였으니, 이것이 천하를 기르는 근본이다.[244]

---

243 『순자』 「富國」: 人之生不能無群, 群而無分則爭, 爭則亂, 亂則窮矣. 故無分者, 人之大害也. 有分者, 天下之本利也. 而人君者, 所以管分之樞要也.

244 『순자』 「王制」: 夫兩貴之不能相事, 兩賤之不能相使, 是天數也. 埶位齊, 而欲惡同, 物不能澹則必爭, 爭則必亂, 亂則窮矣. 先王惡其亂也, 故制禮義以分之, 使有貧富貴賤之等, 足以相兼臨者, 是養天下之本也.

왕충이 해석하는 기의 세계

당시의 사회질서를 인정한 위에서이기는 하지만, 질서가 왜 필요한 지를 인간의 집단에 초점을 맞추어 현실적으로 설명하고, 천이 아닌 인간(왕)이 이러한 질서를 만들었다는 것을 말하고 있다.

이상으로 순자의 인간사회에 대한 견해를 살펴보았는데, 인간사회의 근거를 인간의 본능에서 찾고 질서도 인간이 만들었다고 하고 있다. 그렇지만 그 이전의 천과의 관계에서 완전히 벗어나고는 있지 못하고,[245] 또한 당시의 사회질서의 틀을 인정하면서, 단지 사회에 관한 설명만을 인간에 초점을 맞추어 설명하고 있음을 볼 수 있다. 이러한 순자의 관점은『맹자』에 나타나는 인간사회에 대한 견해보다도 더욱 인간의 경험적인 입장에서의 해석이다. 그리고『맹자』에 나타나는 합리적인 해석의 연장선상에서 이해할 수 있는 해석이다.

다음은 한대의 인간사회에 대한 견해를 살펴보고, 왕충 이전의 인간사회에 대한 해석의 전체 모습을 밝혀보고자 한다. 여기서는『춘추번로』를 통해서 한대의 인간사회에 대한 해석을 이해해 보려 한다.『춘추번로』「관제상천」(官制象天)을 보면, '관제는 천을 본받다'라는 편명으로부터 엿볼 수 있듯이, 관제의 근거는 천의 수(數)에 있다고 하고 있다. 이러한 사실로부터『춘추번로』에서의 인간사회에 대한 해석은 다시 천을 근거로 하고 있음을 알 수 있다. 순자는『맹자』의 해석의 연장선상에서, 천을 벗어나서 인간사회를 해석하고 있는데, 이러한 흐름과는 반대로『춘추번로』에서 다시 천을 근거로 하여 인간사회를 설명하게 된 이유는 어디에 있을까.

『춘추번로』「음양의」(陰陽義)를 보면, "천지의 법칙은 한번 음이 되고

---

245 『순자』「王制」에서 "有天有地, 而上下有差, 明王始立, 而處国有制."라고 하여, 천지의 상하 차등을 모델로 제시하면서 왕이 나라를 다스릴 때도 그러한 제도가 당연히 있어야 함을 이야기하고 있다. 이러한 말로부터, 사회질서의 내용은 인간이 만들지만, 천지상하라고 하는 틀을 아직 벗어나지 못하고 있음을 볼 수 있다.

한번 양이 되는 것이다. 양은 천의 덕이고 음은 천의 형벌이다."[246]라고 하여 천지를 음양으로 해석하고 있다. 이 천지를 음양으로 해석하는 새로운 지식은 당시에 일반화되어 있었다. 그래서 이 천지에 대한 새로운 지식은 당시까지 전해지고 있던 모든 관점을 새로이 해석할 수밖에 없는 상황을 만들었다고 할 수 있다. 인간사회에 대한 견해도 예외가 될 수 없었을 것이다. 천과 분리하여 해석하던 순자의 인간사회에 대한 견해도, 이 천지에 대한 새로운 지식 앞에서는 더 이상 합리적일 수는 없었다고 하겠다. 이렇게 해서 천에 근거를 두는 인간사회의 해석이 합리적인 것으로 이해되게 되었다고 할 수 있다. 그래서 『춘추번로』에서는 인간사회의 군신·부자·부부의 관계를 음양에 근거하여 설명하고 있고,[247] 정치의 방법도 천에서 그 근거를 제시하고 있다.[248] 또한 『춘추번로』 「필인차지편」(必仁且知篇)에서 이야기하고 있는 재이(災異)에 의한 천의 견고(譴告)도 인간사회에 대한 새로운 해석이 된다. 천을 근거로 한 인간사회의 새로운 해석을 다 열거하지는 않겠지만, 『춘추번로』에서는 사회 전반적인 측면에 걸쳐서 이 새로운 해석을 볼 수 있다.

이상으로 왕충 이전의 인간사회에 대한 해석의 흐름을 간단하게 살펴봤다. 「홍범」에 나타나는 천에 대한 신앙의 차원에서의 해석에서,

---

246 『춘추번로』 「陰陽義」: 天地之常, 一陰一陽. 陽者天之德也, 陰者天之刑也.

247 『춘추번로』 「基義」: 陽兼於陰, 陰兼於陽. 夫兼於妻, 妻兼於夫. 父兼於子, 子兼於父. 君兼於臣, 臣兼於君. 君臣父子夫婦之義, 皆取諸陰陽之道. 君爲陽, 臣爲陰. 父爲陽, 子爲陰. 夫爲陽, 妻爲陰.

248 『춘추번로』 「威德所生」: 天有和有德有平有威, 有相受之意, 有爲政之理, 不可不審也. 春者天之和也, 夏者天之德也, 秋者天之平也, 冬者天之威也. 天之序, 必先和然後發德, 必先平然後發威. 此可以見不和不可以發慶賞之德, 不平不可以發刑罰之威. 又可以見德生於和, 威生於平也. 不和無德, 不平無威, 天之道也, 達者以此見之矣. 我雖有所愉而喜, 必先和心以求其當, 然後發慶賞以立其德. 雖有所忿而怒, 必先平心以求其政, 然後發刑罰以立其威.

『맹자』의 인간의 입장에서의 합리적 해석, 순자의 현실적인 입장에서의 해석, 그리고 『춘추번로』의 천에 근거를 둔 해석으로 전개되고 있었다. 여기서 순자의 해석에서 『춘추번로』와 같은 해석으로 전개된 것에 대해서, 그 흐름이 역행했다고 하는 지적이 있는데 사실은 그렇지 않다고 생각한다. 『춘추번로』와 같은 해석도 『맹자』의 합리적인 해석의 연장선상에서 이해할 수 있다. 단지 합리적인 해석의 방법이 바뀌었을 뿐이다. 한대의 경우는 음양 등의 기 개념의 등장과 함께 천을 합리적으로 해석하게 되고, 그 결과 천을 중심으로 인간사회를 합리적으로 해석하게 된 것이다. 말하자면 순자도 천을 벗어나지는 못했지만 천까지 합리적으로 해석할 수는 없었고, 한대에 들어오면서 음양 등 개념의 일반화로 천까지도 합리적으로 해석할 수 있게 되었다는 것이다.

2. 왕충의 인간사회 해석

1) 인간사회의 근원

왕충이 해석하는 인간사회도 한대적 분위기 속에서 음양 등에 의해서 해석되는 천지에 근거를 둘 수밖에 없었다고 할 수 있다. 그럼 먼저 인간사회의 근원에 대한 왕충의 해석을 보고자 하는데, 다음의 자료가 거기에 대한 대답을 줄 것이다.

국가의 운명은 뭇별(衆星)에 달려있다. 천에 늘어선 별들(列宿)에 길흉이 있어서 국가에 화복이 있다. 뭇별이 추이(推移)함에 사람에게 성쇠가 있다. … 부귀의 경우는, 받는 것은 성(性)과 같지만 그 받는 바의 기(氣)는 뭇별의 정(精)을 얻어 있는 것이다. 뭇별은 천에 있고 천에는 그들의 상(象)이 있다. 부귀의 상을 얻으면 부귀하게 되고, 빈천의 상을 얻으면 빈천하게 된다. 그런 까닭에 '(부귀는) 천에 있다'고 하는 것이다. 천에 있다고 하는 것은 어떠한 것인가. 천에는 백관(百官)이 있고 뭇별이 있다. 천이 기를 베풀어서 뭇별이 정(精)을 유포하게 되지만, 천이 베푸는 기는 뭇별의 기를 그 가운데에 가지고 있다. 사람은 기를 받아서 나고 기를 품고서 성장하는데, 귀한 기를 얻으면 귀하게 되고 천한 기를 얻으면 천하게 된다. 같은 귀(貴)라고 해도 차례에 높고 낮음이 있고, 같은 부(富)라고 해도 자산에 많고 적음이 있지만, 이들은 전부 별의 지위의 존비(尊卑) 소대(小大)에 의해서 수여되는 것이다. 그러므로 천에 백관이 있고 천에 뭇별이 있고, 지상에 만민(萬民) · 오제삼왕(五帝三王)의 정(精)이 있다. 천에 왕량(王梁) · 조보(造父)가 있고 사람에게 역시 그러한 사람이 있고, 그러한 기를 받는 까닭으로 말을 모는 데 교묘하다.[249]

이 자료는 여러 측면의 왕충사상을 이해하는 데 도움이 되기 때문에 앞에서도 언급했는데, 인간사회의 근원을 이해하는 데도 반드시 필요한 자료가 된다. 이 자료에서 볼 수 있듯이, 왕충은 인간사회의 근원을 천상세계라고 하고 있다. 그런데 왕충이 제시하고 있는 인간사회의 근거가 천이기는 하지만, 『춘추번로』의 경우와는 그 해석방법이 전혀 다르다. 『춘추번로』의 경우는 천의 수(數)나 음양에서 그 근거를 찾고 있

---

249 「논형」「命義」: 國命繫於眾星. 列宿吉凶, 國有禍福. 眾星推移, 人有盛衰. … 至於富貴, 所稟猶性. 所稟之氣, 得眾星之精. 眾星在天, 天有其象. 得富貴象則富貴, 得貧賤象則貧賤, 故曰在天. 在天如何. 天有百官, 有眾星. 天施氣而眾星布精. 天所施氣, 眾星之氣在其中矣. 人稟氣而生, 舍氣而長, 得貴則貴, 得賤則賤. 貴或秩有高下, 富或貲有多少, 皆星位尊卑小大之所授也. 故天有百官, 天有眾星, 地有萬民五帝三王之精. 天有王梁造父, 人亦有之, 稟受其氣, 故巧於御.

지만, 왕충은 자신의 '실증'이라는 해석방법에 의해서 천상세계를 인간사회의 근원으로 설정하게 된 것이다. 왕충의 경우를 조금 더 자세히 설명하자면, 천지를 음양으로 설명하면서도, 실증적인 입장에서 천을 설명하고자 하였고, 그 결과 '천지부부'라는 관점에서 경험적인 지(地)를 근거로 하여 천을 설명하게 되고, 지상세계를 근거로 천상세계를 설정하게 된 것이다. 이렇게 해서 천상세계에 대응해서 지상세계가 존재하게 되고, 그 대응관계는 기(氣)에 의해서 가능하다고 하고 있다.

이상과 같은 인간사회에 대한 왕충의 해석은 실증이라는 방법에서 본다면, 그 결과야 어찌 되었든 『춘추번로』의 경우보다도 더 합리적인 해석이라고 할 수 있다. 그리고 인간사회의 부귀빈천 등을 천상세계(별의 세계)를 근거로 설명하고 있기 때문에, 이전의 천지의 고저(高低)나 천의 수(數), 계절 등을 통해서 설명하던 방법은, 왕충에게 있어서는 더 이상 필요가 없고 근거가 없는 방법이 되었다.

이상 왕충이 해석하는 인간사회의 근원에 대해서 살펴보았는데, 다음에는 인간사회의 내면적 성격에 대해서 살펴보면서, 왕충이 해석하는 인간사회의 전체 모습을 밝혀보고자 한다.

2) 인간사회의 성격

(1) 인간사회의 필연적이고 자연적인 성격

인간사회의 근본존재인 천과 기의 성격은 무위자연이다. 인간사회의 근원이 천에 있다고 한다면, 이 무위자연이란 또한 인간사회의 성격의 근거가 될 수 있다고도 할 수 있다. 왜냐하면 천의 작용은 기를 펼쳐내는 것이고, 지상세계는 천이 펼쳐내는 기에 의해서 천상세계를 모방한 세계이기 때문이다. 말하자면 왕충이 생각하는 우주라고 하는 것은, 무위자연의 천상세계와 무위자연의 기를 매개체로 하여 천상세계를 모방한 지상세계로 이루어져 있기 때문에, 우주 전체는 무위자연의 세계가 되고, 또한 당연히 지상세계의 성격도 무위자연의 성격의 영향을 받을 수밖에 없게 되는 것이다. 그럼 지금부터 무위자연의 기와 인간사회와의 관계를 밝히고, 인간사회의 성격에 대해서 생각해 보고자 한다.

인간은 천의 기를 받아서 한 사람의 인간으로서, 또 인간사회 속의 한 사람의 사회 구성원으로서 태어난다. 개인으로서 태어나는 모습은, "사람은 원기(元氣)를 천에서 받고, 각각 수요(壽夭)의 명(命)을 받아서 장단(長短)의 형체를 세운다. … 기(氣)로써 성(性)이 되고, 성이 이루어져서 명(命)이 정해진다."[250]라고 하여, 천으로부터 원기를 받고 수명 등의 운명이 정해지면 그에 따라 형체가 형성됨을 이야기하고 있다. 또 사회 구성원으로서 태어나는 모습에 대해서는, "사람이 태어나면서 성(性)과 명(命)이 부귀에 해당하는 사람은, 처음에 자연의 기를 받고, 기르고 자라서 크게 되면, 부귀의 명(命)이 나타나게 된다."[251]라고 하여, 생활수준의 정도, 사회질서 속에서의 계급 등이 태어날 때부터 운명으로서 정해진다고 하고 있다. 이와 같이 왕충은 인간은 태어날 때부터 운명적으로 자신의 일생이 모두 결정되어 버린다고 하고 있기 때문에, 일반적으로 왕충의 이 운명에 관한 이론을 '명정론'(命定論) 혹은 정명론(定命論)이나 숙명론(宿命論)이라고도 부르고 있다.

이상에서 볼 수 있듯이, 왕충은 인간의 운명으로 수명의 길고 짧음에 관한 수요(壽夭)의 운명과 귀천빈부의 운명이라는 두 종류의 운명을

---

250 『논형』「無形」: 人稟元氣於天, 各受壽夭之命, 以立長短之形, … 用氣爲性, 性成命定.

251 『논형』「初稟」: 人生性命當富貴者, 初稟自然之氣, 養育長大, 富貴之命效矣.

이야기하고 있다. 물론 이것은 수명에 관한 것과 귀천빈부가 인간생활의 모든 것이라는 것을 말하고 있는 것이기도 하다. 이 중에서 수명의 운명은 개인의 생명에 한정된 문제이며, 귀천빈부는 인간사회에 있어서의 문제이다. 그럼 먼저 수명에 관한 수요(壽夭)의 운명에 대해서 조금 더 자세하게 살펴보기로 하자.

대체로 사람이 운명을 받는 것은 두 종류가 있다. 하나는 당연히 만나야만 하는 운명이고, 또 하나는 신체의 강하고 약함이나 수명의 길고 짧음의 운명이다. 당연히 만나야만 하는 운명이라는 것은 전사(戰死)·소사(燒死)·압사(壓死)·익사(溺死) 등을 말하고, 신체의 강하고 약함이나 수명의 길고 짧음의 운명은 기(氣)를 받음의 많고 적음을 말하는 것이다. 전사·소사·압사·익사 등은 처음 기를 받을 때 만나는 운명이고 확실한 기간이 정해져 있는 것은 아니다. 그런데 신체의 강하고 약함이나 수명의 길고 짧음은 백(百)을 그 숫자로 하고, 백 세까지 이르지 못한 자는 기가 부족한 것이다. 대체로 기를 많이 받으면 그 몸이 건강하고, 몸이 건강하면 그 수명은 길다. 기를 적게 받으면 그 몸이 허약하고, 몸이 허약하면 수명은 짧다.[252]

수명에 관한 운명을 두 가지로 나누어 '당연히 만나야만 하는 운명'(所當觸値之命)과 '신체의 강하고 약함이나 수명의 길고 짧음의 운명'(彊弱壽夭之命)으로 설명하고 있다. '신체의 강하고 약함이나 수명의 길고

---

252 『논형』「氣壽」: 凡人稟命, 有二品. 一曰, 所當觸値之命, 二曰, 彊弱壽夭之命. 所當觸値, 謂兵燒壓溺也, 彊壽弱夭, 謂稟氣渥薄也. 兵燒壓溺, 遭以所稟爲命, 未必有審期也. 若夫彊弱夭壽, 以百爲數, 不至百者, 氣自不足也. 夫稟氣渥, 則其體彊, 體彊則其命長. 氣薄, 則其體弱, 體弱則命短.

짧음의 운명'이란 기를 받을 때의 기의 양의 많고 적음에 의해서 정해지는 운명이다. '당연히 만나야만 하는 운명'은 전사(戰死)·소사(燒死)·압사(壓死)·익사(溺死) 등의 운명으로, 외부의 힘에 의해서 생사가 좌우되는 운명이지만, 이 운명도 태어날 때부터 자신의 내부에 가지고 있는 것이다.[253]

귀천빈부의 운명에 대해서는「인간사회의 근원」을 설명할 때의「명의편」(命義篇) 자료를 통해서 구체적으로 볼 수 있다. 천상에 있는 별의 세계는 귀천빈부가 있는 세계이고, 이 별 중에서 어떠한 별의 기를 받는가에 따라서 인간사회에서의 귀천빈부가 정해진다고 하고 있다.

이상 기에 의해서 운명이 결정되는 모습에 대해서 살펴보았는데, 왕충이 말하고 있는 운명이란 기가 변하지 않는 한 변할 수 없는 것이므로, 인간의 운명이라는 것은 필연성을 가진 것이다. 또 이 운명은 기에 의해서 결정되는 것이기 때문에, 인간의 삶이라는 것은 당연히 기에 의해서 결정되는 것이다. 기에 의해서 결정된다고 하는 것은, 기의 의지에 의해서 결정되는 것이 아니라, 기의 자연무위한 작용에 의해서 자연히 결정되는 것이다. 따라서 자연적으로 결정된 운명은, 인간의 의지와는 관계없이, 그 운명의 모습대로 자연스럽게 흘러간다. 그래서 인간에게 있어서는 이 운명이 필연적인 역할을 하고 있지만, 이 운명을 만들어낸 기의 입장에서 본다면, 인간의 운명은 기의 자연적 흐름의 연속에 지나지 않는다. 이렇게 본다면 인간의 운명은, '자연'을 바탕으로 한 '필연'이 된다. 말하자면 결과는 필연성을 띠고 있지만 운명의 움직임은 저절로 그러할(자연) 뿐이다. 그래서 왕충은「우회편」(偶會篇)에

---

253 「논형」「命義」의 "傳曰, 說命有三, 一曰正命, 二曰隨命, 三曰遭命. … 遭命者, 行善得惡, 非所冀望, 逢遭於外而得凶禍, 故曰遭命. … 正命者至百而死, 隨命者五十而死, 遭命者初稟氣時遭凶惡也."라는 말에 의하면, '당연히 만나야만 하는 운명'(所當觸値之命)은 당시에 전해지고 있던 三命 중에서는 '遭命'에 해당하는 命이 된다.

왕충이 해석하는 기의 세계

서 '명(命)은 길흉의 주인이고, 저절로 그러한 도리'라고 하고 있다.

왕충은 수명이든 귀천빈부의 운명이든, 인간사회 속에서 필연·자연적으로 전개되고 있다고 하고 있는데, 그렇다면 만약 인간이 의지적으로 그 운명을 바꾸고자 한다면 어떻게 될까. 왕충의 생각은 결코 그 운명을 바꿀 수 없다는 것이다.[254] 세상의 인간들은 자신도 알지 못하는 사이에 자신에게 정해진 길을 가고 있다고 하는 것이다. 운명의 필연·자연성은 그러한 의미에서 인간사회의 필연·자연성을 말하는 것이 된다. 인간사회는 이 필연·자연성이라는 속성 속에서, 근본존재로부터 제시된 길을 실현해 가는 것이다. 즉 왕충에 있어서 천지대응관계는 인간사회의 이러한 필연·자연성에 의해서 그 관계가 현실적으로 성립되고 있는 것이다.

이상으로부터 보면, 인간사회는 천상사회가 지상에 실현된 것으로서, 천상사회의 성격 그대로를 계승하고 있는 것을 알 수 있다. 그리고 인간사회의 필연성이라는 것은, 인간사회의 무위자연성을 인간적 측면에서 본 결과 생겨난 성격에 지나지 않고, 원래 무위자연성과 떨어져서 존재하는 인간사회의 성격은 아닌 것이다. 말하자면 인간사회의 필연성은 인간사회의 무위자연성의 인간적 해석에 지나지 않고, 무위자연성과 함께 존재하는 성격인 것이다. 다만 수명의 경우는, 그 성격으로부터 말하면 필연·자연성에 틀림없지만, 천상사회와 관계없이 기와의 관계만이 있는 것이다. 어쨌든 인간사회의 성격은 필연·자연적이고, 그것은 기의 작용에 의해서 결정된다고 하는 것을 알 수 있다. 그래서 왕충에 있어서 기라고 하는 것은, 천과 지(地) 사이에서 천의 모

---

254 『논형』「命祿」의 "命貧以力勤致富, 富至而死, 命賤以才能取貴, 貴至而免. 才力而致富貴, 命祿不能奉持, 猶器之盈量, 手之持重也."라는 말을 통해서, 인간의 의지로는 운명을 바꿀 수 없다고 하는 왕충의 생각을 알 수 있다.

습을 지(地)에 전달하고, 또 생명을 부여하는 존재일 뿐만 아니라, 인간
사회의 성격도 결정하는 역할을 하는 존재라고 할 수 있다. 이러한 의
미에서 왕충에 있어서 기라고 하는 것은 특별한 의미를 가지고 있다고
할 수 있다. 왕충의 이러한 특별한 기론(氣論)은, 인간사회의 문제와 자
연적 천론(天論)의 논리적 연관성을 요구하는 가운데, 성립되게 된 것
은 아닌가 생각한다.

　이상 인간사회에 있어서의 인간 개개인의 운명에 대해서 살펴보았
는데, 「인간사회의 근원」에서 인용한 「명의편」(命義篇)의 '국가의 운명
은 뭇별에 달려있다. 천에 늘어선 별들(列宿)에 길흉이 있어서 국가에
화복이 있다.'라는 말에서 볼 수 있듯이, 왕충은 인간 개인뿐만 아니라
국가에도 운명이 있다고 하고 있다. 국가의 운명도 또한 뭇별(衆星)에
관련되고 있기 때문에, 인간의 운명을 받는 방식에서 생각하면, 뭇별
의 기를 받음에 의해서 국가의 운명이 결정된다고 해야만 할 것이다.
그러나 그것에 관해서는 왕충의 명백한 표현을 찾을 수는 없다. 그렇
지만 국가와 뭇별의 관계를 바탕으로 한 국가의 운명에 대해서는, 「치
기편」(治期篇)을 중심으로 『논형』의 곳곳에서 찾아볼 수 있다.

　「치기편」에 "가르침이 행해지고 행해지지 않고, 국가의 안위(평안함과
위태함)는, 모두 운명의 시기에 달려있고, 사람의 힘에 의한 것이 아니
다."[255]라는 말이 있고, 또 「이허편」(異虛篇)에서 "국가의 존망은 (운명으로
정해진) 기간의 길고 짧음에 있고, 정치의 득실에 있는 것이 아니다."[256]
라는 말을 볼 수 있다. 국가의 존망과 안위는 그 국가가 받은 운명에
의해 처음부터 정해져 있다고 하는 것이다. 그런데 여기서 말하고 있
는 국가의 존망과 안위라고 하는 것은, 대체 어떠한 것을 말하고 있는

255　「논형」「治期」: 教之行廢, 國之安危, 皆在命時, 非人力也.
256　「논형」「異虛」: 國之存亡, 在期之長短, 不在於政之得失.

것인가. 국가라는 것이 인간사회의 가장 큰 집단이라고 한다면, 인간사회를 그대로 국가로 취급해도 되지 않을까 한다. 그렇다고 한다면 국가의 존망과 안위는 그대로 인간사회의 존망과 안위라고 하는 말로 환언할 수 있다. 그런데 왕충의 사상에 의하면, 천지가 존재하는 한 인간사회는 당연히 존재하게 되고, 이 인간사회에 대해서 존망이라고 하는 말을 할 수 없게 된다. 따라서 국가와 인간사회는 그대로 환언할 수 없다는 것을 알 수 있다. 그럼 국가와 인간사회는 어떻게 다른 것인가.

국가라는 것은 인간사회의 집단이고, 따라서 국가라는 개념으로부터 본다면, 국가와 인간사회는 같은 내용의 것이라고 할 수 있다. 그러나 개별적 국가라고 하는 측면에서 보면, 인간사회는 같은 인간사회이지만, 국가는 동일한 국가로서 영원히 존속할 수가 없다. 이 개별적 국가의 측면에서 보면 국가의 존망과 안위라고 하는 말은 아무런 문제도 없이 성립한다고 할 수 있다. 따라서 왕충도 역시 이 개별적 측면에서 국가의 존망과 안위라고 하는 말을 사용하고 있음에 틀림없다고 할 수 있다. 이러한 개별적 국가의 입장에서 국가의 문제를 생각한다고 하면, 국가의 주인인 왕과 그 국가는 운명을 같이하는 존재가 된다. 운명을 같이한다고 하는 것은, 천으로부터 운명을 부여받을 때, 왕과 국가가 그 운명을 따로 부여받을 필요가 없다는 것을 의미하는 것이라고도 할 수 있다. 이러한 논리로부터 왕충의 생각을 추측해 보면, 국가의 운명을 기로부터 특별히 설명하고 있지 않은 것은, 아마도 왕의 운명과 기의 관계 속에 그러한 설명이 전부 포함되어 있기 때문이 아닐까 한다. 또 운명을 같이한다고 하는 것은, 개별적 국가라는 것은 왕의 소유물임을 의미하는 것이기도 하다. 이러한 왕충의 생각은 물론 자연적 천을 배경으로밖에 생각할 수 없는 것이다. 의지적 천을 배경으로 한 인간사회의 경우를 생각해 보면, 인간사회의 소유자는 천이며, 왕은 단지 인간사회를 천의 의지대로 다스리는, 이른바 천의 대리인과 같은 존재이다.

왕충이 개별적 국가의 측면에서 국가와 인간사회를 설명하고 있다고 하는 것은, 역시 당시의 왕조국가를 중심으로 하는 사상적 발상이라고 생각된다. 국가가 개별적 존재인 한 개별적 인간처럼 운명을 가져야만 하고, 이 운명이 있음에 의해서 자연히 천상의 세계와 대응해 갈 수가 있는 것이다.

이상으로, 천의 기를 받음에 의해서 결정된 필연적이고 자연적인 운명을 원동력으로 해서, 인간사회는 인간의 의지와 관계없이, 자연히 천상의 근본사회와 대응해 가는 것을 살펴봤다. 그리고 인간사회에는, 전체적 국가와 개인이라고 하는 경우가 있고, 또 개인에게도 사회적 측면과 개인적 측면이 있고, 각각의 성격이 다르다. 그래서 왕충은 그 각각에 운명을 적용시켜, 전체적 인간사회를 필연·자연적 운명에 의해 설명하고 있다. 그렇지만 인간사회는 이상과 같은 각각의 운명의 상호 보완적 작용에 의해서 움직이고 있는 것만은 아니다. "국가의 운명은 사람의 운명을 이기고, 수명(壽命)은 녹명(祿命)을 이긴다."[257]라고 하는 말로부터 알 수 있듯이, 운명에도 강약의 순서가 있고, 경우에 따라서는 강한 운명에 의해서 인간사회가 움직이고, 약한 운명이 인간사회 속에서 그 필연성을 발휘할 수 없는 경우도 있다는 것을 말하고 있다.

(2) 인간사회의 우연적이고 자연적인 성격

인간은 필연적 운명의 움직임대로, 이 세상을 살아갈 뿐이다. 이렇게 보면 인간에게는 필연성밖에 존재하지 않는 것 같다. 우연이라는

---

257 『논형』「命義」: 國命勝人命, 壽命勝祿命.

왕충이 해석하는 기의 세계

것은 존립할 수가 없다. 그러나 왕충은 필연적 운명을 이야기하면서도 우연이라는 말을 사용하고 있다. 그렇다면 왕충은 어떠한 생각으로 우연이라는 말을 사용하고 있는 것일까. 먼저 그 이유를 필연적 운명과의 관계 속에서 설명해 보고자 한다.

왕충은 『논형』의 맨 처음에 「봉우편」(逢遇篇)을 실어 인간사회의 우연성을 강조하고 있다. 「봉우편」을 보면, "사물을 구하여 사물을 얻고, 일을 하여 일이 이루어지는 것은, 이름하여 우(遇)라고 하지 않는다. 구하지 않아도 저절로 이르고, 작위를 하지 않아도 저절로 이루어지는 것, 이것을 이름하여 우(遇)라고 한다."[258]라고 하여, 우(遇 : 우연히 만나다)의 의미를 어떠한 인과관계도 없는 만남이라고 하고 있는데, 그것이 바로 우연이다. 운명의 움직임은 기와 똑같이 자연무위이다. 그러나 인간의 행위는 무위가 아닌 유위(有爲)이다. 이 인간의 유위와 운명의 자연무위한 움직임은 어떠한 인과관계도 없다. 다시 말하면, 운명의 전개라는 것은 처음부터 정해져 있기 때문에, 인간의 유위를 원인으로 한 결과가 아닌 것이다. 가령 어떤 사람이 어떤 길흉의 일을 만난 경우를 생각해 보면, 그것은 어떤 사람의 의지와는 관계없이, 어떤 사람의 운명에 의해서 어떤 길흉을 만났을 뿐이다. 그러한 일을 어떤 사람의 의지로부터 보면, 거기에는 우연밖에 존재하지 않는 것이다. 이러한 이유에서 왕충은 우연이라는 개념을 생각했을 것이다. 이에 대한 왕충의 구체적인 설명을 하나 보도록 하자.

조행(操行)은 언제까지나 어짊이 있지만, 벼슬살이에는 언제까지나 등용됨을 만남이 없다. 어질고 어질지 않고는 재능의 문제이고, 만

---

258 『논형』「逢遇」: 求物得物, 作事事成, 不名爲遇. 不求自至, 不作自成, 是名爲遇.

날 수 있고 없고는 그때그때의 운이기 때문이다. 재능이 높고 조행이 훌륭하다고 해서 그 사람이 반드시 존귀하게 되는 것은 보증할 수 없다. 또한 재능이 낮고 조행이 훌륭하지 못하다 해서 반드시 비천하게 된다는 것도 보증할 수 없다. 높은 재능이나 훌륭한 조행의 사람이라 해도 때를 만나지 못하면 좌천되어 아래에 있고, 열등한 재능이나 조행의 사람이라도 때를 만나게 되면 승진하여 많은 사람의 위에 서게도 된다.[259]

존귀와 비천은 운명에 의한 것이고, 인간의 재능과는 관계가 없는 것이다. 따라서 존귀와 비천은 인간의 의지에서 보면 어떠한 인과관계도 없는 우연의 사실에 지나지 않는다. 그래서 이 인용문에서 보는 것처럼, 왕충은 존귀와 비천을 우연과 관계있는 것으로 언급하고 있다. 세상의 모든 현상은 인간의 의지와는 어떠한 관계도 없는 것이기 때문에 우연에 지나지 않는다.

이렇게 보면 우연이라는 것은 자연무위의 운명이 있기에 존재하는 것이다. 그래서 왕충은 "대체로 사람이 우연히 때를 만나고 누해(累害)를 만나는 것은 다 운명(命)에 의한 것이다."[260]라고 하여, 우연이라는 것은 운명에 의한 것임을 밝히고 있다. 그러면 운명의 필연성과 운명에 의한 우연은 어떤 관계에 있는 것일까. 그것은 원래는 기로부터 생성된 인간의 자연적인 움직임에 지나지 않는다. 그러나 인간의 인식으로부터 본 경우, 판단기준의 다름에 의해서, 필연과 우연이라는 판단

---

259 『논형』「逢遇」: 操行有常賢, 仕宦無常遇. 賢不賢, 才也. 遇不遇, 時也. 才高行潔, 不可保以必尊貴. 能薄操濁, 不可保以必卑賤. 或高才潔行, 不遇, 退在下流. 薄能濁操, 遇, [進]在衆上. ※'[進]在眾上'으로 '進'을 보충하고, '士亦各自得以進[退]'로 '退'를 보충함.

260 『논형』「命祿」: 凡人遇偶及遭累害, 皆由命也.

　　　　　왕충이 해석하는 기의 세계 |

이 생겨나는 것이다. 그 판단기준은, 필연의 경우는 천에 있지만, 우연의 경우는 인간에게 있다. 다시 말하면, 천으로부터 결정되는 운명 그자체에 초점을 맞추어 생각해 보면, 운명과 인간사회의 현상과의 사이에는 필연적인 인과관계가 성립하고 있다. 그러나 인간의 유위에 초점을 맞추어서 세상을 보면, 그곳에는 어떤 인과관계도 성립하지 않는것이다. 이렇게 해서 왕충은 필연적 세계 외에 우연이라는 또 하나의세계를 인정하는 것이다. 이러한 필연과 우연이라는 두 세계의 정립은일견 모순되는 것처럼 보여, 사람들의 머리를 혼란시킬 가능성도 가지고 있지만, 인간사회의 설명을 위해서는 어쩔 수 없는 것이었다고 보인다. 즉 필연적 세계만으로는 인간의 유위적인 속성과 인간사회의 현상 사이의 모순관계를 설명할 수가 없는 것이다. 그래서 우연적 세계의 정립이 필요했다고 하겠다. 필연적 세계와 우연적 세계는 모순관계가 아니라 표리일체의 서로 보완하는 관계인 것이다.

이상으로 운명의 필연성과 운명에 의한 우연에 대해서 살펴보았다. 그리고 우연도 자연에 의한 것임을 볼 수 있었다. 앞에서는 인간사회에 있어서의 운명의 필연성과 자연에 대해서, 여기서는 그 운명에 의한 우연과 자연에 대해서 살펴봤다. 어느 것도 운명의 문제에 귀착한다. 운명의 전개를 어떠한 관점에서 보는가의 문제이다. 그러나 어떠한 관점에서 보든, 운명이라는 것은 저절로 그러한 것에 지나지 않는다. 왕충이 생각한 인간사회는 운명을 떠나서는 생각할 수 없다. 바꾸어 말하면, 인간사회라는 것은 인간의 힘으로는 어떻게 할 수도 없는자연적 세계라고 하는 것이다.

2절 인간사회의 질서에 대한 해석
- 왕충의 비판적 운명관

1. 머리말

『논형』에는 당시의 천을 중심으로 한 인간과 인간사회의 해석이 소개되어 있고, 그에 대한 왕충의 철저한 비판이 보이고 있다. 그런데 여기서 왕충이 철저하게 비판하고 있는 것은, 천에 의해서 인간의 삶이 지배되고 있다고 하는 사실 그 자체에 관한 것은 아니었다. 앞에서 살펴보았듯이 왕충도 천에 의한 운명론을 굳게 믿고 있었다.『논형』「대작」(對作)을 보면 '많은 책들이 모두 진실을 잃고, 허망한 말이 진실보다 더 우세를 차지하고 있다.'고 하는 당시의 사회 속에서『논형』을 쓰게 됐다고 하는, 왕충의『논형』저술에 대한 동기가 밝혀져 있다. 이러한『논형』저술의 동기로부터 본다면, 당시의 인간이나 인간사회의 해석에 대한 왕충의 비판은, 그 해석이 진실하지 않다고 하는 해석의 방법에 관한 것임을 짐작할 수 있다.

이상에서 볼 때, 우선 왕충 당시의 사회적 분위기로서, 인간의 삶은 천에 의해서 지배되고 있다는 고대로부터의 사고방식을 확인할 수 있다. 또한 왕충의 비판으로부터 인간과 천에 대한 새로운 해석이 요구되는 분위기가 조성되고 있는 시기였다는 것도 알 수 있다. 이러한 점에 착안하여 본 절에서는, 당시의 일반적인 사회적 분위기로서의 인간의 삶에 대한 천의 해석 즉 운명관과 그에 대한 왕충의 비판을 살펴, 왕충의 운명관이 새로이 생겨나는 하나의 과정을 더듬어 보고자 한다.

『논형』에서는 당시의 운명관과 그에 대한 비판이, 「사휘」(四諱), 「난시」

왕충이 해석하는 기의 세계

(調時), 「기일」(譏日), 「복서」(卜筮), 「변수」(辨祟), 「난세」(難歲), 「힐술」(詰術) 등의 편을 통해서 전개되고 있다. 그래서 본 절에서는 이러한『논형』의 편들을 중심으로 왕충의 운명관의 변화를 살펴보고자 한다.

2. 왕충 이전의 운명관과 왕충의 비판

여기서는 「사휘」(四諱), 「난시」(調時), 「기일」(譏日), 「복서」(卜筮), 「변수」 (辨祟), 「난세」(難歲), 「힐술」(詰術)편에서 언급되고 있는, 당시의 천의 해석으로서의 금기사항 및 운명관과 그에 대한 왕충의 비판을 간단하게 정리하도록 하겠다.

1) 「사휘」(四諱)

사휘(四諱)란 네 종류의 기휘(忌諱)란 것으로, 이 편에서는 당시에 일반적으로 믿고 있던 네 종류의 금기사항에 대해서 언급하고, 거기에 대한 타당성을 실증적으로 검토하고 있다. 그럼 다음에 네 종류의 금기사항을 하나씩 살펴보고 그에 대한 왕충의 견해를 전체적으로 검토해 보도록 하겠다.

첫 번째 금기사항은 "서쪽으로 집을 증축하는 것을 꺼린다."(諱西益宅)라는 것이다. 이 금기사항의 이유로는 "서쪽으로 집을 증축하는 것을 불길하다고 하고, 불길에는 반드시 사망이 있다."[261]라는 당시의 일반적인 견해를 소개하고 있다.

---

261 「四諱」: 西益宅謂之不祥, 不祥必有死亡.

두 번째 금기사항은 "형벌에 처해져서 죄수가 된 사람을 꺼려서 묘에 참배하지 않게 한다."(諱被刑爲徒, 不上丘墓)라는 것이다.

세 번째 금기사항은 "부인(婦人)이 아이를 낳는 것을 꺼려서 불길하다고 한다."(諱婦人乳子, 以爲不吉)라는 것이다.

네 번째 금기사항은 "정월(正月)과 오월에 태어난 아이를 받아내는 것을 꺼린다."(諱擧正月五月子)라는 것이다. 여기에 대해서는 "정월과 오월에 태어난 아이는 아버지와 어머니를 죽이기 때문에 받아낼 수 없다."[262]라는 이유를 언급하고 있다.

이상의 금기사항과 당시의 견해에 대해서 그 진위를, 왕충은 '사물을 끌어서 그 언행을 실증한다.'[263]고 하는 실증적 방법론에 의해서 철저하게 검토하고 있다. 인간이 상식적으로 이해할 수 있는 범위 내에서 다방면의 예를 통해서, 이상에 열거한 당시의 금기사항은 진실이 아님을 밝히고 있다. 그리고 이러한 금기사항이 생겨나게 된 이유에 대해서도 자기 나름의 견해를 피력하고 있다. 그럼 다음에 금기사항의 발생에 대한 왕충의 견해를 살펴보도록 하자.

먼저 첫 번째 금기사항에 대한 왕충의 견해인데, 서쪽으로 증축하는 것이 불길하다고 하는 것은 의리(義理) 즉 예의(禮儀)의 측면에서의 금기이고, 길흉의 측면에서의 금기가 아니라고 한다. 구체적으로는, 서쪽은 존장자(尊長者)의 위치이고 서쪽으로 증축하는 것은 존장자를 늘리는 것이 되기 때문에, 도리로 봐서 좋지 않은 것이고 길흉에 관계되는 것은 아니라고 하고 있다.[264] 두 번째 금기사항에 대해서도 왕충은,

---

262 「四諱」: 以爲正月五月子, 殺父與母, 不得[擧也]. ※不得[擧也] : 의미상 '擧也'를 보충함.

263 『논형』「自然」: 道家論自然, 不知引物事以驗其言行. 故自然之説, 未見信也.

264 「四諱」: 實說其義, 不祥者, 義理之禁, 非吉凶之忌也. 夫西方, 長老之地, 尊者之位也. 尊長在西, 卑幼在東. 尊長, 主也, 卑幼, 助也. 主少而助多, 尊無二上, 卑有百下也. 西

흉악으로부터가 아니라 의리(義理)로부터 꺼리게 되었음을 말하고 있다.[265] 세 번째 금기사항에 대해서는, 사람으로 하여금 항상 청결하게 하도록 하고자 함에서 나왔다고 하고 있다.[266] 마지막 네 번째 금기사항에 대해서는, 정월과 오월에 태어난 아이는 정기(精氣)가 성하고 맹렬하여 부모가 환난을 당할 것이라고 하는 말이 헛되이 전해진 것이라고 하고 있다.[267]

이상에서 네 개의 금기사항과 왕충의 비판 및 금기사항의 발생에 대한 왕충의 견해를 살펴봤다. 당시의 이러한 금기사항에 대해서 왕충은 "대저 기휘(忌諱)는 한 가지가 아니지만, 반드시 신괴(神怪)에 의탁하고 혹은 사망을 설정하여, 그러한 후에 세상 사람들이 신용하여 두려워하고 피한다."[268]라고 하는 한마디로 요약하고 있다. 당시의 금기사항이 신비(神秘)나 괴이(怪異), 그리고 사망에 관련되어 있고, 사람들의 믿음을 통하여 당시 사회의 분위기로 되고 있음을 지적하고 있다.

2)「난시」(調時)

이 편에서는 세신(歲神)과 월신(月神)에 관한 금기를 이야기하고, 거기에 대한 비판을 전개하고 있다. 왕충은 세신(歲神)과 월신(月神)에 관한 당시의 속된 믿음으로서 다음과 같은 내용을 소개하고 있다.

益主, 益主不增助, 二上不百下也, 於義不善, 故謂不祥. 不祥者, 不宜也. 於義不宜, 未有凶也.

265 「四諱」: 實說其意, 徒不上丘墓有二義, 義理之諱, 非凶惡之忌也.

266 「四諱」: 實說, 諱忌產子乳犬者, 欲使人常自潔清, 不欲使人被污辱也.

267 「四諱」: 實說, 世俗諱之, 亦有緣也. 夫正月歲始, 五月盛陽, 子以生, 精熾熱烈, 厭勝父母, 父母不堪, 將受其患. 傳相放俲, 莫謂不然. 有空諱之言, 無實凶之效, 世俗惑之, 誤非之甚也.

268 「四諱」: 夫忌諱非一, 必託之神怪, 若設以死亡, 然后世人信用畏避.

세간에서는 토목공사를 시작할 때, 세신(歲神)이나 월신(月神)의 침해를 받으면, 침해받은 땅에서는 반드시 죽는 사람이 나온다고 한다. 가령 태세(太歲)가 자(子)에 있는 자년(子年)에, 세신이 유(酉 : 서쪽)를 침해하고, 인(寅)을 정월로 하는 월건(月建)에 따라서, 월신이 사(巳 : 동남쪽)를 침해하는데, 자(子)·인(寅)의 땅에서 공사를 시작하면, 유(酉)·사(巳) 방면의 집은 침해를 받는다. 침해된 집에서는 주문을 걸어, 오행의 사물로써 금목수화(金木水火)를 건다. 가령 세신과 월신이 서쪽의 집을 침해하면, 서쪽 집에서는 금속을 걸고, 세신과 월신이 동쪽 집을 침해하면, 동쪽 집은 목탄을 건다.[269]

당시에 유행하던 토목공사와 세신과 월신의 침해에 대한 믿음, 그리고 세신과 월신의 침해를 오행의 이치에 의해서 방어하는 방법을 이야기하고 있다. 물론 왕충은 세신과 월신의 침해에 관한 이야기는 허망한 이야기라고 하고 있다. 이 세신과 월신의 침해가 허망한 이야기라는 것을 밝힘에 있어서는 당연히 실증적 방법론을 활용하고 있다.

왕충이 실증적 방법을 사용함에 있어서는, 먼저 상대방의 이론을 가정하고, 그러한 가정 위에서 상식적이고 경험적으로 상대방의 이야기가 성립하지 못함을 증명하고 있다. 이 편에서는 세신과 월신의 침해와 관련하여, '벌'(罰)이나 '침해'(食)에 관한 예를 들고 있다. 그중 '침해'에 관한 예를 하나 들어 보면, "세(歲)와 월(月)에 신(神)이 있다면, 일(日)에도 신(神)이 있다. 세신이 침해(食)하고 월신이 침해(食)한다면, 일신(日神)이 어찌 침해(食)하지 않겠는가."[270]라고 하여, 세신과 월신에 관한

---

269 「調時」: 世俗起土興功, 歲月有所食, 所食之地, 必有死者. 假令太歲在子, 歲食於酉, 正月建寅, 月食於巳, 子寅地興功, 則酉巳之家見食矣. 見食之家, 作起厭勝, 以五行之物, 懸金木水火. 假令歲月食西家, 西家懸金, 歲月食東家, 東家懸炭.

270 「調時」: 歲月有神, 日亦有神, 歲食, 月食, 日何不食.

왕충이 해석하는 기의 세계

언급만 하고, 일신(日神)에 관한 언급이 없다고 하는 불철저함을 지적하면서, 세신과 월신의 침해에 관한 이야기가 성립하지 못함을 밝히고 있다.

3) 「기일」(譏日)

이 편에서는 주로 날(日)의 길흉과 강유(剛柔)를 들어서 이들에 대한 허망한 믿음을 물리치려고 하고 있다. 날(日)에 대한 당시의 허망한 믿음에 대해서 왕충은 다음과 같이 지적하고 있다.

> 세간의 사람은 이미 세시(歲時)(의 금기)를 믿고 있고, 또 날(日)(의 길흉)을 믿고 있다. 무언가를 할 때, 병사(病死)나 재환(災患)을 만나면, 큰 경우는 세(歲)·월(月)(의 금기)을 범하고 저촉했다고 하고, 작은 경우는 날(日)의 금기를 피하지 않았기 때문이라고 한다. 세(歲)·월(月)(의 금기)의 전서(傳書)가 이미 신용되고, 날(日)의 금기의 책도 유행하고 있다. 세간의 사람들은 마음을 맡겨서 그것을 믿고, 변론을 잘 하는 사람도 (그 불합리를) 확정할 수가 없다. 그래서 세간의 사람들은 무언가를 할 때, 마음에 생각하지 않고 날(日)에 맞추고, 도리로부터 생각하지 않고 때(時)에 맞춘다.[271]

세(歲)와 월(月)의 금기뿐만 아니라 날(日)의 금기도 당시에 유행하고 있고, 당시의 사람들이 날(日)의 금기를 얼마나 신용하고 있었는가를

---

271 「譏日」: 世俗既信歲時, 而又信日. 舉事若病死災患, 大則謂之犯觸歲月, 小則謂之不避日禁. 歲月之傳既用, 日禁之書亦行. 世俗之人, 委心信之, 辯論之士, 亦不能定. 是以世人舉事, 不考於心而合於日, 不參於義而致於時.

지적하고 있다. 이러한 날(日)의 금기에 관한 책은 많은데, 이 편에서 소개하고 있는 것을 열거해 보면 다음과 같다.

① 장력(葬歷)에, 매장은 구공(九空)·지함(地臽)(의 불길한 날)을 피하고, 날(日)의 강유(剛柔)나 월(月)의 기수(奇)·우수(偶)까지 주의하라고 하고 있다.[272]

② 제사의 역일(歷日)에도 길한 날과 흉한 날이 있다.[273]

③ 목서(沐書)에, 자(子)의 날에 머리를 감으면, 사람으로 하여금 귀엽게 여기게 하고, 묘(卯)의 날에 머리를 감으면, 백발이 되게 한다.[274]

④ 옷을 만드는 것에 관한 책이 있고, 그 책에는 만드는 날의 길흉이 적혀져 있다.[275]

⑤ 장인의 책에, 집을 기공하거나 지붕을 덮는 것은 반드시 날을 택해야 한다고 한다.[276]

⑥ 글을 배움에 병일(丙日)을 꺼리고, 창힐(倉頡)이 병일(丙日)에 죽었기 때문이라고 한다.[277]

이러한 날(日)의 금기에 대해서도 실증적 방법에 의해서 그 근거가 없음을 이야기하고 있다. 특히 ①의 경우는 과거의 예를 통해서,[278] 또

---

272 「譏日」: 葬歷曰, 葬避九空地臽, 及日之剛柔, 月之奇耦.

273 「譏日」: 祭祀之歷, 亦有吉凶.

274 「譏日」: 沐書曰, 子日沐, 令人愛之, 卯日沐, 令人白頭.

275 「譏日」: 裁衣有書, 書有吉凶.

276 「譏日」: 工伎之書, 起宅蓋屋必擇日.

277 「譏日」: 又學書諱丙日, 云倉頡以丙日死也.

278 「譏日」: 春秋之時, 天子諸侯卿大夫死以千百數, 案其葬日, 未必合於歷.

한 ②의 경우는 사실은 제사에는 귀신이 없고, 죽은 사람에게는 지각이 없다,[279] 라고 하는 자신의 견해와 함께 그 근거가 없음을 지적하고 있다.

4) 「복서」(卜筮)

여기서는 복서(卜筮)라고 하는 점치는 방법 자체에 대한 문제점을 지적하고 있다. 왕충은 당시 사람들의 복서에 대한 신념에 대해서,

> 세속은 복서를 믿고서, 말하기를, 복(卜)이란 천에 묻고, 서(筮)란 지(地)에 묻는데, 시초(蓍草)와 귀갑(龜甲)은 신령하여서 점의 결과가 대답하고 응한다. 그래서 사람들의 의론을 버리고 복서를 따르고, (의론의) 가부(可否)를 피하고 (복서의) 길흉을 믿는다, 라고 한다.[280]

라고 지적하면서, 사실은 "복서는 천지에 묻지 않고, 시초나 귀갑은 반드시 신령한 것은 아니다"[281]라고 하고 있다. 시초나 귀갑에 대한 경험적인 해석뿐만 아니라, 천지에의 물음에 대해서도, 천지에는 입이나 귀가 없기 때문에 물을 수 없음을 지적하고 있다.[282] 그렇지만 왕충은 복서에 의해서 점치는 것 전체를 허망한 믿음으로 간주하고 있는 것은 아니다. 복서에 의한 점의 결과는 정확하게 나타나 있지만, 점치는 방법이 정교하지 못하여 그 길흉의 판단이 사실과 다를 뿐임을 이야기하

---

279 「譏日」: 實者, 百祀無鬼, 死人無知. 百祀報功, 示不忘德.
280 「卜筮」: 俗信卜筮, 謂卜者問天, 筮者問地, 蓍神龜靈, 兆數報應, 故捨人議而就卜筮, 違可否而信吉凶.
281 「卜筮」: 卜筮不問天地, 蓍龜未必神靈.
282 「卜筮」: 且天地口耳何在, 而得問之.

고 있다.[283] 여기에 대해서는 다음 절에서 자세하게 언급하고 있다.

5) 「변수」(辨祟)

이 편에서는 귀신의 재앙을 믿는 속신(俗信)에 대해서 반박하고 있다.

세간에서는 귀신의 재앙을 믿어서, 생각하기를, 사람의 질병이나 사망, 그리고 재난을 당하고 죄를 입고, 모욕이나 조소를 당하는 것은, 모두 (귀신이) 재앙을 내렸기 때문이다. 기공(起工), 이사(移徙), 제사(祭祀), 장례(葬禮), 작업(作業), 임관(任官), 결혼(結婚)에 길일을 택하지 않고, 세신(歲神)이나 월신(月神)을 피하지 않으면, 귀(鬼)에 저촉되고 신(神)을 만나서, 때를 기피함에 저촉되어 해가 될 것이다. 그러므로 병에 걸려서 재앙을 낳고, 법망에 걸려서 유죄로 되고, 사망에 이르고, 가(家)를 쓰러뜨리고 문(門)을 멸망시킨다. 모두 다 신중하지 않고 기휘(忌諱)에 저촉되는 것을 한 결과이다, 라고 하고 있다. 실제로 그것을 논한다면 곧 망언이다.[284]

이러한 속신(俗信)을 망언이라고 비판하고 있는 것은, 물론 그의 실증적 방법론에 의거하고 있는데, 한편에서는 공자의 "사생(死生)은 명(命)이 있고, 부귀는 천에 있다"[285]라고 하는 말을 근거로 하고 있기도 하

---

283 「卜筮」: 蓋兆數無不然, 而吉凶失實者, 占不巧工也.

284 「辨祟」: 世俗信禍祟, 以爲人之疾病死亡, 及患疾被罪, 戮辱懽笑, 皆有所犯. 起功移徙祭祀喪葬行作入官嫁娶, 不擇吉日, 不避歲月, 觸鬼逢神, 忌時相害. 故發病生禍, 絓法入罪, 至于死亡, 殫家滅門. 皆不重慎, 犯觸忌諱之所致也. 如實論之, 乃妄言也.

285 「辨祟」: 孔子曰, 死生有命, 富貴在天. 이 말은 「논어」「안연편」에 있는 말인데, 공자의 말이 아니라 子夏가 들은 말이다.

　　　　　　　　　　　왕충이 해석하는 기의 세계

다. 말하자면 생사와 부귀는 천과 관련되는 것이기 때문에 귀신의 재앙이라고 하는 것은 터무니없는 거짓말이라고 하는 것이다. 여기에 대해서는 다음의 「왕충의 운명관」에서 자세하게 언급될 것이다.

6) 「난세」(難歲)

이 편에서는 당시에 믿고 있던 이사법(移徙法)에서의 금기사항을 들어서 비판하고 있다. 왕충은 이사법(移徙法)에 대해서 다음과 같이 인용하고 설명하고 있다.

> 이사법(移徙法)에 '이전(移轉)할 때 태세(太歲)가 있는 방향으로 가서 저촉되면 흉하고, 태세(太歲)에 반대 방향으로 가는 것도 역시 흉하다.'라고 한다. 태세(太歲)에 저촉되는 것을 이름하여 세하(歲下)라고 하고, 태세(太歲)에 반대 방향으로 가는 것을 이름하여 세파(歲破)라고 하는데, 물론 둘 다 흉하다. 가령 태세(太歲)가 자(子)의 위치에 있으면, 천하 사람은 모두 남쪽이나 북쪽으로 이전해서는 안 되고, 집을 짓거나 혼인의 경우도 모두 피한다. 그러나 동쪽이나 서쪽으로 이전하거나 혹은 사방의 구석으로 가는 것은 다 길하다. 왜냐하면 태세(太歲)와 서로 접촉하지 않고, 또한 태세가 향하는 길에 저촉되지 않기 때문이다.[286]

당시의 이사법(移徙法)에, 태세(太歲)[287]와 관련한 금기사항이 있음을

---

286 「難歲」: 移徙法曰, 徙抵太歲凶, 負太歲亦凶. 抵太歲名曰歲下, 負太歲名曰歲破, 故皆凶也. 假令太歲在甲子, 天下之人皆不得南北徙, 起宅嫁娶亦皆避之. 其移東西, 若徙四維相之如者, 皆吉. 何者, 不與太歲相觸, 亦不抵太歲之衝也. ※'甲子'의 '甲'은 衍文. 黃暉의 설에 따름.

지적하고 있는데, 여기에 대해서도 물론 실증적으로 검토하고 있다. 태세(太歲)라고 하는 그 자체를 중심으로, 중국이라고 하는 지역에 관한 이론이나 세(歲)라고 하는 시간적 특징 등을 경험적으로 논하면서, 태세(太歲)에 관련된 금기사항은 거짓임을 주장하고 있다.

7) 「힐술」(詰術)

이 편에서는 도택술(圖宅術)이라고 하는 주택의 길흉을 보는 술(術 : 방법)을 들어서 비판하고 있다.

도택술(圖宅術)에 말하기를, 주택에 (그 길흉을 보는) 여덟 가지 방법이 있고, 육십갑자의 이름과 숫자로써 그 순서를 정하고, 순서가 정해지면 (갑자와의 관계의) 명칭도 확정되고, (그 주택에 맞는) 궁상(宮商 : 五音)도 구별되게 된다. 주택에는 오음(五音)이 있고, 성(姓)에는 오성(五聲)이 있다. 주택이 그 (집 사람의) 성(姓)과 적합하지 않고, 성(姓)과 주택이 서로 해치면, 병에 걸리고 사망하거나, 죄를 짓고 재앙을 만나거나 할 것이다, 라고 한다.[288]

이 도택술(圖宅術)에는 육십갑자와 오음(五音)이 관계되고 있고, 그래서 왕충은 주택에 갑을(甲乙)의 신(神)이 있다고 하는 사실에 대한 비판과

---

287 太歲란 歲星(木星)의 운행에 따라 좌우 대칭되는 곳에서 움직이는 像을 말한다. 운행하는 실체는 歲星(木星)이지만 그 像인 太歲에 의해서 그 해가 결정된다. 이 太歲가 움직이는 위치는 십이지의 순서이고, 그래서 역법에서 십이지에 의해서 年次를 정하고 있다.

太歲	寅	卯	辰	巳	午	未	申	酉	戌	亥	子	丑
歲星	丑	子	亥	戌	酉	申	未	午	巳	辰	卯	寅

288 「詰術」: 圖宅術曰, 宅有八術, 以六甲之名, 數而第之, 第定名立, 宮商殊別. 宅有五音, 姓有五聲. 宅不宜其姓, 姓與宅相賊, 則疾病死亡, 犯罪遇禍.

오음가(五音家)에 대한 비판을 통해서 도택술을 비판하고 있다. 또한 왕충은 도택술에 "(성이) 상음(商音)에 속하는 집의 문은 남향은 좋지 않고, 치음(徵音)에 속하는 집의 문은 북향은 좋지 않다."[289]라고 하고 있는 문장을 인용하면서, 오행설에 의거하고 있는 도택술도 비판하고 있다.

3. 왕충의 운명관

왕충의 눈에 비친 당시의 사회의 모습은 다음의 말로 정리될 수 있다.

세간의 사람은 요행을 바라는 마음이 있어서 즐겨 금기를 믿고, 지식인이라도 그것을 의심은 하지만 사실을 확정할 수는 없다. 그래서 바른 학문을 하는 유자(儒者)까지도 승인하고, 점치는 사람이 우세를 점한다. 길흉에 관한 책이 유가 경전의 뜻을 공격하고, 점치는 사람의 설명이 바른 학문을 하는 유자(儒者)의 의론을 능가한다.[290]

당시의 사람들이 금기를 믿고 길흉을 점치고 하는 것은, 당시의 사람들에게 있어서는 어느 정도 믿음의 대상이었는지 모르겠지만, 왕충에게는 그러한 것들이 미신으로밖에 여겨지지 않았다고 하겠다. 그런데 여기서 한 가지 주의해야 할 점은, 현재의 과학적인 입장에 서서 왕충의 사상을 무비판적으로 해석해서는 안 된다고 하는 점이다. 왕충

---

289 「詰術」: 圖宅術曰, 商家門, 不宜南向, 徵家門, 不宜北向.

290 『논형』「難歲」: 俗人險心, 好信禁忌, 知者亦疑, 莫能實定. 是以儒雅服從, 工伎得勝. 吉凶之書, 伐經典之義, 工伎之說, 凌儒雅之論.

역시 천을 모든 것이 거기에서 나오는 근본존재로 간주하고 있었고, 단지 그 설명방법이 달랐을 뿐이기 때문이다. 왕충의 설명방법은 앞서 언급했듯이 실증적 방법인데, 이 실증적 방법으로 논할 경우에 당시의 금기라든가 길흉에 대한 생각이 미신 즉 근거 없는 믿음이 되어버린다고 하는 것이다. 이러한 왕충의 생각에서 본다면, 당시 사람들의 천에 대한 믿음은 근거 없는 믿음이 되고, 왕충의 천에 대한 믿음은 근거 있는 믿음이 된다. 이러한 믿음에 있어서의 입장은, 단순한 믿고 안 믿고 의 문제가 아니라, 삶의 방식에 관련되는 문제이기 때문에, 운명관을 결정하고 사회의 모습을 결정하는 요소가 된다.

앞에서 본 당시의 일반적인 운명관은, 시간과 공간 전체에 신의 존재를 인정하고, 인간은 이러한 신에 의해서 그 운명이 좌우되고 있다고 하는 입장이다. 말하자면 인간의 운명이 인간 외적 존재에 의해서 수시로 바뀔 수 있다고 하는 운명관이다. 여기에 대한 왕충의 실증적인 입장에서의 비판은, 당시의 운명관에 대한 비판임과 동시에 당시의 사회에 대한 새로운 해석이기도 하다. 왕충이 당시의 금기사항을 실증적인 방법에 의해서 합리적으로 해석했다는 것은, 인간사회 속에서 신비하고 괴이한 것이나 비합리적인 측면을 배제했다는 것이 된다. 물론 이 신비하고 괴이한 것이라든가 비합리라고 하는 것은 관점에 따라 바뀌는 것이다. 금기사항을 믿는 사람에게 있어서는, 그 믿음으로 인해서, 신비·괴이나 비합리는 실제와 합리로 간주되게 된다. 왕충은 경험적 사실에 의해서 실제로 증명할 수 없는 부분에 대해서는 허망과 비합리로 간주하고 있다. 따라서 금기사항을 믿는 사람에게 있어서의 실제와 합리가, 왕충에게 있어서는 허망과 비합리로 된 것이다.

왕충이 살던 당시에는 이미 음양의 기나 오행으로 천을 설명하고 인간사회를 설명하고 있었고, 따라서 천을 단순한 믿음의 대상으로 삼

왕충이 해석하는 기의 세계

고 있었던 시대는 아니었다. 『춘추번로』를 보면, 의지적이고 신적(神的)인 천과 인간(인간사회)의 관계에 대해서, 음양이나 오행을 사용하여 철저하게 설명하고 있는데, 그때의 시대적 분위기를 전달하는 대표적 저술이라 하겠다. 이러한 시대적 분위기가 왕충의 비판의 대상이 된 각종 금기사항의 배경으로 자리 잡고 있다. 세신(歲神), 월신(月神), 일신(日神)과 같이 시간의 단위에 그 시간을 관장하는 신(神)을 상정하고 있는 것은, 의지적이고 신적(神的)인 천을 인간사회의 근본으로 설명하고 있는 시대에서는 자연스러운 인간 지식의 발로였다고 할 수 있다. 갑을(甲乙)의 신(神)의 경우도 같은 맥락에서 이해될 수 있다. "주택을 헤아리는데 이미 갑을로써 하고 있고, 오행가(五行家)는 날(日)을 헤아리는데도 항상 갑을을 사용한다."[291]라는 말로부터 본다면, 갑을 즉 육십갑자라는 개념은 일찍부터 있어 왔고, 이 갑을이 갑을의 신의 모습으로서 주택과 결합했을 때, 앞에서 언급했던 도택술(圖宅術)이라고 하는 주택의 길흉을 보는 술(術 : 방법)도 생겨났다는 것을 알 수 있다. 또한 지금의 인용문으로부터 오행과 천간지지(天干地支)의 결합이 이때는 이미 일반적인 사실로 되어 있었다는 것도 볼 수 있다. 이러한 시대적 분위기 속에서 왕충은 그러한 시대적 분위기를 비판의 눈으로 바라보고 있었던 것이다.

그렇지만 왕충은, 근본존재로서의 천의 해석에 있어서, 음양의 기와 오행을 사용할 수밖에 없다는 당시의 인간 지식의 한계 속에서 벗어나지 못하고 있었다. 따라서 왕충의 비판은, 금기사항의 배경으로 자리 잡고 있는, 음양의 기나 오행으로 천을 설명하고 인간사회를 설명하는 것 그 자체에 대한 비판이 아니라, 실증적 방법으로 설명하지 않는다

---

291 『논형』「詰術」: 數宅既以甲乙, 五行之家數日, 亦當(常)以甲乙. ※'當'은 '常'으로 해야 함. 黃暉의 설에 따름.

고 하는 그 설명방법에 대한 비판이 되고 있다. '사물을 끌어서 그 언행을 실증한다'고 하는 왕충의 실증적 방법은, 말하자면 천을 설명함에 있어서 경험적으로 인식 가능한 범위 안에서 해야 함을 말하고 있는 것이 된다. 경험적으로 인식 가능한 범위 안에서 천을 설명한다고 하는 것은, 천이 비록 근본존재이기는 하지만, 인간 인식으로 인식 가능한 한계 내에서의 천으로 간주해버리는 것이 된다.

이러한 왕충의 인식론적 관점은, 당시의 신(神)으로서의 천에 대한 인식론적 관점과는 정반대라고 할 수 있다. 인간에 있어서 신이란 인간 인식의 범위를 초월한 존재이다. 당시의 금기사항과 관련된 신 역시 인간 인식을 초월한 존재로서 취급되고 있다. 그래서 그 신을 인식의 대상으로 취급하는 것이 아니라, 단지 신의 뜻에 거스르지 않고 복서(卜筮) 등을 통해서 신의 뜻을 헤아리려고 하고 있을 뿐이다. 이렇게 당시의 천에 대한 인식과는 정반대의 인식론적 입장을 취한 왕충은, 당시의 사람들과 동일한 철학적 천관의 입장에 서 있었지만, 당시의 금기사항을 철저하게 비판할 수밖에 없었고, 그 결과 왕충 나름의 새로운 가치관과 새로운 운명관이 전개되게 되었다.

왕충의 실증적 방법에 의한 당시 사회의 비판의 중심에는 천이 있다. 천이란 당시에 있어서 근본존재이고, 이 근본존재에 대한 설명이 다른 모든 존재나 사실의 설명의 중심이 되기 때문이다. 왕충의 천에 대한 설명은 이미 「천론」에서 살펴봤다. 왕충의 천론을 성립시키고 있는 기본 입장을 다시 한 번 확인하면, 바로 「자연편」의 '유가는 부부의 도를 설명함에 그 기준을 천지에서 취한다. 부부가 천지를 기준으로 하는 것을 알면서도 부부의 도를 미루어서 천지의 본성을 논하는 것을 알지 못하니 도리에 어둡다고 해야 하겠다.'라고 하는 문장이다. '천지는 부부'라고 하는 입장에 서서, 천을 지(地)와 같은 정도의 인식대상으로 삼아서 논하고 있다. 그렇지만 천지가 부부라고 하는 사실에 대해서는 경험적으로 인식할 수가 없다. 그래서 왕충은 유가의 '부부는 천지를 기준으로 한다'는 이론을 빌려 와서, 천지가 부부라고 하는 사실의 근거로 삼고 있다. 천지부부를 출발점으로 하여 실증적으로 이론을 전개하고 있는 왕충에게 있어서, 이 유가의 이론은 왕충 이론의 초석 역할을 하고 있다. 그만큼 이 유가의 이론이 왕충 이론에 있어서 중요한 역할을 하지만, 이 유가의 이론은 실증적 방법에 의해서 도달한 이론이 아니다. 왕충이 실증적 방법을 그렇게 강조하면서, 자신의 이론 전개의 기초를 실증적 방법에 의한 이론이 아닌 유가의 이론에 두고 있다는 것은, 인간으로서의 지식의 한계이고 왕충의 시대적 한계라고 하겠다. 천지가 부부라고 할 만한 경험적 지식을 인간이 갖기는 어렵다. 그렇지만 왕충 당시의 시대에는, 천인관계를 믿고 있었고, 그러한 믿음 위에서 천인관계에 대한 설명을 시도하고 있었다. 왕충의 경우는 이 천인관계를 실증적 방법으로 설명하고자 했고, 그때 천지부부에 대한 지식의 부족으로, 신념으로 가지고 있던 천지부부에 대한 유가의 이론을 무비판적으로 쓰게 되었다는 것이다.

여기서 왕충의 비판의 한계로서, 실증적 방법을 철저하게 구사하지 못했다고 하는 것을 지적할 수 있는데, 이것은 바로 신적(神的)인 천의 모습의 수용이기도 하다. 말하자면 실증적 방법의 강조는 이전의 천인관계를 부정하기 위한 것이 아니라, 신적(神的)인 천의 모습을 음양의 기나 오행으로 새로이 설명하기 위한 것이었던 것이다. 이렇게 해서 왕충에 있어서, 천지는 부부이면서, 천은 지(地)와 같은 인식대상이 되었다. 이러한 사실로부터 왕충은 자연스럽게 '천은 형체를 가지고 있고 평평하다'고 하여, 그 이전과는 달리 천을 인식 가능한 형체를 가진 대상으로 바꾸어 놓았다. 지(地)와 같은 형체를 가지고 있기 때문에 천에는 입이라든가 눈과 같은 것이 없고, 그래서 천의 작용은 '자연무위'라고 하여 황노(黃老)의 사상을 인정할 수밖에 없었다고 할 수 있다.[292] 또한 천은 근본존재이기 때문에 지상세계의 모든 것을 이 천으로부터 설명하지 않으면 안 되는데, 왕충은 이 문제 또한 천지부부라는 사실로부터 설명해 가고 있다. 그래서 「천론」에서 언급했듯이 천지대응관계로서 지상세계를 설명하고, 인간사회 안에서의 부귀 등은 인간이 태어날 때 받는 천상세계의 기에 의해서 결정됨을 이야기하고 있다. 또한 천은 형체를 가진 물체에 불과하고, 천의 운행은 기를 베푸는 것에 불과하다고 할 때, 인간의 생사의 운명이나 수명 등은 기를 받을 때 결정된다고 할 수밖에 없다. 인간이 태어난 이후에는 천과 관계를 가질 수가 없기 때문이다.

이러한 왕충의 부귀빈천이나 생사의 운명 등에 관한 이론은, 한번 결정되면 변하지 않는 숙명론이 된다. 그리고 당시에 일반적으로 믿고 있었던 것처럼, 왕충도 숙명적으로 결정되는 인간의 운명에 대해서 알 수 있다고 주장하고 있다. 그렇지만 왕충에 있어서 운명을 아는 방법은, 천과의 관계 속에서 천의 뜻을 헤아린다거나 하는 방법은 될 수가 없다. 왜냐하면 천은 형체를 가진 물체이면서, 천의 운행은 자연무위로서 의지가 없고, 천은 단지 기를 베푸는 존재에 불과하기 때문이다. 즉 인간의 운명은 천의 내면이 아니라 천의 외면적인 조건인 별의 지위나 기의 많고 적음 등에 의해서 우연적으로 결정되기 때문이다. 그렇다면 왕충은 어떠한 방법으로 인간의 운명을 알 수 있다고 하고 있는가. 왕충의 견해는 다음과 같다.

---

292 「논형」「譴告」: 夫天道, 自然也, 無爲. … 黃老之家, 論說天道, 得其實矣.

사람들이 명(命)은 알기 어렵다고 말하는데, 명(命)은 굉장히 알기
쉽다. 그것을 아는 데는 무엇으로써 아는가. 골체(骨體)로써 안다.
사람은 명(命)을 천에서 받게 되면, 그 표후(表候)가 신체에 나타나
있다. 표후(表候)를 살펴서 명(命)을 아는 것은, 두곡(斗斛 : 곡식을 되는
말과 휘)을 살펴서 그 내용이 어느 정도인가를 아는 것과 같다. 표후
(表候)란 골법(骨法)을 말함이다.[293]

인간이 태어날 때 결정되는 운명은 인간의 골법(骨法)에 나타나게 되
고, 이 골법을 살피면 인간의 운명을 알 수 있다고 하고 있다. 이 골법
은 우연적으로 결정된 결과이다. 그렇기 때문에 운명이 골법으로 나타
나기 전까지는 그 사람의 운명은 알 수가 없다. 운명이 골법으로 나타
난다는 것은 곧 인간의 운명이 인간의 경험적인 인식대상이 될 수 있
다는 것이다. 왕충의 천에 관한 관점이나 실증적 방법론으로부터 볼
때, 골법에 의한 운명 판단법은 필연적 귀결이었다고도 할 수 있다. 이
러한 골법에 의한 운명 판단법은, 「골상편」(骨相篇)에 관상에 관한 사례
가 있는 것으로 봐서 당시에 이미 있었던 방법이라고 생각한다.[294] 그
러나 천에 관한 설명으로부터 이론적으로 골법의 배경을 설명하고 있
는 것은 왕충이 처음이라고 생각한다.

　인간의 운명까지도 인간의 경험적인 인식대상으로 이론을 세우고 있
는 왕충이, 당시의 근거 없는 막연한 금기사항이나 운명 판단법에 대
해서 신랄한 비판을 가한 것은 당연했다고 하겠다.

---

293 『논형』「骨相」: 人曰命難知, 命甚易知. 知之何用. 用之骨體. 人命稟於天, 則有表候
[見]於體. 察表候以知命, 猶察斗斛以知容矣. 表候者, 骨法之謂也. ※'候'아래에 '見'
을 첨가함. 黃暉의 설에 따름.

294 『史記』「准陰侯列傳」에도 '貴賤在於骨法'이란 말이 보이고 있다.

4. 맺음말

이상에서 왕충 당시에 일반적으로 믿고 있었던, 금기사항 등을 그 내용으로 하고 있는 운명관과 여기에 대한 왕충의 비판 및 왕충의 운명관에 대해서 보아 왔다. 당시의 신(神)으로서의 천을 중심으로 하는 운명관에 대해서, 왕충은 인간의 입장에서 인식이 가능한 천을 제시하고 숙명론적인 운명관을 주장했다. 이러한 인식의 전환은 인간들의 지식의 증가에 의해서 가능했다고 생각한다. 왕충도 인간의 운명은 천과 관련되며 또한 운명을 점칠 수 있다는 그 이전의 사고방식의 한계를 벗어나지 못하면서도, 운명을 인간 인식의 대상으로 삼았다는 것은 획기적이었다고 할 수 있다. 왕충에 있어서 운명은, 더 이상 신비한 방법을 통해서 천의 뜻을 헤아려야 알 수 있는 그런 대상이 아니라, 인간이 보고 분석하고 판단할 수 있는 대상으로 바뀐 것이다. 말하자면 천뿐만 아니라 운명에 대해서도 더욱 합리적으로 해석하기 시작했다는 것이다.

이러한 왕충의 운명에 대한 해석은, 후세의 오행에 의한 운명 해석의 가능성을 남겨 놓았다고 할 수 있다. 왕충은 기(氣)와 성(性)과 운명(命)을 그 내용에 있어서 동일한 것으로 취급하고 있다. 또한 한 사람의 몸에 오행의 기를 가지고 있다고 하고 있다. 이렇게 보면 성(性)이나 운명(命)과 관련되는 기(氣)란 그 내용에 있어서는 오행의 기임을 알 수 있다. 여기서 왕충의 골법에 의한 판단은 운명을 결정하는 오행의 기를 통한 판단과도 같은 결과를 얻을 수가 있고, 또한 운명을 오행의 기와 관련하여 설명할 수 있다는 가능성이 왕충에 의해서 제시되고 있었다는 것을 엿볼 수 있다.

3절 인간사회의 길흉의 판단방법
- 길흉의 판단방법을 통해 본 왕충의 복서관(卜筮觀)

1. 머리말

왕충은 『논형』 「복서편」(卜筮篇)에서 "복서(卜筮)는 천지에 묻지 않고, 시초(蓍草)나 귀갑(龜甲)은 반드시 신령한 것은 아니다."[295]라고 하고, 귀 갑이나 시초를 단순한 "죽은 거북의 뼈, 죽은 시초의 줄기"(枯龜之骨, 死 蓍之莖)로 간주하고 있다. 왕충은 당시에 일반적으로 믿고 있던 복서 에 대한 비판으로서 이러한 주장을 하고 있다. 왕충이 비판하는 당시 의 복서에 대한 믿음의 근거는 『주역』 「계사전」(繫辭傳)에서 쉽게 찾아볼 수 있다. 『주역』 「계사상」에 "시초의 덕은 둥글고 신묘하다."(蓍之德, 圓而 神), "천이 신물(神物 : 蓍龜)을 낳고"(天生神物)[296] 등의 말이 있고, 시초나 귀갑을 신물(神物)로 취급하고 있음을 볼 수 있다. 말하자면 왕충의 비 판은 결국 『주역』 「계사전」의 복서에 대한 비판이 된다.

그런데 왕충은 한편에서는 "복서는 쓸 수 없는 것이 아니라 복서를 하는 사람의 점이 잘못되는 것이다."[297]라고 하여, '복서의 점' 자체는 인정하고 있다. 그렇다고 한다면, 왕충은 한편에서는 『주역』 「계사상」 에서 이야기하고 있는 '신물(神物)로서의 시초나 귀갑'을 부정하면서, 또 한편에서는 '복서의 점' 자체는 인정하고 있는 것이 된다. 이러한 왕 충의 생각은 점치는 방법에 관한 문제가 된다. 말하자면, '복서의 점'은

---

295 『논형』 「卜筮」 : 卜筮不問天地, 蓍龜未必神靈.

296 『주역본의』에서, 神物은 蓍龜라고 하고 있다.

297 『논형』 「卜筮」 : 夫卜筮非不可用, 卜筮之人, 占之誤也.

인정하지만 시초나 귀갑을 신물(神物)로 여기는 방법으로는 '복서의 점'을 칠 수가 없다는 것이 된다.

『논형』에 의한다면 왕충 당시에도 『주역』 「계사전」과 같은 점치는 방법을 일반적으로 믿고는 있었다고 하지만, 왕충이 그러한 「계사전」의 점치는 방법을 철저하게 비판하고 있다는 것은, 당시의 사상계에 점치는 방법에 관한 많은 변화가 있었다는 것을 이야기하는 것이 된다. 이러한 당시의 점치는 방법에 관한 변화는 당연히 당시의 사상의 흐름 속에서 이해해야 할 문제가 된다. 또한 거꾸로 당시의 점치는 방법을 둘러싼 문제에 대한 이해를 통해서 당시의 사상의 흐름을 더욱 깊이 그리고 현실적으로 이해할 수도 있다고 생각한다.

그래서 본 절에서는, 점치는 방법의 변화와 사상의 흐름에 초점을 맞추어, 구체적으로는 『주역』 「계사전」의 점치는 방법에서 어떻게 해서 왕충이 주장하는 복서관(卜筮觀)으로 바뀌게 되는지를 살펴보고자 한다. 또한 이러한 본 절에서의 목적을 달성하기 위한 방법으로, 점의 목적인 길흉의 판단을 중심으로 논점을 전개해 가고자 한다.

2. 『주역』 「계사전」의 길흉의 판단방법

인간에게 있어서 길흉을 점친다는 것은 미래에 있어서의 길흉을 판단하는 것이다. 아직 오지 않은 시간에 있어서의 길흉을 판단한다는 것은, 길흉을 인간의 삶의 모습으로서 존재한다고 믿고 있었다는 것이 된다. 그렇다면 『주역』 「계사전」에서는 이 길흉에 대해서 어떻게 설명하고 있을까. 먼저 다음 문장을 보도록 하자.

왕충이 해석하는 기의 세계

역(易)에 태극(太極)이 있으니, 태극(太極)이 양의(兩儀)를 낳고 양의(兩儀)가 사상(四象)을 낳고 사상(四象)이 팔괘(八卦)를 낳으니, 팔괘(八卦)가 길흉(吉凶)을 정하고 길흉(吉凶)이 큰 사업(事業)을 낳는다.[298]

태극에서 양의·사상을 거쳐 팔괘가 나오게 되면 길흉이 정해진다고 하고 있다. 구체적으로는 팔괘가 길흉을 정한다고 하고 있지만, 팔괘의 근원은 태극이기 때문에 길흉의 근원도 태극이 된다. 이러한 사실을 "천은 상(象)을 드리워 길흉을 나타낸다."[299]라고 표현하고 있기도 하다. 이처럼 「계사전」에서는 길흉의 근원을 천에 두고 있다. 길흉의 근원이 천에 있다고 하는 것은, 길이나 흉이라고 하는 것은 인간과 관계없이 천에 의해서 정해진 인간사회의 요소라고 하는 것이 된다. 따라서 「계사전」에 의한다면, 길흉의 길은 인간의 의지를 벗어나 있고, 그렇지만 인간은 그 길을 갈 수밖에 없게 된다.

천에 의해서 정해진 인간사회의 길흉의 길은 바로 인간사회의 가치기준이 된다. 길흉이라는 말의 의미 그대로, 길(吉)의 길은 가치 있는 길이고, 흉의 길은 가치 없는 길이 된다. 「계사전」에서는 이러한 길흉의 의미를 '득'(得)과 '실'(失)로 설명하고 있다.[300] 가치 있는 삶의 방법을 얻는(得) 것이 길(吉)이고, 가치 있는 삶의 방법을 잃는(失) 것이 흉(凶)이 된다.

천에 의해서 가치 있고 가치 없는 길이 정해져 있고, 인간은 그 길을 갈 수밖에 없고, 그런데 그 길을 알 수 있다면 인간은 알려고 노력

---

298 『주역』「계사상」: 易有太極, 是生兩儀, 兩儀生四象, 四象生八卦, 八卦定吉凶, 吉凶生大業.

299 『주역』「계사상」: 天垂象, 見吉凶.

300 『주역』「계사상」: 吉凶者, 言乎其失得也.

할 수밖에 없다. 「계사전」의 "성인이 괘를 만들어 상(象)을 보고 말을 달아 길흉을 밝힌다."[301]라는 말로부터 본다면, 길흉은 이미 성인에 의해서 밝혀져 있고, 따라서 알려고만 한다면 누구든지 알 수 있는 것이 된다. 그렇다면 남은 문제는 '어떠한 방법으로' 미래에 닥칠 자신의 길흉을 알 수 있는가 하는 것이다. 이 미래의 길흉을 아는 방법이 바로 점(占)이다.[302]

「계사전」에는 이 점(占)의 대략이 밝혀져 있다. 섬을 치는 방법을 통해서 찾는 것은 바로 괘이다.[303] 이 자신이 원하는 괘를 찾음으로써 성인이 밝혀놓은 길흉을 알 수 있게 된다. 그렇기 때문에 「계사전」에서의 점의 대략은 바로 괘를 찾는 방법이 된다. 그런데 앞의 인용문에서 볼 수 있듯이, 팔괘는 태극·양의·사상을 거쳐 나오게 된다. 그렇다면 점을 쳐서 괘를 찾는 방법도 팔괘가 생성되는 길과 무관할 수는 없을 것이라 생각된다. 이러한 사실은 「계사전」의 다음과 같은 점을 치는 방법에서 확인할 수 있다.

> 대연(大衍)의 수(數)는 50이고, 그 씀은 49이다. 이를 나누어 둘로 만들어 양의(兩儀)를 상징하고, 하나를 걸어서 삼재(三才)를 상징하고, 넷으로 세어 사시(四時)를 상징하고, 남는 것을 늑(扐 : 손가락 사이에 끼움)에 돌려 윤달을 상징하니, 5년에 윤달이 두 번이므로 두 번 늑(扐)한 뒤에 건다. … 이러므로 네 번 경영하여 역(易)을 이루고 18번 변하여 괘(卦)를 이룬다.[304]

301 『주역』「계사상」: 聖人設卦觀象, 繫辭焉而明吉凶.

302 『주역』「계사상」: 極數知來之謂占.

303 『주역』「계사상」에서 점을 치는 방법을 설명하면서, "四營而成易, 十有八變而成卦."라고 하여 점을 통해서 만들어 가는 것이 바로 괘라고 하고 있다.

304 『주역』「계사상」: 大衍之數五十, 其用四十有九. 分而爲二以象兩, 掛一以象三, 撰之

대연의 수 50을 가지고 양의를 상징하고, 삼재를 상징하고, 사시(四時)를 상징하고, 윤달을 상징하는 방법으로 괘를 찾아간다는 점(占)의 내용을 설명하고 있다. 여기서 점을 치는 방법이 팔괘가 생성되는 과정을 기준으로 하여, 그 과정과 완전히 일치하지는 않지만, 큰 줄기는 그러한 과정을 상징하는 형태로 행해지고 있는 것을 알 수 있다. 또한 대연의 수도 「계사전」의 다음 문장에서 볼 수 있듯이 천지의 수를 상징하는 것으로 볼 수 있다.

천(天)의 수(數)가 25이고 지(地)의 수(數)가 30이다. 무릇 천지(天地)의 수(數)가 55이니, 이것이 변화(變化)를 이루며 귀신(鬼神)을 행하는 것이다.[305]

천지의 수 55와 대연의 수 50의 관계에 대해서는 여러 해석이 있지만, 대연의 수는 천지의 수를 상징하는 것으로 보는 것이 타당하다고 생각한다.[306] 천지의 수 55에 의해서 천지의 변화가 이루어진다고 하는 것은, 대연의 수를 통해서 충분히 천지의 변화를 점칠 수 있다는 것이다. 이러한 맥락에서 괘까지 이어지는 과정을 각각 상징하는 방법으로 점을 쳐, 자신이 원하는 괘를 찾고 거기에 나타나고 있는 길흉을 파악했다는 것이 된다. 그런데 대연의 수 50을 가지고 점을 친다는 것은, 사실 나누고(分), 걸고(掛), 세고(揲), 끼우는(扐) 작업을 하는 것이 된다.

以四以象四時, 歸奇於扐以象閏. 五歲再閏, 故再扐而後掛. … 是故, 四營而成易, 十有八變而成卦.

305 「주역」「계사상」: 天數二十有五, 地數三十. 凡天地之數五十有五, 此所以成變化而行鬼神也.

306 本田濟 「易」下(朝日文庫, 1993) 286쪽에서, 여러 해석을 소개하고 鄭玄의 설을 지지하면서 그 이유로 鄭玄은 천지의 수를 근거로 하고 있기 때문이라고 한다.

이러한 점치는 작업만을 통해서 정말로 천지의 수 55에 의해서 이루어지는 천지의 변화를 읽고 괘를 찾아내어 길흉을 알 수 있는가.

대연의 수 50에 의해서 점을 쳐 길흉을 알 수 있는 가장 큰 이유로, 「계사전」에서는 시초의 특별한 능력을 언급하고 있다.

> 깊숙한 곳에 있는 것을 더듬어 찾고 숨은 것을 찾으며, 깊은 것을 끌어올리고 먼 것을 끌어당겨, 천하의 길(吉) · 흉(凶)을 정하고, 천하의 힘써야 할 일을 이룸은, 시(蓍) · 귀(龜)보다 더 큰 것이 없다.[307]

시초에 의해서 천하의 이치를 알고 천하의 길흉을 정하게 됨을 이야기하고 있는데, 앞에서 언급했듯이 이 시초는 천이 낳은 것이고 그 덕은 둥글고 신묘하다. 말하자면, 천이 낳은 신묘한 시초이기에, 이 시초를 대연의 수로 사용하여 점을 친다면, 천하의 이치를 다 알고 길흉을 정할 수 있다는 사실에 대해서 의심할 수가 없게 된다.

이상에서 『주역』「계사전」의 길흉 판단방법에 대해서 살펴봤는데, 시초를 이용한 점을 통해서 천지의 변화를 읽고 괘를 찾아내어 길흉을 판단할 수 있다는 사실을 알 수 있었다. 그럼 다음에 이러한 「계사전」의 길흉 판단방법에서 왕충이 주장하는 복서관(卜筮觀)에 이르는 사상적 과정을 밝혀 보도록 하겠다.

---

307 『주역』「계사상」 : 探賾索隱, 鉤深致遠, 以定天下之吉凶, 成天下之亹亹者, 莫大乎蓍龜.

왕충이 해석하는 기의 세계

3. 진한대(秦漢代)에 있어서의 길흉의 판단방법

여기서는 진한대에 있어서 왕충 이전까지 일반적으로 믿고 있던 길흉의 판단방법에 대해서 살펴보고자 한다. 그리고 취급하는 자료는 「계사전」[308]과 동시대의 자료라고 할 수 있는 『여씨춘추』(呂氏春秋)를 비롯하여, 『관자』(管子) · 『회남자』(淮南子)와 『춘추번로』(春秋繁露) 등을 중심으로 살펴가도록 하겠다.

1) 『여씨춘추』 · 『관자』 · 『회남자』에 있어서의 길흉의 판단방법

『여씨춘추』 「계동기」(季冬紀) 《서의》(序意)를 보면, 여불위가 십이기(十二紀)에 대해서, "무릇 십이기(十二紀)란 치란(治亂) · 존망(存亡)을 기술하는 것이고, 수요(壽夭) · 길흉을 알게 하는 것이다."[309]라고 말하고 있다. 『여씨춘추』의 십이기는 1년을 춘하추동의 4계절로 나누고, 각각의 계절을 다시 맹(孟) · 중(仲) · 계(季)로 나누어, 말하자면 1년을 12개월로 나누어, 각 달마다 그달의 천문이나 천지의 변화 등을 설명하고 그에 따른 인간의 삶의 방법을 제시하고 있다. 『여씨춘추』에서의 길흉에 관해서 이야기하자면, 이러한 십이기의 내용 속에서 길흉을 이해할 수 있고, 또한 길흉의 판단방법도 알 수 있다는 것이 된다. 그런데 십이기에서는, 여불위가 길흉을 알게 한다고 말하고는 있지만, 실제로 길흉이란 개념을 사용하면서 길흉을 설명하거나 길흉의 판단방법을 이야

308   赤塚忠 등의 「思想史」(중국문화총서3, 大修館書店, 1985) 68쪽에서는, 「계사전」의 성립시기를, 전국말기부터 전한 중기까지로 보고 있다. 金谷 治「易の話」(日本 講談社, 2003) 146쪽에서는, 「계사전」의 성립시기를, 진시황 말년부터 한나라 초기까지로 보고 있다.

309   「여씨춘추」 「季冬紀」 《序意》: 凡十二紀者, 所以紀治亂存亡也, 所以知壽夭吉凶也.

기하고 있지는 않다. 그렇기 때문에 십이기의 내용 속에서 길흉에 관한 것을 찾을 수밖에 없는데, 우선 다음 문장을 보도록 하자.

맹춘의 달에 여름의 정령을 시행하면 바람과 비가 제때에 오지 않아서 초목이 일찍 마르고 나라에는 두려운 재앙이 있게 된다. 가을의 정령을 시행하면 백성들이 무서운 돌림병을 앓게 되고 질풍과 폭우가 자주 몰려와서 명아주, 가라지, 쑥 등이 나란히 자라나게 된다. 겨울의 정령을 시행하면 큰비로 물이 고여 재난이 되고, 서리와 눈이 크게 내려, 일찍 파종한 씨앗(보리)이 수확되지 않는다.[310]

이것은 「맹춘기」(孟春紀)《정월기》(正月紀)의 문장인데, 맹춘 즉 음력 1월에, 이달에 맞는 정령을 시행하지 않고 여름이나 가을, 겨울의 정령을 시행할 경우에 초래되는 결과에 대해서 언급하고 있다. 십이기에는 각 달마다 그달에 맞지 않는 정령을 시행할 경우의 결과를, 이 「맹춘기」《정월기》와 같은 형식으로 서술하고 있다. 그 결과의 내용은 이 「맹춘기」《정월기》에서 보듯이, 구체적인 상태는 각각 다르지만 전체적으로, 인간의 삶을 위협하는 환경을 초래하게 된다고 하고 있다. 이러한 인간의 삶을 위협하는 환경의 초래라고 하는 것은, 인간으로서 가치 있는 삶의 방법을 잃은(失) 것이고, 바로 흉이라고 할 수 있다. 이러한 십이기의 계절과 정령을 중심으로 한 흉의 판단방법은 길(吉)을 판단하는 데도 그대로 적용된다.

---

310 「여씨춘추」「孟春紀」《正月紀》: 孟春行夏令, 則風雨不時, 草木早槁, 國乃有恐. 行秋令, 則民大疫, 疾風暴雨數至, 藜莠蓬蒿並興. 行冬令, 則水潦爲敗, 霜雪大摯, 首種不入.

왕충이 해석하는 기의 세계

이달에는 천의 기가 아래로 내려오고 지(地)의 기가 위로 올라가므로, 천지가 화합하고 초목이 바쁘게 움직여 나온다.[311]

《정월기》의 이 문장은, 맹춘의 천지의 기의 작용과 초목의 움직임을 설명하고 있는 부분이다. 이러한 맹춘의 천지와 초목의 상황을 근거로 하여, 농사를 장려하도록 하고,[312] 희생으로 암컷을 쓰지 않는다든가,[313] 군사를 일으켜서는 안 된다[314] 등으로 이야기하고 있다. 말하자면 그와 같이 계절에 맞는 행위를 하게 되면 어떠한 재앙도 일어나지 않게 되고, 인간으로서 가치 있는 삶의 방법을 얻게(得) 되니, 이것이 바로 길(吉)이 된다.

이상으로부터 본다면, 『여씨춘추』에서의 길흉의 판단방법은, 정령이나 행위 등이 그 계절에 맞느냐 어떠냐가 된다. 『주역』「계사전」의 시초를 사용한 점에 의해서 길흉을 판단하는 방법과는 많은 차이를 보이고 있다. 주역적인 사고가 지배적이었던 이전 시대를 생각한다면, 『여씨춘추』의 길흉 판단방법은, 그 이전에는 볼 수 없었던, 계절을 기준으로 하는 새로운 방법이라고 할 수 있다. 그렇지만 『여씨춘추』에는 계절을 중심으로 하는 길흉의 판단방법만이 있는 것은 아니고, 이전의 점에 근거한 길흉의 판단방법도 있었다.[315] 새로운 길흉의 판단방법이 나온다고 해서 하루아침에 새로운 방법으로 다 바뀌는 것은 아니다. 왕

---

311 『여씨춘추』「孟春紀」《正月紀》: 是月也, 天氣下降, 地氣上騰, 天地和同, 草木繁動.

312 『여씨춘추』「孟春紀」《正月紀》: 王布農事, 命田舍東郊, 皆修封疆, 審端徑術, 善相丘陵阪險原隰, 土地所宜, 五穀所殖, 以教道民, 必躬親之.

313 『여씨춘추』「孟春紀」《正月紀》: 乃修祭典, 命祀山林川澤, 犧牲無用牝.

314 『여씨춘추』「孟春紀」《正月紀》: 是月也, 不可以稱兵, 稱兵必有天殃. 군사를 일으키면 반드시 천의 재앙이 있다고 하고 있다.

315 『여씨춘추』「孟冬紀」《十月紀》: 是月也, 命太卜, 禱祠龜策占兆, 審卦吉凶.

충 당시에도 복서를 믿고 있는 사람이 많았다는 것은 앞에서 언급한 대로이다. 그렇기 때문에 이전의 점에 근거한 길흉의 판단방법이 있다고 해도, 계절을 중심으로 한 길흉 판단방법의 확립은 충분히 가치를 부여할 수 있는 사실이 된다.

『여씨춘추』 십이기와 비슷한 내용이 『예기』(禮記) 「월령」(月令), 『관자』의 「사시」(四時)와 「유관」(幼官),[316] 『회남자』 「시칙훈」(時則訓)에도 보이고 있다. 그 내용에 약간의 차이는 있지만, 계절을 중심으로 한 길흉 판난방법에 있어서는 그 맥을 같이하고 있다. 이러한 사실로부터 볼 때, 계절을 중심으로 길흉을 판단하는 방법은, 당시에 충분히 인정을 받고 있었다고 할 수 있다. 그런데 『회남자』 「시칙훈」에는 다른 곳과는 조금 다른 길흉의 판단방법에 대한 언급도 있다.

그러므로 1월에 정치를 잘못하면 7월에 서늘한 바람이 불어오지 않고, 2월에 정치를 잘못하면 8월에 우레가 사라지지 않으며, 3월에 정치를 잘못하면 9월에 서리가 내리지 않고, 4월에 정치를 잘못하면 10월에 얼지 않으며, 5월에 정치를 잘못하면 11월에 겨울잠을 자던 생물들이 겨울인데도 그 자던 곳에서 나오고, 6월에 정치를 잘못하면 12월에도 초목의 잎이 떨어지지 않으며, 7월에 정치를 잘못하면 1월에도 큰 추위가 풀어지지 않고, 8월에 정치를 잘못하면 2월이 되어도 천둥이 치지 않으며, 9월에 정치를 잘못하면 3월에 봄바람이 그치지 않고, 10월에 정치를 잘못하면 4월에 초목이 자라지 않으며, 11월에 정치를 잘못하면 5월에 우박과 서리가 내리고, 12월에 정치를 잘못하면 6월에 오곡이 꽃이 피지 않고 열매 맺

---

316 金谷 治 『管子の研究』(岩波書店, 1987) 361쪽에서, 『管子』의 저작연대는 전국시대 중기부터 漢의 武帝·昭帝期 경까지 거의 300년에 걸쳐서 쓰인 것이라고 하고 있다.

왕충이 해석하는 기의 세계

는다.[317]

　라고 하여, 정령을 잘못 시행하게 되면 6개월 뒤에 흉의 상태가 초래됨을 이야기하고 있다. 『회남자』「시칙훈」에서는 그 근거를 계절의 '합'(合)에 의해서 설명하고 있다.[318] 이렇게 흉이 초래되는 시간에 있어서 다른 의견은 있지만, 계절을 중심으로 한 길흉의 판단방법이라는 큰 틀 안의 사실이 된다.

　이 계절을 중심으로 하는 길흉의 판단방법은, 점을 쳐서 길흉을 판단하는 방법이 아니기 때문에 『계사전』의 팔괘의 의미를 부정하는 것이 된다. 따라서 이러한 분위기 속에서는 『계사전』의 '태극(太極) → 양의(兩儀) → 사상(四象) → 팔괘(八卦)'라고 하는 분화과정을 그대로 받아들일 수가 없고, 오히려 사시(四時)와 오행을 결합하게 하는 요인으로 작용하지 않았나 생각한다. 이러한 사시와 오행의 결합으로부터, 이후 길흉판단의 기준에 오행도 관여가 가능하게 되었다고 할 수 있다. 사실, 『관자』「오행」을 보면, 오행을 중심으로 계절을 설명하면서, 계절에 근거한 길흉을 제시하고 있다.[319]

317　『회남자』「時則訓」：故正月失政, 七月涼風不至; 二月失政, 八月雷不藏; 三月失政, 九月不下霜; 四月失政, 十月不凍; 五月失政, 十一月蟄蟲冬出其鄕; 六月失政, 十二月草木不脫; 七月失政, 正月大寒不解; 八月失政, 二月雷不發; 九月失政, 三月春風不濟; 十月失政, 四月草木不實; 十一月失政, 五月下雹霜; 十二月失政, 六月五穀疾狂.

318　『회남자』「時則訓」：孟春與孟秋爲合, 仲春與仲秋爲合, 季春與季秋爲合, 孟夏與孟冬爲合, 仲夏與仲冬爲合, 季夏與季冬爲合.

319　『관자』「오행」에서 '水行'의 경우를 예로 들면, "睹壬子, 水行御, 天子出令, 命左右使人內御御. 其氣足則發而止, 其氣不足則發攔瀆盜賊. 數剝竹箭, 伐檀柘, 令民出獵禽獸, 不釋巨少而殺之, 所以貴天地之所閉藏也. 然則羽卵者不段, 毛胎者不贖, 牝婦不銷棄, 草木根本美. 七十二日而畢."라고 하고, "睹壬子, 水行御, 天子決塞動大水, 王后夫人薨. 不然, 則羽卵者段, 毛胎者贖, 牝婦銷棄, 草木根本不美. 七十二日而畢也."라고 하여, 時政이 '水行'의 계절에 맞는지 어떤지에 따라 길과 흉의 상태가 초래됨을 이야기하고 있다.

2) 『춘추번로』에 있어서의 길흉의 판단방법

『춘추번로』에서도 이전의 『여씨춘추』나 『관자』·『회남자』에서 언급하고 있는 길흉의 판단방법을 이어받아 설명하면서 거기에 새로운 설명을 추가하고 있다. 『춘추번로』의 「오행순역」(五行順逆)에서 '목'(木)의 경우를 보면, '목(木)이란 봄이고, 만물을 태어나게 하는 성질이고, 농사의 근본이다.'라고 하면서, 오행인 목(木)을 중심으로 계절을 설명하고, 그 계절에 맞는 행위와 맞지 않는 행위를 설명하고, 계절에 맞지 않는 행위의 경우는 흉의 상태를 초래하게 됨을 이야기하고 있다.[320] 「오행순역」이란 편명에서도 알 수 있듯이, 오행의 순리(順理)와 역리(逆理)로 길흉의 상태를 논한 것이고, 이러한 관점은 『관자』 「오행」의 관점을 이어받고 있다고 할 수 있다. 내용에 있어서 계절과의 관계 위에서 언급되고는 있지만, 길흉의 판단에서 오행이 얼마나 중요시되고 있는가를 충분히 볼 수 있다. 이러한 오행의 강조는, "금(金)이 토(土)를 범하면 오곡이 손상되고 재앙이 있게 된다."[321]라는 것과 같은 말에서 볼 수 있듯이, 길흉의 판단을 각각의 오행 사이의 관계에서 설명하는 것도 가능하게 했다. 이처럼 오행에 의해서 길흉의 판단이 가능한 이유를 찾아본다면, 『춘추번로』 「오행상생」(五行相生)의 '천지의 기에서 음양과 사시를 거쳐 오행까지 분화된다'는 말에서 그 근거를 찾아볼 수 있다. 말하자면 천지의 변화를 오행으로도 설명이 가능하게 된 것이다.

---

320 『춘추번로』「五行順逆」: 木者春, 生之性, 農之本也. 勸農事, 無奪民時, 使民, 歲不過三日, 行什一之稅, 進經術之士. 挺群禁, 出輕繫, 去稽留, 除桎梏, 開門闔, 通障塞. 恩及草木, 則樹木華美, 而朱草生. 恩及鱗蟲, 則魚大為, 鱣鯨不見, 群龍下. 如人君出入不時, 走狗試馬, 馳騁不反宮室, 好淫樂, 飲酒沈湎, 從恣, 不顧政治, 事多發役, 以奪民時, 作謀增稅, 以奪民財, 民病疥搔, 溫體, 足痛. 咎及於木, 則茂木枯槁, 工匠之輪多傷敗. 毒水群, 漉陂如漁. 咎及鱗蟲, 則魚不為, 群龍深藏, 鯨出見.

321 『춘추번로』「治亂五行」: 金干土, 則五穀傷, 有殃.

왕충이 해석하는 기의 세계

그런데 『춘추번로』에서는 계절이나 오행에 의해서 길흉을 판단할 수 있는 사실에 대해서 다음과 같은 내용을 그 근거로 제시하고 있다.

천에는 사시(四時)가 있고 왕에게는 네 가지 정치가 있다. 네 가지 정치는 사시와 같고 부류를 통하고 있으니 천과 인간이 같이 가지고 있는 것이다. 경사는 봄이 되고, 포상은 여름이 되고, 처벌은 가을이 되고, 형벌은 겨울이 된다. 경사·포상·처벌·형벌이 갖추어지지 아니할 수 없는 것은 봄·여름·가을·겨울이 갖추어지지 아니할 수 없는 것과 같다. … 네 가지 정치가 서로 간여할 수 없는 것은 사시가 서로 간여할 수 없는 것과 같다.[322]

봄은 희기(喜氣)이고 그래서 낳는다. 가을은 노기(怒氣)이고 그래서 죽인다. 여름은 낙기(樂氣)이고 그래서 기른다. 겨울은 애기(哀氣)이고 그래서 감춘다. 이 네 가지는 천과 인간이 같이 가지고 있고, 그 이치가 있어서 한가지로 그것을 쓴다. 천과 같이한 사람은 크게 다스려지고, 천과 달리한 사람은 크게 어지러워진다.[323]

천에 춘하추동의 사시가 있고, 이 사시는 희로애락(喜怒哀樂)의 기(氣)인데, 이 사시의 기는 인간에게도 똑같이 있다. 또 왕은 이 사시에 맞는 경사(慶)·포상(賞)·처벌(罰)·형벌(刑)의 정치를 해야 하는데, 이 사시에 맞는 정치를 하게 되면 다스려지고, 그렇지 않으면 어지러워지게

322 『춘추번로』「四時之副」: 天有四時, 王有四政, 四政若四時, 通類也, 天人所同有也. 慶爲春, 賞爲夏, 罰爲秋, 刑爲冬. 慶賞罰刑之不可不具也, 如春夏秋冬不可不備也. … 四政者, 不可以相干也, 猶四時不可相干也.

323 『춘추번로』「陰陽義」: 春, 喜氣也, 故生. 秋, 怒氣也, 故殺. 夏, 樂氣也, 故養. 冬, 哀氣也, 故藏. 四者天人同有之. 有其理而一用之. 與天同者大治, 與天異者大亂.

된다. 이러한 천인관계에 대한 설명을 통해서, 계절이나 오행에 의한 길흉판단의 근거를 구체적으로 이해할 수 있다.

『춘추번로』에는 길흉 중에서 특히 흉의 상태에 대해서 '재'(災)와 '이'(異)라는 개념을 통해서 자세히 설명하고 있기도 하다.

> 천지의 사물에서 정상적이지 않은 변화가 있는 것을 이(異)라고 하고, 작은 것을 재(災)라고 한다. 재(災)가 항상 먼저 이르고 이(異)가 그것을 따른다. 재(災)란 천의 꾸짖음이고, 이(異)란 천의 위협이다. 꾸짖어도 알지 못하면 위협하여 두려워하게 한다. … 무릇 재이(災異)의 근본은 모두 국가의 과실에서 생긴다. 국가의 과실이 싹트기 시작하면 천은 재해(災害)를 내어 견고(譴告)하고, 견고(譴告)해도 변화할 줄 모르면 괴이(怪異)를 나타내어 놀라게 하고, 놀라게 해도 오히려 두려워할 줄 모르면 재앙이 이르게 된다.[324]

국가의 과실에 대해서 천이 내리는 재앙이라는 흉의 상태에 이르는 단계를 '재'(災)와 '이'(異)라는 개념으로 나타내고 있다. '재'(災)는 재해로써 꾸짖는 것이고, '이'(異)는 괴이한 것으로써 놀라게 하는 것이다. 그렇기 때문에 이 '재'(災)와 '이'(異)는 그 단계를 달리하는 흉의 상태이기는 하지만, 구제도 가능하다고 하고 있다.[325] 길흉의 판단에서 본다면, 이 '재'(災)와 '이'(異)는 흉의 판단기준이 된다. 또한 '재'(災)와 '이'(異)에 관련된 생각도 앞에서 설명한 천인관계에 근거하고 있다고 생각한다.

---

324 『춘추번로』「必仁且知」: 天地之物有不常之變者, 謂之異, 小者謂之災. 災常先至而異乃隨之. 災者, 天之譴也. 異者, 天之威也. 譴之而不知, 乃畏之以威. … 凡災異之本, 盡生於國家之失. 國家之失乃始萌芽, 而天出災害以譴告之. 譴告之而不知變, 乃見怪異以驚駭之. 驚駭之尚不知畏恐, 其殃咎乃至.

325 『춘추번로』「必仁且知」: 故見天意者之於災異也, 畏之而不惡也, 以為天欲振吾過, 救吾失, 故以此報我也. 여기서 災異의 목적은 과실을 구제하기 위함임을 볼 수 있다.

왕충이 해석하는 기의 세계

이렇게 본다면 '재'(災)와 '이'(異)는 국가의 과실에 대한 천의 대응을 구체적으로 설명한 것이 되고, '재'(災)와 '이'(異)가 근거하는 국가의 과실은 사시와 정치의 관계에 관한 것이라고 할 수 있다. 그러한 까닭에 흉의 상태의 구제를, 오행과 관련하여 덕으로써 할 수 있다는 이야기도 하고 있다.[326]

이상에서, 『춘추번로』의 길흉의 판단에 있어서도 계절이 그 기준이 되고 있기는 하지만, 오행이 이전보다 더 중요시되고 있다는 것에 대해서, 또한 그 근거로서의 천인관계와 '재'(災)와 '이'(異)라고 하는 흉의 판단기준에 대해서 살펴보았다.

4. 왕충 『논형』에 있어서의 길흉의 판단방법과 복서관의 확립

1) 길흉의 판단방법

왕충은 그 이전의 길흉에 대한 관점 위에 서 있기는 하지만 그것과는 많은 차이를 보이고 있다. 그럼 먼저 다음 문장을 보도록 하자.

무릇 사람이 명(命)을 받는 것은 부모가 기를 베풀 때에 이미 길흉을 얻는다. 대저 성(性)과 명(命)은 다르고, 혹 성(性)이 선해도 명(命)이 흉한 경우가 있고, 혹은 성(性)이 악해도 명(命)이 길한 경우가 있다. 조행(操行)의 선악은 성(性)이고, 화복 길흉은 명(命)이다.[327]

---

326 『춘추번로』「五行變救」: 五行變至, 當救之以德. 施之天下, 則咎除. 不救以德, 不出三年, 天當雨石.

327 『論衡』「命義」: 凡人受命, 在父母施氣之時, 已得吉凶矣. 夫性與命異, 或性善而命凶, 或性惡而命吉. 操行善惡者, 性也; 禍福吉凶者, 命也.

왕충은 사람의 길흉에 대해서, 부모에게서 기를 받을 때부터 정해진 다고 한다. 또한 이렇게 정해진 길흉은 자신에게 주어진 운명이고, 성 (性)의 선악과는 관계없는 것이라고 하고 있다. 여기서 부모에게서 기를 받는다고 하고 있지만 그 근원에서부터 보자면 기는 천에서 받는 것이다.[328] 왕충의 이러한 길흉관은 이전에는 볼 수 없는 것이었다. 왕충이 이러한 길흉관을 주장하게 된 것은, 물론『여씨춘추』에서『춘추번로』까지에 보이고 있는 길흉관의 연장선상에 있다고 생각하시만, 자신만의 새로운 관점의 확립에 의한 결과라고 하겠다.

왕충의 새로운 관점이란, 도가의 무위자연을 받아들인 것과 사물을 인용하여 실증하는 방법을 구사하는 것이다. 이러한 새로운 관점에 의해서 왕충은, 천의 활동은 기를 방출하는 것이고 그 작용은 자연무위라고 하고 있다. 이러한 천의 해석에서 본다면, 천은 의지가 없기 때문에, 만약 왕충도 길흉을 천에 의해서 정해진 인간사회의 요소라고 믿고 있었다면, 길흉은 후천적으로 결정된다고 할 수가 없고, 부모에게서 기를 받을 때부터 결정된다고 말할 수밖에 없었다고 생각한다. 또한 이러한 새로운 관점 위에서 왕충은, 기를 통해서 명(命)으로서 받는 길흉의 근거에 대해서,「명의편」(命義篇)에서 천상세계의 별의 움직임에 따라서 사람에게 성쇠가 있고, 부귀 등의 경우도 어떠한 별의 기를 받느냐에 달려있다고 설명하고 있다.[329] 말하자면 인간세계의 길흉의 근거는 별의 세계에 있고, 어떠한 별의 기를 받느냐에 따라 길흉이 결정

---

328 『論衡』「氣壽」: 人受氣命於天.

329 『論衡』「命義」: 國命繫於眾星列宿吉凶, 國有禍福. 眾星推移, 人有盛衰. 人之有吉凶, 猶歲之有豐耗. 命(人)有衰盛, 物有貴賤. … 物之貴賤, 不在豐耗, 人之衰盛, 不在賢愚. … 至於富貴, 所稟猶性, 所稟之氣, 得眾星之精. 眾星在天, 天有其象, 得富貴象則富貴, 得貧賤象則貧賤. … 天施氣而眾星布精, 天所施氣, 眾星之氣在其中矣. 人稟氣而生, 舍氣而長, 得貴則貴, 得賤則賤. ※'命有衰盛'의 '命'은 '人'으로 바꿈. 黃暉의 설에 따름.

　　　　　　　　　　　왕충이 해석하는 기의 세계

된다고 하는 것이다.

이상에서, 부모에게서 기를 받을 때에 어떠한 별의 기를 받느냐에 따라서 인간의 길흉이 결정된다고 하는 왕충의 생각을 알 수 있는데, 그렇다면 왕충은 이렇게 결정된 길흉을 판단하는 방법에 대해서는 어떻게 생각하고 있었을까. 그 대답은 앞서 살펴본 「골상편」(骨相篇)의 골법(骨法)에서 찾을 수 있다. 「골상편」에서는 '사람들의 명(命)은 알기 쉽고 골법(骨法)에 의해서 알 수 있다'고 하고 있는데, 길흉도 명(命)으로 결정되기 때문에, 길흉의 판단방법 또한 이 골법(骨法)을 관찰하는 것이 된다. 앞서 왕충의 새로운 관점으로 실증이라는 것을 언급했는데, 이 길흉의 판단방법에도 이러한 관점이 적용되고 있음을 볼 수 있다. 신체에 나타나는 골법을 직접 관찰한다고 하는 길흉의 판단방법이 바로 그의 실증이라고 하는 새로운 관점에 의한 것이 된다.

길흉의 판단방법에 관한 이상과 같은 왕충의 관점에서 본다면, 이전의 계절을 중심으로 하는 길흉의 판단방법에 대한 왕충의 생각이 궁금해진다. 왕충은 계절의 작용에 대해서, 천도(天道)는 무위이기 때문에 봄·여름·가을·겨울의 작용에 대해서 의도적으로 하게 하는 것이 아니고, 양기나 음기가 저절로 나오면 자연스럽게 각각의 작용을 하게 된다고 하고 있다.[330] 계절은 자연스럽게 자신의 작용을 하고, 길흉은 별의 세계에 의해 결정되기 때문에, 계절과 길흉 사이에는 아무런 관계도 없는 것이 된다. 그렇기 때문에 계절과 관계된 변화는 길흉과는 무관계가 되고, 따라서 이전과 같은 계절을 기준으로 한 길흉의 판단방법은, 왕충에게 있어서는 아무런 의미도 가질 수 없게 되었다.

---

330 『論衡』「自然」: 天道無爲, 故春不爲生, 而夏不爲長, 秋不爲成, 冬不爲藏. 陽氣自出, 物自生長, 陰氣自起, 物自成藏.

2) 복서관의 확립

왕충이 자신의 새로운 관점을 확립하면서 길흉에 관한 독특한 설명과 판단방법을 제시하고 있는 것을 위에서 살펴봤다. 그렇지만 이러한 왕충의 관점도 갑자기 자신의 혼자만의 생각에 의해서 만들어지게 된 것은 아닐 것이다. 「계사전」의 점치는 방법을 비판은 하고 있지만, 이 「계사전」에서 『춘추번로』까지의 길흉에 관한 관점 위에서 자신의 관점을 정립하고 있을 것이라 생각한다. 사실 인간사회에 있어서 천에 의한 길흉의 가치관을 인정하고,[331] 또한 이 길흉을 알 수 있다고 하는 점에서는, 왕충도 이전의 관점 위에 서 있었다고 하겠다. 그렇지만 길흉의 근거나 판단방법에 있어서는, 이전의 관점의 영향을 받고 있기는 하지만 자신만의 관점을 세우고 있다. 이렇게 해서 '복서(卜筮)는 천지에 묻지 않고, 시초(蓍草)나 귀갑(龜甲)은 반드시 신령한 것은 아니다'라는 왕충의 복서관이 확립되고 있는데, 다음에 이 왕충의 복서관에 대해서 좀 더 자세하게 밝혀 보고자 한다.

먼저 길흉의 판단방법에 대한 이전과 왕충의 관계에 대해서 살펴보도록 하겠다. 『여씨춘추』에서 『춘추번로』까지의 길흉 판단방법에 대한 공통점은, 계절을 기준으로 하고 있기 때문에 인간이 경험할 수 있는 사실을 그 판단방법으로 삼고 있다는 것이다. 이 점이 바로 「계사전」의 길흉 판단방법과 확연히 다른 점이다. 왕충이 『여씨춘추』에서 『춘추번로』까지의 길흉 판단방법과 다른 방법을 제시하고는 있지만, 왕충이 가장 강조하는 것은 경험적으로 증명한다는 방법이다. 그렇기 때문에 경험적 사실이라는 측면에서 본다면, 왕충의 관점은 『여씨춘추』에서

---

331 『論衡』「指瑞」: 然則天地之間, 常有吉凶.

왕충이 해석하는 기의 세계

『춘추번로』까지의 관점을 이어받아 더욱 철저하게 하고 있다고 할 수 있다. 그리고 경험적 사실에 더욱 철저하게 의존하는 가운데에 도가의 '무위자연'도 받아들이게 되었다고 생각한다. 결과적으로 천은 무위의 존재가 되고, 천의 의지를 알기 위한 그 어떤 방법도 타당성을 잃게 되고, 「계사전」의 길흉 판단방법을 비판하는 왕충의 복서관이 성립되게 되었다고 하겠다.

그런데 왕충 이전에도 계절을 기준으로 하여 인간이 경험할 수 있는 사실을 그 판단방법으로 삼고 있다고 했는데, 그렇다면 왜 왕충처럼 시초의 신비함을 부정하거나 하지 않았을까. 사실 앞서 언급했지만, 『여씨춘추』 등에서는 「계사전」에서와 같은 점치는 방법을 인정하고 있었다. 이것은 왕충처럼 시초의 신비함을 부정하지 못하고 있다고 하는 것인데, 그 이유에 대해서 생각해 본다면, 왕충처럼 천까지도 경험적 사실로 설명하지 못한 것을 그 이유의 하나로 들 수 있지 않을까 한다. 이것은 시대적 사상적 한계라고도 할 수 있다. 물론 왕충이 천까지 경험적으로 설명하고자 한 것도 당시의 시대적 사상적 배경을 그 하나의 요소로 하고 있음에 틀림없다고 생각한다.

또한 길흉의 판단에 계절을 기준으로 하는 경우는 기(氣)를 그 배경으로 하고 있다. 말하자면 기의 중요성이 이전보다 더 강조되고 있다고 하는 것이 되는데, 왕충이 새로운 관점을 확립하면서 철저하게 경험적으로 설명할 수 있었던 것도 바로 이 기(氣) 개념에 의해서였다. 기를 통해서 천지 사이의 모든 것이 경험적으로 인식이 가능한 것이 될 때, 「계사전」에서와 같은 길흉 판단방법은 더 이상 인정될 수가 없게 된다.

그렇지만 앞서 언급했듯이, 왕충은 길흉의 가치관을 인정하고, 이 길흉을 알 수 있다고 하는, 이전의 점(占)의 관점 위에 서 있을 뿐만 아니라, 복서의 점을 인정하고 있다. 시초의 신비성은 부정하면서 복서의 점을 인정한다는 것은 무엇을 의미하는 것인가. 이것은 「계사전」의 복서의 점에 대한 새로운 해석이라고 할 수 있다. 말하자면 복서의 점에 의해서 길흉을 판단할 수 있다는 것을 받아들이고 있지만, 자신의 관점으로부터 시초의 신비성을 부정하는 형태로 해석하면서 받아들이고 있는 것이다. 왕충의 해석에 의하면, 복서의 점을 치게 되면 자연적으로 길흉의 점괘가 나오게 되고, 그 점괘는 길흉을 점치는 사람과 우연히 서로 만나게 된다고 한다.[332] 비록 점괘가 들어맞는다 해도, 이러한 해석은 복서의 점과 길흉을 점치는 사람과의 사이의 인과성을 부정하는 것이다. 천을 무위자연의 존재로 보는 관점에서 본다면, 이러한 해석은 당연한 해석이라고 할 수 있지만, 더 이상 「계사전」의 복서의 점에 대한 해석은 아니다. 말하자면 왕충의 새로운 해석에 의해서 「계사전」의 복서의 점이 더욱더 합리적으로 설명되었다고 볼 수 있지만, 사실은 새로운 지식 앞에서 「계사전」의 복서의 점은 자신의 한계를 드러내고, 많은 사람의 믿음을 잃게 되었다고 할 수 있다.

5. 맺음말

길흉을 인간사회의 요소로 가지게 될 때, 미래의 길흉을 알려주는 점(占)은 인간에게 큰 의미를 가지게 된다. 천의 존재를 믿고, 길흉의 근거를 천에서 찾던 시대에는 더더욱 그럴 수밖에 없었다고 생각한다.

---

332 『論衡』「卜筮」: 夫鑽龜揲蓍, 自有兆數, 兆數之見, 自有吉凶, 而吉凶之人, 適與相逢. 吉人與善兆合, 凶人與惡數遇, 猶吉人行道逢吉事, 顧眄見祥物, 非吉事祥物爲吉人瑞應也. 凶人遭遇凶惡於道, 亦如之. 夫見善惡, 非天應答, 適與善惡相逢遇也. 鑽龜揲蓍, 有吉凶之兆者, 逢吉遭凶之類也.

왕충이 해석하는 기의 세계

천을 물체라고 주장하는 왕충도 예외는 아니었다. 왕충 역시 천의 존재를 믿고 길흉의 근거를 천에서 찾으면서 이 점(占)을 인정하고 있었던 것이다. 이것은 시대적 한계라고 할 수 있는데, 이러한 분위기 속에서 왕충은 복서의 점 자체에 대해서는, 아무리 실증적 방법을 강조해도, 부정할 수 없었다고 생각한다.

그렇지만 새로운 지식의 증가에 따른 사고의 변화는, 특히 근본존재인 천에 대한 해석의 변화는, 천에 근거하는 점의 내용을 자연스럽게 반성하게 하고 변화시켜갔다고 할 수 있다. 말하자면 「계사전」에서 이야기하고 있는 복서의 점이 아무리 오랜 전통을 가지고 있다 하더라도 언젠가는 새로운 지식에 의해 새로이 해석되고 변할 수밖에 없는 운명이었다고 하는 것이다. 본 절에서는 길흉을 판단하는 방법이 새로운 지식과 함께 어떻게 변해왔는가라는 것을 밝히면서 그러한 사실을 검토해 왔다.

진한대의 기의 개념은 천지를 설명하는 새로운 지식으로 사상계에 등장했다. 그러한 사실은 인간사회를 설명하는 방법을 바꾸게 되고, 결국은 천지의 변화인 계절을 통해서 인간의 길흉을 판단하게 했다. 『여씨춘추』와 『관자』·『회남자』를 통해서, 계절을 중심으로 인간의 길흉을 판단하는 방법이 당시에 굉장한 믿음을 얻고 있었음을 짐작할 수 있다. 이러한 사실은 「계사전」에서 언급하는 복서의 점에 대한 의심을 의미하고, 복서의 점에 대한 믿음의 감소를 의미할 수도 있다고 생각한다. 『춘추번로』의 경우는, 물론 길흉판단의 기준을 계절에 두고 있기는 하지만, 오행이 이전보다 더 중요시되고 있고, 이전의 계절을 중심으로 하는 길흉판단에서보다는 기 자체에 무게를 더 두고 있음을 볼 수 있었다. 왕충의 경우는, 무위자연의 천과 기를 주장하면서 인간의 길흉은 태어날 때부터 결정된다고 하여, 이전의 계절을 기준으로 길흉을 판단하던 관점도 완전히 벗어나게 되었다.

　인간의 사고의 변화와 함께 「계사전」에서 왕충까지의 길흉판단에 많은 변화가 있어 왔음을 볼 수 있었다. 왕충의 복서에 대한 관점은, 복서라는 점(占)을 인정은 하고 있다고 하지만, 시초의 신비성의 부정으로 인해 「계사전」에서 이야기하는 복서의 점은 그 근거를 잃게 되었다. 「계사전」에서 왕충까지의 길흉판단은 신비성에 의거한 방법에서 경험적인 방법으로의 전개를 보여주고 있다. 이것은 인간의 시식의 증가와 함께 기 개념에 무게를 더 둘 수밖에 없는 상황에서는 당연한 사실이 된다. 왕충 이후로 복서에 의한 길흉판단보다는 음양과 오행의 기를 통한 길흉판단이 점점 더 믿음을 얻게 되고, 그러한 방법이 명리학(命理學)으로 발전하여 현재까지 이어지고 있음을 볼 때, 인간의 길흉의 판단방법이라고 하는 것은 인간의 지식에 의해 변할 수밖에 없다는 것을 새삼 느끼게 된다.

7장

가치세계

1절 정신세계

왕충의 사상을 생각할 때, 왕충 특유의 기의 사상을 빼놓고는 생각할 수 없을 것이다. 인간세계의 모든 것의 근원을 기의 세계에 둘 뿐만이 아니라, 자연무위의 기에 의해서 인간세계의 일체가 정하여진다고 하는 그의 기론(氣論)으로부터 보면, 인간세계라고 해도 그것은 이름뿐이고, 사실은 기의 세계에 지나지 않는다고 말해야 하지 않을까. 이와 같이 인간세계를 기의 세계로서 취급할 때, 인간이라고 하는 존재의 가치는 과연 인정될 수 있는가라는 의문이 바로 떠오르게 된다. 그런데 왕충은 인간세계를 기의 세계의 일부로 생각하면서도, 또 달리 "이미 죽음에 다시 원기(元氣)로 돌아간다. … 그 죽음에 무지(無知)의 근본에 돌아가니, 어찌 지각이 있을 수 있겠는가."[333], "오장(五藏)이 손상되지 않으면 사람은 지혜롭다."[334]라고 하여, 기의 세계가 무인식(無認識)

---

333 『논형』「論死」: 旣死, 復歸元氣. … 其死歸無知之本, 何能有知乎.
334 『논형』「論死」: 五藏不傷, 則人智惠.

의 세계임에 대해서, 인간세계는 인식의 세계임을 시사하고 있는 것이다. 이렇게 보면 왕충이, 인간세계를 기의 세계로부터 완전히 독립한 세계로 보고 있다고 이야기하는 것은 물론 불가능하지만, 그렇다고 해도 완전히 기의 세계와 똑같이 생각하고 있다고 이야기하는 것도 역시 무리임을 알 수 있다. 즉 인간의 인식의 근거를 확실히 기에 두고 있다고 한다고 해도, 그 인식의 전개까지 기의 테두리 안에서 생각하고 있다고 하는 것은 무리라고 하는 것이다. 이러한 점으로부터 인간세계에 관한 이해는 기의 세계에 의지하는 것만으로는 불충분하다는 것을 엿볼 수 있다. 그래서 본 절에서는 왕충의 인간세계에 관한 사상을 조금 더 깊이 이해하기 위해서, 인간의 인식을 내포하고 있는 정신이라고 하는 개념에 초점을 맞추면서, 왕충에 있어서의 정신세계가 인간세계에 있어서 어떠한 위치를 차지하고 있는가에 대해서 논하려고 한다. 먼저 왕충이 사용하고 있는 정신의 개념과 정신세계의 의미를 분명히 밝히고, 그러한 것을 토대로 하여 그의 성론(性論) 및 가치세계의 진리라고 하는 문제까지 고찰해 보고자 한다.

1. 정신의 근원 및 작용

1)

왕충이 생각하고 있는 정신세계를 고찰하기 전에 그 준비 작업으로서 정신의 근원 및 작용에 대해서 살펴보도록 하자.

왕충이 말하는 정신이라고 하는 것은 과연 무엇일까. 왕충은 여기에 대해서 일목요연하게 알 수 있는 문장을 남기고 있지 않다. 그 이유에 대해서는 말로는 다 설명할 수 없는 문제이기 때문이라든가, 또는 정신의 정체를 분명히 밝히는 것이 자신의 관심사가 아니었기 때문이라든가 등등 여러 가지로 생각해 볼 수가 있겠다. 이와 같이 왕충의 문장을 통하여 이 정신의 문제를 생각해 보고자 할 때, 여러 가지 이유가 상상되는 만큼 그 설명의 폭도 넓어지게 된다.

어쨌든 지금부터 『논형』에 보이는 그러한 정신의 정체를 가능한 한 분명히 밝혀, 왕충이 생각하고 있는 정신세계를 살펴보는 초석으로 삼고자 하는데, 그 제일보로서 정신의 근원에 대해서 살펴보도록 하겠다. 다음 말을 보자.

대저 사람이 태어나는 까닭은 음양의 기 때문이다. 음기가 주관하여 골육이 되고, 양기가 주관하여 정신이 된다. 사람이 태어남에 음양의 기가 갖추어지기 때문에 골육이 견고하고 정기(精氣)가 왕성하다.[335]

이 인용문을 통해서 우선 알 수 있는 사실은, 정신이라고 하는 것은 양기와 정기(精氣) 등과 깊은 관계에 있다고 하는 것이다. 따라서 이 정신의 근원을 이해하기 위해서는 정신과 양기·정기의 관계를 살펴보는 것이 필요한데, 이들 관계를 보다 입체적으로 살펴보기 위해서 시간과 공간의 양 측면에서 고찰해 가도록 하겠다.

먼저 시간적 측면에서 보도록 하자. 앞의 인용문을 보면 양기와 음기에 의해서 인간이 만들어지고, 그중의 양기에 의해서 정신과 정기가 존재하게 된다고 하고 있다. 여기서 일단 양기라고 하는 것이 정신이

---

335 『논형』「訂鬼」: 夫人所以生者, 陰陽氣也. 陰氣主爲骨肉, 陽氣主爲精神. 人之生也, 陰陽氣具, 故骨肉堅, 精氣盛.

라든가 정기보다도 시간적으로 선행하는 존재임을 알 수 있다. 따라서 정신에 대해서 알기 위해서는 양기로부터 정신으로의 흐름을 살펴보는 것이 순서라고 생각된다.

인간의 생성은 양기만으로는 될 수 없고, 양기가 반드시 음기를 만나서 합해야만 한다.[336] 그런데 양기가 음기를 만나고 난 뒤는, 양기라는 개념 대신에 정신이나 정기라는 개념을 사용하고 있다. 그렇다면 양기와 정기·정신의 관계는 어떻게 설명해야 할까. 인간의 생성을 본다면, 천의 양기와 지(地)의 음기가 그 구성요소가 되는데, 왜 양기와 음기라고 하는 개념 대신에 정기 혹은 정신이나 골육이라고 하는 개념이 사용되는 것일까. 아무리 생각해도 '음기+양기'는 '음양기'이고, 정기라든가 정신이나 골육 등이 나올 수가 없다. 그럼에도 불구하고 그 해답이 '골육+정기(정신)'가 된다고 하면, 거기에는 생각해야만 할 중대한 문제가 숨어 있을 것이다. 만약 '음기+양기'가 단순히 '음양기'가 되고, 두 가지가 합쳐지기 전과 똑같은 것이라고 한다면, 골육과 정기(정신)라고 하는 개념을 절대로 사용하지 않았을 것이라고 생각한다. 여기에 대해서는 뒤에서 다시 밝히겠지만, 어쨌든 '음기+양기' → '골육+정기(정신)'라고 하는 생각을 인정한다고 하면, 거기에서 양기와 정기·정신의 관계에 관한 또 하나의 사실이 분명하게 된다. 즉 정기와 정신은 양기를 근본으로 해서 존재하지만, 그러나 양기와 완전히 똑같은 것이라고는 말할 수 없다고 하는 사실이다. 이렇게 해서 양기와 정기·정신의 관계에 대해서 대체로 그 윤곽이 분명해지게 됐다.

이상에서 정기와 정신은 그들에 선행하는 존재인 양기에 의해서 존재할 수 있지만, 그러나 결코 양기와 동일한 것은 아니라는 사실을 알

---

336 「논형」 「訂鬼」에서 "太陽之氣, 盛而無陰, 故徒能爲象, 不能爲形."라고 하여, 양기는 象은 될 수 있지만 형태는 만들 수 없음을 분명히 밝히고 있다.

았는데, 그렇다면 정기와 정신의 관계는 어떠한가. 「논사편」(論死篇)을 보면, "정신은 본래 혈기(血氣)를 주체로 하고, 혈기는 항상 형체에 붙어 있다."[337], "혈액(血)이라는 것은 살아있을 때의 정기(精氣)이다."[338], "정기(精氣)가 될 수 있는 것은 혈맥이다."[339] 등의 말이 있다. 여기서 정신은 혈기(血氣)를 주체로 하고 있고, 이 혈기라고 하는 것은 정기(精氣)임을 알 수 있다. 이것은 결국 정기라고 하는 것을 먼저 인정하고 나서 정신이라고 하는 것이 인정된다고 하는 논조(論調)이고, 시간적으로 정기가 정신보다도 선행하는 존재가 되는 것이다. 만약 『논형』에서의 정기와 정신에 관한 설명이 시종 이러한 논조라고 한다면, 시간적 측면에서 정신의 근원을 살피는 것은 그다지 곤란하지 않을 것이다. 즉 양기로부터 정기가 생성되고, 이 정기를 근본으로 해서 정신이 있다고 하는 대강의 줄거리가, 이상의 설명으로부터 간파될 수 있기 때문이다. 그런데 『논형』에서의 정기와 정신에 관한 설명을 조사해 보면, 이와 같이 시간적으로 정기가 정신에 선행하는 존재라고 바로 규정하는 것은 약간 성급한 감이 있지 않나 하는 것을 느낄 수 있다.

사람의 정신이 형체 안에 들어있는 것은 좁쌀이 주머니 안에 있는 것과 같다. 죽어서 형체가 썩고 정기(精氣)가 흩어지는 것은 주머니가 뚫어지고 해어져서 좁쌀이 버려져 나가는 것과 같다.[340]

이 인용문을 보면, 정기와 정신이 완전히 똑같은 의미로 사용되고

---

337 『논형』「論死」: 精神本以血氣爲主, 血氣常附形體.

338 『논형』「論死」: 血者, 生時之精氣也.

339 『논형』「論死」: 能爲精氣者, 血脈也.

340 『논형』「論死」: 人之精神, 藏於形體之內, 猶粟米在囊橐之中也. 死而形體朽, 精氣散, 猶囊橐穿敗, 粟米棄出也.

있다. 『논형』 중에는 이처럼 정기와 정신을 구별하지 않고 똑같은 의미로 사용하고 있는 곳이 적지 않게 보이고 있다.[341] 따라서 정기와 정신의 관계는, 시간적으로 정기가 정신에 선행하는 존재라고 바로 단정할 수 있는 문제가 아닌 것이다. 또한 『논형』을 보면, 정기와 정신의 개념 그 자체에 관한 설명은 그렇게 많지는 않다. 그래서 우선은 정신의 작용에 대해서 검토한 다음, 정신의 전체의 윤곽을 대충이나마 파악한 뒤에, 정기와 정신의 관계를 본격적으로 추측해 보고자 한다. 고찰이 조금 순서에 맞지 않지만, 서술의 형편상, 정신의 작용에 대해서 논한 뒤에 다시 이 문제를 거론하도록 하겠다.

그럼 이번은 공간적 측면으로부터 양기와 정기와 정신 사이의 관계를 살펴보도록 하자. 「강서편」(講瑞篇)의 "음양의 기는 천지의 기이다"[342]라는 말이나, 「설일편」(說日篇)의 "천의 운행은 기를 자연히 베푸는 것이다."[343]라는 말로부터 판단하면, 양기가 존재하는 장소는 천이 된다. 그렇지만 정신 혹은 정기가 존재하는 장소는 인간의 형체이다. 따라서 왕충의 말에 의하면, 양기와 정기·정신은 그 존재하는 공간적 장소가 각각 천과 인간의 형체로 다르게 된다.

여기서 앞의 시간적 측면으로부터의 고찰을 상기하면, 양기와 정기·정신은 시간적으로 선후하는 존재일 뿐만 아니라, 공간적 장소도 달리하는 존재임을 알 수 있다. 즉 시간적으로 선행하는 양기가 존재하는 장소는 천이지만, 시간적으로 뒤늦은 정기·정신이 존재하는 장소는 인간의 형체인 것이다. 그런데 여기서 한 가지 주목해야 할 사실

---

341 閔鄭文 『王充哲學初探』(中國人民出版社, 1958年版), 第五章 第一節, 51 57쪽에서, 왕충의 精神, 精氣, 精의 개념에 대해서 서로 통하는 것이라고 하고 있다.

342 『논형』 「講瑞」 : 陰陽之氣, 天地之氣也.

343 『논형』 「說日」 : 天之行也, 施氣自然也.

이 있다. 왕충은 양기에서 정기 · 정신으로의 방향만을 이야기하고 있는 것이 아니다. 「논사편」(論死篇)을 보면, "사람이 아직 태어나지 않을 때는 원기(元氣) 중에 있고, 이미 죽음에 다시 원기로 돌아간다."[344]라고 하고, 또 "사람이 죽으면 정신은 천에 올라가고 해골(骸骨)은 땅에 돌아간다."[345]라고 하는 말로부터 보면, 양기에서 정기 · 정신으로가 아닌, 정기 · 정신으로부터 양기로의 방향도 이야기하고 있는 것이다. 공간적 장소의 측면에서 말하면, 천으로부터 인간으로, 인간으로부터 천으로의 양방향성이 있음을 말하고 있는 것이다. 이것은 존재를 기의 순환 속에서 이해하고 있는 왕충의 기본적 사고이다. 기의 순환 속에서 본다면, 양기와 정기 · 정신은 시간의 흐름과 함께 그 존재 장소가 천에서 인간으로 또 인간에서 천으로 바뀌는 관계가 된다.

이상 공간적 측면으로부터 본 양기와 정기 · 정신의 관계에 대해서, 시간적 흐름을 생각하면서 살펴봤는데, 그럼 정기와 정신의 공간적 관계는 어떠한가. 일단 양쪽 모두 인간의 형체 내부에 존재한다고 하는 것에서는 다른 의견이 없을 것이다. 그리고 앞에서 언급한 「논사편」의 '정신은 본래 혈기(血氣)를 주체로 한다.'라는 말과 '혈액(血)이라는 것은 살아있을 때의 정기(精氣)이다.'라는 말을 통해서 보면, 정신과 정기가 인간의 형체 중에서도 어디에 존재하는가를 분명하게 이해할 수 있다. 정기와 정신은 인간의 형체 중에서도 혈액(血)이라고 하는 같은 존재 장소를 가지고 있는 것이다.

이상 정신의 근원을 살피기 위해서, 시간적 측면과 공간적 측면의 두 방향으로부터 양기와 정기와 정신의 관계에 대해서 살펴왔다. 아직 분명히 밝혀지지 않은 부분도 있는데, 정신의 작용에 대해서 살펴본

---

344 「논형」「論死」: 人未生, 在元氣之中, 既死, 復歸元氣.

345 「논형」「論死」: 人死, 精神升天, 骸骨歸土.

뒤, 정신에 관해서 얻어진 결과를 정리하고 다시 아직 밝혀지지 않은 부분에 대해서 생각해 보기로 하겠다.

2)

여기서는 정신의 작용의 측면에서 정신의 정체를 설명해 보고자 한다. 정신의 작용을 논하기 전에 먼저 정신이 작용하기 위한 조건에 대해서 살펴보자. 「논사편」에 "형체는 기(氣)를 기다려서 이루어지고, 기는 형체를 기다려서 알게 된다. 천하에 홀로 타는 불이 없는데, 세간에 어찌 형체 없이 홀로 아는 정(精)이 있을 수 있겠는가."[346]라는 말이 있다. 정신을 불에 비유하면서 정신이 작용하는 조건에 대해서 언급하고 있는 말이다.[347] 말하자면 불이 재료가 없으면 탈 수 없듯이, 정신도 육체가 없으면 '안다'고 하는 작용을 하지 못한다고 하고 있다. 그런데 '안다'고 하는 것은 정신의 하나의 작용에 지나지 않지만, 여기에서 정신이 작용하기 위해서는 육체가 필요불가결의 존재인 것을 알 수 있다. 왜냐하면 앞에서 이미 살펴봤듯이 정신은 육체 내부에 있고, 육체가 없고서는 정신이라고 하는 것은 존재불가능하기 때문이다. 정신이라고 하는 존재가 없고서는 정신의 작용도 생각할 수 없는 것이다.

그럼 지금부터 정신의 작용에 대해서 살펴보도록 하자. 앞에서 정신의 작용 중에 '안다'고 하는 인식작용이 있다고 지적했는데, 먼저 이 인식작용부터 보도록 하자. 「논사편」의 "사람이 아직 병들기 전에는 지혜와 정신이 안정된다. 병들면 흐리고 어지러워지는 것은 정신이 어지럽

---

346 『논형』「論死」: 形須氣而成, 氣須形而知. 天下無獨燃之火, 世間安得有無體獨知之精.

347 여기에 대해서는 왕충의 形神觀이라고 하여, 馮友蘭 등 많은 사람들이 언급하고 있다.

기 때문이다. … 정신이 어지러우면 저절로 아는 것이 없게 된다."[348]라는 말로부터 보면, 인간의 인식작용의 근원은 정신인 것이 분명하다. 그렇다고 한다면 인간의 인식작용은 정신으로부터 나온다고 즉각 결론을 내려도 좋은 것일까.「논사편」에서는 "사람이 총명하고 지혜가 있는 이유는 오상(五常)의 기를 품고 있기 때문이다. 오상의 기가 사람에게 있는 것은 오장(五臟)이 형체 중에 있기 때문이다."[349]라는 말도 하고 있다. 말하자면 사람의 총명함이나 지혜로움은 오상의 기와 관계있다고 하는 것이다. 이 총명이나 지혜는 인식작용과 관계있는 요소이다. 그렇다면 인식작용의 근원은 오상의 기라고도 할 수 있는 것이다.

그럼 정신과 오상의 기는 어떠한 관계에 놓여있는 것일까. 왕충은 어떠한 이유에서 정신과 오상의 기 모두가 인간의 인식작용과 관계있는 것이라고 하는 것일까. 먼저 정신과 오상의 기의 관계를 살펴보자. 각각이 존재하는 장소에 대해서부터 보면, 앞에서 언급했듯이 정신은 혈액(血)에 존재하고 오상의 기는 오장에 존재한다. 둘 다 인간의 육체에 존재할 수밖에 없지만 이렇게 그 장소에 차이가 있다.

다음은 인간의 기능과의 관계로부터 정신과 오상의 기의 관계를 살펴보자. 앞서 살펴보았듯이 인간은 음양의 기로부터 생성되는데, 음기는 인간의 골육이 되고 양기는 인간의 정신이 된다. 음과 양의 기는 인간의 생성요소이고, 거기에 대응되는 골육과 정신은 인간의 구성요소가 된다. 따라서 정신이란 인간의 생리기능의 총칭이라고 해도 좋을 것이다. 이에 비해서 오상의 기는 인식기능의 원천이면서, 또한 "한 사람의 몸에 오행의 기를 품고 있기 때문에 한 사람의 행위에 오상의 조

---

348 「논형」「論死」: 人之未死(病)也, 智惠精神定矣. 病則惛亂, 精神擾也. … 精神擾, 自無所知. ※死(病):「宋本殘卷」에 의거하여 '死'를 '病'으로 고침.

349 「논형」「論死」: 人之所以聰明智惠者, 以含五常之氣也. 五常之氣所以在人者, 以五藏在形中也.

행(操行)이 있다."[350]라는 말로부터, 인간의 도덕성의 원천임을 알 수 있다. 이러한 사실로부터 왕충은 인간의 기능에서도 정신과 오상의 기를 다른 의미로 사용하고 있었던 것을 알 수 있다. 이상으로 존재하는 장소와 인간의 기능이라는 두 방면으로부터, 정신과 오상의 기가 동일물로는 간주되고 있지 않다는 것을 살펴봤다.

이상의 사실을 근거로 해서, 다음은 도대체 어떠한 이유에서 왕충은 인간의 인식작용을 정신과 오상의 기 모두에 관계 지어 이야기하고 있는가에 대해서 생각해 보고자 한다. 총명이나 지혜는 오상의 기에 관련되고 따라서 인간의 인식작용의 기능은 오상의 기에 있게 되는데, 그렇다고 한다면 인간의 인식작용은 오상의 기만으로도 설명이 가능할 것이다. 그런데 왕충은 정신도 인식작용과 관계있다고 하고 있다. 이것은 무슨 이유 때문일까. 먼저 정신과 오상의 기가 존재하는 장소에 대한 설명을 상기하면서 생각해 보도록 하자. 정신은 혈액에 존재하고 오상의 기는 오장에 존재한다고 했다. 여기서 미약하기는 하지만 그 이유를 생각해 볼 수 있다. 즉 '혈액이라는 것은 살아있을 때의 정기(精氣)'이기 때문에 생명과 직접 관계가 있는 것이고, 그 범위도 육체의 전체에 퍼져있는 것을 알 수 있다. 오장은 일단 생명과 직접 관계 지어 설명하고 있지 않은 점으로부터, 이 혈액 위에 존재하고 있고, 그 범위도 혈액보다는 좁다고 해야 하지 않을까 한다. 따라서 생명의 차원에서 혈액이 더 근본적인 존재이고, 오장의 작용은 생명의 원천인 혈액의 작용을 근본으로 해서 인정되고 있다고 할 수 있다. 또한 정신이 인간의 생리기능의 총칭임에 대해서, 오상의 기가 인간의 인식기능이나 도덕성과 관련되는 점으로부터 보더라도, 정신의 작용이 오상

---

350 「논형」「物勢」: 且一人之身, 含五行之氣. 故一人之行, 有五常之操.

왕충이 해석하는 기의 세계

의 기의 작용에 비해서 그 범위가 넓고, 인간의 심신(心身)의 모든 기능의 근본임을 알 수 있다. 말하자면 왕충은 혈액의 기를 주로 한, 인간의 생리기능의 총칭인 정신의 작용을, 오장에 존재하고 총명과 지혜를 가진 오상의 기의 작용보다도 선행하는 작용으로서 인정한 것이 된다. 즉 오상의 기의 작용을 정신의 작용을 근본으로 해서 인정했다고 하는 것이 된다. 이러한 까닭에, 인식기능이 오상의 기의 기능이라고 해도, 그 작용의 근원으로부터 보면, 인식작용은 정신의 작용에 포함되는 것이라고 할 수 있었다고 생각된다. 이렇게 생각한다고 하면, 인간의 작용은 모두 정신의 작용에서 나오는 것, 혹은 정신의 작용이라고 해도 좋을 것이다.

그러면 다음에, 정말 이렇게 생각할 수 있는지의 확인을 위해, 정신의 작용에 대해서 몇 가지 살펴보도록 하겠다. 왕충은 "꿈꾸는 정신"(夢之精神.「論死」), "정신이 말한다."(精神言談.「訂鬼」)라고 하여, 인간의 꿈꾸는 것이나 말하는 것을 정신의 작용으로서 언급하고 있다. 그뿐만이 아니다.

무릇 천지 사이에 귀신(鬼)이 있는 것은, 사람이 죽어서 정신이 귀신이 되는 것이 아니라, 모두 사람의 사념(思念)이나 존상(存想)이 부르는 것이다. … 대저 정념(精念)이나 존상(存想)은, 눈으로 나오기도 하고, 입으로 나오기도 하고, 귀로 나오기도 한다. 눈으로 나오면 눈이 그 형태를 보고, 귀로 나오면 귀가 그 소리를 듣고, 입으로 나오면 입이 그 일을 말한다. 낮에는 귀신이 나타나고, 밤에 잘 때는 꿈속에서 듣는다. … 깨어 있을 때 나타나고, 누워 잘 때 들리는 것은, 모두 정신을 사용한다.[351]

이 인용문에 의하면, 귀신이 나타나는 것도 정신의 작용이라고 하고 있다. 말하자면 마음속에서 생각을 하게 되면 그러한 생각이 눈이나 입이나 귀로 나오게 되고, 그렇게 나온 것을 보고 듣고 하여 사람들은 귀신이 나타났다고 하는데, 이 모든 것은 인간의 정신이 하는 것이라고 하고 있다.

이상으로부터 왕충은 인간의 심신(心身)의 모든 작용을 정신으로부터 나오는 정신의 작용으로서 생각한 것을 엿볼 수 있다.

3)

이상, 정신의 근원 및 작용에 대해서 논하여 왔다. 그럼 지금까지 밝혀진 사실들을 바탕으로 해서 앞에서의 미해결 문제를 해결하고, 정신의 의미를 좀 더 명확히 밝혀 보도록 하겠다.

먼저 앞에서 미해결의 문제로 남겨둔, 시간적 측면에서의 정기와 정신의 관계에 대해서 논해보기로 하자. 「정귀편」(訂鬼篇)을 보면 '정기(精氣)는 아는 작용을 한다.', '정신은 말한다.' 등의 말이 있고,[352] 또 「논사편」(論死篇)에는 "아는 것은 기를 사용하고, 말하는 것도 기를 사용한다."[353]라는 말이 있다. 이러한 말로부터 왕충은 작용의 면에서도 정기와 정신을 구별하지 않고 있음을 알 수 있다. 그렇다면 정기와 정신은 동일한 존재의 다른 이름에 지나지 않는 것인가. 만약 그렇다고 한다면 일부러 정기와 정신이라고 하여 그 말을 달리한 이유는 어디에 있

351 『논형』「訂鬼」: 凡天地之間有鬼, 非人死精神爲之也, 皆人思念存想之所致也. … 夫精念存想, 或泄於目, 或泄於口, 或泄於耳. 泄於目, 目見其形; 泄於耳, 耳聞其聲; 泄於口, 口言其事. 晝日則鬼見, 暮臥則夢聞. … 覺見臥聞, 俱用精神.

352 『논형』「訂鬼」: 精氣爲知, 骨肉爲强, 故精神言談, 形體固守.

353 『논형』「論死」: 知用氣, 言亦用氣焉.

왕충이 해석하는 기의 세계

을까. 가령 왕충이 그 이전에 사용되던 개념을 무비판적으로 그냥 이어받아 구별하지 않고 사용했다고 하는 이유를 들 수는 있지만, 왕충의 실증이라고 하는 방법론을 생각할 때, 이유로서 제시하기에는 너무나도 신빙성이 떨어진다고 생각된다. 그럼 어떻게 생각해야만 할까.

『논형』에 나오는 정기와 정신의 용례를 통해서 보면 두 개념에 차이가 있음을 볼 수 있다. 「논사편」의 "사람이 살아있는 까닭은 정기(精氣)가 있기 때문이다. 죽으면 정기가 없어진다."[354]라는 말이나, 「도허편」(道虛篇)의 "모든 살아 숨 쉬는 것은 기가 끊어지면 죽는다."[355]라는 말로부터, 생명과 관계되는 경우에 '정기' 혹은 단지 '기'라고 하는 말을 쓰고 있음을 볼 수 있다. 그리고 사실『논형』전체를 통해 볼 때, 정신과 생명을 관계 지어 설명하고 있는 곳은 없다. 또한 "대저 사려(思慮)는 자신의 정신(神)이다. 조수(兆數:점의 결과)가 되는 것도 자신의 정신이다. 일신(一身)의 정신이, 마음 안에 있는 것이 사려가 되고, 마음 밖에 있는 것이 조수(兆數)가 된다."[356]라고 하여, 사려(思慮)와 거북점·시초점의 결과인 조수(兆數)를 정신에 의한 것으로 설명하고 있고, 『논형』에는 이 사려(思慮)나 조수(兆數)에 대해서 정기와 관련하여 설명하고 있는 곳은 없다. 이렇게 본다면 왕충은 정기와 정신을 구분하여 사용할 때도 있고, 그때의 그 구분은 정기(精氣)의 기(氣)와 정신(精神)의 신(神)을 기준으로 하고 있는 것처럼 보인다. 어쨌든 이러한 용례를 통해서 본다면, 시간적 측면에서의 정기와 정신의 관계를 설명할 수가 있다. 말하자면 정기는 생명에 관계되는 것이고, 정신은 그러한 정기 위에 존재

---

354 『논형』「論死」: 人之所以生者, 精氣也, 死而精氣滅.

355 『논형』「道虛」: 諸生息之物, 氣絶則死.

356 『논형』「卜筮」: 夫思慮者, 己之神也. 爲兆數者, 亦己之神也. 一身之神, 在胸中爲思慮, 在胸外爲兆數. ※'神'의 의미를 정신(精神)의 신(神)으로 해석했는데, 왕충은 '생각'을 정신의 작용으로 설명하고 있기 때문에, 이 해석은 충분히 타당성이 있다고 생각한다.

하면서 인간의 사고나 행동 등을 총칭하는 것이기 때문에, 시간적 측면에서는 정기 쪽이 정신보다도 앞서는 존재라고 할 수 있을 것이다.

그럼, 이상의 정기와 정신의 관계를 염두에 두면서, 다시 한 번 처음부터 정신의 근원 및 작용에 대해서 생각해 보도록 하자. 먼저 양기로부터 정기가 만들어진다. 논리적 시간의 차이는 있다고 해도 이 정기가 만들어진 순간, 이미 동시에 정신의 존재가 인정된다. 왜냐하면 정신은 정기와 그 존재하는 장소를 같이하고, 또한 정기 그 자체로 설명되고 있는 혈기(血氣)를 주체로 하는 것이고, 결코 정기에 의해서 만들어진 것이 아니기 때문이다. 따라서 정기와 정신의 관계는 어느 한쪽이 있으면 항상 다른 쪽이 있는, 도저히 나누어서 생각할 수 없는 관계가 된다. 이러한 사실과 정기와 정신이 구별 없이 사용되고 있는 점으로부터 생각하면, 정신이라고 하는 것은 어쩐지 정기와 표리일체의 것처럼 생각된다. 다시 말해 정신은 정기 속의 작용적 측면인 것은 아닐까. 이렇게 볼 때, 인간의 생명에 직접 관계없는 것이면, 정신과 정기를 같이 취급하고 있는 왕충의 설명도 어느 정도 이해할 수 있을 것 같다.

2. 정신세계

앞에서의 논술을 토대로 해서 여기서는 왕충이 생각하고 있는 정신세계에 대해서 검토하도록 하겠다. 존재의 측면에서 본다면, 정신은 양기에 의해서 존재할 수 있다. 양기라고 하는 존재가 없으면 정신이라고 하는 것은 생각할 수 없다고 하는 것이다. 그렇다고 한다면, 기의세계 이외에 또 정신세계라고 하는 것을 인정할 수 있는 것일까. 이 문제를 고찰함에 있어서는, 양기와 정신의 차이점을 분명히 하는 것으로부터 시작하도록 하겠다.

양기와 정신의 차이점에 대해서는, 앞서의 양기와 정신의 공간적 차원에서의 차이점, 또 정신의 작용에 대한 설명으로부터, 대체로 엿볼 수 있을 것이다. 다만 공간적 장소의 차이는 그렇게 중요한 차이점은 아니라고 생각한다. 장소가 다르다고 해서 그 외의 모든 것도 다르다고는 할 수 없기 때문이다. 그렇지만 작용의 측면의 차이는 경시할 수 없을 것이다. 그래서 지금부터 정신의 작용의 측면을 중심으로 해서, 양기와 정신의 차이와 또 그들에 의한 세계에 대해서 생각해 보고자 한다.

양기의 작용은 음기와 함께 만물을 생성하는 것이고, 정신의 작용은 인간의 사고나 행동이라는 것은, 이미 지적한 대로이다. 그러나 이것만으로는 공통의 기준을 설정할 수가 없기 때문에 비교하기가 어렵다. 그래서 '음기+양기 → 인간(골육+정신)'이라고 하는 사실에 주목해 보고자 한다. 여기서는 음기를 기준으로 해서 양기와 정신을 이야기할 수 있다. 양기는 음기와 합한 순간 정신이 되고, 양기로서의 작용이 아니라 정신으로서의 작용을 하게 된다. 음기에 초점을 맞추어 생각해 보면, 음기와 합하기 전에는 양기이지만, 이 양기가 음기와 합한 뒤는 정신이 되는 것이다. 따라서 양기와 정신은 원래 다른 것이 아니지만, 음기와 합하는가 그렇지 않은가에 따라서 그 작용이 다르게 되는 것이다. 여기에서 정신세계와 기의 세계를 서로 다른 별개의 세계로서 인정할 수 있는 근거를 볼 수가 있다. 양기와 정신의 내용이 같은지 어떤지에 대해서는 『논형』 중의 자료만으로는 밝히기 어렵지만, 가령 그 내용이 같다고 해도 그 작용이 다르다고 하면, 거기에서 전개되는 세계는 전혀 다른 것이 되어버리지 않을까. 이러한 경우, 그 두 세계는 서로 관계가 없는 세계이고, 별개의 세계로서 인정할 수밖에 없다고 생각한다. 이러한 생각에서 본다면, 왕충에 있어서 정신세계는 기의 세계와는 별개의 하나의 세계로서 충분히 취급될 수 있다.

그럼 '우'(遇 : 우연히 만남)라고 하는 개념을 통해서 왕충의 정신세계에 관한 견해를 살펴보도록 하자. 이미 언급했듯이, 왕충은 기의 많고 적음과 별의 기에 의해서 인간의 수명과 귀천빈부의 운명이 결정된다고 이야기하고 있다. 여기서 운명이라고 하는 것은 기의 세계에서 이해할 수 있는 것이고, 인간에게 있어서 필연적이고 벗어날 수 없는 것이다. 그런데 이 운명에 의해서 필연적으로 결정되는 것은 인간의 육체 혹은 인간 외적인 것에 한정되는 것이고, 인간의 정신작용에까지는 미치지 않는 것이다. 다시 말하면 정신의 작용은 기의 세계의 움직임과는 다른 것이다. 운명은 기의 세계와 관련되는 것이지만, 정신과는 관계없는 것이기 때문이다. 이와 같이 서로 다른 성질을 가진 운명과 정신은 둘 다 인간의 내부에 있다. 여기서 왕충이 인간의 구성요소를 크게 정신과 골육으로 나누고 있는 것을 상기하면, 운명이라는 것은 인간의 골육에 있는 것이 된다. 그래서 왕충은 운명을 아는 방법으로 이 골육을 살피는 골법(骨法)을 이야기하고 있다. 인간의 골육이 운명을 가지고 있다고 하는 것은, 아무리 정신에 의해서 무언가를 한다고 해도 그 결과는 이미 운명에 의해서 정해져 있고, 정신에 의해서 조금도 좌우되지 않는다는 것을 알 수 있다. 다음 자료를 보도록 하자.

조행(操行)은 언제까지나 어짊이 있지만, 벼슬살이에는 언제까지나 등용됨을 만남이 없다. 어질고 어질지 않고는 재능의 문제이고, 만날 수 있고 없고는 그때그때의 운이기 때문이다. 재능이 높고 조행이 훌륭하다고 해서 그 사람이 반드시 존귀하게 되는 것은 보증할 수 없다. 또한 재능이 낮고 조행이 훌륭하지 못하다 해서 반드시 비

왕충이 해석하는 기의 세계

천하게 된다는 것도 보증할 수 없다.[357]

정신의 작용인 조행(操行)에 대해서 말하면, 자신의 의지에 의해서 언제나 어진 상태를 유지시킬 수 있지만, 그러나 벼슬살이라고 하는 것은 기의 세계에 관계되는 것이고, 이미 인간에게는 신체에 명령되어 있고, 정신의 작용에 의해서 얻을 수 있는 것이 아니기 때문에, 우연히 만난다는 '우'(遇)의 개념을 사용하여 항상 만날 수는 없음을 이야기하고 있다. 이렇게 벼슬살이에 대해서 우(遇)라고 하는 말을 사용하는 것은, 결국 정신의 작용과 기의 세계가 인과(因果)의 면에서 무관계임을 나타내기 위함이다. 왕충이 정신의 작용에 대해서 운명을 부여하고 있지 않은 것과 정신의 작용과 기의 세계가 무관계라고 하고 있는 것으로부터 생각하면, 결국 왕충은 정신의 세계를 기의 세계와는 다른 세계로 인정하고 있었다고 하겠다. 또한 우(遇)라고 하는 개념으로써 이 세상을 설명하고자 하고 있는 점으로부터 생각하면, 정신의 세계를 기의 세계와 똑같이 중요시했다는 것도 엿볼 수 있다. 이러한 정신과 기에 관한 왕충의 견해는, 인간세계를 설명하는 데에만 그치지 않고, 천인관계에까지 미쳐서, 그의 천인상관설(天人相關說) 비판의 기초가 됐다고 생각한다.

이상의 논술로부터 판단한다고 하면, 왕충이 생각하고 있는 정신세계란, 기의 세계에 의해서 존재 가능한 세계이지만, 그러나 그 세계는 기의 세계와는 인과관계가 없는 인간 특유의 세계였다고 할 수 있다.

---

357 『논형』「逢遇」: 操行有常賢, 仕宦無常遇. 賢不賢, 才也; 遇不遇, 時也. 才高行潔, 不可保以必尊貴; 能薄操濁, 不可保以必卑賤.

3. 정신세계와 본성

1)

왕충의 기론은, 말할 것도 없이 본성의 근원까지도 기에 의해서 설명하고 있다. 그러나 본성이라고 하는 것은 역시 인간의 정신세계 중에서 작용하는 것이다. 이러한 사실로부터 보더라도 본성을 논하는 데는 기의 세계와 정신세계의 양면으로부터 생각하지 않으면 안 된다는 것을 알 수 있다. 그래서 기의 세계를 전제로 한 정신세계의 설정이라고 하는 것을 근거로 하여, 정신세계 중에서의 본성의 문제에 대해서 살펴보고자 한다.

우선 『논형』에 나타나는 본성에 대해서 그 윤곽을 간단히 살펴보자. 「솔성편」(率性篇)을 보면 "기를 받음에 많고 적음이 있기 때문에 본성에 선과 악이 있다."[358]라고 하여, 왕충은 본성에 대해서, 그것은 운명과 똑같이 기로부터 받는 것이고, 기의 많고 적음에 의해서 선악이 정해진다고 하고 있다. 기의 많고 적음에 의해서 본성의 선악이 정해진다고 하는 말은 『논형』 중에 적지 않게 나오고 있다. 또한 왕충은 여기에서 한 걸음 더 나아가, 본성의 선악을 불변하는 것으로서 취급하고 있다. 이것은 다음 자료로부터 엿볼 수 있을 것이다.

실제로는 사람의 본성에 선이 있고 악이 있는 것은, 사람의 재능에 높은 것이 있고 낮은 것이 있어서, 높은 것은 낮게 할 수가 없고 낮은 것은 높게 할 수가 없는 것과 같다. 본성에 선악이 없다고 하는

---

358 『논형』 「率性」: 稟氣有厚泊, 故性有善惡也.

것은, 사람의 재능에 높고 낮음이 없다고 하는 것이다. 본성을 받고 운명을 받는 것은 똑같이 하나의 사실이다. 운명에 귀천이 있고 본성에 선악이 있다. 본성에 선악이 없다고 하는 것은, 사람의 운명에 귀천이 없다고 하는 것이다.[359]

인간의 본성의 선악은 운명과 똑같이 받는 것이고, 그렇기 때문에 태어날 때 본성의 선악이 결정되고 또한 죽을 때까지 같은 선악을 유지한다고 하는 것을 이야기하고 있다. 이와 같이 본성은 변화의 가능성이 전혀 없는 것이다. 변화의 가능성이 없기 때문에, 운명을 점칠 수 있는 것처럼 본성의 선악도 점칠 수 있다고 한다. 「골상편」(骨相篇)에서 "단지 운명에 골법이 있을 뿐만이 아니라 본성에도 골법이 있다."[360]라고 하여, 운명을 점치는 방법과 같은 골법에 의해서 인간의 본성도 점칠 수 있다고 하고 있다.

이상에서 왕충은, 인간의 본성에 대해서, 기의 많고 적음에 의해서 선악이 결정되고, 또한 고정불변적인 것이고, 그렇기 때문에 골법에 의해서 그 선악을 점칠 수 있는 것이라고 하고 있다. 그런데 왕충은 「솔성편」(率性篇)에서 사람의 본성은 쑥이나 비단과 같기 때문에, 쑥이나 비단이 변화하듯이 본성의 선악도 변화한다는 말을 하고 있다.[361] 지금까지는 본성의 불변성을 이야기하고 있었는데, 여기서는 본성이란 얼마든지 변화 가능한 것이라고 하고 있다. 이것은 간과할 수 없는

---

359 『논형』「本性」: 實者, 人性有善有惡, 猶人才有高有下也, 高不可下, 下不可高. 謂性無善惡, 是謂人才無高下也. 稟性受命, 同一實也. 命有貴賤, 性有善惡. 謂性無善惡, 是謂人命無貴賤也.

360 『논형』「骨相」: 非徒命有骨法, 性亦有骨法.

361 『논형』「率性」: 蓬生生麻間, 不扶自直, 白紗入緇, 不練自黑. 彼蓬之性不直, 紗之質不黑, 麻扶緇染, 使之直黑. 夫人之性猶蓬紗也, 在所漸染而善惡變矣. ※'生'은 衍文.

모순이다. 어떻게 해서 이렇게 말할 수 있는 것일까. 어쨌든 본성의 변화가 어떠한 방법에 의해서 가능하게 되는지를 확인할 필요가 있다. "본성이 악한 사람이 또한 천의 선한 본성을 받지 않아도, 성인(聖人)의 가르침을 얻으면 뜻과 행동이 변화한다."[362], "성인의 가르침의 위덕(威德)이 본성을 변화시켜 바꾼다."[363]라고 하여, 왕충은 본성을 변화시키는 방법을 성인의 가르침에서 찾고 있다. 즉, 본성이 악한 사람이라고 해도, 성인의 가르침을 받기만 하면, 본성이 선으로 변한다고 하는 것이다. 그래서는 결국 본성이 악한 것은 근심할 필요가 없고, 성인의 가르침에 복종하지 않아서 일어나게 될 재앙을 근심해야 한다고 하고 있는 것이다.[364]

본성이란 하나밖에 없는 것이다. 그런데 본성에 관한 설명에는 두 가지가 있고, 그것도 모순으로밖에 받아들일 수 없는 그러한 정반대의 이야기를 하고 있다. 이해하기 힘든 일임에 틀림없다. 그러나 여기에는 반드시 왕충 나름의 이유가 있을 것이라 생각한다. 아무런 이유도 없이 표면적으로 모순되는 이야기를 한다고 하는 것은 생각할 수 없기 때문이다. 그래서 지금부터 이 문제에 대해서 살펴보도록 하겠는데, 먼저 본성을 상중하로 나누어 설명하는 경우에 대해서 검토해 보도록 하겠다.[365]

선악에 나누어짐이 없고 변해갈 수 있는 것은 중인(中人)을 말한다. 선하지도 않고 악하지도 않고, 가르침을 기다려서 이루어지는 것이

---

362 『논형』「率性」: 性惡之人, 亦不稟天善性, 得聖人之教, 志行變化.

363 『논형』「率性」: 聖教威德, 變易性也. ※黃暉의 說에 따라, '敎' 위에 '聖'字를 보충함.

364 『논형』「率性」: 不患性惡, 患其不服聖教, 自遇而以生禍也.

365 森三樹三郎氏의 『上古より漢代に至る性命觀の展開』 267 268쪽에서는, 性上中下의 性説로써 王充의 性不變説과 性可變説의 모순을 설명하고 있다.

왕충이 해석하는 기의 세계

다. … 대저 중인의 본성은 익히는 것에 달려있다. 선을 익히면 선하게 되고 악을 익히면 악하게 된다. 극선(極善)과 극악(極惡)에 이르러서는 다시 익힘에 달려있는 것이 아니다. 그러므로 공자가 오직 상지(上智)와 하우(下愚)만은 변하지 않는다고 했다.[366]

인간의 본성에는 상중하가 있고, 상의 본성은 선, 중의 본성은 선도 악도 아니고, 하의 본성은 악이라고 하고, 상의 극선과 하의 극악은 변화시킬 수 없는 불변의 본성이고, 중인의 본성은 변할 수밖에 없다고 하고 있다. 이 인용문으로부터 본다면, 앞서 이야기한 본성에 대한 모순되는 설명은 조정되는 것 같이도 보인다. 상과 하의 본성은 앞서의 본성이 변하지 않는다는 설명에 해당하고, 중인의 본성은 앞서의 본성이 변화 가능하다는 설명에 해당한다고 볼 수 있기 때문이다. 표면적으로 보면 본성에 대한 모순되는 설명이 멋지게 해결된 듯이 보이지만, 그 표면으로부터 내부로 한발 내디뎌보면 아직 여러 가지 문제가 남아 있는 것을 알 수 있다.

먼저 들 수 있는 것은 앞의 설명에서는 본성의 선악만을 언급하고 있지만, 상중하의 설명에서는 선도 악도 아닌 본성도 넣어서 설명하고 있는 점이다. 사실 앞서 설명한 본성의 변화의 경우를 보면, 본성의 악이 선으로 변한다고 하고 있는 것이고, 이것은 상중하 본성에서 중인의 경우를 '선하지도 않고 악하지도 않고, 가르침을 기다려서 이루어지는 것이다.'라고 하는 것과는 그 관점을 달리하고 있는 것이다.

다음으로 들 수 있는 점은, 본성의 선악은 태어날 때 받는 기의 많고

---

366 『논형』「本性」: 無分於善惡, 可推移者, 謂中人也, 不善不惡, 須教成者也. … 夫中人之性, 在所習焉. 習善而爲善, 習惡而爲惡也. 至於極善極惡, 非復在習, 故孔子曰, 惟上智與下愚不移.

적음에 의해서 좌우된다고 하는 것과 관계있는 문제이다. 기를 많이 받아서 본성이 선하고, 기를 적게 받아서 본성이 악하다고 하면, 악이 선으로 변한다고 하는 것은, 결국 기의 적음으로부터 많음으로의 변화를 의미한다고 해야 하지 않을까. 이 말이 타당하다고 하면, 본성의 변화의 문제는 직접 기의 많고 적음으로써 논해야만 할 문제이고, 선도 악도 아닌 본성을 이야기함으로써 해결될 수 있는 문제는 아니게 된다.

이상 두 가지 점을 든 것만으로도, 본성에 대한 상중하의 설명만으로는, 앞서의 본성에 대한 설명의 모순이 해결되지 않는 것을 알 수 있다. 바로 앞에서 지적했듯이, 본성의 선악은 기의 많고 적음의 문제라는 사실로부터 생각한다면, 본성의 불변은 당연한 사실이 되고, 본성의 변화는 결국 해결할 수 없는 문제가 되어버린다. 기의 많고 적음은 한번 결정되면, 인간의 행위 혹은 성인의 가르침에 의해서 바꿀 수 있는 것이 아니기 때문이다. 그런데 본성에 선악이 있고, 성인의 가르침에 의해서 악이 선으로 변화한다고 하는 것은, 기의 세계에서의 일이 아니다. 확실히 그 근거는 기의 많고 적음에 있다고 해도, 결국 정신세계 중의 문제인 것이다. 여기서 기의 세계와 정신세계는 서로 관계가 없는 별개의 세계로 간주되고 있었던 것을 상기한다고 하면, 기의 세계에 있어서 정신세계의 문제를 해결한다고 하는 것은 역시 무리인 것을 알 수 있다. 그래서 본성의 변화의 문제를 기의 세계에 있어서가 아니라, 완전히 각도를 바꾸어, 정신세계의 문제로서 이것을 살펴보고, 본성의 불변과 변화라고 하는 설명의 모순을 해결해 보고자 한다.

2)

우선 정신세계와 본성의 변화 가능성에 대해서 살펴보자.

왕충이 해석하는 기의 세계

정(情)과 성(性)이라는 것은, 사람의 다스림의 근본이고, 예(禮)와 악(樂)이 말미암아서 생겨나는 곳이다. … 성(性)에 비겸(卑謙)과 사양(辭讓)이 있기 때문에 예(禮)를 만들어 그 마땅한 데에 알맞게 하고, 정(情)에 호오희로애락(好惡喜怒哀樂)이 있기 때문에 음악을 만들어 그 절제함을 통하게 한다. 예(禮)가 만들어진 까닭과 음악이 만들어진 까닭은 정(情)과 성(性)이다.[367]

성정(性情)의 변화의 원인이 되는 예악은, 인간이 태어나기 전부터 존재한 것이 아니고, 인간의 본성(性)에 '비겸'(卑謙)과 '사양'(辭讓)이 있고, 정(情)에 '호오희로애락'(好惡喜怒哀樂)이 있음으로 해서 생겼다고 하고 있다. 여기서 한 가지 알 수 있는 사실은, 왕충은 원래 인간의 본성을 가변적인 것으로서 인정했다는 것이다. 사실은 「솔성편」(率性篇)이라는 편의 이름에서도 짐작할 수 있듯이, 왕충은 본성의 가변성을 인정하고 있고, 그래서 「솔성편」을 시작하면서 "무릇 군주와 아버지는 신하와 자식의 본성을 자세히 관찰하여, 선하면 그것을 기르고 권장하고 거느려서, 악에 가까이 가도록 하지 않게 하고, 악하면 돕고 지키고 금지하고 막아서 선에 나아가게 한다."[368]라고 하여, 군주와 아버지가 신하와 자식의 본성의 변화를 책임져야 한다고 하고 있다. 이러한 본성의 변화에 대한 생각은 왕충이 처음부터 가지고 있었다고 생각한다. 단지 자신의 기의 세계의 성립과 함께 본성의 가변성에 대한 논리적인 설명이 필요하게 되었다고 하겠다. 그럼 왕충은 기의 세계에서의 본성의 불변성과 정신세계에서의 본성의 가변성을 어떠한 형태로 해석하여 그 모

---

367 「논형」「本性」: 情性者, 人治之本, 禮樂所由生也. … 性有卑謙辭讓, 故制禮以適其宜. 情有好惡喜怒哀樂, 故作樂以通其敬. 禮所以制, 樂所爲作者, 情與性也.

368 「논형」「率性」: 凡人君父, 審觀臣子之性, 善則養育勸率, 無令近惡, 近惡則輔保禁防, 令漸於善. ※近惡則輔保禁防:'近惡'의 '近'은 衍文(楊守敬).

순됨을 해결하고 있는가.

천도(天道)에는 진(眞)과 위(僞)가 있다. 진(眞)이라는 것은 본래 저절로 천과 서로 응하고, 위(僞)라는 것은 사람이 지혜와 기교를 더하여, 또한 진(眞)이라는 것과 다름이 없다. 어떻게 증명할 수 있는가. 우공(禹貢)에 구림(璆琳)·낭간(琅玕)이라고 말하는 것은, 이것은 토지에서 생긴 진(眞)의 주옥(珠玉)이다. 그런데 도인(道人)이 오석(五石)을 녹여서 오색의 옥을 만든다면, 이것을 진(眞)의 옥에 비교해도 광택은 다르지 않다. … 지금 저 성악(性惡)의 사람이 성선(性善)의 사람과 동류라고 하겠는가. 그를 인도하고 면학하게 하여 선을 하게 할 수 있다. 성악(性惡)의 사람을 (성선의 사람과) 이류(異類)라고 하겠는가. 또한 도인이 주조한 옥…과 같이 할 수 있다. 학문으로 사람을 가르치고 인도하고, 덕으로 감화시키면, 또한 날로 인의의 행위가 있게 된다.[369]

이 인용문으로부터 볼 수 있듯이, 왕충은 사람이 지혜와 기교를 더한 것이라는 의미의 '위'(僞)라고 하는 개념을 생각함으로써 본성에 대한 설명의 모순을 해결하려고 한 듯하다. 말하자면 본성의 악이 선으로 바뀌는 것은 기의 양을 적음에서 많음으로 바꾸는 것에 의해서가 아니라, 지혜와 기교에 의해서 가능하다고 하고 있는 것이다. 본성의 선악의 근원은 기에 있다고 해도, "조행(操行)이 선하고 악한 것은 본성

---

369 『논형』「率性」: 天道有眞僞. 眞者固自與天相應, 僞者人加知巧, 亦與眞者無以異也. 何以驗之. 禹貢曰, 璆琳琅玕者, 此則土地所生眞玉珠也. 然而道人消爍五石, 作五色之玉, 比之眞玉, 光不殊別. …. 今夫性惡之人, 使與性善者同類乎, 可率勉之, 令其爲善. 使之異類乎, 亦可令與道人之所鑄玉, …. 敎導以學, 漸漬以德, 亦將日有仁義之操.

이다."[370]라고 하고 있듯이, 이 본성의 작용으로서의 선악은 기의 세계 중에서가 아니라 정신세계 중에서 행해지는 것이다. 따라서 본성의 근원과 본성의 작용은, 한쪽이 기의 세계에 의거하고, 다른 한쪽이 정신세계 중에서 인정되는 것처럼, 그 속하는 세계를 달리하고 있는 것을 알 수 있다. 만약 여기서 본성의 악의 작용을 선의 작용으로 바꾸는, 즉 정신세계의 문제를 기의 세계에 있는 본성의 근원을 바꾸는 것에 의해서 설명하려고 하면, 그것은 정말로 모순에 빠져버리게 된다. 왜냐하면, 이미 살펴봤듯이, 기의 세계와 정신세계는 관계가 없는 별개의 세계이기 때문이다. 곧 본성의 근원과 본성의 작용은 구별해서 생각하지 않으면 안 되는 것이다. 그래서 왕충은 본성의 가변성을 본성의 작용에 한정되는 문제로서 취급하여, 위(僞)의 개념으로써 설명하려고 한 것이 아닐까 한다. 이렇게 생각해 보면, 본성의 가변성을 주장한 것은 절대로 본성의 불변성에 대한 설명을 부정하는 것이 아님을 알 수 있다. 왕충의 사상 중에서는, 한편에 있어서 본성의 불변설(不變說)이 그 나름대로 성립하고, 또 한편에 있어서는 본성의 가변설(可變說)도 그 나름대로 성립하여, 양자는 서로 모순되는 관계가 아닌 것이다. 이러한 불변과 가변이라는 본성에 대한 설명은, 기의 세계와 정신세계의 양립을 인정하는 왕충 특유의 사유방법에서 나온 것이라고 하겠다.

4. 정신세계와 진리

무위자연의 기의 세계를 물에 비유하기도 하는데, 그렇다면 인간세

---

370 『논형』「命義」: 操行善惡者, 性也.

계란 얼음과 같은 존재에 지나지 않는다. 정해진 일정 기간이 지나면 융해해서 다시 물 즉 기의 세계에 복귀하지 않으면 안 된다. 이렇게 보면, 인간세계로서의 독자의 의미는 완전히 없어져 버리는 듯이 보인다. 이렇게 한정된 인간세계이지만, 그러나 거기에 기의 세계로부터는 어떻게 할 수도 없는, 기의 세계와는 법칙을 같이하지 않는 독특한 정신세계라고 하는 것이 있다. 이것이 정말로 인간세계의 중심이고, 인간을 인간다운 존재로 있게 하는 것일 것이다. 어쨌든 이와 같이 인간세계에는, 기의 세계와 정신세계라고 하는 두 세계의 모습이 인정되고 있다. 그리고 그 두 세계 모두 천 혹은 기라고 하는 근본존재에 그 근원을 두고 있다. 따라서 근본존재로부터 보면, 인간의 두 세계는 어느 쪽도 근본존재의 현실적 나타남이라고 말할 수 있을 것이다. 그러한 의미에서 말하면, 기의 세계뿐만이 아니라 정신세계도 근본존재 중에서 준비되어 있던 세계가 된다. 기의 세계라고 하는 것은, 기의 천상사회의 전달자의 측면 그리고 기의 양적 측면에 의한 세계이고, 정신세계라고 하는 것은, 기의 질(質)과 관련되는 세계이다. 또 기의 세계란 존재적 측면의 세계이고, 정신세계란 가치적 측면의 세계이다. 따라서 근본존재 중에는 존재적 측면의 원리도 있고 가치적 측면의 원리도 있게 된다. 이렇게 보면, 왕충은 근본존재의 이 두 원리에 의해서 인간세계에도 두 세계의 존재가 있다고 하는 것이 된다. 근본존재란 진리 그 자체이다. 그렇다고 한다면 왕충은 근본존재에 두 종류의 진리를 인정하고, 그 두 종류의 진리에 의해서 인간세계에 두 세계가 전개되고 있다는 생각을 했다고 할 수 있다. 이 중에서 기의 세계는 근본존재의 존재적 측면의 진리 그 자체에 의해서 전개되고 있다. 그러나 정신세계의 경우는 근본존재의 가치적 측면의 진리에 의해서 전개되고는 있지만, 가치적 측면의 진리 그대로가 나타나고 있는 것은 아니다. 이것

왕충이 해석하는 기의 세계

은 무위자연이라고 하는 존재적 측면의 진리에 의해서 정신세계의 존재가 만들어지고 있기 때문일 것이다. 말하자면 존재적 측면의 진리는 정신세계의 가치적 측면의 진리와는 무관하게 정신세계의 존재를 만들어낸다. 그러한 사실로부터 볼 때, 가치적 측면의 진리의 나타남은 처음부터 완전성을 기대하기가 어렵다. 그 때문에, 정신세계에서는 가치적 측면의 진리와 자신의 가치와의 거리를 좁혀서, 결국은 그 거리를 없애는 것이 요망되고 있다. 또한 그렇게 하기 위해서는 가치적 측면의 진리를 인식하는 것이 필요하다. 정신세계는 인식의 세계이기도 하고, 그러한 의미에서 정신세계에서는, 근본존재의 가치적 측면의 진리를 인식하는 것을 최고의 목표로 하고 있다고도 할 수 있다. 정신세계는 결여된 가치가 근본존재의 가치를 목표로 하고 있는 세계라고도 할 수 있다. 어쨌든 왕충은 이상과 같이, 기의 세계와 정신세계라고 하는 인간세계의 이중 구조와 함께, 근본존재에도 그 진리의 구조를 이중으로 설정하고 있는 것을 알 수 있다. 이러한 사고방식은 당시의 상황을 배경으로 하고 있다고 생각하는데, 여기에 대해서는 「왕충의 성인관」에서 자세히 설명하고 있다.

근본존재의 이중진리 구조는, 당시에 있어서 왕충 나름으로, 지배체제를 실증적으로 설명하고 그것을 옹호하고자 한 결과 생겨난 사상이라고 생각한다. 그래서 당시의 지배체제는 근본존재의 진리 그 자체가 되고, 따라서 왕충의 목적은 이루어졌다고 할 수 있겠다. 그러나 그 결과, 지배체제를 뒷받침해주는 진리 외에, 또 하나의 진리를 근본존재에 인정할 수밖에 없었다. 게다가 후자의 진리에 의한 정신세계가 인간에 있어서 가장 가치가 있는 세계라고 말하고 있다. 이것이, 왕충이 강조하고 있듯이, 당시의 학문에 의한 실증적인 근본존재의 해석이라고 한다면, 시간이 경과함에 따라서 지배체제보다는 자유의지적 정신세계가 중요시되는 것은 당연한 결과라고도 할 수 있겠다. 여기서 이상과 같은 사실과 함께 왕충의 도가사상의 수용 등을 보면, 한(漢)의 사상으로부터 위진(魏晉)사상으로의 전환이 이미 왕충의 사상 중에서 전개되고 있었다고 할 수 있다.

왕충이 해석하는 기의 세계

2절 진리와 비판
- 비판의 내용 및 대상

왕충이 당시에 비판하려고 한 것은, 그 대상의 숫자를 말하면 굉장히 많지만, 그 내용을 말하면, "논형은 수십 편으로 이루어져 있지만, 또한 한마디로 말하면, 허망을 미워한다고 하는 것이다."[371]라는 말에서 알 수 있듯이, 모든 허망이라는 한마디로 요약된다. 허망에 대한 비판이라는 점으로부터 말하면, 왕충이 스스로의 관점을 진리로서 생각하고 있었음에 틀림없다. 그러한 생각으로부터 만들어진 『논형』은, "논형이란 말의 경중을 저울질하고, 진위의 공평함을 세우는 것이다."[372], "논형이란 논(論)의 공평함이다."[373]라는 말에서 보듯이, 당연히 진리의 기준이고, 또한 가장 공평한 이론(論)이 되는 것이다. 그러나 이러한 왕충의 관점도 한 개인의 관점에 지나지 않는다고 하는 측면에서 보면, 또한 왕충의 사견이라고 할 수밖에 없다. 이렇게 볼 때, 왕충 자신은 스스로의 관점을 진리로서 생각하고 있었음에 틀림없지만, 그러나 그것은 어디까지나 왕충의 주관적인 측면에서의 사실이 되는 것이다. 이러한 자신의 주관적인 관점을 객관적인 진리로 생각하여, 자신의 사상을 전개시키거나 다른 사람의 사상을 비판하거나 하는 것은, 사실은 지극히 당연한 것이고 특별히 예를 들어 설명할 필요도 없는 것이라고 생각한다. 다만 왕충의 경우는, 『논형』의 목적은 진리의 기준에 의해서 허망을 비판하는 것이라고, 그 이전에는 예를 볼 수 없을 정도로 강하

---

371 『논형』「佚文」: 論衡篇以十數, 亦一言也, 曰疾虛妄.

372 『논형』「對作」: 論衡者, 所以銓輕重之言, 立眞僞之平.

373 『논형』「自紀」: 論衡者, 論之平也.

게 주장하고 있는 것이다. 그것은 물론 왕충 자신의 관점에 대한 강한 신념에 의한 것이라고 생각하는데, 그렇다면 그렇게까지 자신의 관점에 강한 신념을 가지게 된 이유는 어디에 있는 것일까. 이러한 자신의 관점에 대해 강한 신념을 가진 이유를 밝힘으로써 왕충의 사상도 조금 더 분명해지지 않을까 생각한다.

　이론적인 면에서 본다면, 사상의 체계란, 근본존재를 인정하고 있다면, 근본존재 혹은 근본존재의 정립으로부터 시작된다. 따라서 어떤 사람의 관점이라고 하는 것도, 그 사람의 근본존재에 대한 입장에서 가장 분명하게 나타난다고 할 수 있다. 왕충의 경우 역시 그러하고, 근본존재인 천을 논증하는 방법 속에서 왕충의 관점의 특색이 분명하게 나타남을 볼 수 있다. 왕충의 논증에 대한 입장은『논형』「자연편」의 '도가는 자연을 논하면서도, 사물을 인용하여 그 언행을 실증하는 것을 알지 못한다. 따라서 자연에 대한 학설은 신용을 받지 못한다.'라는 말에서 볼 수가 있다. 논증에 있어서는 구체적인 사물을 통한 실증이 무엇보다 필요하다고 하는 왕충 자신의 입장을 밝히고 있다. 왕충의 관점은 이러한 경험적이고 실증적인 방법 위에 성립하고 있다고 하는 것이 되겠고, 구체적으로는 또한 「자연편」에서 '유가는 부부의 도를 설명함에 그 기준을 천지에서 취한다. 부부가 천지를 기준으로 하는 것을 알면서도 부부의 도를 미루어서 천지의 본성을 논하는 것을 알지 못하니 도리에 어둡다고 해야 하겠다.'라고 하여 시작하는 그의 천에 대한 이론정립의 과정 속에서 볼 수가 있다. 물론 방법이야 어떻든 간에, 왕충의 관점도 또한 주관적 관점의 차이로서 이해할 수 있는 문제이기도 하다. 그러나 똑같이 관점이라고 하는 차원에서 봤을 때, 경험적이고 실증적인 방법에 의한 논증을 중시하는 관점은, 그렇지 않은 관점보다도 더 객관적 타당성을 가질 수 있다고 하는 것은 인정할 수밖에 없다

　왕충이 해석하는 기의 세계

고 생각한다. 왕충은 아무리 올바른 주장이라 하더라도 실증을 통해서 객관성을 부여할 때, 그 주장이 진리로서 모습을 나타낸다고 한다. 그것도 그 누구도 의심할 수 없는 현실적 경험적인 사실에 의한 실증을 통해야만 한다고 하고, 그러한 실증을 통해서 객관적 타당성이 얻어지게 되고, 또한 그것이 진리가 됨을 밝히고 있다. 이러한 진리에 이르는, 또한 진리를 밝히는 방법으로서의 관점을 가지고 있는 왕충은, 도가라든가 유가에는 없는, 그러한 방법을 내용으로 하고 있는 자신의 관점에 강한 신념을 가지고 있었음에 틀림없을 것이다. 또한 객관적이고 타당한 진리를 밝힐 수가 있다고 하는 것은, 객관적이고 타당한 진위(眞僞)의 기준이 분명하게 밝혀진다고 하는 것이다. 이와 같이 객관적인 진위의 기준을 가지게 된 왕충은, 이러한 관점을 가지고 당시의 사회 전반에 대한 진단에 나섰다고 할 수 있겠다. 그래서 왕충의 이러한 관점이 다름 아닌 바로 그의 비판정신을 낳게 된 것이다.

이상, 왕충의 입장에 서서 왕충의 관점의 특징을 간단하게 살펴봤다. 이상의 사실을 바탕으로 하여 다음은 비판의 내용 및 그 대상에 대해서 살펴보도록 하겠다. 왕충 스스로가 "논형을 쓴 것은 많은 책이 모두 진실을 잃어버리고, 허망한 말이 진실보다 더 우세를 차지하고 있음에 기인한다."[374]라고 말하고 있듯이, 왕충이 『논형』을 통해서 비판하고자 한 것은, 당시에 진실처럼 믿어졌지만 사실은 진실이 아닌 많은 책의 내용, 또한 그러한 말인 것을 알 수 있다. 여기서 일단 왕충이 비판하고자 한 내용 및 대상은, 한마디로 말하면 허망한 사실이지만, 조금 더 구체적으로 말하면 진실이 아닌 많은 책의 내용 및 허망한 말이라고 할 수가 있다. 그럼 이러한 왕충의 비판의 내용 및 대상인 허망한

---

374 『논형』「對作」: 論衡之造也, 起衆書並失實, 虛妄之言勝眞美也.

사실은 어떻게 해서 생겨나는가, 여기에 대한 왕충의 생각을 살펴보기로 하자.

> 세속의 사람의 성향은 기괴한 말을 좋아하고 허망한 문장을 기뻐한다. 왜냐하면, 실제의 사실은 마음을 기분 좋게 할 수 없지만, 허식적이고 허구한 것은 사람의 귀를 놀라게 하고 마음을 움직이게 하기 때문이다. 따라서 재능이 있는 학자로서 담론을 좋아하는 자는, 실제의 사실을 과장하여 보태어, 과도하게 형용된 말을 한다. 문장을 쓰는 자는, 내용이 없는 문장을 만들어, 허망된 전달을 한다. 듣는 사람은 정말로 그렇다고 생각하여, 기뻐하여 마지않고, 보는 사람은 실제의 사실이라고 생각하여, 끊임없이 전달한다. 끊임없이 전달하면 문장이 책에 실리게 되고, 기뻐하여 마지않으면 잘못 현자(賢者)의 귀에 들어가게 된다. 지극하게는 혹은 남면(南面)한 왕이나 스승으로 칭하는 사람이 간사하고 거짓된 담론을 짓게 되고, 성(城)을 관장하는 대관(大官)이나 고관(高官)이 허망된 책을 읽게 된다.[375]

허망한 말이나 허망한 문장 등이 생기는 근본원인은 세속의 사람의 성향에 있다고 하고 있다. 세속의 사람은 선천적으로 허망한 것을 즐거워하고, 거기에 응하여 지식이 있는 사람들은 허망한 사실을 만들고, 그래서 그 허망한 사실은 마치 진실인양 여겨져서 후대에까지 전해진다고 하는 것이다. 왕충은 이상과 같이, 허망한 사실이 현실적으로 존재하고 있음을 세속 사람의 성향으로부터 설명하고자 하고 있다.

---

375 『논형』「對作」: 世俗之性, 好奇怪之語, 説虚妄之文. 何則, 實事不能快意, 而華虚驚耳動心也. 是故才能之士, 好談論者, 增益實事, 爲美盛之語. 用筆墨者, 造生空文, 爲虚妄之傳. 聴者以爲眞然, 説而不舍, 覧者以爲實事, 傳而不絶. 不絶則文載竹帛之上, 不舍則誤入賢者之耳. 至或南面稱師, 賦姦僞之説, 典城佩紫, 讀虚妄之書.

왕충이 해석하는 기의 세계

만약 이와 같이 허망한 사실의 원인이 세속 사람의 성향에 있다고 한다면, 사실상 비판의 대상이 되어야 할 것은 세속 사람의 성향이고, 그 비판의 내용도 세속 사람의 성향에 관계되는 것이지 않으면 안 된다고 생각한다. 실제로 왕충은 「대작편」(對作篇)에서 『논형』을 쓴 이유라든가 목적 등을 서술한 뒤에, "그 근원은 모두 인간에게 그릇된 마음이 있음에서 기인한다. 그러므로 생각을 다하고 마음을 극진히 하여 세속의 사람을 나무라고 있다."[376]라고 하여, 허망한 사실의 원인이 세속 사람의 성향에 있다고 하고, 그 세속 사람의 성향도 비판의 대상으로 하여 비판하고 있는 것이다. 또한 순서를 말한다면, 지금의 인용문 다음에 세속 사람의 성향과 허망한 사실과의 관계를 자세하게 설명하고 있는 앞의 인용문이 이어지고 있다. 이와 같이 왕충은 허망한 사실의 원인을 세속 사람의 성향에서 찾고, 세속 사람의 성향을 비판의 대상으로 하고는 있지만, 그러나 앞에서 보아왔듯이, 직접 세속 사람의 성향을 대상으로 하여 그것을 분석하고 비판하는 형태를 취하고 있다기보다는, 허망한 말이라든가 문장 등을 비판하여 가서 세속 사람의 성향까지도 비판하는 형태를 취하고 있음을 볼 수가 있다. 그러면 왕충이 후자의 방법을 취한 이유는 무엇일까. 우선 다음 자료를 보도록 하자.

저 현인이 세상에 있음에, 벼슬에 나아가서는 충의를 다하고 덕화(德化)를 펴서 조정을 밝히고, 벼슬에서 물러나서는, 논설의 옳고 그름을 드러내고 낮추어서, 진실을 잃어버린 세속을 깨닫게 한다.[377]

---

376 『논형』「對作」: 其本皆起人間有非. 故盡思極心, 以機(譏)世俗. ※機(譏) :'機'는 '譏'로 바꿈.
377 『논형』「對作」: 夫賢人之在世也, 進則盡忠宣化, 以明朝廷, 退則稱論貶説, 以覺失俗.

지금 나(왕충)도 가만히 있을 수가 없다. 허망이 진실에 나타나 있고 성실이 거짓에 어지럽게 뒤섞여 있는데도, 세상 사람들은 깨닫지 못하여, 시비가 정하여지지 않고 있다. 붉은색과 자주색(正과 邪)이 뒤섞여 있고, 기와와 옥이 한데 모여 섞여 있으니, 인정으로서 말한다면, 어찌 내 마음이 참고 있을 수가 있겠는가. … (내 생명에 미치는) 재앙은 (정력을 다 써버린) 안회의 경우보다도 심하고, 황로(黃老)의 가르침에 위배되므로 사람들이 탐내는 것이 아니지만, 가만히 있을 수가 없기 때문에 논형을 지었다.[378]

위의 자료로부터 왕충의 『논형』 저술에 있어서의 태도를 엿볼 수 있다. 당시의 허망에 가득 찬 사회를 구제한다고 하는, 더 이상 보고만 있을 수 없는 자신의 임무로서 『논형』을 저술했다고 하고 있다.[379] 이러한 왕충의 태도로부터 그의 비판의 문제를 생각해 본다고 하면 다음과 같이 말할 수 있겠다. 왕충에 의하면 현재의 허망에 가득 찬 사회는 과거의 세속 사람의 성향에 그 원인을 두고 있다. 역사란 일회성의 사실이고, 현재를 다른 현재로 바꿀 수는 없다. 따라서 현재의 허망에 가득 찬 사회의 원인이, 가령 과거의 세속 사람의 성향에 있다고 하더라도, 과거의 세속 사람의 성향에 대한 비판이 현재를 바꾸어 줄 수는 없는 것이다. 과거를 원인으로 하여 그 결과로서 현재의 사실이 있다고

---

378 『논형』「對作」: 今吾不得已也. 虛妄顯於眞, 實誠亂於僞, 世人不悟, 是非不定, 朱紫雜廁, 瓦玉集糅, 以情言之, 豈吾心所能忍哉. … 禍重於顔回, 違負黃老之教, 非人所貪, 不得已, 故爲論衡.

379 『논형』「超奇篇」의 "文有深指巨略, 君臣治術, 身不得行, 口不能紲(泄), 表著情心, 以明之必能爲之也. 孔子作春秋, 以示王意. 然則孔子之春秋, 素王之業也, 諸子之傳書, 素相之事也. 觀春秋以見王意, 讀諸子以睹相指."라는 말로부터 본다면, 鴻儒(王充에 있어서의 이상적 인간)로서 현실의 정치상에서 발휘할 수 없는 자신의 생각을 문장으로 표현한 것이 『논형』이라고 할 수 있다. 따라서 『논형』은 적어도 「素相之事」(無官의 재상의 일)에는 해당한다고 할 수 있겠다.

왕충이 해석하는 기의 세계

하는 것은 역사적 사실이고, 현재에 살고 있는 사람이 그것을 바꿀 수가 없다고 하는 것은, 누구라도 알고 있는 상식적인 사실이다. 그렇기 때문에 왕충이 허망에 가득 찬 사회를 구제하고자 한 것은, 현재를 중심으로 하여 현재의 세상의 문제점을 미래에 해결하고자 한 것임을 알 수 있다. 현재를 미래에 있어서 보다 좋은 현재로 만들기 위해서는, 미래의 원인이 되는 현재를 어떻게 해서든 진실로 가득 찬 사회로 바꾸어 갈 수밖에 없는 것이다. 그래서 왕충도 당시의 사회를 진실한 사회로 바꾸려고 했고, 또한 그때 당시의 사회에 만연하고 있었던 허망한 사실을 제일의 비판의 대상으로 할 수밖에 없었다고 생각한다. 왜냐하면, 허망한 사실이 정신세계의 지주적 역할을 하고 있는 당시 사회에 있어서, 이 허망한 사실을 비판하지 않고 단지 그 원인인 세속의 사람의 성향만을 비판해서는, 허망한 사실이 없어지지 않기 때문이다. 세속의 사람의 성향을 아무리 비판하더라도, 세속의 사람에게 진리의 기준을 제시하지 않는 한, 세속의 사람의 성향으로부터 볼 때, 당시의 정신세계의 지주인 허망한 사실을 진리로서 믿을 수밖에 없는 것이다. 따라서, 당시의 사회를 진실한 사회로 바꾸기 위해서는, 세속의 사람에게 진리의 기준을 제시할 수밖에 없었다고 생각한다. 허망한 사회의 구제라고 하는 측면으로부터 생각한다면, 진리의 기준은, 당시의 허망한 사실을 하나하나 들면서 그 비판을 통하여 그 기준을 보이는 것이 가장 효과적이었지 않았을까 한다. 이상, 『논형』의 저술에 관한 왕충의 태도로부터, 당시 사회의 허망한 사실을 비판함에 의해서 세속 사람의 성향까지를 비판하고자 하는 그의 의도를 충분히 살펴봤다.

이상의 사실로부터, 왕충의 비판의 대상에 대해서 정리해 보면 다음과 같이 이야기할 수 있다. 그 비판의 외적 대상은 허망한 사실이지만, 최종적으로는 세속 사람의 성향에 대한 비판을 그 목표로 하고 있다. 이 양자에 대한 비판은, 사실은 하나의 비판이고, 성격을 달리하는 두 가지 사실에 대한 비판이 아니다. 허망한 사실이란 세속 사람의 성향으로부터 나온 것이기도 하고, 또한 세속 사람의 성향 중에 포함되는 것이기도 하다. 이 양자의 관계는 외적 나타남과 그 내적 성질의 관계라고 할 수 있다. 따라서, 비판의 방법상, 왕충은 세속 사람의 성향의 외적 나타남을 비판의 주된 대상으로 하고, 그를 통하여 그 내적 성질까지를 비판하고자 하고 있을 뿐인 것이고, 왕충이 비판하고자 하는 전체적 대상의 측면에서 말하자면, 그 대상은 한마디로 세속 사람의 성향이라고 말할 수 있다. 왕충의 비판의 대상은 대체로 이상과 같은데, 그 세속 사람의 성향에 대한 비판이라고 하는 것은, 진리의 기준을 제시하는 것이다. 그렇기 때문에 그 진리의 기준을 제시함에 의해서 세속 사람의 성향을 변화시키는 것을 그 최종적 목표로 하고 있다고 할 수 있다. 진실한 사회란 세속 사람의 성향의 변화에 의해서 실현될 수 있는 사회인 것이다.

　지금까지의 설명으로부터, 왕충의 비판의 내용 및 대상이 대체로 밝혀졌다고 생각한다. 비판의 내용은 허망한 사실이고, 비판의 대상은 세속 사람의 성향이 된다. 또한 세속 사람의 성향이란 허망한 사실을 좋아하는 성질이라고 하고 있다. 왕충의 비판의 내용 및 대상은 대개 이와 같이 설명할 수 있다. 그런데 이러한 설명에서 그 비판의 내용 및 대상의 윤곽에 대해서는 대체로 알 수 있다고 생각하지만, 그 구체적인 모습에 이르러서는 아직 명확하지 않다고 할 수 있다. 즉, 왕충에게 있어서 허망이란 무엇인가, 세속 사람의 성향이란 어떠한 모습인가 등에 관해서는 지금까지의 설명으로부터는 알기 힘든 사실인 것이다. 이러한 것들에 대해서 알기 위해서는, 왕충이 제시하고 있는 진리의 기준을 밝히는 것이 선결문제로 된다. 따라서 왕충의 비판의 내용 및 대상에 관

왕충이 해석하는 기의 세계

한 문제는, 왕충의 진리에 관한 문제의 해결 위에서 분명하게 밝혀질 문제가 된다. 왕충의 진리에 관한 문제는 다음 절에서 논하고자 하는데, 비판의 내용 및 대상을 진리의 문제와 함께 밝혀가고자 한다.

여기서 잠깐 왕충의 성론(性論)과 관련하여 세속 사람의 성향에 대해서 조금 언급해 두고자 한다. 앞에서 인용한 '세속의 사람의 성향은 기괴한 말을 좋아하고 허망한 문장을 기뻐한다'는 말의 원문은 '世俗之性, 好奇怪之語, 說虛妄之文.'이다. 이 원문에 의한다면, 세속 사람의 '성'(性 : 성향)을 '호'(好)와 '열'(說)의 감정으로 설명하는 것이 된다. 『논형』 「본성편」 첫머리에서 왕충은 인간에 있어서의 '성'(性)과 '정'(情)의 부류를 '性有卑謙辭讓', '情有好惡喜怒哀樂'으로 분류하고 있다. 이 분류에 의한다면, 세속 사람의 '성'(性 : 성향)은 '정'(情)의 부류에 속하게 된다. 그런데 정말로 왕충이 '성'(性)과 '정'(情)을 엄격히 구분하고, 세속 사람의 '성'(性 : 성향)이 '정'(情)에 속한다고 생각했다면, 처음부터 '세속지정'(世俗之情)이라고 해야 하고 '세속지성'(世俗之性)이라는 표현을 써서는 안 되는 것이다. 그러므로 이 '세속지성'(世俗之性)이라는 표현을 통해 볼 때, 왕충은 '성'(性)과 '정'(情)의 개념을 그렇게 엄격하게 구분하지 않았음을 알 수 있다.[380] 왕충의 '성'(性)에 선(善)이 있고 악(惡)이 있다'(性有善有惡)는 입장에서 본다면, '세속의 사람의 성향'(世俗之性)에 대한 설명은 정(情)과 성(性) 어느 쪽으로부터도 가능한데, 여기서는 우연히, 아니면 필요에 의해서 정(情)에 속하는 개념만으로 설명했다고 할 수가 있겠다.[381]

---

380 『논형』 「본성편」에서 "自孟子以下, 至劉子政, 鴻儒博生, 聞見多矣. 然而論情性, 竟無定是. … 實者, 人性有善有惡, …."라고 하여, 董仲舒·劉子政 등이 情과 性에 대해서 언급하고 있기 때문에, 왕충은 孟子로부터 劉子政에 이르기까지 情性을 논하고 있다고 말하면서도, 스스로는 그것을 다만 人性이라고 하여 논하고 있다. 이러한 점으로부터 미루어 본다면, 왕충이 性說에서 논하고 있는 性은 情性 전체를 그 내용으로 하고 있다고 할 수 있다.

381 왕충의 목적은 '疾虛妄'이기 때문에, 그 허망의 원인을 세속 사람의 성향 중에서 찾고, 그 결과로 자연히 세속 사람의 성향을 '好奇怪之語', '說虛妄之文'으로 설명하여, '好'와

3절 진리의 기준

『논형』에 의탁한 왕충의 의도는 '허망을 미워한다'(疾虛妄)라고 하는 말에 단적으로 나타나 있다. 이것은, 왕충 스스로도 이야기하고 있지만, 『논형』을 읽으면 누구라도 알 수 있는 사실이다. 또한 이와 함께 진리의 기준을 제시하는 것이 『논형』이라고 왕충은 말하고 있다. 이러한 사실로부터, 진리의 기준을 세움에 의해서 허망을 비판하고자 하는 왕충의 의도에 대해서 충분히 이해할 수 있다고 생각한다. 그러나 그때의 왕충의 의도에 대한 이해라고 하는 것은, 왕충이 생각하고 있는 허망이라든가 진리의 기준에 대해서까지 완전히 이해하고 있다고 하는 것을 의미하는 것은 아니다. 단지, 왕충은 허망을 미워하고, 또한 현실적·경험적 사실에 의한 증명을 통하여 진실과 허망을 밝혀야 한다고 하는 것 정도만을 알 수 있다. 물론 왕충이 진리의 기준을 어떠한 방법에 의해서 찾았는가 하는 것에만 관심이 있다고 한다면, 이 정도의 이해로 충분하다고 생각한다. 그러나 그의 의도를 완전히 이해하기 위해서는, 그가 생각하고 있는 진리의 기준에 대해서 이해하지 않으면 안된다. 그래서 지금부터 그의 사상에 한발 더 접근하기 위하여, 그의 진리의 기준에 대해서 고찰해 보고자 한다.

왕충은 현실적·경험적 입장에서 진리라고 하는 문제를 생각하고 있다. 그런데 일반적으로 현실적·경험적이라고 해도, 사람의 견해에 따라서 그 현실이나 경험이라고 하는 것도 그 모습을 달리하기도 하고, 또한 같은 현실적·경험적 입장에 서 있다고 해도 개인이 가지고 있

'說'이라고 하는 情에 속하는 개념만으로 설명하게 되었다고 생각한다.

왕충이 해석하는 기의 세계

는 지식 등의 환경조건에 따라서 그 입장이 일치하지 않는 경우도 있다. 따라서 왕충의 진리의 기준에 대해서 이해하기 위해서는, 먼저 그가 가지고 있는 현실적 · 경험적이라고 하는 관점을 이해할 필요가 있다고 하겠다.

왕충에 의하면, 인간은 정신과 형체로 구성되어 있다. 그중에서 정신이 지적(知的) 작용을 하고, 따라서 정신이 삶의 주체가 되는 존재라고 하고 있다. 천기(天氣)에 의해서 정신이, 지기(地氣)에 의해서 형체가 각각 만들어지는데, 이 천과 지(地)에 대해서, 천도 또한 지(地)와 똑같이 물체에 지나지 않는다고 하고 있다. 이러한 왕충의 생각으로부터 본다면, 정신이 직접 천에 관여하여 근본존재인 천의 모습을 규정하거나 진리를 밝힐 수가 없는 것이다. 그래서 왕충은 '부부는 천지를 기준으로 한다'(夫婦法天地)라고 하는 신념 위에서 현실적 · 경험적으로 천과 함께 여러 가지 사실을 유추하려고 했다. 여기서 왕충이 생각하고 있는 현실적 · 경험적이라고 하는 것을 대체로 이해할 수 있다. 그러나 이러한 사실만으로는 왕충의 허망과 진리에 관한 기준은 다 밝혀질 수 없다고 생각한다. 왜냐하면, 인식의 측면으로부터 볼 때, 왕충이 생각하고 있는 현실적 · 경험적 세계는 진리의 기준인 근본세계와는 분리되어 있기 때문이다. 따라서 여기서 다음과 같은 새로운 문제가 발생한다. 즉 왕충의 현실적 · 경험적 입장으로부터 볼 때, 과연 진리는 알수 있는가라고 하는, 진리와 인식의 문제가 진리의 기준이라는 문제에 앞서는 선결과제로서 제기된다. 중국고대에 있어서의 천인합일, 즉 근본존재와 인간이 합일할 수 있다고 하는 사고방식을 보면, 진리와 인식은 합일할 수 있다는, 즉 진리는 인식할 수 있다는 사고방식이 분명하게 나타나고 있다. 근본존재는 만물의 근원이기 때문에 진리 그 자체이고, 또한 인간은 인식능력을 가지고 있기 때문에, 근본존재와 인간의 합일이란 다름 아닌 진리와 인식의 합일을 의미하는 것이 된다. 그러나 이러한 사실이 그대로 왕충의 경우에도 들어맞는 것은 아니다. 이미 주지하고 있듯이, 왕충은 인식적 측면에서 근본존재와 인간세계를 관계가 없는 세계로서 간주하고 있기 때문이다. 그럼 다음에 여기에 관한 왕충의 생각을 조금 더 자세하게 설명해 보도록 하겠다.

왕충 역시 진리의 근원을 근본존재인 천에 두고 있다. 그러나 왕충은 이 진리의 근원인 천의 세계와 인간의 인식의 근원인 정신세계를 그 차원을 달리하는 세계로서 간주하고 있다. 즉, 인간의 정신세계가 천의 세계에 포함되고는 있지만, 그것은 생성의 차원에서의 사실이고, 작용의 차원에서 본다고 하면, 같은 선상(線上)에서 양 세계를 인정할 수가 없다고 하는 것이다. 이러한 것이 단적으로 나타나 있는 것이 왕충의 자연·필연·우연이라고 하는 개념에 있어서이다. 자연과 필연은 생성의 근원인 천으로부터 보았을 때의 개념이고, 우연이란 인간의 의지적 측면으로부터 보았을 때의 개념이다. 이것은, 작용의 측면에 있어서, 인간의 정신세계와 천의 세계의 무관계를 말하는 것이 된다. 즉 왕충에 있어서는, 정신은 정신 나름의 법칙을 가지고 있고, 천은 천 나름의 법칙을 가지고 있다고 하는 것이다. 이러한 점으로부터 본다면, 왕충에 있어서는, 인식과 진리가 서로 관계하여 일치할 수 있다고 하는, 그러한 점은 또한 부정되고 있는 것이다. 또한 인간의 인식 능력이란 인간이 받는 기(氣)에 그 근원을 두고 있다. 인간이 받는 기(氣)에는 많고 적음의 차이가 있고, 따라서 인식의 능력이란 인간 개인에 따라서 각각 차이가 있다고 할 수 있다. 이렇게 볼 것 같으면, 인간의 인식은 진리와 일치할 수 없을 뿐만 아니라, 인간의 인식 그 자체에 있어서조차, 공통의 인식능력이라든가, 공통의 인식작용이 있을 수 없는 것이 된다. 그럼 여기서 다음 자료를 보도록 하자.

왕충이 해석하는 기의 세계

천의 마음을 찾음에 사람의 생각을 근본으로 하고, 천의 다스림을 나타내는 데에 사람의 일을 근본으로 한다.[382]

요(堯)의 마음은 천의 뜻을 알고 있었다. 요가 (순에게) 준 것은 천 역시 준 것이고, 백관(百官)·신자(臣子)가 다 순(舜)을 추대했다. 순이 우(禹)에게 주고, 우가 계(啓)에게 전한 것은 다 인심으로써 천의 뜻을 나타냈다. … 주공(周公)이 인심을 추량하여 천의 뜻에 부합시킨 것이다. 상천(上天)의 마음은 성인의 가슴에 있다.[383]

이 인용문은 왕충의 자연적 천론 중에서 의지적 천의 모습을 엿보게 하는 자료이다. 이 자료에 의하면, 인간의 인식은 천의 진리를 인식할 수 있다고 하고 있다. 이것은 앞에서 설명해 온 왕충의 사고방식과는 정반대의 사실이다. 그러나 어쨌든 이 자료가 왕충의 생각을 나타내고 있는 자료에 틀림없다고 한다면, 왕충의 진리와 인식의 일치에 관한 사고방식도 틀림없이 성립하는 것이 된다. 이상으로부터 본다면, 진리와 인식에 관한 왕충의 사고방식에는, 일치와 불일치라고 하는 모순되는 사고방식이 동시에 존재하는 것을 알 수 있다. 그러면 다음에 『논형』에 나타나 있는 이러한 왕충의 사고방식을 철저하게 검토해 보도록 하자.

왕충이 '부부는 천지를 기준으로 한다'(夫婦法天地)는 신념에 근거하여 자신의 사상을 전개하고 있다는 것은 이미 언급한 대로이다. 이 부부와 천지의 관계에 관한 사실 위에서, 현실적·경험적 인식이라고 하

---

382 『논형』「順鼓」: 原天心以人意, 狀天治以人事.

383 『논형』「譴告」: 堯之心, 知天之意也. 堯授之, 天亦授之, 百官臣子皆鄉與舜. 舜之授禹, 禹之傳啓, 皆以人心效天意. … 周公推[人]心, 合天志也. 上天之心, 在聖人之胸.
※周公推[人]心 : 黃暉의 설에 따라 '心' 앞에 '人'을 보충함.

는 방법을 통해서 진위가 밝혀진다고 하는 것도 이미 주지의 사실이다. 이러한 신념과 방법으로부터 논리적으로 유추된 것이, 천(天)은 지(地)와 똑같이 아무런 의지도 없는 하나의 물체에 지나지 않고, 천의 기(氣)에 의해서 만물이 생성되는데, 그때 만물의 모든 것은 받은 기에 의해서 결정되게 되고, 그리고 또 인간의 정신은 다만 자신의 법칙에 의해서 작용하면서 항상 우연성을 맛보고 있다고 하는 것이다. 여기서 우리는 진리와 인식의 일치와 불일치라는 두 가지 사실의 근거 모두를 찾아낼 수가 있다. 우선, 그 신념과 방법은 어떻든 간에, 어쨌든 진위를 밝힐 수가 있다고 하고, 사실 그러한 방법에 의해서 천의 실체를 밝히고 있는 점으로부터 보면, 진리와 인식의 일치라고 하는 왕충의 사고방식을 엿볼 수가 있다. 그러나, 그 결과로서 인간의 정신과 천이 그 작용의 법칙을 달리한다고 하는 사실에 이르러서는, 또한 진리와 인식의 무관계가 이야기되고 있는 것이다. 그럼, 처음은 진리와 인식이 일치한다는 생각을 가지고 있었는데, 사상의 전개 과정에서 무의식중에 무의도적으로 처음의 자기 생각과는 모순되는, 진리와 인식의 불일치 쪽으로 이론이 만들어지게 된 것일까. 왕충은 여기에 대해서 아무런 문제의식도 느끼지 않았던 것일까.

『논형』 전체를 통해서 본다고 하면, 이 두 가지 모습이 분명하게 나타나고는 있지만, 그중에서 주류를 이루고 있는 것은 진리와 인식의 일치라고 할 수 있다. 그것은 왕충 스스로가 말하고 있듯이, 『논형』은 '허망을 미워한다'라고 하는 자신의 의도가 주류를 이루고 있기 때문이다. 허망이라고 말할 수 있는 것은 객관적 진리를 세울 수 있기 때문이고, 따라서 허망이란 진리와 인식의 일치를 그 근거로 하고 있는 말인 것이다. 왕충의 의도가 그러하고, 『논형』 전체에 그러한 의도가 주류를 이루고 있다고 하면, 진리와 인식의 일치가 왕충에 있어서는 진리

왕충이 해석하는 기의 세계

와 인식의 불일치보다 더욱 큰 비중을 차지하고 있다고 할 수 있다. 또한 여기서 앞의 왕충의 사상 전개의 과정을 상기해 보면, 다음과 같이도 생각되는 사실을 알아챌 수 있다. 즉, 처음부터 진리와 인식의 일치를 전제로 하여 사상을 전개하고 있었는데, 단지 그 인식된 진리 중의하나가, 진리의 주체인 근본존재와 인식의 주체인 인간의 무관계였다고 하는 것이다. 어쨌든 이상으로부터, 왕충은 진리와 인식의 일치에더욱 큰 비중을 두고 있었던 것을 알 수 있는데, 그럼 지금부터 이러한사실에 대해서 검토해 보도록 하자.

이미 언급했듯이, 인간의 운명은 천에 의해서 결정되어 있고, 인간의재능이라든가 행위 등에 의해서 바뀔 수가 없다고 하고 있다. 그런데인간이 천으로부터 운명을 부여받을 때, 아무런 흔적도 없이 받는 것이 아니라, 그 흔적은 인간의 신체에 분명히 존재하고, 그 흔적을 왕충은 '골법'(骨法)이라고 하고 있다. 다음의 자료를 통해서 확인할 수 있다.

사람에게는 수요(壽夭)의 상(相)이 있고, 또한 빈부와 귀천의 정해진법이 있는데, 다 신체에 나타나 있다. 그러므로 수명의 길고 짧음은다 천으로부터 받는 것이고, 골법(骨法)의 좋고 나쁨은 다 신체에 나타나 있다.[384]

사람들이 명(命)은 알기 어렵다고 말하는데, 명(命)은 굉장히 알기쉽다. 그것을 아는 데는 무엇으로써 아는가. 골체(骨體)로써 안다.사람은 명(命)을 천에서 받게 되면, 그 표후(表候)가 신체에 나타나있다. 표후(表候)를 살펴서 명(命)을 아는 것은, 두곡(斗斛)을 살펴서

---

384 『논형』「命義」: 人有壽夭之相, 亦有貧富貴賤之法, 俱見於體. 故壽命脩短, 皆稟於天, 骨法善惡, 皆見於體.

그 내용이 어느 정도인가를 아는 것과 같다. 표후(表候)란 골법(骨法)을 말함이다.[385]

인간의 수요(壽夭)의 운명이나 빈부귀천의 운명은 신체에 나타나 있는 골법(骨法)을 살펴서 알 수 있다고 하고 있다. 그리고 「골상편」(骨相篇)에서는 운명뿐만이 아니라, "본성에도 골법이 있다."(性亦有骨法)고 하고 있다. 말하자면 골법에는 인간이 천으로부터 받는 모든 모습이 포함되어 있다는 것이다. 이러한 사실로부터 볼 때, 인간의 정신세계와 천의 세계의 무관계는 인과관계에 있어서의 사실이고, 진리의 인식이라고 하는 측면에서는 서로 관계를 가지고 있다고 하는 것이 된다. 물론 그 관계는 인간이 천의 본체에 직접 관여함에 의해서 성립하는 것이 아니다. 천의 진리는 골법에 나타나 있고, 이 골법을 살핌에 의해서 진리와 인식의 일치라고 하는 관계가 성립할 수 있다고 하는 것이다. 이와 같이 왕충은 인과적으로 무관계인 천과 정신세계 사이에, 경험적으로 인식할 수 있는, 즉 정신의 인식과 관계를 가질 수가 있는, 골법이라고 하는 지상세계에 있어서의 천의 모습을 제시하고 있다. 이 또한 천지는 부부라고 하는 신념에 근거하고 있는 것이라 생각한다. 천에 그 작용이 있다면 지상세계(地)에 어떠한 형태로든 거기에 상응하는 모습이 있어야 한다는 생각일 것이다. 이러한 왕충의 사상 전개에 있어서의 기본적인 사고방식은, "기(氣)를 천에서 받고 형체를 지(地)에 세우니, 지(地)에 있는 형체를 살펴서 천에 있는 명(命)을 아는 것은, 그 사실을 얻지 않음이 없다."[386]라는 말로부터 확인할 수 있다. 이와 같이

385 「논형」 「骨相」 : 人曰命難知, 命甚易知. 知之何用. 用之骨體. 人命稟於天, 則有表候[見]於體. 察表候以知命, 猶察斗斛以知容矣. 表候者, 骨法之謂也. ※'候'아래에 '見'을 첨가함. 黃暉의 설에 따름.

386 「논형」 「骨相」 : 稟氣於天, 立形於地, 察在地之形, 以知在天之命, 莫不得其實也.

왕충이 해석하는 기의 세계

지상세계에 투영된 천의 모습인 골법을 제시함으로 인해서, 왕충은 인식의 측면에 있어서, 천과 정신 즉 진리와 인식은 관여하여 일치할 수가 있음을 이야기하고 있는 것이다. 이렇게 해서 천의 진리에 대한 인식도 경험적인 대상을 통해서 할 수 있게 되었다. 그럼 다음에 진리가 깃들어 있는 골법이 신체의 어느 부분에 나타나는지, 또 그것을 어떠한 방법으로 살펴야 하는지 등에 대해서 살펴보도록 하자.

　　골상(骨相)은 안에 있는 것도 있고, 밖에 있는 것도 있고, 형체에 있는 것도 있고, 성기(聲氣:聲音)에 있는 것도 있다. 밖을 살피는 자는 안에 있는 것을 못 볼 수 있고, 마음이 형체에 있는 자는 성기(聲氣)를 못 보고 빠뜨린다.[387]

　골법은 안과 밖, 형체나 성음(聲音) 등에 나타난다고 하고 있다. 사실 골법이란 기(氣)에 의해서 결정되는 것이기 때문에, 안과 밖, 형체·성음(聲音) 등으로 말하고 있는 것은, 기(氣)에 의해서 결정되는 신체의 어디에서든 나타난다고 하는 것을 의미하고 있는 것이 아닐까 한다. 이러한 골법에 나타나 있는 천의 진리를 알기 위해서는 어떠한 방법으로 살펴야 하는가. 지금의 인용문의 예로부터 본다면, 어떤 하나의 부분만을 보지 말고, 신체에 나타나는 골법 모두를 빠짐없이 살펴야 한다고 하고 있다. 그러나 이러한 골법에 관한 관찰방법 그 자체가, 현실적으로 인간들에게 천의 진리의 전체 즉 진리의 기준을 가르쳐 줄 수는 없는 것이다. 각 개인이 그러한 관찰방법을 어떻게 활용하느냐에 따라서 천의 진리의 어떤 부분이 나타나거나 나타나지 않거나 하는 그러한

387　『논형』「骨相」: 相或在內, 或在外, 或在形體, 或在聲氣. 察外者, 遺其內, 在形體者, 亡其聲氣.

문제가 된다.

지금까지 왕충의 허망과 진리의 기준을 이해하기 위해, 왕충에 있어서의 진리와 인식의 일치에 관한 문제에 대해서 많은 설명을 해왔는데, 결과적으로 진리와 인식은 일치할 수 있다고 하는 사실에 도달했고, 따라서 다시 허망과 진리의 기준에 관한 문제로 돌아갈 수 있게 됐다. 그러나 이상에서 언급한 사실에 의하면, 진리는 물론 존재하고 또한 인식할 수도 있지만, 왕충은 진리인식의 방법에 대해서만 말할 뿐이고, 현실적으로 진리의 기준이란 이러한 것이라고 제시하고 있는 것은 아니다. 이것은 『논형』 전체를 통해서 일관된 사실이다. '허망을 미워한다'고 하여 허망의 비판을 목적으로 하고는 있지만, 허망의 비판에 있어서는 경험적인 사실을 통해서 그 잘못된 사실을 지적한다든가, 기론(氣論)의 관점으로부터 그 잘못된 사실을 지적할 뿐이고, 진리의 기준을 명확히 밝힘에 의해서 그 잘못된 점을 비판하고자 하고 있는 것이 아니다. 그럼 여기서 진리의 기준이라고 하는 개념의 의미에 대해서 잠깐 생각해 보도록 하자.

진리의 기준 혹은 허망과 진리의 기준이란, 간단하게 말하면, 그러한 기준을 통하여 어떠한 것이 진리이고 어떠한 것이 허망인가를 판단할 수 있는 하나의 경계선과 같은 역할을 하는 것이라고 볼 수가 있다. 물론 틀린 말은 아닐 것이다. 그러나 이 경계선을 혹 허망과 진리를 구분하는 허망도 진리도 아닌 어떠한 경계선과 같이도 생각할 수 있는데, 사실은 그러한 것은 아니라고 생각한다. 일반적으로 가치의 기준 등이 되는 것 즉 근본존재의 모습 등을 진리의 기준으로 하고 있는데, 왕충 또한 예외는 아니라고 생각한다. 따라서 왕충에 있어서의 진리의 기준이란 것도, 근본존재의 모습인 진리 전체의 모습, 즉 진리 그 자체가 그 기준이 되고 있는 것을 알 수 있다. 만약 진리 그 자체를 알지 못

왕충이 해석하는 기의 세계

한다면, 어느 것이 진리이고 어느 것이 허망인가는 구분하기 힘든 것이 된다. 그래서 진리의 측면으로부터 본다면, 진리 그 자체를 완전히 알 때에, 진리와 허망을 확실하게 구분할 수가 있고, 그러한 의미에서 진리 그 자체가 진리의 기준이 되지 않을 수가 없는 것이다.

이러한 진리의 기준을 염두에 두고 왕충의 비판을 생각해 본다고 하면, 왕충은 또한 자기 나름으로 진리의 모습을 제시하면서 비판하고 있다고 하는 것이 되고, 또한 그러한 의미에서 진리의 기준을 제시하고 있다고도 할 수 있다. 그러나 실제의 비판의 경우는, 비판의 대상에 따라서 경험적 사실이라든가 기론(氣論)의 관점에 서서 단편적으로 그 비판의 대상을 비판할 뿐이고, 그것만 있으면 완전히 허망과 진리를 구분할 수 있는 그러한 절대적인 진리의 기준을 제시하고 있다고는 말할 수 없다. 여기서 일단 왕충이 진리의 기준을 제시하고는 있지만, 그 진리의 기준은 단지 진리의 단편적인 모습에 지나지 않는다고 정리해 볼 수가 있다. 그럼 이러한 왕충의 진리에 대한 태도는 어디에서 오고 있는 것인가. 그것은 그의 사상적 근원인 천론(天論)과 기론(氣論)으로부터 그 이유를 찾아야 하지 않을까. 천지의 대응적 관계를 논하면서 천이 만물의 규범이고 또 근원이라고 하고는 있지만, 천은 무위자연의 존재일 뿐이고, 실제로 만물을 규정하는 것은 기(氣)에 의해서이고, 이 기를 통해서 만물은 근본존재인 천의 명령(원리)을 받고 있다고 하고 있다. 그래서 천에 의해서 만물에 결정된 사실 등을 이해하는 것은 현실적으로 부여된 기를 통해서만 가능하다고 하고 있다. 또한 그것은 현실적으로 부여된 기를 어느 정도 정확하게 보는가에 관계되는 문제가 된다. 어쨌든 기를 통해서 천을 이해할 수밖에 없다고 하는 것은, 기에 나타나 있는 천의 단편적인 진리의 모습밖에 알 수 없다고 하는 것이 된다. 그래서 왕충은 절대적인 진리의 기준이 아닌 진리의 단편적인 모습만을 진리의 기준으로서 제시하고, 당시의 허망한 사실을 비판한 것이 아닌가 생각한다. 그리고 같은 맥락으로부터 왕충은 '태어나면서부터 아는 것'(生而知之)을 인정하지 않고, 현실적·경험적인 사물을 통해서만 지식 혹은 진리를 알 수 있다고 하고 있다. 현실적·경험적인 사물을 통해서만 진리를 알 수 있다고 하는 것은, 부여된 기(氣)를 얼마나 정확하게 보는가에 관계되는 문제, 즉 진리인식의 방법과 관계되는 문제가 된다. 기(氣) 안에 존재하는 천의 모습을 얼마나 정확하게 인식하는가 하는 것이, 천의 진리가 우리 앞에 어느 정도 나타나는가를 결정하게 된다. 따라서 왕충이 진리의 기준으로서 진리의 단편적인 모습을 제시한다고 하는 것은, 결국 그와 동시에 진리인식의 방법도 제시하는 것이라고 할 수 있다. 왕충의 사상으로부터 본다면, 진리인식의 방법을 제시하지 않는다고 하는 것은, 비판의 객관적인 기준이 없다고 하는 것과 같은 것이 된다. 따라서 왕충에 있어서는 진리인식의 방법이 중요했다고 생각하는데, 또한 이 진리인식은 자신의 내면적(정신적) 수양과 관계되는 문제라고 생각한다. 내면적 수양에 의해서 현실적으로 부여된 기(氣)를 정확하게 인식할 수 있는 것이 아닐까 한다. 이상과 같은 사실로부터 본다면, 왕충에 있어서의 진리의 기준의 문제는 진리인식의 문제로 옮겨지고, 또한 내면적인 수양과도 관계되는 것을 알 수 있다. 그럼 다음 절에서 진리인식에 관한 왕충의 생각을 논하고, 다시 진리의 기준에 대해서도 생각해 보도록 하겠다.

4절 진리와 인식

왕충에 있어서 진리와 인식의 관계는 진리인식의 방법과 관련된 문제이다. 지금부터 이 진리인식의 방법에 관해서 살펴보고자 하는데, 우선 진리인식의 방법을 정확하게 실천할 수 있고, 그래서 진리의 기준을 완전하게 알고 있는 인간에 관한, 왕충의 견해부터 보도록 하자.

옳고 그른 것이 어지러워져서 다스려지지 않는 것은, 성인만이 홀로 그것을 안다. 사람의 언행에는 소정묘(少正卯)의 부류와 같은 것이 많은데, 현자만이 홀로 그것을 안다. 세상에는 옳고 그른 것이 잘못된 말이 있고, 또한 자세하고 잘못된 것이 어지러운 일이 있다. 잘못된 말을 결정하고 어지러운 일을 정하는 것은, 단지 현자나 성인만이 해낼 수 있다고 한다. 성인의 마음은 밝고 어둡지 않고, 현자의 마음은 조리가 있고 어지럽지 않다. 밝음으로써 그른 것을 살피면 그른 것이 나타나지 않음이 없고, 조리로써 의혹을 저울질하면 의혹이 정해지지 않음이 없다.[388]

왕충은 진리인식의 방법을 정확하게 구사하고, 진리의 기준을 알고 있는 최고의 인간으로서, 성인(聖人)이나 현인(賢人)을 생각하고 있는 것을 알 수 있다. 그리고 이 성인과 현인에 대해서 왕충은,

---

388 「논형」「定賢」: 是非亂而不治, 聖人獨知之. 人言行多若少正卯之類, 賢者獨識之. 世有是非錯謬之言, 亦有審誤紛亂之事. 決錯謬之言, 定紛亂之事, 惟賢聖之人爲能任之. 聖心明而不闇, 賢心理而不亂. 用明察非, 非無不見, 用理銓疑, 疑無不定.

성인은 현자와 다른 점이 없고, 현자는 성인보다 부족한 점이 없다. 현자도 성인도 다 능력이 있는데, 어떻게 해서 성인을 현자보다 기이하다고 칭찬하는가.[389]

대저 성인은 현자와 같다. 사람의 뛰어난 자를 성인이라고 하므로, 성인과 현자의 차이는 대(大)와 소(小)의 명칭이고, 월등하게 뛰어나다는 이름이 아니다.[390]

라고 하여, 성인과 현인은 정도의 차이는 있지만, 같은 부류임을 말하고 있다. 그렇다면 이 성인이나 현인은 어떻게 해서 진리의 기준을 완전하게 알 수 있는 것일까.

유자(儒者)는 성인을 논하여, '이전의 천년을 알고, 이후의 만세를 알고, 혼자만이 보는 밝음과 혼자만이 듣는 총명함이 있어서, 일이 일어나면 이름 짓고, 배우지 않아도 스스로 알고, 묻지 않아도 스스로 깨닫는다, …'라고 했다. … 말하자면 이것은 다 거짓말이다. … 사실은 성인이나 현자도 태어나면서부터 알 수가 없고, 모름지기 귀나 눈에 맡겨서 실정을 정해야 한다. 귀나 눈에 맡겨서 알 수 있는 일은, 그것을 생각만 해도 쉽게 결정되지만, 알 수 없는 일은 묻기를 기다려서 이해하게 된다. 천하의 일, 세간의 사물이 생각하여 알 수 있는 것은, 어리석은 사람이라도 정수(精髓)를 깨우칠 수 있고, 생각하여 알 수 없는 것은, 훌륭한 성인이라도 깨달을 수가 없다. … 성인이 일을 아는 것은, 일이 알 수 없는 것이 없음이다. 일

---

389 『논형』「實知」: 是聖無以異於賢, 賢無以乏於聖也. 賢聖皆能, 何以稱聖奇於賢乎.
390 『논형』「知實」: 夫聖猶賢也. 人之殊者, 謂之聖, 則聖賢差小大之稱, 非絶殊之名也.

　　　　　　　　　　　　　　왕충이 해석하는 기의 세계

이 알 수 없는 것이 있으면 성인도 알 수가 없다. 성인이 알 수 없는 것이 아니라, 일이 알 수 없는 것이 있는 것이다. 그것을 알려고 하는데 알지 못함을 쓴다. 따라서 저 알기 힘든 것은 학문이 미칠 수 있는 것이다. 알 수 없는 일은 그것을 묻고 배워도 깨달을 수가 없다.[391]

당시 일반적으로는 성인의 '생이지지'(生而知之)가 인정되고 있었지만, 왕충은 이러한 사실을 비판하면서 성인이나 현인도 귀나 눈 등에 의한 경험을 통해서만 알 수 있을 뿐이라고 말하고 있다. 따라서 '안다'고 하는 것은, 인간의 경험을 통해서 알 수 있는 것에 한정되며, 처음부터 인간의 경험으로 알 수 없는 사실에 대해서는 아무리 성인이라 하더라도 알 수 없다는 것이다. 그런데 왕충은 '알 수 없는 것'에 대해서 인식의 문제가 아니라 인식의 대상과 관계되는 것으로서 이야기하고 있다. 말하자면 인식의 대상에 '알 수 없음'이 있어서 인간은 인식할 수 없다는 것이다. 이렇게 보면 인식의 대상에는 '알 수 있음'과 '알 수 없음'이 있게 되고, 이 중의 어떠한 대상을 인식의 대상으로 하느냐에 따라서 인간은 '알 수 있'거나 '알 수 없'게 된다는 것이다. 그렇기 때문에 '안다'는 것은 인식의 대상이 '알 수 있음'에 국한되는 것이고, 인간의 인식능력과는 관계없는 것이 된다. 여기서 왕충이 이야기하고자 하는 것은 성인이나 현인도 특별한 인식능력의 소유자가 아니라는 것이다. 그

---

391 『논형』「實知」: 儒者論聖人, 以爲前知千歲, 後知萬世, 有獨見之明, 獨聽之聰, 事來則名, 不學自知, 不問自曉, … 曰, 此皆虛也. … 實者, 聖賢不能知性[性知], 須任耳目, 以定情實. 其任耳目也, 可知之事, 思之輒決, 不可知之事, 待問乃解. 天下之事, 世間之物, 可思而[知], 愚夫能開精, 不可思而知, 上聖不能省. … 聖人知事, 事無不可知. 事有不可知, 聖人不能知. 非聖人不能知, 事有不可知. 及其知之, 用不知也. 故夫難知之事, 學問所能及也. 不可知之事, 問之學之, 不能曉也. ※黃暉의 주장에 따라, '聖賢不能知性'의 '知性'은 '性知'로 고치고, '可思而' 다음에 '知'를 첨가함.

리고 이러한 사실로부터 인간사회의 진리나 천에 의해서 정해진 운명 등도 '알 수 있음'의 인식대상이라는 것도 알 수 있다.

지금의 인용문을 통해 보면, 왕충은 이 '알 수 있음'의 인식대상의 인식방법에 대해서, 귀와 눈 즉 감각적 경험과 사고(思), 그리고 학문의 세 단계로 나누어 설명을 펼치고 있다. 먼저 감각적 경험에 의해서 '알 수 있음'의 인식대상의 정보를 받아들이고, 그것을 사고에 의해서 인식하고, 사고에 의해서 인식하기 어려운 것은 학문에 의해서 인식할 수 있다는 인식론을 피력하고 있다. 여기에서 학문이라는 것은 선현이나 많은 사람의 사고를 배우고 묻는 것이라고 생각한다. 따라서 왕충의 인식론이라는 것은 감각적 경험에 의해 받아들인 인식대상을 자신 개인의 사고에 의해서, 혹은 여러 사람의 사고를 빌리는 것으로써 인식하는 그러한 이론이라 생각한다. 이렇게 볼 때, 성현을 비롯한 인간들은 진리의 기준을 인식함에 있어서, 끊임없는 자기노력, 즉 자기의 사고를 넓히기 위한 내면적 함양이 필수조건이라는 것을 알 수 있다. 그럼 여기서 잠시 이러한 내면적 함양을 이룬 사람을 구별하는 기준에 대해서 왕충은 어떻게 생각하고 있는지를 살펴보면서, 내면적 함양의 요점이 무엇인지를 생각해 보기로 하자.

그렇다면 현자는 결국 알 수 없는가. 말하자면 알기 쉽다. … 그러나 반드시 그것을 알려고 하면 선심(善心)을 본다. 대저 현자는 재능이 아직 반드시 높지는 않지만 마음이 밝고, 지력(智力)이 아직 반드시 많지는 않지만 거동이 옳다. 어떻게 마음을 보는가, 반드시 말로써 본다. 선심(善心)이 있으면 선언(善言)이 있다. 말로써 행위를 살피는데, 선언(善言)이 있으면 선행(善行)이 있다. 언행에 그릇됨이 없으면, 집을 다스려서 친척에게 윤리가 있고, 나라를 다스리면 존

왕충이 해석하는 기의 세계

귀하고 비천함에 질서가 있다. … 마음이 선하면 그렇고 그렇지 아니함을 분별할 수 있다. 그렇고 그렇지 아니함의 뜻이 정해지면 마음이 선한 효과가 분명하게 되고, 비록 빈천하고 곤궁하여 공이 이루어지지 않고 공효가 나타나지 않는다고 해도 오히려 현자가 된다.[392]

마음이 선(善)하면 언행이 선하고, 언행이 선하면 모든 일이 바르게 되고, 따라서 '선심'(善心)이 모든 일의 시비를 판단하는, 즉 진리의 기준을 인식할 수 있는 마음의 상태라고 하고 있다. 따라서 마음을 선하게 하는 것이 내면적 함양의 최종 목표라는 것을 알 수 있다. 또 마음이 선한지 아닌지를 구별하는 기준은 언행에 있다고 한다. 이것은 역시 현실적 · 경험적으로 사실의 진위를 밝히려고 하는 왕충의 관점에서 나온 것이라고 생각한다. 여기에서 일단 내면적 함양을 이룬 사람의 기준은 선심(善心)이며, 이 선심(善心)을 가지고 있는 사람이 성인 내지 현인이 되는 것을 알았는데, 그럼 이 마음을 선하게 하는 것이 어떻게 해서 진리를 인식하는 근거가 된다는 것인가. 일반적으로 말하면, 선이라는 것은 윤리(가치)의 문제이며, 인식과는 관계없는 개념인 것이다. 따라서 윤리적인 문제를 가지고, 인식의 문제를 논한다고 하는 것은, 어쨌든 이해하기 힘든 사실이 된다. 그러나 왕충은, 인용문에서 보듯이, 재능이나 지력(智力)과 같은 인식능력이 혹 부족하다고 해도, 마음이 선하면 진리를 인식할 수 있다고 하여, 선심(善心)이 인식능력을 가지고 있는 것은 물론이고, 그중에서도 최고의 인식능력을 가지고 있

---

392 『논형』「定賢」: 然則賢者, 竟不可知乎. 曰, 易知也. … 然而必欲知之, 觀善心也. 夫賢者, 才能未必高也而心明, 智力未必多而擧是. 何以觀心, 必以言. 有善心, 則有善言. 以言而察行, 有善言, 則有善行矣. 言行無非, 治家親戚有倫, 治國則尊卑有序, … 心善則能辯然否. 然否之義定, 心善之效明, 雖貧賤困窮, 功不成而效不立, 猶爲賢矣.

음을 분명히 하고 있다. 이것은 선진(善眞)일치적 사고방식이라고 말할 수 있다. 그런데 선이라고 하는 것은 근본존재가 가지고 있는 모습이고, 그렇다고 한다면, 왕충의 경험적 입장에서는 진(眞 : 인식)으로부터 선으로 접근해서 진선(眞善)일치가 된다고 해야만 하지 않을까.[393] 어쨌든 이전의 선에 관한 사상을 견지하면서 경험적 인식을 중시함으로써, 경험적 인식으로부터 진리에 이르기 위한 근거로서 선심(善心)을 이야기하게 된 것이 아닐까 한다. 이상에서 일단 왕충에 있어서의 진리인식이라는 것은 단순한 인식론적인 문제일 뿐만 아니라, 윤리적인 문제이기도 하다는 것을 알았는데, 이러한 사실은 다음과 같은 사실 등을 선결문제로 가지게 된다. 즉, 인간이라고 하는 것은 무엇인가, 인간의 인식은 어떻게 해서 가능한 것인가 하는 문제이다. 인간이란 무엇인가라는 문제는, 인간의 본성에 관한 문제가 되는데, 인간은 무엇인가라는 것이 밝혀져야만, 인간에 있어서의 인식을 말할 수 있고, 또한 이 인식에 대한 입장이 밝혀져야만, 왜 왕충에 있어서의 진리인식이 인식론만으로는 해결할 수가 없고, 윤리적인 문제로 확대될 수밖에 없었는가라고 하는 사실에 대한 이유가 분명해지기 때문이다. 그럼, 왕충에 있어서 인간의 본성은 무엇일까. 기(氣)에 의해 생명력이 주어지고, 그때 그 기(氣)가 인간의 본성으로 나타난다. 그리고 그 기(氣)의 많고 적음에 의해서 본성의 선과 악이 정해진다고 말하고 있다. 이러한 것은 이미 주지의 사실이지만, 여기서 문제가 되고 있는 것은 다름 아닌 이 본성의 내용이 무엇인가 하는 것이다. 다음의 자료를 보기로 하자.

393 『孟子』「公孫丑上」의, 인의예지를 인간의 조건이라고 하는 생각에서 보면, 인간은 태어나면서부터 眞과 善이 일치하고 있다고 할 수 있다. 善眞一致든 眞善一致든 王充의 이러한 생각은, 孟子의 사고방식으로부터 이해할 수 있는 것이라고 할 수 있겠다.

① 소인과 군자는 성(性)을 받는데 부류를 달리하는가. … 기(氣)를 받는데 많고 적음이 있기 때문에 성(性)에 선과 악이 있다. 잔인한 것은 인(仁)의 기(氣)를 받음이 적고, 화내는 것은 용(勇)을 받음이 많다. 인(仁)이 적으면 포악하고 자비가 적고, 용(勇)이 많으면 맹렬하고 정의가 없다. … 사람은 오상(五常)을 받고 오장(五臟)을 간직하고 모두 몸에 갖추어져 있다. 이것을 받는 것이 적기 때문에 그 조행(操行)이 선인(善人)에 미치지 않고, 마치 술이 혹은 진하고 혹은 묽은 것과 같다. … 그렇기 때문에 술의 묽고 진함은 같은 누룩이고, 사람의 선과 악은 같은 원기(元氣)이다. 기(氣)에 많고 적음이 있기 때문에 성(性)에 현우(賢愚)가 있다.[394]

② 또한 한 사람의 몸에 오행(五行)의 기(氣)를 간직하고 있기 때문에 한 사람의 행위에 오상(五常)의 품행이 있다. 오상(五常)은 오행(五行)의 도(道)이다. 오장(五藏)이 몸 안에 있어서 오행(五行)의 기(氣)가 갖추어진다.[395]

③ 사람은 태어나면서 오상(五常)의 성(性)을 받아서, 도(道)를 좋아하고 학문을 즐기기 때문에 만물에 구별된다.[396]

④ 사람이 총명하고 지혜가 있는 까닭은 오상(五常)의 기(氣)를 간직하고 있기 때문이다. 오상(五常)의 기(氣)가 사람에게 있는 까닭은 오장(五藏)이 형체 안에 있기 때문이다.[397]

---

394 「논형」「率性」: 小人君子, 稟性異類乎. … 稟氣有厚泊, 故性有善惡也. 殘則受仁之氣泊, 而怒則稟勇渥也. 仁泊則戾而少慈, 勇渥則猛而無義. … 人受五常, 含五臟, 皆具於身. 稟之泊少, 故其操行不及善人, 猶[酒]或厚或泊也. … 是故酒之泊厚, 同一麴糱, 人之善惡, 共一元氣. 氣有少多, 故性有賢愚. ※吳承仕의 주장에 따라, '猶或厚或泊也'의 '猶' 다음에 '酒'를 첨가함.

395 「논형」「物勢」: 且一人之身, 含五行之氣, 故一人之行, 有五常之操. 五常, 五行之道也. 五藏在內, 五行氣俱.

396 「논형」「別通」: 人生稟五常之性, 好道樂學, 故辨於物.

397 「논형」「論死」: 人之所以聰明智惠者, 以含五常之氣也. 五常之氣所以在人者, 以五

인용문을 종합해 보면, 기(氣)를 받아서 그것이 인간에게 있어서 성(性)이 되게 되는데, 인간에게 있어서 성(性)이 되는 기(氣)는 '오행(五行)의 기' 혹은 '오상(五常)의 기'라고 하고 있고, 이 기(氣)가 있음으로써 인간에게 '오상의 성(性)'이 있다고 하고 있다. 어쨌든 인용문을 통해서 볼 때, 본성의 내용은 다름 아닌 오상의 성(性)임을 알 수 있다. 그렇다면 오상의 성이란 구체적으로 무엇을 의미하고 있는 것인가. 인용문 ①을 보면 성(性)에 대응하는 기(氣)를 '인(仁)의 기', '용(勇)의 기'라고 하고, 이러한 기가 오상의 기에 속한다는 것을 말하고 있다. 그렇기 때문에 인(仁)·용(勇) 등의 성(性)이 오상의 성이 됨을 알 수 있다. 그런데 당시에 있어서 오상이라고 하면 인(仁)·의(義)·예(禮)·지(智)·신(信)의 다섯 가지를 말한다. 『한서』(漢書)「동중서전」(董仲舒傳)의 "인(仁)·의(義)·예(禮)·지(智)·신(信), 오상의 도(道)는 왕자(王者)가 마땅히 닦고 힘써야 하는 것이다."[398]라는 말이나, 『백호통』(白虎通)의 "오상이란 무엇인가. 인(仁)·의(義)·예(禮)·지(智)·신(信)을 말한다."[399]라는 말에서 확인할 수 있다. 물론 『논형』에도 "오상의 도는 인(仁)·의(義)·예(禮)·지(智)·신(信)이다."[400]라는 말이 있다. 이러한 인의예지신의 오상에서 볼 때, 왕충이 말하는 오상의 성에 대해서 한 가지 설명을 필요로 하는 부분이 있다. 바로 오상의 성으로서 용(勇)을 언급하는 부분이다. 그런데 용(勇)의 기를 너무 많이 받으면 맹렬하고 정의(義)가 없다고 하는 용(勇)의 설명으로부터 보면, 용(勇)과 의(義)를 같은 계열의 것으로 간주하고 있었다고 할 수 있다. 그렇기 때문에 왕충이 생각한 오상의 성도 인의

藏在形中也.

398 『漢書』「董仲舒傳」: 仁義禮智信, 五常之道, 王者所當修飭也.

399 『白虎通』「情性」: 五常者何, 謂仁義禮智信也.

400 『논형』「問孔」: 五常之道, 仁義禮智信也.

왕충이 해석하는 기의 세계

예지신이 되고, 인의예지신의 기를 받아서 인간에게 있는 것이다. 그리고 왕충이 인(仁)·용(勇)의 기(氣)만을 언급하고 있는 것은, 오상의 대표로서 두 가지를 언급하고 있을 뿐이고, 당시의 일반적인 개념이었던 오상의 전체에 대해서 군이 설명할 필요성을 느끼지 못했기 때문이 아닐까 한다. 또한 오상의 기가 있는 곳이 오장(五臟)이기 때문에 오상의 성이 있는 곳도 오장이 된다.

이상에서 인간의 본성은 인의예지신의 오상을 그 내용으로 하고 있다는 것을 알았는데, 다음은 이러한 인간의 본성을 근거로 하여 그의 인식에 관한 생각을 살펴보기로 하자.

사람이 아직 태어나지 않으면 아는 것이 없고, 죽으면 무지(無知)의 근본에 돌아가니, 어찌 앎이 있을 수 있겠는가. 사람이 총명하고 지혜가 있는 까닭은 오상의 기(氣)를 간직하고 있기 때문이다. 오상의 기가 사람에게 있는 까닭은 오장(五藏)이 형체 안에 있기 때문이다. … 사람이 죽으면 오장은 썩고, 썩으면 오상은 의탁할 곳이 없다. 지혜(智)를 간직하는 것이 이미 부패해 버리면, 지혜(智)를 행하는 것이 이미 사라져 버린다. 형체는 기(氣)를 기다려서 이루어지고, 기(氣)는 형체를 기다려서 알게 된다. 천하에 홀로 타는 불이 없으니, 세간에 어찌 형체 없이 홀로 아는 정기(精氣)가 있을 수 있겠는가.[401]

이미 언급했듯이 인식기능의 원천은 오상의 기이다. 그리고 인식기

---

401 『논형』「論死」: 人未生無所知, 其死歸無知之本, 何能有知乎. 人之所以聰明智惠者, 以含五常之氣也. 五常之氣所以在人者, 以五藏在形中也. …. 人死, 五藏腐朽, 腐朽則五常無所託矣. 所用藏智者已敗矣, 所用爲智者已去矣. 形須氣而成, 氣須形而知. 天下無獨燃之火, 世間安得有無體獨知之精.

능이 작용하는 것은 육체적 생명을 가지고 있을 때이다. 즉 오상의 기가 오장에 의탁하고 있을 때만이 인식기능을 발휘하게 되는 것이다. 오상의 기는 인간에게 있어서 오상의 성이 된다. 오상의 성은 인의예지신이다. 그렇다면 이 인의예지신이 인식기능의 원천이라고도 말할 수 있다. 그럼 인의예지신의 오상은 인식기능을 어떤 방식으로 가지고 있는지, 그 관계에 대해서 생각해 보기로 하자.

우선 그 '알다'(知)라고 하는 의미로부터 본다면, 인간의 인식기능은 오상의 성 중의 '지'(智)와 관계가 있는 것처럼 보인다. 앞의 인용문 중에 '지혜(智)를 간직하는 것이 이미 부패해 버리면, 지혜(智)를 행하는 것이 이미 사라져 버린다.'라고 하는 문장이 있는데, 이 문장 속의 '지'(智)가 오상 중의 '지'(智)가 아닐까 생각해 볼 수도 있다. 만약 지금의 문장 속의 '지'(智)가 오상 중의 '지'(智)라고 한다면, '알다'라고 하는 인식능력은 오상 중의 '지'(智)와 관계가 있는 것이 된다. 그런데 그 바로 앞의 문장인 '오상은 의탁할 곳이 없다'라는 말과 함께 본다면, 인용문의 '지'(智)와 오상과의 관계를 확실하게 설명하기는 어렵다. 그리고 그 이전의 '총명하고 지혜가 있는 까닭은 오상의 기(氣)를 간직하고 있기 때문이다.'라는 말에서 본다면, 인용문의 '지'(智)는 오상 중의 '지'(智)라기보다는 '지혜'라는 의미의 '지'(智)로 보는 편이 더 타당하지 않을까 생각된다. 오상의 성 중의 '지'(智)가 인식기능으로서의 본성인지 어떤지에 대해서는, 『논형』 속에서 그 직접적 증거가 되는 자료를 찾을 수가 없다. 따라서 간접적 자료를 통해 그 관계를 확인할 수밖에 없는데, 지금부터 오상 중의 '지'(智)의 내용을 검토하면서 인식기능과의 관계를 생각해 보고자 한다.

왕충에 의하면 오상의 성은 선악을 가지고 있다. 인간은 태어나면서부터 선악의 가치를 가진 본성을 몸에 지니고 있다고 하는 것이다. 이것은 선의 절대적 가치는 기의 세계에 존재하고 있고, 인간은 단지 그러한 가치를 자기의 가치 기준으로 하는 것만을 말하는 것이 된다. 이와 같이 근본적 세계에서 그 가치를 찾는 것은 중국사상의 전통이기도 하며, 이런 의미에서 중국의 전통적 인간관을 윤리 도덕적 인간관이라고 말할 수 있겠다. 어쨌든, 오상의 성이 가치를 가지고 있다는 것으로부터, 인의예지신은 본성이면서도, 인간이 지켜야 할 덕목의 표본이기도 하다는 것을 알 수 있다. 물론 지켜야 할 덕목으로서는 완전히 선한 인의예지신이라는 것은 말할 필요도 없는 사실이다. 따라서 오상 중의 '지'(智)는 가치─인간에게 본성으로서 부여되는 때는 선악의 가치이지만, 기의 측면에서의 본래의 가치 그대로를 생각하면 절대적 선의 가치─를 가지고 있는 덕목으로서, 인의예지를 가장 처음으로 인간의 본성이라고 말한 맹자의 해석에 의하면, 이 '지'(智)는 옳고 그름을 분별하는 마음(是非之心)의 근원이라고 할 수 있다. 한대에 있어서의 오상의 의미는 역시 맹자의 인의예지라고 하는 본성의 모습을 그대로 받아들이고 있음에 틀림이 없다고 생각한다. 이러한 사실로부터 볼 때, 가령 '지'(智)가 인식기능과 관계가 있다고 해도, '지'(智)를 단순한 인식기능의 원천으로 보는 것은 무리임을 알 수 있다. '지'(智)는 어디까지나 '시비지심'(是非之心)의 근원이고, '측은지심'(惻隱之心)의 근원인 인(仁), '수오지심'(羞惡之心)의 근원인 의(義), '사양지심'(辭讓之心)의 근원인 예(禮)에 비해서 더 인식기능과 관계있다고 할만한 근거가 없기 때문이다. 만약 '지'(智)가 인식기능의 원천이라고 한다면, 같은 본성이며 덕목인 인·의·예·신도 또한 인식기능의 원천이 될 수 있는 것이다.

그런데 사실은, 이미 언급했듯이, 인식기능은 '오상의 기'에 있지만, 인식작용은 '정신'의 작용에 포함되어 있다. 이 작용의 면으로부터 정신과 오상의 기, 오상의 본성과의 관계를 본다면 다음과 같이 될 것이다. 우선 정신의 작용에 의해서 오상의 기의 인식기능이 작용하게 된다. 또 오상의 기의 인식기능의 작용에 근거해서 인·의·예·지·신의 본성이 각각 마음에 나타나게 된다고 말할 수 있다. 여기서 만약 '지'(智)만이 인식기능을 가지고 있다고 한다면, '정신' → '지'(智) → '인·의·예·신'이라고 하는 작용의 순서가 예상된다. 또 이 경우에는 인식기능으로서의 '지'(智)와 덕목으로서의 '지'(智)의 관계를 설명하지 않으면 안 되며, 오상의 기 전체를 인식기능으로서 취급해서는 안 된다고 생각한다. 그러나 『논형』 속에는 이러한 것에 관한 설명이 보이지 않고 있다. 또 다음의 자료를 보자.

사람이 아직 병들지 않으면 지혜나 정신이 안정된다. 병들면 혼란한 것은 정신이 어지럽기 때문이다. … 정신이 어지러우면 저절로 아는 것이 없다. 하물며 (정신이) 흩어진다면 어떠하겠는가.[402]

정신과 인식작용의 관계를 설명하고 있는 자료이다. 정신의 안정과 불안정이 인식의 가능과 불가능에 직접 관여하고 있다는 것을 말하고 있다. 그럼 여기서 오상의 지(智)에 인식기능이 있다고 가정해 보자. 그렇게 된다면 정신으로부터 인식의 상태가 설명 불가능하게 된다. 왜냐하면 인식작용은 정신과도 관계있지만 그것보다는 더 지(智)의 상태와 관계있는 문제가 되기 때문이다. 즉 가령 정신이 안정되어 있다고 해도, 지(智)의 상태에 의해서 인식작용이 불가능하게 되는 경우도 있기 때문이다. 그럼 여기서 인식기능이 지(智)에 있는 경우와 오상의 기에 있는 경우가 어떻게 다른가에 대해서 조금 보기로 하자. 인식기능

---

402 『논형』「論死」: 人之未死(病)也, 智惠精神定矣. 病則惛亂, 精神擾也. … 精神擾, 自無所知, 況其散也. ※未死(病)也: '死'는 '病'으로 고침.

왕충이 해석하는 기의 세계

이 오상의 기에 있다고 말하는 것은, 오상의 본성이 마음속에 존재하기 위한 근거로서, 그 인식기능 혹은 지각기능을 인정하고 있는 것이라고 생각된다. 이 경우는 오상에 관해서는 그 차이가 인정되지만, 인식기능 자체에 있어서는 누구에게라도 같은 기능이라고 말할 수 있겠다. 그러나 인식기능이 지(智)의 본성에 있다고 한다면, 인식기능 자체가 사람에 따라서 각각 다르게 된다. 왜냐하면 지(智)의 본성은 태어날 때부터 사람에 따라서 각각 다른 모습을 가지고 있기 때문이다. 여기서 다음과 같이도 생각해 볼 수 있다. 즉 지(智)의 본성에 인식기능이 있다고 해도, 지(智)의 본성 자체에 있는 것은 아니고, 지(智)의 본성을 존재하게 하는 근본적 기능 속에 있다, 라고. 이렇게 된다면 왕충의 정신과 인식작용의 관계에도 부합하게 되고, 따라서 지(智)에 인식기능이 있다고 하는 가정이 부정될 수 없게 되는 것처럼 보인다. 그러나 이러한 사고방식에는 큰 문제점이 남아 있다. 인식기능이 지(智)의 본성 자체에는 없지만, 지(智) 속에 있다고 하는 것은 어쨌든 모순이다. 지(智)란 인·의·예·신과 같이 하나의 본성이며 덕목이다. 따라서 인식기능이 지(智) 속에 있다고 하는 것은, 지(智)의 본성 자체에 있다는 것과 같은 이야기가 된다. 만약 지(智)의 본성 자체의 범위를 넘어서서 인식기능 자체의 존재를 인정한다고 하면, 그것은 이미 지(智)에 인식기능이 있다는 것을 부정하는 것이 된다.

이상의 사실로부터 왕충의 생각을 정리해 보면, 인의예지신이라는 오상의 기의 생리기능으로서 인식기능이 있다는 것을 알 수 있다. 오상의 기는 삶이 유지될 때, 또한 육체가 건강할 때, 그 인식기능을 제대로 발휘할 수 있다. 그리고 이 인식기능의 발휘 정도와 오상의 본성의 존재 여부는 관련이 없다. 오상의 기의 인식기능은 육체적인 삶에 관련되는 기능이라고 할 수 있다. 말하자면 인식기능은 삶을 유지하기 위한 오상의 기의 기능이 된다. 이 오상의 기의 생리기능은 정신의 작용과 함께 작용하게 된다. 그리고 이 생리기능 즉 인식기능을 바탕으로 해서, 오상의 기가 오상의 본성으로 각각 자신의 모습을 나타내게 된다. 말하자면 오상의 기의 인식기능은 자신이 가진 본성의 모습을 나타내는 작용을 하는 것이다. 그렇기 때문에 오상의 본성에는 근본적으로 인식기능이 있고, 이 인식기능 위에서 각각 인간의 다섯 가지 모습을 나타내고 있다고 하겠다. 이상으로 인간의 본성과 인식작용에 관한 윤곽이 대체로 분명하게 되었다고 생각하는데, 그럼 다음에 이러한 사실을 근거로 해서, 왕충에 있어서 진리인식의 문제가 인식론적인 문제만이 아니라, 윤리적인 문제이기도 한 이유에 대해서 생각해 보기로 하겠다.

왕충은 "대저 그것을 알 수 있으면 평범한 돌도 빛나게 되고, 그것을 알지 못하면 금옥(金玉)도 윤기가 없다."[403]라고 하여, 인식작용의 중요성을 말하면서 그 인식의 대상에 대해서,

> 나충(倮蟲)은 삼백 종류인데 사람이 그 우두머리이다. 천지의 성(性)은 사람이 귀하게 된다는 것은 사람의 지식(知識)을 귀하게 여기기 때문이다. … 중국(諸夏) 사람이 이적(夷狄)보다 귀한 까닭은, 인의(仁義)의 문(文)에 통하고 고금의 학(學)을 알고 있기 때문이다. 만약 다만 흉중(胸中)의 지식에 맡겨서 의식(衣食)을 취하기만 하면서 연월(年月)을 보내고, 흰머리가 되어 죽을 때까지 마침내 깨닫고 앎이 없으면 이적(夷狄)의 다음이다. … 피를 머금고 있는 동물이 굶어 죽을 근심이 없는 것은 모두 지식으로써 음식을 찾을 수 있기 때문이다.[404]

---

403 『논형』「別通」: 夫能知之也, 凡石生光氣, 不知之也, 金玉無潤色.

라고 하여, '인의(仁義)의 문(文)'이나 '고금의 학(學)'이 인식의 대상으로서 가치가 있고, 단지 '의식'(衣食)만을 위한 지식은 그 대상으로서 가치가 없다고 하고 있다. 또,

대저 유생(儒生)이 문리(文吏)를 능가하는 까닭은, 학문이 날마다 많고, 그 본성을 분간하여 단련하고, 그 재능을 다듬기 때문이다. 그러므로 대저 학문이란 정욕에 거슬러 본성을 다스리고, 재능을 다하여 덕을 이루는 것이다. … 문리(文吏)는 도덕이 적고 유생(儒生)은 인의가 많기 때문이다.[405]

정재편(程材篇)과 양지편(量知篇)에서는 유생(儒生)과 문리(文吏)의 재능이 서로 뛰어나지 못한 것을 말했다. 유생(儒生)은 대도(大道)를 닦고 문리(文吏)는 장부에 밝기 때문이다. (그러나) 도(道)는 일(事)보다 훌륭하기 때문에 유생(儒生)은 상당히 문리(文吏)보다 뛰어나다고 말했다.[406]

라고 하여, 인식대상으로서 인의나 도덕 쪽이 행정의 일보다 더 가치가 있다는 것을 지적하고 있다. 여기에서 일단 인식의 대상에도 가치의 단계가 있으며, 위의 인용문을 통해 볼 경우, 인의나 도덕이 인식

---

404 『논형』「別通」: 倮蟲三百, 人爲之長. 天地之性, 人爲貴, 貴其識知也. … 諸夏之人, 所以貴於夷狄者, 以其通仁義之文, 知古今之學也. 如徒作(任)其胸中之知, 以取衣食, 經歷年月, 白首没齒, 終無曉知, 夷狄之次也. … 含血之蟲, 無餓死之患, 皆能以知求索飲食也. ※徒作(任): 陳世宜의 주장에 따라, '徒作'의 '作'을 '任'으로 바꿈.

405 『논형』「量知」: 夫儒生之所以過文吏者, 學問日多, 簡練其性, 彫琢其材也. 故夫學者所以反情治性, 盡材成德也. … 文吏少道德, 而儒生多仁義也.

406 『논형』「謝短」: 程材量知, 言儒生文吏之材, 不能相過. 以儒生修大道, 以文吏曉簿書. 道勝於事, 故謂儒生頗愈文吏也.

대상으로서 가장 가치가 있다는 것을 알 수 있다. 그런데 이 인의나 도덕이라는 것은 인간의 본성인 오상의 내용이기도 하다. 따라서 인의나 도덕을 인식의 대상으로 한다고 하는 것은, 단순한 지적(知的) 대상으로서만이 아니라, 오상의 본성을 마음속에 분명하게 해 주는 그러한 역할까지도 기대한다는 것이다. 바로 앞의 「양지편」(量知篇)의 인용문에 있는 '학문이란 정욕에 거슬러 본성을 다스리고, 재능을 다하여 덕을 이루는 것이다.'라는 말에 의하면, 학문이라는 것은 본성을 닦아서 덕행을 함양하는 것이다. 또 인간이 그러한 학문을 닦을 수 있는 이유는, 앞의 「별통편」(別通篇)의 인용문인 '사람은 태어나면서 오상(五常)의 성(性)을 받아서, 도(道)를 좋아하고 학문을 즐기기 때문에 만물에 구별된다.'에서 보는 것처럼, 다름 아닌 오상의 성을 가지고 있기 때문이다. 이러한 사실에서 볼 때, 왕충이 생각한 학문이라는 것은 인의나 도덕을 인식의 대상으로 하는 것이라고 할 수 있겠다. 그리고 인의나 도덕을 인식대상으로 한다는 것은, 본성의 악(惡)을 선(善)으로 바꾸기 위한 것, 즉 오상의 선한 본성을 자신의 덕목으로 하고, 그것을 자신의 몸에 실현하기 위한 것이라고 할 수 있겠다. 여기서 본성의 선·악의 기준은 인간에 의해서가 아니라, 기의 세계에 있어서 정해져 있다고 하는 것은 이미 언급한 대로이다. 따라서 인의나 도덕을 인식의 대상으로 해서 본성의 악을 선으로 바꾸었을 때, 비로소 인간은 기의 세계의 진리에 합일할 수 있게 된다. 인식기능은 오상의 성에 내재하고, 이 인식기능이 작용해서 진리를 인식하기 위해서는, 인식기능을 가지고 있는 오상의 성이 진리를 인식할 수 있는 모습이 되는 것이 조건이다. 진리인식의 최종적 목표는 오상의 성이 기의 세계의 진리에 합일하는 것이다. 또 오상의 성이 기의 세계의 진리에 합일하기 위해서는 본성의 악을 선으로 바꾸지 않으면 안 된다. 이 본성의 악을 선으로 바꾼다고 하

왕충이 해석하는 기의 세계

는 것이, 오상의 성이 진리를 인식하기 위한 조건으로서의 모습인 것이다. 그리고 본성의 악을 선으로 바꾸기 위해서는 인의나 도덕을 인식대상으로 하지 않으면 안 된다. 이러한 사실로부터 볼 때, 왕충의 인식론에 있어서는 윤리적 가치를 인식대상으로 하고, 인식의 주체가 윤리적 가치를 가지게 되었을 때, 절대적 진리에의 합일이라는 인식론의 궁극적 목표에 도달하는 것을 알 수 있다. 따라서 인식대상으로서의 인의나 도덕은 인식대상 중에서 가장 가치 있는 것이며, 그리고 인의나 도덕을 인식대상으로 한다고 하는 것은, 단순한 인식론적인 문제에 그치지 않고 윤리적인 문제로 나아가는 것이다. 왕충에게 있어서, 인의나 도덕을 인식대상으로 하는 것은, 어쩌면 처음부터 인식론적인 문제가 아니라, 윤리적인 문제였는지도 모른다. 왜냐하면 인의나 도덕을 인식대상으로 할 수가 있었던 것은, 다름이 아니라 인간에게 윤리적 가치를 가지고 있는 오상의 성이 있고, 그 오상의 성에 의존함으로써 가능하기 때문이다.

　이상에서 왕충에 있어서의 진리인식이라는 것은 인식론적인 문제이면서 윤리적인 문제인 것을 알았는데, 진리인식의 방법이자 진리인식에 있어서 중요한 것은, 인의나 도덕을 그 대상으로 해서 인식의 주체를 선한 상태로 하는 것이라고 대략적으로 말할 수 있겠다. 이 진리인식의 구체적인 방법에 대해서는 다음 절에서 논하겠다.

5절 인간의 등급과 이상적 인간

이 절에서는 왕충의 이상적 인간관을 중심으로 해서 진리인식의 구체적인 방법과 진리의 기준에 관한 남은 문제를 생각해 보고자 한다. 그럼 먼저 이상적 인간에 관한 왕충의 견해부터 보도록 하자.

> 논자(論者)는 많이 유생(儒生)이 저 문리(文吏)에 미치지 않는다고 말하고, 문리(文吏)는 일이 잘 진행되는데 유생(儒生)은 바라는 대로 일이 진행되지 않는 것을 보고는, 유생(儒生)을 꾸짖고 헐뜯어 식견이 부족하다고 하고, 문리(文吏)를 칭찬하여 생각이 깊다고 한다. 이것은 유생(儒生)을 알지 못하고 또한 문리(文吏)를 알지 못하는 것이다. 유생(儒生)과 문리(文吏)는 모두 재능과 지혜가 있다. 문리(文吏)의 재능이 높고 유생(儒生)의 지혜가 낮은 것이 아니다. 문리(文吏)는 일을 경험하고, 유생(儒生)은 익숙하지 않은 것이다.[407]

『논형』의 「정재편」(程材篇)에서 「초기편」(超奇篇)에 이르기까지의 각 편은, 인간의 등급과 이상적 인간에 대해서 서술되고 있다. 그 처음에 왕충은 유생(儒生)과 문리(文吏)를 비교·평가하고 있다. 지금의 인용문은 「정재편」의 첫머리인데, 이 첫머리에서 왕충은 유생과 문리를 비교하면서, 유생보다는 문리 쪽이 훌륭하다고 하는 당시의 일반적인 견해를 우선 비판하고 있다. 그 이유는, 둘 다 재능과 지혜가 있고, 단지 문

---

407 「논형」「程材」: 論者多謂儒生不及彼文吏, 見文吏利便, 而儒生陸落, 則詆訾儒生, 以爲淺短, 稱譽文吏, 謂之深長. 是不知儒生, 亦不知文吏也. 儒生文吏, 皆有材智, 非文吏材高, 而儒生智下也. 文吏更事, 儒生不習也.

왕충이 해석하는 기의 세계

리는 사무에 경험이 풍부하고 유생은 익숙하지 않은 것뿐이기 때문에, 그것만으로는 누가 더 훌륭한지를 알 수 없다는 것이다. 그럼 왕충은 유생과 문리를 어떻게 비교하고 있는가.

오경(五經)은 도(道)를 임무로 삼고, 일은 도(道)보다 못하다. 도가 행해지면 일이 성립되고, 도가 없으면 성립되지 않는다. 그렇다면 유생이 배우는 것은 도이고, 문리가 배우는 것은 일이다. … 일은 도(道)보다 말초이다. 유생은 근본을 다스리고, 문리는 말초를 다스린다.[408]

유생은 도를 배우고 있는 사람이고, 문리는 사무를 배우고 있는 사람인데, 도가 근본이고 사무는 말초이기 때문에, 근본의 도를 배우는 유생 쪽이 문리보다는 더 가치가 있다고 말하고 있다. 그리고 「양지편」(量知篇)에서 "대저 유생(儒生)이 문리(文吏)를 능가하는 까닭은, 학문이 날마다 많고, 그 본성을 분간하여 단련하고, 그 재능을 다듬기 때문이다."[409]라고 하여, 문리보다 가치 있는 유생의 도의 공부를 구체적으로 밝히고 있다. 본성을 단련한다는 것은, 이미 언급한 것처럼, 진리인식을 위한 수양이다. 그러면 문리의 배움이 유생의 학문보다 가치가 없는 것에 대한 왕충의 설명을 조금 더 보도록 하자.

유생과 문리는 모두 장리(長吏)를 주인으로 삼는 사람이다. 유생은 장리(長吏)의 봉록을 받고, 장리(長吏)에게 도(道)로써 보답하지만, 문

---

408 『논형』「程材」: 五經以道爲務, 事不如道. 道行事立, 無道不成. 然則儒生所學者道也, 文吏所學者事也. … 事末於道. 儒生治本, 文吏理末.

409 『논형』「量知」: 夫儒生之所以過文吏者, 學問日多, 簡練其性, 彫琢其材也.

리는 마음이 비어 있고 인의의 학문이 없어서, 지위에 있으면서 봉록을 먹기만 하고, 결국 효용이 없고, 이른바 시위소찬(尸位素飡)하는 사람이다. 소(素)란 공(空)이고, 텅 비고 덕이 없는데 사람의 봉록을 먹기 때문에 소찬(素飡)이라고 한다. 도(道)나 학예의 일이 없고, 정치를 깨닫지 못하고, 말없이 조정에 앉아서 일을 말할 수 없는 것은, 시(尸 : 神主)와 다름이 없기 때문에 시위(尸位)라고 한다. 그렇다면 문리는 이른바 시위소찬(尸位素飡)하는 사람이다.[410]

현실적인 정치상에 있어서 유생의 학문과 문리의 배움의 가치를 비교하고 있다. 유생은 정치상에 있어서 충분한 가치를 가지고 있지만, 문리의 경우는 '시위소찬'(尸位素飡)이라고 하여 아무런 가치도 없음을 지적하고 있다. 문리가 정치상에 있어서 가치가 없는 것은, 다름 아닌 인의의 학문이 없기 때문이라고 하고 있다. 이와 같이 왕충이 당시에 일반적으로 보다 가치가 있다고 믿고 있던 문리의 속성을 폭로하고, 진정한 가치는 유생 쪽에 있다고 말한 것은, 주지하는 바와 같이, 잘못된 가치를 밝히고 진정한 가치를 회복하여, 보다 좋은 사회를 만들어 보려고 한 것에 그 의도가 있었다고 할 수 있겠다. 그럼 왕충은 유생을 가장 이상적인 인간이라고 생각한 것인가. 그렇지는 않다.

유생(儒生)은 속인(俗人)보다 우월하고, 통인(通人)은 유생(儒生)보다 뛰어나고, 문인(文人)은 통인(通人)보다 뛰어나고, 홍유(鴻儒)는 문인

---

410 『논형』「量知」: 儒生文吏, 俱以長吏爲主人者也. 儒生受長吏之祿, 報長吏以道, 文吏空胸, 無仁義之學, 居住(位)食祿, 終無以效, 所謂尸位素飡者也. 素者空也, 空虛無德, 飡人之祿, 故曰素飡. 無道藝之業, 不曉政治, 黙坐朝廷, 不能言事, 與尸無異, 故曰尸位. 然則文吏, 所謂尸位素飡者也. ※居住(位) : 黃暉의 주장에 따라서, '居住'의 '住'는 '位'로 바꿈.

　　　　　왕충이 해석하는 기의 세계

〔文人)보다 뛰어나다.**411**

왕충은 속인(俗人), 유생(儒生), 통인(通人), 문인(文人), 홍유(鴻儒)로 인간의 등급을 나누고, 그 순서에 따라 보다 뛰어난 인간이라고 하고 있다. 이러한 사실로부터 본다면, 일단 유생이 가장 이상적인 인간은 아니라는 것을 알 수 있다. 이 등급에 의하면, 홍유(鴻儒)를 가장 이상적인 인간의 등급으로 정하고 있는데, 그렇다면 왕충이 인간의 등급을 이와 같이 매긴 기준은 무엇인가.

그렇다면 춘추(春秋)는 한(漢)의 경서(經書)이고, 공자가 제작하여 한(漢)에 전하여 남긴 것이다. 논자(論者)가 다만 법가(法家)를 존중하기만 하고 춘추(春秋)를 높이 평가하지 않는 것은, (그 생각이) 어둡고 가려져 있는 것이다. 춘추(春秋)와 오경(五經)은 뜻이 서로 관통하고 있다. 이미 춘추(春秋)를 옳다고 하면서 오경(五經)을 존중하지 않는 것은, (생각이) 통하지 않는 것이다. 오경(五經)은 도(道)를 임무로 삼고, 일은 도(道)보다 못하다. … 그렇다면 유생이 배우는 것은 도이고, 문리가 배우는 것은 일이다.**412**

유생(儒生)의 본성은 다 선(善)일 수 있는 것이 아니다. 성인의 가르침을 받고, 밤낮으로 외우고, 성인의 조행을 깨닫는다.**413**

---

411 『논형』「超奇」: 儒生過俗人, 通人勝儒生, 文人踰通人, 鴻儒超文人.

412 『논형』「程材」: 然則春秋, 漢之經, 孔子制作, 垂遺於漢. 論者徒尊法家, 不高春秋, 是闇蔽也. 春秋五經, 義相關穿. 既是春秋, 不大五經, 是不通也. 五經以道爲務, 事不如道. … 然則儒生所學者道也, 文吏所學者事也.

413 『논형』「程材」: 儒生之性, 非能皆善也. 被服聖教, 日夜諷誦, 得聖人之操矣.

문리와 유생은 … 모두 재능이 있고, 나란히 붓과 먹을 사용하지만, 유생은 선왕(先王)의 도를 뛰어나게 가지고 있다. … 대저 유생과 문리가 재능을 헤아리면, 유생이 많이 경전(經傳)의 학문을 가지고 있다.[414]

이상의 자료를 통해서, 유생이란 어떠한 학문을 하는 사람인가, 즉 어떠한 것을 기준으로 해서 공부하면 유생의 부류에 속하는지를 이해할 수 있다. 유생이 공부하는 것은 『춘추』를 시작으로 한 오경에 관한 경전의 학문으로서, 성인의 가르침이나 선왕(先王)의 도라고도 하고 있는데, 이것은 곧 유가 필수의 교양학문에 해당한다. 따라서 유가의 학문을 하면 일단 유생의 부류에 속한다고 할 수 있겠다.

모두 칠척(七尺)으로 형체를 삼고 있지만, 통인(通人)은 마음속에 백가(百家)의 말을 품고 있다. 그러나 통인이 아닌 사람은 속이 텅 비고, 하나의 서찰을 외우는 것도 없다. … 대저 부자는 유생만 못하고, 유생은 통인만 못하다. 통인은 문서를 쌓은 것이 열 상자 이상이고, (그 안에) 성인의 말, 현자의 말이나, 위로 황제(皇帝)로부터 아래로 진한(秦漢)에 이르기까지, 나라를 다스리고 집을 넉넉하게 하는 방법이나, 세속을 나무라는 말이 갖추어져 있다.[415]

이 인용문은 통인(通人)의 학문에 대해서 말하고 있다. 인용문에 의하

---

414 『논형』「量知」: 文吏儒生, … 俱有材能, 並用筆墨, 而儒生奇有先王之道. … 夫儒生與文吏程材, 而儒生侈有經傳之學.

415 『논형』「別通」: 俱以七尺爲形, 通人胸中, 懷百家之言, 不通者空腹, 無一牒之誦, … 夫富人不如儒生, 儒生不如通人. 通人積文, 十篋以上, 聖人之言, 賢者之語, 上自黃帝, 下至秦漢, 治國肥家之術, 刺世譏俗之言, 備矣.

왕충이 해석하는 기의 세계

면 성인(聖人)의 말을 시작으로 해서 백가(百家)의 말, 고금의 일 등에 대해서 널리 통하고 있는 사람이 곧 통인이다. 이러한 통인의 조건과 유생의 조건을 비교해 보면, 두 부류가 명확히 그 조건을 달리하고 있는 것을 알 수 있다. 통인의 조건으로서는, 유생의 조건인 유가의 학문 외에도 백가(百家)의 말, 고금의 일 등이 그 조건으로 되어 있다. 여기서 왕충은 유가의 학문만을 학문으로 하지 않고, 현실에 필요한 학문이라면 무엇이든 학문으로 해야 한다고 생각한 것을 알 수 있다. 여기서도 왕충의 현실적·경험적인 측면을 엿볼 수 있다.

　　서적에 통하는 것이 천 편 이상 만 권 이하이고, 표준말을 넓히고 펴고, 문장의 읽는 법을 자세히 밝혀서 정하고, 교수함으로써 사람의 스승이 되는 사람은 통인이다. 그 뜻을 펴고, 문장과 자구를 덜고 보태어, 상서(上書)나 주기(奏記)를 하거나, 혹은 논설을 세우고, 편장(篇章)을 맺고 잇는 사람은, 문인(文人)과 홍유(鴻儒)다. … 대저 통인은 학문을 하는 것은 넓은데, 그것을 취하여 논설할 수 없다.[416]

　　왕충은 또한 통인과 문인(文人)·홍유(鴻儒)를 비교하면서, 문인·홍유의 학문적 조건에 대해서 말하고 있다. 통인이라는 것은 학문의 범위는 넓지만 그것을 이용해서 논설은 할 수 없는 사람을 말한다. 그러나 문인·홍유는 자기 나름의 관점을 가지고, 문장을 정확하게 파악하고, 문장을 만들 수 있는 사람을 가리키고 있다. 이 인용문에서는 문인과 홍유를 같이 취급하여, 아직 문인과 홍유의 구별이 명확하지는 않

---

416 『논형』「超奇」: 通書千篇以上, 萬卷以下, 弘暢雅閑(言), 審定文讀, 而以教授爲人師者, 通人也. 杼其義旨, 損益其文句, 而以上書奏記, 或興論立説, 結連篇章者, 文人鴻儒也. … 夫通人覧見廣博, 不能掇以論説. ※雅閑(言): '閑'을 '言'으로 고침.

지만, 어느 정도 각 등급의 기준이 드러나고는 있다. 그런데 왕충은 여기에 그치지 않고, 각 등급의 기준을 단적으로 밝혀 다음과 같이 말하고 있다.

그러므로 하나의 경서(經書)를 설명할 수 있는 사람이 유생이고, 고금을 널리 알고 있는 사람이 통인이고, 전해지는 서적(의 문장)을 가리고 모아서 상서(上書)나 주기(奏記)를 쓰는 사람이 문인이고, 사색을 정밀하게 하여 문장을 짓고, 편장(篇章)을 잇고 맺을 수 있는 사람이 홍유다.[417]

여기서 먼저 유생의 경우에 주목해 보면, 앞의 설명에서는 유가의 학문을 그 조건으로 한다고 했지만, 여기에서는 유가의 오경(五經) 중에서 단지 하나의 경(經)에 정통하고 있는 사람을 유생이라고 하고 있는 것을 알 수 있다. 따라서 유생이란 유가의 학문에 뜻을 두고 있지만, 하나의 경(經)에 정통한 사람만을 가리키고 있고, 그리고

법률가(法律家)는 행해진 일을 보지 않으면, 죄를 의논함이 자세하지 않고, 문장(章)과 문구(句)를 공부하는 유생은 고금을 두루 보지 않으면, 일을 논함이 진실하지 않다. 혹은, 하나의 경(經)을 이야기하면 충분하고, 어찌 널리 공부할 필요가 있겠는가라고 한다. 대저 공자의 문파는 오경(五經)을 배우고 익혔다. 오경(五經)이 다 익혀지면 현인의 재능이다.[418]

---

417 『논형』「超奇」: 故夫能説一經者爲儒生, 博覽古今者爲通人, 采掇傳書, 以上書奏記者爲文人, 能精思著文, 連結篇章者爲鴻儒.

418 『논형』「別通」: 法令之家, 不見行事, 議罪不可審, 章句之生, 不覽古今, 論事不實. 或以説一經爲是(足), 何須博覽. 夫孔子之門, 講習五經. 五經皆習, 庶幾之才也. ※不可

라고 하여, 하나의 경(經)보다는 오경에 넓게 정통할 것을 권하고, 오경에 넓게 정통한 사람은 통인의 부류에 넣고 있는 것을 알 수 있다. 또한 문인과 홍유에 대해서도 그 조건을 확실하게 구별하고 있는데, 이러한 각 등급에 있어서의 조건을 간략하게 정리해 보면 다음과 같이 될 것이다. 유생이란 유가의 학문을 하지만, 하나의 경(經)에만 정통한 사람이고, 통인이란 유가의 오경에도 정통하고, 또 제자백가, 고금의 일에 넓게 지식을 구비하고 있는 사람이고, 문인이란 통인의 지식 위에서 한 걸음 더 나아가, 그러한 지식을 이용하여 상주문(上奏文)을 쓰거나 하는 사람이고, 홍유란 문인에서 다시 한 걸음 더 나아가 열심히 사색하고, 문장을 짓고, 편장(篇章)을 만들거나 하는 사람이라는 조건을 각각 가지고 있다.

이상에서 왕충에 있어서의 인간의 등급 및 이상적 인간관에 대해서 살펴보았다. 전체적인 인간의 등급이라고 하면, 속인(俗人 : 文吏), 유생(儒生), 통인(通人), 문인(文人), 홍유(鴻儒)의 순서로 나누어져 있는데, 이상적 인간의 등급이라고 하면, 유생, 통인, 문인, 홍유의 순서로 나누어져, 홍유가 가장 이상적인 인간으로 묘사되고 있다. 이상적인 인간의 등급이라는 것은, 이미 살펴본 것처럼, 본성을 닦는 것을 학문의 내용으로 하는 인간들의 등급이다. 따라서 유생에서 통인, 문인, 홍유의 순으로 본성의 수양의 정도가 깊고, 또한 진리인식의 면에서도 더욱 가치가 있다고 하겠다. 그럼 여기서 각 등급의 조건과 진리인식의 관계에 대해서 조금 생각해 보자. 유생에서 홍유로 갈수록 진리인식의 정도가 더욱 높아진다고 하면, 진리인식의 정도를 나타내는 기준은, 많은 지식, 상주문(上奏文)을 쓰는 능력, 문장을 쓰고 편장(篇章)을 만드

審 : '可'는 衍文 (孫人和). ※爲是(足) : '뮟'는 '足'으로 고치는 것이 타당하다고 생각함 (吳承仕).

7장 · 가치세계

331

는 능력 등이 그 기준이 되는데, 과연 이러한 것이 진리인식의 정도를 나타내는 기준이 될 수 있는 것일까. 이것은 진리인식과 본성의 수양과의 관계에서 보면, 지식이라든가 상주문(上奏文), 문장, 편장(篇章) 등을 만드는 능력이, 어떻게 해서 본성의 수양의 기준이 되는 것인가 하는 문제이기도 하다.

붓이 문장을 지을 수 있는 것은 마음이 논설을 도모할 수 있기 때문이다. 문장은 마음속에서 나오고, 마음은 문장으로써 표현한다. 그 문장을 보고 기이하고 뛰어나면, 적합함을 얻은 논설이라고 할 수 있다. 이로부터 말하면 문장이 많은 사람은 사람 중의 걸출한 사람이다. … 진심이 가슴속에 있으면, 문필은 죽간이나 비단에 나타나고, 안과 밖, 겉과 속이 저절로 서로 부합하여, 마음이 분발하여 붓은 마음먹은 대로 움직이니, 그러므로 문장이 나타나고 진심이 나타난다.[419]

인용문을 통해 보면 왕충은, 문장이란 어떤 교묘한 기술에 의해서 나오는 것이 아니라, 마음속의 진실에 의해서 자연적으로 나타나는 것이라고 하고 있다. 즉 문장이란 진심의 표현인 것이다. 이 말로부터 판단하면, 마음속의 지식이라든가, 마음에서 나온 문장이 본성의 수양의 정도를 나타내 준다는 것에 의심의 여지가 없어진다. 동시에 지식이라든가 문장 등이 진리인식의 정도를 나타내 주는 훌륭한 기준이 된다고 하는 것도 물론이다. 문장은 마음으로부터 나타나고, 마음속에는

---

419 「논형」「超奇」: 筆能著文, 則心能謀論. 文由胸中而出, 心以文爲表. 觀見其文, 奇偉俶儻, 可謂得論也. 由此言之, 繁文之人, 人之傑也. … 實誠在胸臆, 文墨著竹帛, 外內表裏, 自相副稱, 意奮而筆縱, 故文見而實露也.

그 사람의 진실이 들어 있고, 따라서 양적인 측면이든 질적인 측면이든 문장을 보면 그 사람의 본성의 수양의 정도, 즉 진리인식의 정도를 알 수 있다는 것이다. 이러한 것은 왕충 나름의 인간을 판단하는 현실적·경험적인 기준이 되는데, 어떤 것이 진정한 학문인가도 당연히 이러한 기준에 의해 결정되게 되는 것이다. 따라서 어쨌든 지식을 쌓고 문장을 쓰는 것이 강조되었다고 생각하는데, 그중에서도,

> 문장에 깊은 취지나 큰 책략이 있는 것은, 군신의 다스리는 방법은, 몸소 행할 수가 없고, 입으로 말할 수가 없기 때문에, 심정을 문장에 나타내서 자신이 반드시 하고자 함을 밝힌 것이다. 공자는 춘추(春秋)를 저작하여 왕의 뜻을 제시했다. 그렇다면 공자의 춘추(春秋)는 소왕(素王)의 업적이고, 제자(諸子)의 전서(傳書 : 經의 해설서)는 소상(素相)의 일이다. … 다리가 튼튼하지 않으면 발자취가 멀지 않고, 칼날이 날카롭지 않으면 베는 것이 깊지 않다. 편장(篇章)을 잇고 맺는 것은, 반드시 큰 재능과 지혜이고, 훌륭한 준걸이다.[420]

라는 인용문에서 보듯이, 가장 최고의 단계가 왕이나 재상(宰相)의 생각을 가지고, 그것을 문장에 나타내는 것이라고 할 수 있다. 왕이나 재상의 생각이라는 것은, 그 당시의 왕이나 재상의 생각을 의미하고 있는 것이 아니라, 이상적인 왕으로서의, 이상적인 재상으로서의 생각을 의미하고 있는 것이다. 다음에 언급되겠지만, 이것은 인간 중에서 가장 많은 진리를 인식하고 있는 사람이 왕이나 재상이고, 또한 이러

420　「논형」「超奇」: 文有深指巨略, 君臣治術, 身不得行, 口不能紲(泄), 表著情心, 以明己之必能爲之也. 孔子作春秋, 以示王意. 然則孔子之春秋, 素王之業也, 諸子之傳書, 素相之事也. … 足不彊則跡不遠, 鋒不銛則割不深. 連結篇章, 必大才智, 鴻懿之俊也. ※口不能紲 : '紲'은 孫詒讓의 주장에 따라 '泄'로 고침.

한 왕이나 재상이 백성을 바르게 인도할 수 있다고 하는 생각을 그 근거로 하고 있다. 이것은 중국의 전통적 사고방식으로서, 왕충도 역시 여러 가지 사상을 비판하고는 있지만, 진리와 지배라는 사상적 측면은 그대로 계승하고 있다는 것이다.

이상 왕충에 있어서의 이상적인 인간의 등급과 진리인식에 대해서 논해 왔다. 유생, 통인, 문인의 단계를 넘어서서 존재하는 홍유는, 왕충에 있어서 이상적 인간이면서 진리인식의 최고 단계의 인간이기도 하다. 왕충이 이상적 인간의 등급을 설정한 것은 당시의 속인에 대한 비판의 의도도 있었다고 생각하지만, 진리인식의 최초의 단계인 유생을 거쳐 최고의 단계인 홍유로 향하게 하고자 하는 의도가 있었다고 생각한다. 이러한 진리인식의 네 가지 단계는, 다시 말하면 진리인식의 구체적인 방법을 네 가지로 구분한 것이라고도 할 수 있겠다. 현실적·경험적인 지식의 습득만으로도 진리는 이해할 수 있다는 왕충의 견해에 의하면, 진리의 기준이란 이러한 진리인식의 네 단계 위에 펼쳐진 경지가 될 것이다. 진리인식의 네 단계 위에 다 올라가면, 나의 본성이 기(氣)의 세계의 절대적 가치와 합일하여 선이 되고, 그러한 마음으로써 경험적 사실 등을 볼 때, 모든 것이 진정한 모습으로 보이게 된다는 것이다. 따라서 인식주체로서의 본성이 먼저 진리를 획득해야만 하고, 그러한 위에 인식대상이 진정한 모습으로 나타나게 된다고 하는 것이다. 여기서, 인식주체와 대상을 포함한 전체로서의 진리의 인식방법으로서 네 단계를 설정하고 있는 것을 알 수 있다. 여기에 와서 왕충의 진리관도 어느 정도 이해될 수 있다. 그리고 앞에서 미해결의 문제로 남아 있던 세속(世俗)의 성(性)에 대해서도, 지금에 와서는 간단하게 설명할 수 있게 된다. 속인(俗人) 이하는 진리인식의 단계로 나아가지 못하고, 즉 그 본성이 진리를 획득할 수 없고, 따라서 자신의

왕충이 해석하는 기의 세계

성정(性情)대로 하기 때문에, 자연히 무엇이 실제의 일인지도 알지 못하고, 허위를 추구하게 되는 것이다. 따라서 유생에서 홍유에 이르는 진리인식의 단계로 나아가 본성을 수양할 수 없고, 자신의 주어진 그대로의 본성에 맡겨 허위를 추구하는 성정이 세속의 본성이고, 이것이 곧 왕충의 최대의 비판 대상이 된다. 그리고 지금의 설명으로부터 문리(文吏)도 이 속인에 속하는 것을 알 수 있다. 따라서 왕충이 세속인에게 요구하고 있는 것은, 문리(文吏) 정도의 단계에 그치지 말고, 거기에서 벗어나서 유생에서 홍유에 이르는 단계로 나아가도록 하는 것이다. 그렇게 될 때, 세속인은 그 본성을 수양하고, 허위가 아닌 진리를 추구하게 되고, 결국은 어지러운 세상이 질서 있는 세상으로 변해간다고, 왕충은 생각하고 있었던 것 같다. 그럼, 마지막으로 진리인식의 최고 단계인 홍유는, 현실적·정치적으로 무엇을 임무로 해야 하는가에 대해서 간단히 살펴보도록 하겠다.

> 대저 홍유(鴻儒)는 드물게 있지만 문인(文人)은 어깨를 나란히 할 정도이니, 장상(將相)이나 장리(長吏)가 어찌 (홍유를) 귀하게 여기지 않을 수 있겠는가. 어찌 단지 그 재능과 능력을 써서 문장을 서찰에서 놀게 할 뿐인가. 주(州)나 군(郡)에 근심이 있으면, 문장을 쓰게 해서 상주(上奏)하고, 분규를 해결하고, 주(州)나 군(郡)을 무사하게 해야 한다.[421]

주(州)나 군(郡)에 문제가 생기면, 왕에게 상주문(上奏文)을 쓰고, 복잡

---

421 「논형」「超奇」: 夫鴻儒希有, 而文人比然, 將相長吏, 安可不貴. 豈徒用其才力, 游文於牒牘哉. 州郡有憂, 能治章上奏, 解理結煩, 使州郡連(無)事. ※連(無)事 : 黃暉의 주장에 따라 '連'은 '無'로 고침.

하게 얽힌 문제점을 해결하고, 주(州)나 군(郡)을 평온무사하게 하는 것 등을 홍유의 임무라고 하고 있다. 다시 말하면, 그러한 것은 홍유가 아니면 할 수 없다는 것이다. 따라서 정치상에서 자신의 진리로써 세상을 진실되고 조화로운 사회로 만드는 것이 자연스럽고 당연한 홍유의 임무라는 것이다. 그리고 「상류편」(狀留篇)의 첫머리를 보면, 그 앞의 「정재편」(程材篇)에서 「초기편」(超奇篇)에 이르는 편을 받아서, 유생·통인·문인·홍유를 일괄해서 현유(賢儒)라고 부르고 있다.[422] 이러한 명칭에서 볼 때, 현유 중에서 최고의 단계인 홍유는, 왕충이 최고의 인간으로 생각하고 있는 현인·성인의 별칭임을 알 수 있다. 현인과 성인에 대해서는 뒤에서 자세하게 설명하고 있다.

---

422 『논형』「狀留」: 論賢儒之才, 旣超程矣.

왕충이 해석하는 기의 세계

8장

성인관(聖人觀)
-진리와 지배-

1절 왕충 이전의 성인관

『서경』(書經) 「홍범」(洪範)을 보면,

기자(箕子)가 아뢰었다. '… 우(禹)가 이에 뒤를 이어 일어나니, 천(天)은 이에 우에게 홍범구주(洪範九疇)를 내리어 떳떳한 도리(彝倫)가 펼쳐지게 되었습니다. … 첫째는 오행이요, 둘째는 다섯 가지 일을 공경히 행하는 것이요, … 둘째, 다섯 가지 일이란 … 다섯째는 생각하는 것이니, … 생각하는 것은 사리에 통하는 것입니다. … 사리에 통함은 성(聖:聖人)을 만듭니다.'[423]

라는 말이 있다. 여기에 성(聖)이라는 말이 보이는데, 성(聖)의 의미는 생각이 깊은 것, 즉 사물을 꿰뚫어 보는 것이라고 하고 있다. 이러한 성(聖)의 내용을 가진 사람은, 천의 대원칙(大原則)을 완수할 수가 있고,

---

423 『書経』「洪範」: 箕子乃言曰, … 禹乃嗣興. 天乃錫禹洪範九疇. 彝倫攸敍. 初一曰, 五行. 次二曰, 敬用五事. … 二, 五事. … 五曰思. … 思曰睿. … 睿作聖.

따라서 천의 진리의 체득자라고 할 수 있다. 또 「강고」(康誥)에

> 왕이 이렇게 말씀하였다. '… 그대의 크게 광명하신 돌아가신 아버지 문왕께서는 능히 덕을 밝히고 벌을 삼가셨다. 감히 홀아비와 과부를 업신여기지 않으셨으며, … 우리 서쪽 땅은 이분을 의지하고 따라서 상제께 알려지니 상제께서 아름답게 여기셔서, 천은 이에 문왕에게 크게 명하시어 은나라를 쳐 멸망케 하시어 크게 그 명을 받았다.'[424]

라는 말이 있으며, 천의 진리를 체득하고 있는 유덕자(有德者)에게, 지상의 지배자가 되라고 하는, 천으로부터의 명(命)이 부여된 것에 대해서도 볼 수 있다. 『서경』의 이와 같은 말로부터 추측해 보면, 성인(聖人)에 관하여 두 가지 모습을 찾아낼 수가 있다. 즉 진리의 체득자로서의 모습과 이상적인 지배자로서의 모습의 두 가지 모습이다. 시대를 내려가서 『중용』 속에서는, 성인의 이 두 모습의 관계에 대해서 자세히 설명되고 있는 것을 볼 수 있다.

> 공자께서 말씀하셨다. '순(舜)임금이야말로 대효(大孝)일 것이다. 덕(德)으로는 성인(聖人)이 되고, 존귀함으로는 천자(天子)가 되고, … 그러므로 큰 덕은 반드시 그 지위를 얻으며, 반드시 그 녹봉을 얻으며, 반드시 그 이름을 얻으며, 반드시 그 수명을 얻는다. … 그러므로 큰 덕이 있는 자는 반드시 천명(天命)을 받는다.'[425]

---

424 『書経』「康誥」: 王若曰, … 惟乃丕顯考文王, 克明德愼罰, 不敢侮鰥寡, … 我西土, 惟時怙冒, 聞于上帝, 帝休, 天乃大命文王, 殪戎殷, 誕受厥命.

425 『中庸』第十七章 : 子曰, 舜其大孝也與. 德爲聖人, 尊爲天子, … 故大德必得其位, 必得其祿, 必得其名, 必得其壽. … 故大德者必受命.

왕충이 해석하는 기의 세계

『중용』에서는 진리의 체득자로서의 모습과 이상적인 지배자로서의 모습을 '큰 덕'과 '천자'로 표현하고 있다. 이러한 성인의 두 모습은 성인의 내적, 외적 모습이라고도 할 수 있는데, 그 내외의 모습의 관계는 필연적 인과관계에 있음을 말하고 있다. 그러면 이와 같은 『중용』적 견해는 그 이전에도 통용된다고 말할 수 있을까. 『서경』에 있어서, 성인이 천자가 된다고 하는 인과관계가 성립하고 있음은 물론이다. 그러나 그 관계가 필연적이라고는 명확하게 말하고 있는 것은 아니다. 따라서 그 표현으로부터 본다면 『중용』적 견해는 그 이전에는 통용되지 않는다고 할 수 있다. 그런데 이와 같은 『중용』적 견해는 역시 그 이전의 천명(天命)과 성인과 천자에 관한 사고방식에 근거하고 있다고 생각한다. 또한 『서경』에 있어서의 천명이라는 것을 생각해 보면, 천은 신적(神的)인 존재로서 인간세계를 지배하고 있다. 천이 신적인 존재로서 인간세계를 지배한다고 하면, 인간은 반드시 자신의 덕에 상응하는 지위를 얻을 것이다. 이와 같이 본다면, 『중용』적 견해는 그 이전의 사고방식을 더욱 논리적으로 이론화해서 설명한 것이 될 것이다. 이와 같은 생각에 별 문제점이 없다면, 여기서 논하고자 하는 왕충 이전에 있어서의 성인관(聖人觀)은, 성인에 관한 『중용』적 견해를 일단 『중용』 이전의 일반적인 사고방식으로 간주하고, 거기에서부터 논의를 진행해 가고자 한다.[426] 그럼 지금부터 왕충 이전에 있어서의 성인의 이 두 모습과

---

426 『中庸』의 성립시기에 대해서는 다양한 설이 있다. 武内義雄 「子思子について」(『老子原始』所收), 赤塚忠 「中庸解説」(新釈漢文大系 『大学·中庸』所收), 津田左右吉 『道家の思想と其の展開』 第五篇, 浅野裕一 『孔子神話』 第三章, 등 참조. 본인은 그중에서 浅野裕一씨의, '孟子보다 이전이거나, 孟子와 거의 同時期의 成立'이라는 설에 의견을 같이하고 있다. 그 근거로는, 이 절에서 논하는, 천명과 勢에 의한 지배와의 관계를 제시하고자 한다. 중국고대의 천의 신앙으로부터 보면, 역사적으로 천명의 부정과 함께 勢에 의한 지배이론이 등장했다고 생각한다. 한대에 들어와서 다시 천명이론이 등장하지만, 氣에 의한 해석으로 바뀌어 있고 또한 勢에 의한 지배도 긍정하고 있다. 이렇게 본다면, 『中庸』의 천명이론은 勢에 의한 지배이론이 등장하기 전의 천명이론이라는 것을 알 수 있다. 여기서 또 맹자에 있어서, 경미하기는 하지만, 천명부정의 사고가 보이고 있는 점

그 관계에 대해서 살펴보고자 하는데, 먼저 그 내적 모습인 진리의 체득자로서의 성인에 대해서 생각해 보고자 한다.

학파라든가 사상가에 따라서 그 형태는 다르지만, 일단 진리를 체득하고 있는 최고의 인간을 성인이라고 부르고 있다. 여기서 진리라는 것은 일반적으로 근본존재를 그 기준으로 하는 것이며, 다시 말하면 근본존재의 내용 그 자체가 진리라고 하는 것은 주지의 사실이라고 생각한다. 따라서 성인이란 근본존재와 합일한 인간을 말하는 것이 된다. 그런데 이 근본존재와의 합일을 이야기할 경우, 순자보다 이전과 그 이후를 나누어서 생각할 필요가 있지 않을까 한다. 왜냐하면 순자보다 이전과 그 이후의 근본존재에 관한 사고방식을 동일하게는 취급할 수 없기 때문이다. 순자보다 이전의 경우를 보면, 학파라든가 사상가에 관계없이 근본존재에 진리의 존재를 인정하고 있다. 따라서 순자보다 이전의 경우에는, 성인을 이 근본존재와의 합일로부터 생각한다고 하는 것은 당연한 사고방식이었다고 할 수 있다. 그러나 순자라든가 한비자에 이르면 이전과 같은 사고방식은 통용되지 않는다. 먼저 순자부터 보면, 순자는 자연적 천론을 주장하고, 성인의 내면적 모습과 천의 무관계를 분명히 밝히고 있다. 그리고 한비자는 "대저 편안하고 이로운 것은 그것을 따르고, 위험하고 해로운 것은 그것을 피하는 것이, 사람의 마음이다."[427]라고 하여 인간의 욕리(欲利)의 본성을 말하고, 또 성인의 도는 시대에 따라서 달라야 한다고 말하고 있어서, 근본존재로부터는 성인의 내면적 모습을 설명할 수가 없다. 따라서 순자의 경우는 '인지(仁知)가 지극한 사람으로서의 성인'[428]을 말하고는 있지만,

---

으로부터 본다면, 『中庸』의 천명이론은 맹자 이전이거나, 적어도 맹자와 같은 시기라고 할 수 있겠다.

427　『韓非子』「姦劫弑臣篇」: 夫安利者就之, 危害者去之, 此人之情也.

유가의 전통으로부터 성인의 내면적 모습을 설명하고 있을 뿐이며,[429] 한비자의 경우는 현실적 치국(治國)이라는 자신의 관심으로부터, "성인은 옳고 그름의 실정을 잘 알고, 다스림과 어지러움의 실정을 살펴서 안다."[430] 등으로 성인의 모습을 설명하고 있을 뿐이다.[431] 어쨌든 이전의 성인관(聖人觀)을 계승하여 성인을 최고의 인격자로 생각한 것에는 틀림없지만, 당시의 상황 등과 함께 근본존재를 이전과 같이는 해석할 수 없었던 결과라고 할 수 있겠다.

한대 이전에 있어서의 성인과 진리의 관계는 대체로 이상과 같이 설명되지만, 한대에 들어가면 순자나 한비자와 같은 사고방식보다는 근본존재에 진리를 인정한다고 하는, 순자 이전과 같은 사고방식이 주류가 되고, 성인의 내면적 모습을 근본존재로부터 설명하려고 하는 것이 일반적 경향이었다고 할 수 있다. 그 주된 원인은 음양이나 오행 등의 기(氣) 개념의 일반화에 의한 천의 해석에 있다고 생각하는데, 중심적 학자는 동중서(董仲舒)라고 할 수 있겠다.

이상과 같은 왕충 이전에 있어서의 성인과 진리에 관한 관계를 근거로 해서, 다음은 성인의 내적 모습과 외적 모습의 관계, 즉 최고의 인격자로서의 성인과 천자의 관계에 대해서, 그리고 그 시대적 전개에 대해서 살펴보려고 한다. 이미 언급한 바와 같이, 성인에 관한 『중용』적 견해가 『중용』 이전에 있어서의 일반적인 사고방식이었다고 한다

---

428 『荀子』「君道篇」: … 仁知之極也. 夫是之謂聖人, 審之禮也.

429 『孟子』「公孫丑上」에 "昔者子貢問於孔子曰, 夫子聖矣乎, 孔子曰, 聖則吾不能, 我學不厭而敎不倦也. 子貢曰, 學不厭智也, 敎不倦仁也. 仁且智, 夫子旣聖矣."라고 하고 있고, '仁'과 '智'가 유가의 전통적인 성인의 내용이라는 것을 알 수 있다.

430 『韓非子』「姦劫弑臣篇」: 聖人者, 審於是非之實, 察於治亂之情也.

431 『韓非子』「五蠹篇」을 보면, 「仲尼, 天下聖人也.」라고 하고 있다. 그러나 「世異則事異」라는 관점으로부터, 이전과는 다른 성인의 모습을 이야기하고 있다. 따라서 성인으로서의 능력이라는 면으로부터 보면, 이전과 같은 견해를 가지고 있다고 할 수 있다.

면, 공자도 또한 그와 같은 사상적 분위기 속에서 그와 같은 사고방식을 가지고 있었음에 틀림이 없다고 생각한다. 또『중용』적 견해는, 공자와『중용』의 관계로부터 추측해 보면, 공자의 영향을 받고 있다고도 볼 수 있을 것이다. 이와 같이 본다면, 공자는 성인과 천자의 관계를 필연적 인과관계로서 생각하고 있었던 것이 된다. 또한 이와 같은 관계로부터 보면, 어떤 사람이 성인인가 아닌가는, 천자가 되어 있는가 어떤가에 의해서 결정되는 것이라고 말할 수 있겠다. 즉 천자라면 성인이고, 천자가 아니라면 성인이 아닌 것이다. 이러한 성인과 천자의 관계로부터 본다면, 공자 스스로도 인정하고 있듯이, 공자는 천자가 되지 않았기 때문에 성인은 아니라고 할 수 있다.[432]

성인과 천자의 관계에 대해서 이와 같이 보는 견해를 맹자 또한 계승하고 있다. 그런데 맹자는 공자를 최고의 성인으로 취급하고 있다.[433] 이러한 사실은 맹자가 성인과 천자의 관계에 대한 그 이전의 생각을 계승하고는 있지만, 공자와는 완전하게 같은 것은 아니라는 것을 말하고 있다. 그럼 다음의 자료를 보자.

천자는 사람을 천에 추천할 수는 있지만, 천으로 하여금 그에게 천하를 주게 할 수는 없다. … 옛날에 요(堯)임금께서 순(舜)을 천에 추천하시자 천이 그것을 받아들였다.[434]

---

432 島田虔次『大学·中庸』下(朝日新聞社), 98쪽 참조.

433 『孟子』「公孫丑上」에 "可以仕則仕, 可以止則止, 可以久則久, 可以速則速, 孔子也. … 吾未能有行焉, 乃所願, 則學孔子也."라고, 「万章下」에 "孔子, 聖之時者也. 孔子之謂集大成."이라고 하고 있다.

434 『孟子』「萬章上」: 天子能薦人於天, 不能使天與之天下. … 昔者堯薦舜於天而天受之.

왕충이 해석하는 기의 세계

필부(匹夫)로서 천하를 소유하려는 사람은, 덕이 반드시 순(舜)이나 우(禹)와 같아야 하고, 또 천자의 추천도 있어야 하는 것이다. 그러므로 공자께서 천하를 소유하지 못하신 것이다. 대를 이어 천하를 소유하였는데도 천이 임금을 폐하는 것은 반드시 (폭군) 걸(桀)이나 주(紂)와 같은 경우이다. 그러므로 익(益)과 이윤(伊尹)과 주공(周公)이 천하를 소유하지 못한 것이다.[435]

덕이 있으면 반드시 천자의 추천을 받아서 천명을 받는 것은 아니라고 하고 있다. 성인의 덕이 있어도 천명이 부여되지 않는 경우가 얼마든지 있다는 것이다. 여기서는 그 예로서 공자·익(益)·이윤(伊尹)·주공(周公)이 거론되고 있지만, 맹자는 이외에 백이(伯夷)·유하혜(柳下惠) 등도 천명을 받지 않은 성인으로 이야기하고 있다. 이와 같은 맹자의 사고방식은, 약간이기는 하지만, 이전의 천 혹은 천자에 대한 절대적 신념이 무너지고 있는 것을 의미하고 있다. 그와 함께 성인은 천자, 천자는 성인이라는 등식에도 금이 가서, 천자는 성인이지만, 성인은 반드시는 천자가 아니라는 관계, 즉 덕과 지배가 반드시는 일치하지 않는 관계가 된 것이다. 그래서 성인이 일반인의 목표로 될 수 있고, 실제로 성인이 이상적 인간상으로 된 것이다. 사실 이러한 사고방식은 공자 당시에도 있었다고 생각된다. 공자가 표면적으로 자신을 성인으로 인정하지 않았을 뿐이고, 공자의 제자들은 공자를 성인으로 인정하고 있었던 것을 『논어』에서 엿볼 수 있다.[436] 이러한 분위기 속에서, 공

---

435 『孟子』「萬章上」: 匹夫而有天下者, 德必若舜禹, 而又有天子薦之者. 故仲尼不有天下. 繼世以有天下, 天之所廢, 必若桀紂者也. 故益伊尹周公不有天下.

436 『論語』「子罕篇」에 "大宰問於子貢曰, 夫子聖者與, 何其多能也. 子貢曰, 固天縱之將聖, 又多能也."라는 말이 있다. 『孟子』「公孫丑上」에도 子貢의 말이라고 하여 "夫子既聖矣"라는 말이 보이고 있다

자를 성인으로 되게 하는 길을 찾은 결과, 맹자는 천자의 추천이라고 하는 것을 조건으로서 생각하여, 천명을 받지 않은 성인의 존재도 인정하려고 한 것이 아닐까 한다.

이상에서는 순자 이전의 천명을 인정하고 있는 경우에 있어서의 성인과 천자의 관계에 대해서 살펴보았는데, 다음은 천명을 인정하고 있지 않은 순자와 한비자에 있어서의 성인과 천자의 관계에 대해서 살펴보고자 한다.

먼저 순자의 경우를 보면, 순자는 유가의 전통을 계승하여 "성인이 아니면 왕이 될 수 없다"[437]라고 하고 있다. 또한 "이것은 성인 가운데 권세를 얻지 못한 사람이니, 중니(仲尼 : 공자)와 자궁(子弓)이 이것이다. … 성인 가운데 권세를 얻은 사람이니, 순(舜)과 우(禹)가 이것이다."[438]라고 하여, 당시의 일반적인 경향인, 지배와는 관계없는 덕(德)만의 성인의 존재도 물론 인정하고 있다. 그리고 성인이 왕이 되는가 어떤가는, 천명을 받는가 어떤가가 아니라, 권세를 얻는가 어떤가에 관계되는 문제인 것을 지적하고 있다. 같은 맥락에서 순자는,

따라서 사람의 운명은 천에 있고, 국가의 운명은 예(禮)에 있다. 사람의 군주인 자가 예(禮)를 높이 받들고 현인을 존중하면 왕자(王者)가 되고, 법을 중시하고 민중을 사랑하면 패자(覇者)가 되고, 이익을 좋아하고 사기(詐欺)가 많으면 위태롭게 되고, 권모(權謀)를 쓰고 기울여 뒤엎고 숨어서 나쁜 일을 꾀하면 망하게 된다.[439]

---

437 『荀子』「正論篇」: 非聖人莫之能王.

438 『荀子』「非十二子篇」: 是聖人之不得埶者也, 仲尼子弓是也. … 則聖人之得埶者, 舜禹是也.

439 『荀子』「天論篇」: 故人之命在天, 國之命在禮. 君人者, 隆禮尊賢而王, 重法愛民而霸, 好利多詐而危, 權謀傾覆幽險而盡亡矣.

왕충이 해석하는 기의 세계

라고 하여, 지배자가 된 사람이 어떠한 정치를 하는가에 따라서 왕자(王者)나 패자(覇者) 등이 되는 것을 말하고 있다. 이러한 것은 지배자가 될 수 있는 사람이 성인에 한정되지 않는 것을 의미한다. 물론 이상적으로는 성인이 지배자가 되는 것이지만, 천명의 부정과 함께 지배자는 성인이라고 하는 사고방식도 성립하지 않게 되어 버렸다고 할 수 있다. 성인의 덕과 왕의 권세는 무관계이고, 따라서 순자에 있어서 성인과 지배자는 인과적으로 무관계가 된다. 이러한 사고방식은 지배자에 대한 관점에 다양한 변화를 초래했다고 생각된다.

맹자의 패자관(覇者觀)을 보면, "힘으로써 인(仁)을 가장하는 자는 패자(覇者)이니, 패자는 반드시 큰 나라가 있어야 한다. 덕(德)으로써 인을 행하는 자는 왕자(王者)이니, 왕자는 큰 나라를 필요로 하지 않는다."[440] 라고 하여, 왕이 백성을 다스리는 방법과는 다른, 무력으로 위압하는 것이 패자라고 하고 있다. 이것은 결국 맹자는 패자의 방법을 지배자의 방법으로서 인정하지 않는다는 것이다. 그러나 순자의 경우는, '법을 중시하고 민중을 사랑하는'(重法愛民) 사람을 패자라고 하고, 또 "성인을 존중하는 사람은 왕이 되고, 현인을 귀하게 여기는 사람은 패자(覇者)가 된다."[441]라는 말로부터, 패자는 왕에는 미치지 못하지만, 역시 차선의 지배자의 모습으로서 인정하고 있는 것을 알 수 있다. 또 "지자(知者)라도 인(仁)을 가지고 있지 않으면 안 되고, 인자(仁者)라도 지(知)를 가지고 있지 않으면 안 되고, 이미 지(知)가 있고 또 인(仁)이 있는 사람이, 사람의 군주의 보배이고, 왕과 패자의 보좌(補佐)이다."[442]라고 하

---

440 『孟子』「公孫丑上」: 以力假仁者霸, 霸必有大國. 以德行仁者王, 王不待大.

441 『荀子』「君子篇」: 尊聖者王, 貴賢者霸.

442 『荀子』「君道篇」: 知而不仁不可, 仁而不知不可, 既知且仁, 是人主之寶也, 而王霸之佐也.

여, 성인의 내용인 지(知)·인(仁)과 관련지어 패자를 설명하고 있기도 하다.

다음은 한비자에 대해서 생각해 보고자 하는데, 한비자의 경우는 성인에 관한 설명을 조금 더 필요로 한다. 한비자는,

> 그러한 즉 지금 요(堯)·순(舜)·우(禹)·탕(湯)·무(武)의 도를 지금의 시대에 (통용된다고) 칭찬함이 있는 사람은, 반드시 새로운 성인의 웃음거리가 된다. 그래서 성인은 먼 옛것에 기대하지 않고, 항상 옳다고 하는 기준을 법으로 삼지 않고, 그 세상의 일을 논하고 거기에 응한 대책을 세운다.[443]

라는 인용문에서 보는 것처럼, 성인의 도는 시대와 함께 변해야 한다고 하고 있다. 이것이 같은 「오두편」(五蠹篇)에서 말하는 "세상이 달라지면 일도 달라지고"(世異則事異), "일이 달라지면 대책도 바뀐다"(事異則備變)라고 하는 한비자의 정치관이다. 그래서 앞에서 언급했듯이, '성인은 옳고 그름의 실정을 잘 알고, 다스림과 어지러움의 실정을 살펴서 안다'라고 하여, 성인(新聖)의 자격을 치술(治術)과 관련지어 제시하고 있는 것이다. 이러한 성인의 모습은 한비자 이전에는 보이지 않는데, 어쨌든 한비자는 이러한 성인이 지배자가 되면 가장 이상적이라고 하고 있다. 그리고 한비자도 또한 순자와 같이 권세에 의해서 지배자가 된다고 하고 있다.

---

443 『韓非子』「五蠹篇」: 然則今有美堯舜禹湯武之道於當今之世者, 必爲新聖笑矣. 是以聖人不期脩古, 不法常可, 論世之事, 因爲之備. ※'禹湯武'의 '禹'자는 원래 '武'의 밑에 있는데, 片山兼山·王先慎에 따라서 고침.

왕충이 해석하는 기의 세계

노(魯)나라 애공(哀公)은 하등(下等)의 군주였지만, 남면(南面)하여 나라에 군주가 되자, 나라 안의 백성은 감히 신하가 되지 아니함이 없었다. 백성이란 본래 권세에 복종한다. 권세는 정말로 쉽게 사람을 복종시킨다. 따라서 중니(仲尼 : 공자)가 도리어 신하가 되고, 애공(哀公)이 도리어 군주가 되었다. 중니(仲尼)는 애공의 정의에 따른 것이 아니라, 그 권세에 복종한 것이다. 따라서 정의로부터 본다면 중니(仲尼)는 애공(哀公)에게 복종하지 않지만, 권세를 타면 애공(哀公)이라도 중니(仲尼)를 신하로 한다.[444]

권세에 의한 지배의 인정은, 어쨌든 일반적으로 성인과 지배의 무관계를 인정하는 것이고, 순자의 경우에서 본 것처럼, 지배자로서의 패자를 인정하는 것이기도 하다. 그럼 다음에 한비자의 패자관(覇者觀)에 대해서 논하고, 한비자가 생각하는 성인과 지배의 관계를 다른 각도로부터 조명해 보고자 하는데, 한비자는 이 패자에 대해서 순자와는 조금 다른 견해를 제시하고 있다.

성인의 다스림은 법률과 금령을 자세히 밝힌다. 법률과 금령이 명확하게 드러나면 관직이 다스려진다. 상벌을 확실하게 시행한다. 상벌이 치우치지 않으면 백성은 일을 잘하게 된다. 백성이 일을 잘하고 관직이 다스려지면 나라는 부유해지고, 나라가 부유해지면 군대가 강하게 되어 패왕(覇王)의 사업이 이루어진다. 패왕(覇王)이란 군주의 큰 이익이다.[445]

---

444 『韓非子』「五蠹篇」: 魯哀公下主也. 南面君國, 境內之民莫敢不臣. 民者固服於勢. 勢誠易以服人. 故仲尼反爲臣, 而哀公顧爲君. 仲尼非懷其義, 服其勢也. 故以義則仲尼不服於哀公, 乘勢則哀公臣仲尼.

445 『韓非子』「六反篇」: 聖人之治也, 審於法禁. 法禁明著則官治. 必於賞罰. 賞罰不阿則

『맹자』·『순자』에서는 패(覇)와 왕(王)을 구별하고, 가령 함께 사용해도 '왕패'라고 하여 왕을 존중하고 있다. 『한비자』(韓非子) 중에서도 패와 왕을 구별하여 사용하는 곳도 있지만, 인용문에서 보는 것처럼 대체로 '패왕'이라고 하고, 또 왕과 패의 위치를 바꾸고 있을 뿐만 아니라, 패자를 성인의 지배자로서 말하고 있다. 맹자에 있어서는 그렇게까지 부정되던 패자가 한비자에 이르러서는 성인으로서 취급되고 있는 것이다. 물론 성인의 내용은 바뀌어 있지만, 어쨌든 한비자의 이러한 사고방식은, 이전의 성인과 지배의 관계를 뒤집은 것이 아닌가 한다. 한비자에 있어서 성인이란 현실에 맞는 방법으로써 현실을 다스리는 사람이고, 그 현실을 다스릴 수 있는 사람이란 권세를 얻은 패왕이다. 또 패왕의 일이란 권세를 잃지 않고 자신의 나라를 지키는 것이라고 하고 있다. 이렇게 보면, 권세에 의한 지배가 성인인가 아닌가를 판명하는 기준이 된다. 따라서 순자 이전까지는 '성인으로부터 지배로'라고 하는 방향성을 가지고 있었지만, 순자를 기점으로 해서 한비자에 이르러서는 반대로 '지배로부터 성인으로'라고 하는 방향성을 가지게 되었다고 할 수 있다.

여기서 이 방향 전환에 대해서 조금 더 생각해 보고자 하는데, 이 방향 전환은 당시의 현실적 상황에 의한 것이라고 생각한다. 그럼 어떠한 상황 속에서 그와 같은 방향 전환이 일어났던 것일까. 우선 그 방향과 관계없이 하나의 공통점을 찾을 수 있다. 지배자는 반드시 성인이어야 한다는 것이다. 이렇게 보면, 순자가 천명을 부정하고 있는 것도 그와 같은 신념 위에서라는 것을 알 수 있다. 따라서 천명의 부정이라는 것은, 지배자는 성인이라는 신념을 종전과는 다른 방법으로 설

民用. 民用官治則國富, 國富則兵强, 而覇王之業成矣. 覇王者, 人主之大利也.

왕충이 해석하는 기의 세계

명하지 않으면 안 된다고 하는 것을 의미하는 것이 된다. 그래서 순자는 권세에 의한 지배를 중심으로 하여, 패자를 맹자의 해석에서보다는 승격시켜, 이상적 지배자의 부류에 넣음에 의해서 그 신념을 설명하려고 했다고 생각한다. 그러나 순자는 종전의 성인의 해석을 그대로 믿고 있었다. 따라서 권세에 의한 지배를 주장하고는 있지만, 성인이 권세를 얻어 지배자가 되는 것을 이상적이라고 생각하고, 그 신념을 자신에게 납득시키고 있는 것이다. 이런 이유로, 순자는 패자를 왕과 함께 뛰어난 지배자로서 생각하고는 있지만, 패자를 왕으로까지는 승격시키지 않고 있다. 그 결과, 순자 스스로는 자신의 신념이 충분히 설명됐다고 생각하고 있었는지는 모르겠지만, 사실은 그 설명 중에 모순되는 점을 볼 수 있다. 권세를 얻어 지배자가 된 패자의 경우를 보면, 직접 패자를 성인의 입장에서 설명하지 못하면서도 지배자로 인정하는 모순을 범하고 있는 것이다. 성인과 지배에 관한 사고방식에서 보면, 권세와 함께 패자를 인정할 수는 없다. 왜냐하면, 덕의 성인과 권세의 지배자(패자)는 관계를 가질 수 없기 때문이다. 이와 같은 모순은, 종전의 성인의 해석과 권세에 의한 지배를 동시에 인정함으로써 일어난 것이다. 그래서 결과적으로, 순자에 있어서 성인과 지배의 관계는, 실제로 믿어지고 있었음에도 불구하고, 이론적으로는 그 관계가 성립되고 있지 않은 것이다. 순자에 있어서의 이러한 문제점이 한비자에 이르면 해결되게 된다. 그 해결책이 '지배로부터 성인으로'라고 하는 성인과 지배의 관계에 있어서의 방향 전환이었던 것이다. 한비자도 종전의 학자와 마찬가지로 지배자는 성인이라는 신념을 갖고 있었다고 한다면, 순자가 남긴 그 문제점을 의식했음에 틀림없다. 한비자는 순자에 있어서의 모순점이었던, 종전의 성인의 해석과 권세에 의한 지배 중에서, 권세에 의한 지배를 중심으로 하여 종전의 성인의 해석을 자기 나름의 해석으로 바꿈에 의해서 그 문제점을 해결하고 있다. 즉, 패자를 종전의 왕의 지위까지 승격시켜, 그 패자의 내면적 덕을 성인의 내용으로 함에 의해서, 그 방향은 이전과 바뀌어 있지만, 지배자는 성인이라고 하는 신념을 만족시키고 있는 것이다. 이 해결책은, 권세에 의한 지배라는 것을 생각하면 당연한 것처럼 생각되지만, 당시의 상황으로부터 보면 그렇게 간단하지 않은, 획기적인 방법이었다고 할 수 있겠다.

한대에 들어오면 사상적 분위기는 조금 달라진다. 천과 기(氣)를 조금 더 철학적으로 개념화하고, 천과 기로부터 인간의 모든 것을 논리적으로 해석하려고 한다. 한대의 경우는『춘추번로』(春秋繁露)를 중심으로 살펴보고자 하는데,『춘추번로』역시 그러한 한대적 분위기 속에서 성인과 지배의 관계를 말하고 있다.『춘추번로』에서는 천이 인간세계의 근본인 것을 철저하게 설명하고 있고, 그래서 인간세계의 지배자인 천자도 천으로부터 명(命)을 받아서,[446] 천 대신에 인간세계를 다스리고 있는 인간이라고 하고 있다. 이러한 천자가 될 수 있는 인간은, "사람의 변화를 다 살펴서 천에 부합시키는 것은 오직 성인만이 할 수 있고, 그렇게 해서 왕의 사업을 세우는 것이다."[447]라는 말로부터 보는 것처럼, 천과 합일할 수 있는 성인밖에 없다고 하고 있다. 이렇게 보면,『춘추번로』에 있어서의 성인과 지배의 관계는, 성인이 천명을 받아서 지배자가 된다고 하는 것이 된다. 또 "덕이 천지와 같은 사람은 황천(皇天)이 그 사람을 돕고 아들로 삼기 때문에 이름을 천자라고 칭한다."[448]라는 말로부터 보면, 성인이라면 반드시 천명에 의해서 천자가 된다고 말할 수 있을 것 같은데, 그러나 사실은『춘추번로』속에 천명을 받

---

446 『春秋繁露』「順命篇」: 天子受命於天.

447 『春秋繁露』「官制象天篇」: 盡人之變, 合之天, 唯聖人者能之, 所以立王事也.

448 『春秋繁露』「順命篇」: 德侔天地者, 皇天右而子之, 號稱天子.

왕충이 해석하는 기의 세계

지 않은 성인의 이야기도 나온다. 어쨌든 이상과 같은『춘추번로』의 사고방식으로부터 본다면, 패자에 대해서는 맹자와 같은 해석이 나오는 것이 당연한 것처럼 생각되는데, 사실은 그렇지 않다. 앞서 살펴본 것처럼 천자는 천으로부터 명(命)을 받는다.「봉본편」(奉本篇)에 "제나라의 환공과 진나라의 문공은 주나라의 왕실을 존중하지 않기 때문에 패자 노릇을 할 수 없었고, 삼대(하·은·주)의 성인은 천지를 본받지 않아서 지극한 왕으로서의 역할을 할 수 없었다."[449]라고 하고 있고, 또「순명편」(順命篇)을 보면 "제후는 명(命)을 천자에게서 받는다."[450]라고 하고 있다. 이러한 사실들을 종합해 보면, 천으로부터 명(命)을 받아서 왕이 되고, 천자로부터 명(命)을 받아서 패자가 된다고 할 수 있다. 또 "왕자(王者)는 사랑이 사이(四夷)에 미치고, 패자(覇者)는 사랑이 제후(諸侯)에게 미친다."[451]라고 하여, 사랑이 미치는 범위의 대소에 의해, 왕과 패자의 다름을 말하고 있다. 이렇게 본다면, 패자라는 것은 부정되는 지배자가 아니라, 왕에게는 미치지 못하지만, 제대로 지배자로서 인정되고 있다. 다음의 말이『춘추번로』의 이러한 생각을 정리하고 있다.

> 춘추의 도는 크게 그것을 얻으면 왕이 되고, 작게 그것을 얻으면 패자가 된다. … 패자와 왕의 도는 모두 인(仁)에 근본을 둔다. 인(仁)은 천심(天心)이기 때문에 천심(天心)을 잇는다.[452]

이상과 같은『춘추번로』의 패자관(覇者觀)은, 순자와 한비자에 있어서

---

449 『春秋繁露』「奉本篇」: 齊桓晉文不尊周室, 不能覇, 三代聖人不則天地, 不能至王.
450 『春秋繁露』「順命篇」: 諸侯受命於天子.
451 『春秋繁露』「仁義法篇」: 王者愛及四夷, 覇者愛及諸侯.
452 『春秋繁露』「兪序篇」: 春秋之道, 大得之則以王, 小得之則以覇. … 覇王之道, 皆本於仁. 仁天心, 故次以天心.

의 현실 상황의 해석과 그에 동반되는 사상을, 한대에 있어서 계승하고 있는 것이라고 할 수 있다. 또 진왕조(秦王朝)와 한왕조(漢王朝)는 한비자의 이론에 의해서 정당성을 얻고, 정통 왕조로서 인정되고 있다고 하는 당시의 현실적 상황은, 『춘추번로』의 이론 속에서도 패자를 이상적 지배자의 부류에 넣게 한 것이라고 생각한다. 그뿐만이 아니라, 『춘추번로』에서는 패자를 권세에 의한 지배자로서가 아니라, 천명의 연장선상에 두고 있다. 천명에 의한 지배자관(支配者觀)을 체계적으로 설명하는 가운데 패자의 개념도 이전과 달리 설명되게 되었다고 할 수 있겠다. 이와 같이 패자를 천에 의한 지배자관(支配者觀)에 넣어서 설명한 것은, 이전의 천명에 의한 지배자관과 권세에 의한 지배자관의 대립을 종합 통일한 것이라고 할 수 있다.

이상으로부터 보면, 진리를 체득하고 있는 성인이 지배자가 되어야 한다는 이상적 지배자관에 대해서는 모두 견해를 같이하고 있다. 그러나 춘추전국시대라는 현실 속에서, 이상적 지배자관에 대한 해석은 현실과 함께 조금씩 변해가게 되었다. 먼저 성인관(聖人觀)이 변해간다. 원래 성인은 '생이지지'(生而知之)라고 생각된 특별한 인간이었지만, 결국 그 내용으로부터 본다면, 덕의 유무가 성인의 변별 기준이기 때문에, 보통의 인간이라도 덕만 있으면 성인이 될 수 있다고 하는 사고방식이 점점 일반화되어 갔다. 한비자에 이르러서는, 정치술(政治術)도 더해서 성인관(聖人觀)을 말하게 되었다. 또 그와 함께 지배자관도 변해가게 되었다. 인간세계는 근본존재에 의해서 존재하고 지배된다고 하는 것이, 성인과 지배를 이야기하고 있던 당시의 일반적인 사고방식이다. 따라서 당연히 천의 명령 등에 의해서 인간세계의 지배자가 될 수 있다고 생각하고 있었다. 그러나 당시의 현실은 그러한 사고방식을 변화시켰다. 지배자는 여러 가지 현실적 상황 속에서 권세에 의해서 후천

왕충이 해석하는 기의 세계

적으로 결정된다고 생각하게 되었다. 그러나 당시는 아직 인간세계의 근본존재를 인정하고 있는 시대였다. 특히 한대에 들어와서는 점점 유가적 경향이 강해지고, 또한 세상을 설명하는 방법도 점점 기(氣) 개념에 의지하게 되었다. 그러한 분위기 속에서, 근본존재인 천과 인간의 관계를 논리적으로 생각해 본다고 하면, 권세에 의한 지배자관은 모순이 되어 버린다. 즉 근본존재인 천이 정말로 인간세계의 근본존재가되기 위해서는, 인간세계의 모든 것을 천으로부터 설명할 수 있지 않으면 안 된다. 이러한 천과 인간의 관계를 논리적으로 분명히 밝히면서, 천에 의한 지배자관을 재구축하려고 한 것이 『춘추번로』의 사상인 것이다.

2절 왕충의 성인관

1. 성인과 진리

왕충의 성인의 덕에 관한 견해부터 살펴보고자 한다. "대저 현(賢)·성(聖)은 도덕이나 지능(智能)의 칭호이고, … 현(賢)·성(聖)의 이름은 인(仁)과 지(智)를 함께한다."[453]라는 말에서 볼 수 있듯이, 왕충은 성인의 덕으로서 인(仁)과 지(智)를 이야기하고 있다. 이 인(仁)과 지(智)에 대해서는, 『논어』「술이편」(述而篇)의 문장을 부연 설명한 『맹자』「공손추상」(公孫丑上)의 문장을 인용하면서, "이러한 점으로부터 말하면, 인(仁)과 지(智)를 가진 사람은 성인이라고 할 수 있다"[454]라고 하고 있다. 이렇게 보면, 왕충에 있어서의 성인의 덕은 공자로부터 시작되는 유가의 사상을 계승하고 있는 것을 알 수 있다. 그럼 또 다음의 자료를 보도록 하자.

물어 말했다. '사람은 천지 사이에서 태어나고, 천지는 무위(無爲)이다. 사람이 천의 성(性)을 받는다면, 또한 마땅히 무위여야 하는데, 유위(有爲)인 것은 왜인가'라고. 대답해서 말했다. 지극한 덕이 순수하고 두터운 사람은, 천의 기(氣)를 받음이 많기 때문에, 천을 본받을 수 있어서 자연히 무위하게 된다. 기를 받음이 적은 사람은 도덕을 따르지 않아서 천지를 닮지 않고, 그렇기 때문에 불초(不肖)라고 한다. 불초(不肖)란 닮지 않음이다. 천지를 닮지 않고 성현(聖賢)과

---

453 『論衡』「知實篇」: 夫賢聖者, 道德智能之號, … 賢聖之號, 仁智共之.
454 『論衡』「知實篇」: 由此言之, 仁智之人, 可謂聖矣.

같지 않기 때문에 유위이다. [455]

성인과 현인은 천을 본받아 '무위'(無爲)의 존재라고 하고 있다. 이 인용문으로부터 왕충은 유가뿐만 아니라 도가의 사상에 의해서도 성인의 덕을 설명하고 있음을 볼 수 있다. 그러나 이 경우의 무위란 도덕을 완수한다고 하는 내용이고, 따라서 왕충은 도가의 무위 그대로를 말하고 있는 것이 아니다. 자신의 관점으로부터 자기 나름으로 해석한 무위를 성인의 덕으로서 말하고 있는 것이다. 그러한 의미에서 왕충에 있어서의 성인의 덕은, 그의 독특한 천론으로부터 유가와 도가를 비판·종합한 것이라고 할 수 있겠다.

왕충은 또 성인에 대해서 다음과 같이도 설명하고 있다.

성인의 마음은 밝고(明) 어둡지 않고, 현인의 마음은 조리가 있고 (理) 어지럽지 않다. 밝은 마음으로써 그릇됨을 살피면 그릇됨이 나타나지 아니함이 없고, 조리 있는 마음으로써 의혹을 저울질하면 의혹은 정해지지 아니함이 없다. [456]

뒤에서 자세하게 설명하지만, 왕충은 현인도 성인의 부류에 넣고 있다. 그러한 의미로부터 본다면, 마음이 총명하고(明) 조리가 있어서(理) 시비를 판별할 수 있는, 그러한 마음을 가진 사람을 성인이라고 말하고 있는 것을 알 수 있다. 이것은 인식적 측면에서 본 성인의 모습이라

---

455 「論衡」「自然篇」: 問曰, 人生於天地, 天地無爲. 人稟天性者, 亦當無爲, 而有爲, 何也. 曰, 至德純渥之人, 稟天氣多, 故能則天, 自然無爲. 稟氣薄少, 不遵道德, 不似天地, 故曰不肖. 不肖者, 不似也. 不似天地, 不類聖賢, 故有爲也.

456 「論衡」「定賢篇」: 聖心明而不闇, 賢心理而不亂. 用明察非, 非無不見, 用理銓疑, 疑無不定.

고 할 수 있다. 인지(仁智)의 덕을 가지고 억지로 하지 않아도(無爲) 천의 진리와 합일할 수 있는 성인의 마음의 상태를 '명'(明)과 '리'(理)로 표현하고 있는 것이다. 왕충은 자신의 천론의 성격상, 이 인식적 측면의 중시는 어쩔 수 없었다고 생각하는데, 그럼 다음에 이 인식의 문제와 관련하여 왕충의 성인관에 대해서 조금 더 살펴보기로 하자.

유자(儒者)는 성인을 논하여 (다음과 같이) 생각했다. 이전의 천년을 알고 이후의 만세를 알고, 혼자만이 보는 밝음과 혼자만이 듣는 총명함이 있어서, 일이 일어나면 이름 짓고, 배우지 않아도 스스로 알고, 묻지 않아도 스스로 깨닫기 때문에 그 사람을 성인이라고 일컬으니, 성인은 신령하다.[457]

당시의 유자(儒者)들은 인식의 측면에서 성인을 '태어나면서부터 아는'(생이지지 : 生而知之) 사람이라고 생각하고 있었음을 지적하고 있는 자료이다. 왕충은 그러한 유자들의 성인관을 비판하고, 아무리 성인이라고 해도 '생이지지'가 아니라 '배워서 아는'(학이지지 : 學而知之) 사람인 것을 주장하고 있다. 그 대전제로서 왕충은, "천지 사이에 피를 머금고 있는 종류로서 태어나면서 아는 존재는 없다."[458]라고 하여, 천지에서 피를 통하여 생명을 부여받았다는 그 자체에 이미 '생이지지'의 요소가 있을 수 없음을 지적하고 있다. 그리고 "이른바 신(神)이라는 것은 배우지 않고도 아는 것이고, 이른바 성(聖)이라는 것은 배우기를 기다려서

---

457 『論衡』「實知篇」: 儒者論聖人, 以爲前知千歲, 後知萬世, 有獨見之明, 獨聽之聰, 事來則名, 不學自知, 不問自曉, 故稱[之]聖, [聖]則神矣. ※'稱聖'의 사이에 '之'자를 보충(山田勝美의 說에 따름), 그다음에 '聖'자를 보충(黃暉의 說에 따름).

458 『論衡』「實知篇」: 天地之間, 含血之類, 無性知者.

왕충이 해석하는 기의 세계

성인이 된 것이다."**459**라고 하여, 신(神)과 성(聖)의 사이에, '생이지지'와 '학이지지'로 갈라지는 경계선을 긋고 있다. 왕충은 이와 같은 신(神)과 성(聖)의 다름에 대해서, "대저 현성(賢聖)은 도덕(道德)이나 지능(智能)의 칭호이고, 신(神)은 한없이 넓고 황홀하고 형체가 없는 실체이다. 실체가 다르면 본질도 같을 수가 없고, 실체가 같으면 효과가 다를 수가 없다. 성(聖)과 신(神)은 칭호가 같지 않기 때문에, 성(聖)은 신(神)이 아니고 신(神)은 성(聖)이 아니라고 한다."**460**라고 하여, 칭호와 내용은 관련성을 가진다는 입장에서, 신(神)과 성(聖)이라는 칭호가 다르기 때문에, 그 내용도 당연히 다르다고 하고 있다. 즉 최초에 신(神)과 성(聖)이라는 칭호를 붙일 때, 그 내용이 다르기 때문에, 그 붙이는 칭호도 달랐다고 하는 것을 말하고 있다.

이상의 사실로부터 본다고 하면, 인지(仁智)라는 성인의 덕은 학문이라는 후천적 노력에 의해서 얻어지는 것이며, 따라서 성인도 학문에 의한 후천적인 인간상(人間像)이 되는 것이다. 성인을 후천적 학문의 목표로 하는 것은 왕충 이전에도 있었다. 그러나 왕충의 경우는 그것을 더욱 실증적으로 논하고 있다. 왕충 이전에는, 성인이라면 천명을 받는다는 관점으로부터, 천명을 받지 않은 성인도 있다는 관점으로의 변화에 의해서, 성인이 일반인의 학문의 목표로 되었다. 그러나 왕충은 성인 그 자체의 내용을 실증적으로 검증함에 의해서, 성인의 의미를 분명히 밝히고 학문의 목표로 하고 있는 것이다. 성인의 내용을 논증하고 있는 「지실편」(知實篇)의 첫머리에서, 왕충은 그러한 자신의 관점을 "무릇 일을 논하는 사람이, 사실과 다른데도 증거를 인용하지 않

---

459 『論衡』 「實知篇」: 所謂神者, 不學而知, 所謂聖者, 須學以聖.

460 『論衡』 「知實篇」: 夫賢聖者, 道德智能之號, 神者, 眇茫恍惚無形之實. 實異質不得同, 實鈞效不得殊. 聖神號不等, 故謂聖者不神, 神者不聖.

으면, 비록 좋은 의론이나 많은 설명이라 해도 마침내 신용되지 않는다."[461]라고 분명히 밝히고 있다. 이와 같은 관점으로부터 논증하고 그 결과로서 앞에서 언급한, 성인은 '학이지지'의 인물이며, 학문에 의해서 인지(仁智)를 가지고 있는 인간이라는 결론에 도달하고 있는 것이다.

이러한 논증 과정 속에서, 왕충은 또 "대저 성인은 현인과 같다"[462]라고 하는 사실에 도달하고 있다. 성인이 현인과 같은 이유에 대해서는, "성인은 신(神)일 수가 없다. 신(神)일 수가 없으면 현인의 무리다."[463]라고 하는 식으로 설명하고 있다. 즉 인식의 면으로부터 본다면, 세상에는 '생이지지'와 '학이지지'라는 두 가지 부류의 인식이 있고, 그중에서 '생이지지'의 신(神)의 부류가 아니기 때문에 '학이지지'의 현인의 부류라는 것이다. 이와 같이 성인을 현인과 같다고 하는 것은, 그의 실증적 관점으로부터가 아니면 좀처럼 말하기 어려운 것일 것이다. '학이지지'의 부류라고 해도 모두 같은 것은 아니다. 이미 언급했듯이, 인간에는 홍유(鴻儒)에서 세속인까지의 등급이 있다. 성인과 현인의 관계에 있어서도 왕충은,

> 같은 무리라면 알고 있는 것은 그렇게 다름이 없다. 그 다름이 있게 되는 것은 도에 들어가는 방법에 의해서이다. 성인은 빠르지만 현자(賢者)는 늦다. 현자는 재능이 많지만 성인은 지혜가 많다. 알고 있는 것은 같은 학문이지만, 많고 적게 그 분량을 달리한다. 길로 삼는 것은 같은 길이지만, 걷고 달리는 것이 서로 다르다.[464]

---

461 『論衡』「知實篇」: 凡論事者, 違實不引效驗, 則雖甘義繁說, 衆不見信.

462 『論衡』「知實篇」: 夫聖, 猶賢也.

463 『論衡』「實知篇」: 聖不能神矣. 不能神則賢之黨也.

464 『論衡』「實知篇」: 同黨則所知者無以異也. 及其有異, 以入道也. 聖人疾, 賢者遲. 賢者才多, 聖人智多. 所知同業, 多少異量. 所道一途, 步驟相過.

라고 하여, 같은 부류라도 '도에 들어가는 방법'에서 조금은 차이가 있는 것을 지적하고 있다. 그래서 "사람의 뛰어난 사람을 성인이라고 한다면, 성인과 현인의 차이는 대소의 칭호이고, 절대적으로 뛰어나다는 이름이 아니다."[465]에서 보는 것처럼, 성인과 현인은 같은 부류의 대소의 명칭이라고 하고 있다. 그러나 양자가 같은 부류임에는 틀림이 없다. 그래서 왕충은 또 "성인과 현인의 지혜는 그 차이가 많지 않기 때문에, 생각을 사용하는 데 차이는 있지만, 일을 만나서 처리함에는 신비하고 괴이함이 없다. 따라서 (성인과 현인의) 이름은 서로 바꾸어 쓸 수 있다."[466]라고 하여, 약간의 차이를 인정하면서도 성인과 현인이라는 이름은 서로 교환해서 사용할 수 있다고도 하고 있다. 이러한 자신의 생각을 뒷받침하기 위해 왕충은 「지실편」(知實篇)에서, 『맹자』「공손추상」(公孫丑上)과 「진심하」(盡心下)의, 자하(子夏) · 자유(子游) · 자장(子張) · 염우(冉牛) · 민자건(閔子騫) · 안연(顔淵) · 백이(伯夷) · 이윤(伊尹) · 유하혜(柳下惠) 등도 성인이라고 하는 말을 인용해서, 그 증거로서 제출하고 있다.

　그럼 여기서 이상과 같은 성인과 현인의 관계를 언급하게 된 왕충의 생각에 대해서 조금 논해 보기로 하겠다. 왕충에 의하면 당시의 유자들은 성인을 '생이지지'의 인물로 보고 있었다고 한다. 그렇다고 한다면 '학이지지'의 최고 단계의 인물을 현인이라고 일반적으로 생각하고 있었음에 틀림없다. 따라서 당시의 유자들에 의하면, 인간의 인식의 단계에서 '생이지지'와 '학이지지'의 경계선은, 성인과 현인 사이에 있었던 것이 된다. 그런데 왕충은 자신의 실증적 관점에 의해서, 그 경계선을 성인과 현인 사이로부터 신(神)과 성인의 사이로 옮기려고 한 것

465　『論衡』「知實篇」: 人之殊者謂之聖, 則聖賢差小大之稱, 非絶殊之名也.

466　『論衡』「知實篇」: 聖賢知不踰, 故用思相出入, 遭事無神怪, 故名號相貿易.

이다. 그렇게 되면 성인은 '생이지지'의 인간이 아니고 '학이지지'의 인간이 되어 버리기 때문에, 그래서 '학이지지'의 최고 단계의 인간이었던 현인의 부류에 성인을 넣을 수밖에 없었던 것이 아닐까. 그러나 본래 성인이 현인보다 뛰어나다고 하는 것은, 당시의 유자나 왕충을 비롯하여 그 누구도 인정하고 있었던 것이다. 따라서 왕충이 성인을 현인의 부류에 넣었다고 해도, 성인을 현인과 완전히 같다고는 말할 수 없었을 것이다. 이런 이유에서 성인은 현인의 부류이기는 하지만, 그 부류 중에서 가장 뛰어난 인간이라고 하여, 성인과 현인을 구별하고 있다고 할 수 있다.

이상의 사실로부터 보면, 왕충에 있어서의 성인은 '학이지지'의 인간이고, 엄격하게 말하면 현인보다 뛰어난 인간으로 구별할 수 있지만, 포괄적으로 말하면 현인의 부류의 인간인 것이다. 그래서 그 덕을 말할 때는, '현성'(賢聖)이라고 하여 현인과 성인을 함께 거론하고 있는 것이다. 따라서 왕충에 있어서의 이상적 인간은 현인이라고도 할 수 있고, 이 현인을 후천적 학문의 목표로 하고 있다고도 할 수 있다.

그럼 왕충에 있어서의 성인의 덕과 근본존재의 관계는 어떠할까. 성인을 인간 중에서 가장 훌륭한 인물이라고 하기 위해서는, 성인이 가지고 있는 덕이 가장 가치가 있는 것(진리)이라고 말하지 않으면 안 된다. 그 가치가 있고 없음의 기준은 일반적으로 근본존재에 있는 것이다. 이미 언급한 것처럼, 왕충에 있어서도 천이 근본존재이고, 그 천에 의해서 가치가 있고 없음이 결정된다. 그러나 왕충의 경우는 천이 무위자연의 성격을 가지고 있고, 따라서 그 이전 혹은 당시의 유자들이 생각하는 방식으로, 인간이 근본존재와 합일하여 최고의 가치를 자신의 것으로 하여 성인이 된다는, 그런 이야기는 할 수 없었던 것이다. 그래서 이미 언급한 것처럼, 왕충은 인간이 근본존재의 진리를 인식함

왕충이 해석하는 기의 세계

으로 최고의 가치를 가지는 성인이 된다고 하고 있다. 이렇게 보면, 근본존재의 진리를 가지고 있는 인물이 성인이라는 면에서는 이전과 변함이 없지만, 그 방법에 있어서 진리의 체득이 아니라 진리의 인식을 주장하고 있는 것이 그 특징이라고 할 수 있다.

2. 진리와 지배

이상의 성인에 관한 사실을 근거로 해서, 다음은 성인과 지배의 관계에 대해서 살펴보고자 한다. 이미 언급한 바와 같이, 왕충은 인간의 운명은 태어날 때부터 결정되어 바뀔 수 없다고 하고 있다. 따라서 지배자인 왕이 되는 것도 당연히 운명으로서 결정되어 있는 것이겠지만, 우선 이 점에 관한 자세한 설명부터 살펴보고자 한다. 왕충은 『논형』 「기괴편」(奇怪篇) 첫머리에서 유자(儒者)들의 주장으로서 "성인의 태어남은 사람의 기(氣)에 의하지 않고, 다시 정기(精氣)를 천에서 받는다."[467] 라는 말을 언급하고, 이 유자들의 주장에 대해서 다음과 같이 자신의 의견을 서술하고 있다.

성인이 다시 기를 천에서 받고, 어머니가 (용과) 교감하고 (燕卵을) 삼킴이 있다고 말하는 것은, 허망한 말이다. 사실은 성인은 저절로 종족(種族)이 있고, 문왕과 무왕 같은 사람은 각각 부류가 있다. 공자는 음계를 정한 피리를 불어서 스스로 은(殷)나라의 후예임을 알았고, 항우(項羽)는 이중의 눈동자로서 스스로 우순(虞舜 : 순임금)의 후

---

467   『論衡』 「奇怪篇」: 儒者稱, 聖人之生, 不因人氣, 更稟精於天.

예임을 알았다. 오제(五帝)와 삼왕(三王)은 모두 황제(黃帝)를 조상으로 하고 있다. 황제(黃帝)는 성인이므로 본래 귀명(貴命)을 받았다. 그렇기 때문에 그 자손이 다 제왕이 되었다. 제왕이 태어날 때는 반드시 괴기함이 있고, 그것이 사물에 나타나지 않으면, 꿈에 나타난다.[468]

유자들이 말하는 성인의 의미는 왕의 내용으로서의 성인이며, 따라서 왕과 같은 의미로 사용되고 있는 성인인 것이다. 여기서 왕충은 우선, 성인 즉 왕은 천에 의해서 특별하게 만들어진 것이라고 하는 이전의 주장을 비판하고, 보통의 인간과 마찬가지로 왕도 인간의 부부에 의해서 만들어진 사람의 자식인 것을 주장하고 있다. 그럼 사람의 자식은 어떻게 해서 왕이 되는가.

사람이 태어나면서 성(性)과 명(命)이 부귀에 해당하는 자는, 처음부터 저절로 그러한 기를 받고, 기르고 자라서 커지면, 부귀의 명(命)의 효과가 나타난다. 문왕(文王)은 적작(赤雀)을 얻었고, 무왕(武王)은 백어(白魚)와 적오(赤烏)를 얻었다. 유자(儒者)는 이것을 논하여 생각하기를, 작(雀)은 문왕이 명(命)을 받은 것이고, 백어(白魚)와 적오(赤烏)는 무왕이 명(命)을 받은 것이다. 문왕과 무왕은 명(命)을 천으로부터 받고, 천이 작(雀)과 어오(魚烏)로써 명(命)을 그에게 준 것이다. 천이 적작(赤雀)으로써 문왕에게 명(命)했는데, 문왕이 받지 않아서, 천이 다시 어오(魚烏)로써 무왕에게 명(命)했다, 라고. 이와 같은 것

468 『論衡』「奇怪篇」: 言聖人更稟氣於天, 母有感吞者, 虛妄之言也. 實者聖人自有種世族, 仁如文武, 各有類. 孔子吹律, 自知殷後, 項羽重瞳, 自知虞舜苗裔也. 五帝三王, 皆祖黃帝. 黃帝聖人, 本稟貴命, 故其子孫皆爲帝王. 帝王之生, 必有怪奇, 不見於物, 則效於夢矣. ※'自有種世族, 仁如文武'의 '世'와 '仁'은 衍文 (黃暉).

왕충이 해석하는 기의 세계

은, 본래는 천에서 명(命)을 받음이 없는데, 자신을 수양하고 선을 행하여, 선행이 천에 알려져서, 천이 이에 제왕(帝王)의 명(命)을 부여했다는 것을 말한다. … 만약 이것을 실제로 논한다면 명(命)이 아니다. 명(命)은 처음부터 받아서 태어나는 것을 말한다. 사람이 태어나서 성(性)을 받으면 명(命)을 받는다. 성(性)과 명(命)은 함께 받고, 때를 같이하여 함께 얻는 것이고, 먼저 성(性)을 받고 나중에 명(命)을 받는 것이 아니다. … 문왕은 어머니의 몸 안에 있을 때에 이미 명(命)을 받았다. 왕자(王者)는 한 번 명(命)을 받으면 안으로는 성(性)이 되고 밖으로는 형체가 된다.[469]

유자들은 왕이 되는 방법으로 자기수양의 결과로서 얻게 된 천의 명령을 거론하고 있는데, 왕충은 이것도 또한 부정하고 있다. 인간이 최초에 부모에 의해서 만들어질 때에, 천으로부터 왕으로서의 명(命)을 받고, 성장하여 왕이 되는 것이라고, 왕충은 말하고 있다. 이렇게 본다면, 보통의 인간이 태어날 때에 받은 왕으로서의 명(命)에 의해서 숙명적으로 왕이 되게 된다. 유자들과 왕충이 말하는 왕이 되는 방법이 다르기는 하지만, 천명을 받아서 왕이 된다는 사실에 있어서는, 유자들과 왕충이 완전히 일치하고 있다. 유자들과 왕충에 있어서 왕이 되는 방법의 차이는 천명을 받는 방법의 차이가 된다. 유자들의 경우는 천이 의지를 가지고 있기 때문에 천이 인간의 행위를 보고 왕으로서의 명을 부여한다는 이론을 가지고 있는데, 왕충의 경우는 천이 무의지이

---

469 『論衡』「初稟篇」: 人生性命當富貴者, 初稟自然之氣, 養育長大,富貴之命效矣. 文王得赤雀, 武王得白魚赤烏. 儒者論之以爲, 雀則文王受命, 魚烏則武王受命. 文武受命於天, 天用雀與魚烏命授之也. 天用赤雀命文王, 文王不受, 天復用魚烏命武王也. 若此者, 謂本無命於天, 脩己行善, 善行聞天, 天乃授以帝王之命也. … 如實論之, 非命也. 命謂初所稟得而生也. 人生受性, 則受命矣. 性命俱稟, 同時並得, 非先稟性, 後乃受命也. … 文王在母身之中, 已受命也. 王者一受命, 内以爲性, 外以爲體.

기 때문에 그러한 설명을 부정할 수밖에 없었다. 그래서 이미 언급한 것처럼, 왕충은 천지대응설로 이 문제를 해결하고 있다. 천의 성좌 세계에 왕의 상(象)이 있고, 그 상(象)을 우연히 받고 태어난 사람이, 숙명적으로 인간세계의 왕이 된다고 하고 있다. 그래서 왕충이 생각하는 왕이 되는 방법은 자기수양과는 전혀 관계가 없다.

　이상, 지배자인 왕이 되는 방법에 대해서 살펴보았는데, 이러한 왕이 되는 이론으로부터 보면 왕충에 있어서의 성인과 왕, 즉 성인과 지배 사이에는 어떠한 관계도 성립하기 어렵다. 왕충의 운명에 대한 설명에서 충분히 엿볼 수 있는 사실이지만, 왕충은 성인과 왕의 관계를 직접 논하여 "대저 현자(賢者)가 반드시 보좌가 되지는 않는 것은, 성인이 반드시 명(命)을 받지는 않는 것과 같다. 제왕이 된 사람이 성인이 아닌 사람이 있고, 보좌가 된 사람이 현인이 아닌 사람이 있다. 왜냐하면 녹명(祿命)이나 골법(骨法)은 재능(才)과 다르기 때문이다."[470]라고 그 관계가 성립하지 않음을 이야기하고 있다. 말하자면 왕과 성인의 관계는 운명과 재능의 관계이고, 우연히 받은 왕의 운명의 사람이 성인인 경우는 물론 있을 수 있지만, 운명과 재능은 필연적 관계가 아니기 때문에 왕과 성인 사이에는 필연적 관계가 성립하지 않음을 말하고 있는 것이다. 왕충에 의하면 성인은 인식과 수양에 의해 도달할 수 있고, 왕은 천에 의해서 결정된다. 한쪽은 인위적이고 다른 한쪽은 숙명적이기 때문에 서로 관여할 수 없다. 인위적이기는 하지만, 성인은 천의 진리 그 자체를 가지고 있다. 또 왕이 되는 것도, 근본존재인 천에 그 근거를 두고 있기 때문에, 바로 진리이다. 이미 논한 바와 같이, 천은 하나이지만, 인간세계로부터 본 경우, 진리는 두 가지가 있는 것이 된다.

470　『論衡』「問孔篇」: 夫賢者未必爲輔, 猶聖人未必受命也. 爲帝有不聖, 爲輔有不賢. 何則, 祿命骨法, 與才異也.

　　　　　　　　　　　　　　　왕충이 해석하는 기의 세계

인간에게 가치가 있는 것은 물론 성인으로서의 진리라고 왕충은 생각하고 있다. 어쨌든 왕이 되는 것과 성인, 양쪽 모두 천의 진리에 그 근거가 있다. 그러면서도 양쪽 사이에 관계가 없는 것에 대해서는 어떻게 해석해야 할까.

그러한 양쪽의 관계는 그의 천론에 명확하게 제시되어 있기 때문에, 그의 천론을 만들어 낸 왕조적(사회적)·개인적 입장 등으로부터, 그 양쪽 사이에 관계가 없는 이유를 찾을 수 있지 않을까 한다. 다시 말하면, 왕충이 자신의 천에 대한 이론을 정립할 때, 성인과 지배에 관한 자기 나름의 충분한 사색이 있었을 것이고, 그러한 사색이 천론의 정립에 하나의 역할을 하고 있었다고 하는 것이다. 그럼 왕충의 성인과 지배에 관한 사색이란 어떤 것이었을까.

성인의 해석에 대한 문제는, 성인과 지배라는 관계에 있어서, 그 이전에도 그러했지만 그 당시에도 가장 중요한 문제의 하나였다고 생각한다. 이미 언급한 바와 같이, 성인의 해석의 문제가 특히 주목되기 시작한 것은 공자를 둘러싸고였다고 생각한다. 성인과 천자가 일치한다고 하는 사고방식 속에서, 천명을 받지 않은 성인(공자)도 있다고 하는 사고방식이 싹트면서부터, 이 문제가 철학적 문제로 떠오른 것이 아닌가 생각된다. 성인과 천자의 관계가 천명에 의해 성립되고 있다는 생각을 가지고 있는데, 성인과 천자가 정확히 일치한다면, 그 관계에 대해서 별도로 설명할 필요성은 느끼지 못했을 것이다. 그러나 천명을 받지 않은 성인의 존재가 인정되면, 먼저 성인과 천자 사이에 그 관계를 재확인 혹은 재해석할 필요성이 생기게 된다. 또 학문의 목표로서의 새로운 인간상, 즉 성인상(聖人像)을 수립하고 설명할 필요성이 생기게 되는 것이다.

왕충 이전의 성인과 지배에 관한 사상이, 이상의 두 개의 문제에 대한 각자 나름의 설명이었던 것은 이미 본 바와 같다. 성인과 천자의 관계가 주된 관심사였기 때문에, 그 두 개의 문제 중에서도 주된 과제는 천명을 받지 않은 성인을 어떻게 설명할 것인가였다. 어쨌든 천명을 믿는다면, 천명을 받지 않은 성인은 있을 수 없는 일이 되고, 천명을 받지 않은 성인을 믿는다면, 천명이 그 타당성을 잃어버리게 된다. 따라서 천명을 받지 않은 성인의 존재를 인정하려고 한다면, 천명을 부정할 수밖에 없었다고 할 수 있다. 그러나 천명을 받지 않은 성인이라고 하는 사고방식에 나타나는 천명에 대한 회의(懷疑)가 바로 천명의 부정으로 발전하는 것은 아니라고 생각한다. 사상사로부터 보면, 근본존재에 관한 도가적 해석을 거쳐서, 이윽고 천명에 대한 회의로부터 천명 부정으로 옮겨간 것이라고 생각한다. 어쨌든 천명을 부정하려는 생각이 나타남과 함께 천명을 받지 않은 성인(공자)에 대한 설명도 새로운 국면을 맞이하는 것처럼도 보였다. 그러나 천명 부정의 경우도, 천을 완전하게는 부정할 수 없었기 때문인지, 결국은 지배와 성인이 당연히 무관계인 천명 부정에 있어서, 항상 지배와 성인의 필연성을 주장한다고 하는 모순을 범하고 있는 것이다. 천명 부정의 경우에 있어서의 이러한 모순은 천명을 받지 않은 성인을 둘러싼 문제까지도 모순인 채로 남겨두고 말았다고 할 수 있다.

이상에서 보면, 천명에 관련된 사고방식을 완전히 부정하지 못하고 있는 천명 부정의 경우는, 천명을 받지 않은 성인을 둘러싼 문제를 잘 해결할 수 없을 뿐만 아니라, 스스로도 모순에 빠져 버리는 것을 알 수 있다. 이러한 천명 부정의 경우의 모순을 해결하려고 한 것이, 『춘추번로』에 있어서의 성인과 지배의 관계라고 생각한다. 그러나 『춘추번로』의 경우도, 천명에 의해서 그 모순을 해결하려고 했기 때문에, 천명 부정의 경우의 모순은 해결되었지만, 천명을 받지 않은 성인을 둘러싼

왕충이 해석하는 기의 세계

모순은 여전히 남아 있었던 것이다.

　이상과 같은 문제점 위에 서 있었던 사람이 왕충이다. 성인과 지배에 관한 사상이 전개되어 변모해 가도, 최초의 천명을 받지 않은 성인의 문제는 그대로 해결되지 않은 채 남아 있었다. 즉, 최고의 인격자인 공자는 왜 천명을 받을 수 없었을까라는 문제이다. 이 문제를 해결하기 위해, 동중서의 경우는 공자를 소왕(素王)에까지 승격시키고 있지만, 그러나 그렇게 하면 할수록 더 해결할 수 없게 되어 버릴 것이다. 왜냐하면 그 정도의 성인이 천명을 받을 수 없었다고 하는 것은, 천명을 믿는 한, 도저히 이해할 수 없는 일이기 때문이다. 왕충이 이러한 사상사적 과제를 자신의 사색의 대상으로 했다고 하는 것은 틀림없는 일일 것이며, 이것은 또 당시의 학자로서 당연한 것이었다고 생각한다. 이전의 성인과 지배에 관한 설명에 있어서, 천명을 받지 않은 성인의 문제를 해결할 수 없었던 이유는, 한마디로 말하면 그 근거가 천에 있는 부분과 인위적 부분을 관련지어 설명하려고 한 것에 있었다고 생각한다. 이것은 결과적으로 천명을 받지 않은 성인을 둘러싼 문제가 발생했을 때와 같은 상황 속에서, 그 문제를 해결하려고 한 것이라고 할 수 있다. 따라서 이 문제를 해결하는 방법은, 사실은 그 인간사회에 있어서의 천의 부분과 인간적 부분을 분리하는 것밖에 없다. 결론을 먼저 말하면, 왕충이 그 문제를 해결하고 있는데, 그때의 방법이 바로 이러한 방법이었던 것이다.

　그럼 왜 그 문제의 해결에 그렇게 시간이 걸렸는가. 그것은 당시의 사상적 분위기와 관계가 있는 것이라고 생각한다. 즉 왕충 이전에도 왕충의 천론과 같은 자연적 천론이 나오기는 했지만, 인간사회에 있어서의 천의 부분과 인간적 부분을 완전히 분리할 수 없었던 것은, 그 당시의 의지적 천론의 분위기 속에서 자연적 천론을 주장은 하고 있지만, 왕충 정도까지 철저하게 이론을 정립할 수 없는, 그러한 사상적 분위기였던 것에 그 이유가 있는 것은 아닐까 생각한다. 다시 말하면, 왕충 이전의 자연적 천론의 경우는, 성인과 지배에 관한 여러 가지 각도로부터의 해석을 사상적 분위기로서 가지고 있지 않았다는 것이다. 이에 비해 왕충의 경우는 성인과 지배에 관한 여러 가지 각도로부터의 해석을 사상사적 결과로서 가지고 있었고, 그런 의미에서 성인과 지배의 관계를 둘러싸고 그 사상적 분위기가 무르익은 상태였다고 할 수 있다. 하나의 사상적 모순이 생긴 경우, 역시 이러한 무르익은 사상적 분위기가 되기 전까지는, 좀처럼 해결되기 어려운 것이 아닐까 생각된다. 이러한 사상적 분위기와 또 패자(霸者)의 현실적 인정, 왕충의 비판 정신과 철저한 실증적인 방법 등은, 인간사회에 있어서 천의 부분(지배)과 인간적 부분(성인)을 분리하고, 각각을 천의 진리로서 이론을 정립하게 했다고 생각한다.

마지막으로 왕충의 패자관(霸者觀)에 대해서 보기로 하자. 천명의 부정은 패자의 긍정을 의미한다고 했는데, 당시는 천명의 부정·긍정과는 관계없이 일반적으로 패자를 인정하고 있었다.

> 고어(古語)에 말하기를, '왕을 꾀하여 이루지 못하면, 그 폐해로 패(霸)가 될 수 있다'고 한다. 패자(霸者)는 왕의 폐해이다. 패자가 본래 마땅히 왕에 이를 수 있는 것은, 인간의 수명이 마땅히 백 세에 이를 수 있는 것과 같다. 왕이 될 수 없어서 물러나서 패자가 되었다. … 왕과 패자는 동일한 사업이고, 우열(優劣)의 이름을 달리한다.[471]

---

471 「論衡」「氣壽篇」: 語曰, 圖王不成, 其弊可以霸. 霸者, 王之弊也. 霸本當至於王, 猶壽當至於百也. 不能成王, 退而爲霸. … 王霸同一業, 優劣異名.

왕충이 해석하는 기의 세계

왕충도 또한 패자를 인정하고, 왕과 패자는 같은 사업이기는 하지만, 왕이 될 수 없어서 패자가 되었을 뿐이라고 하고 있다. 왕충의 숙명적 지배자관(支配者觀)으로부터 보면, 왕자와 패자는 숙명적 지배자이며, 이 점에서는 양자는 구별을 짓기 어렵다. 그런데 왕충은, 인용문으로부터 보듯이, 덕을 그 기준으로 하여 왕자와 패자를 구별하고 있다. 지배자이면서 최고의 덕을 가지고 있는 인간이 왕이며, 그 왕의 덕에 미치지 못하는 지배자가 패자라고 하고 있다. 이러한 패자관(覇者觀)은, 왕충이 숙명적 지배자관(支配者觀)을 만들어 내고 지배자는 덕과 무관계라고 하고는 있지만, 역시 덕을 가짐에 의해서 이상적 지배자가 될 수 있다고 하는 왕충의 생각을 엿보게 한다. 왕충의 이러한 사고방식은 당시의 왕조와 관련되는데, 다음 절에서 자세하게 설명한다.

3절 왕충의 성인관과 당시의 지배 체제

근본존재인 천을 기(氣)의 측면과 도덕의 측면으로 나누어 진리의 구조를 이중으로 한 것은, 물론 당시의 지배 체제를 배경으로 하고는 있지만, 당시의 지배자 측에서 본다고 하면, 왕조라는 지배의 구조상, 설명의 필요성을 가지고 있는 이론임에 틀림없다고 생각한다. 천의 도덕적 진리를 체득하고 있는 성인이기 때문이 아니라, 단지 기의 측면의 진리인 운명에 의해서 지배자의 지위를 얻었다고 하는 것은, 당시의 일반적인 사고방식으로부터 본다면, 왕조(王朝)의 체면을 손상시키는 것이기도 하고, 천을 절대자로 하는 왕조이론(王朝理論)으로부터는 용납할 수 없는 이론이 되기 때문이다. 본 절에서는 이상의 문제에 대해서 왕충이 어떻게 해결하고 있는지를 살펴보고자 한다.

1. 왕충의 한왕조(漢王朝)에 대한 입장

「수송편」(須頌篇)을 보면 다음과 같은 말이 있다.

(한의) 고조(高祖) 이래, 저서(著書)는 한왕조를 이야기하고 논하지 아니한 것은 아니다. … 한왕조의 공덕은 (이로써) 상당히 알 수가 있다. (그러나) 금상(今上 : 현재의 임금)이 즉위하고, 아직 칭송하는 기록이 없다. 논형의 사람(왕충 본인)은 그것을 위해서 정력을 다했다. 그래서 제세(齊世)·선한(宣漢)·회국(恢國)·험부(驗符)가 있다.[472]

왕충이 당시의 학자의 임무로서 장제기(章帝期)의 공덕을 서술한 것이, 「제세」(齊世) · 「선한」(宣漢) · 「회국」(恢國) · 「험부」(驗符)의 4편(篇)이라고 하는데, 왕충에게 있어서 이 4편은 한왕조에 대한 평가이기도 하다. 그럼 바로 그 평가에 대해서 살펴보고자 하는데, 먼저 「제세편」(齊世篇)을 보면 "하나의 천 하나의 지(地)가 함께 만물을 생한다. 만물이 생함은 모두 하나의 기(氣)를 얻는다. 기(를 받음)의 엷음과 두터움은 만세에 걸쳐 한결같다."[473]라는 문장이 있다. 인간세계의 근본으로서의 천지는, 고금을 통해서 변할 리가 없다고 하는 것이다. 왕충은 일단 그러한 사실을 객관적 기준으로 설정하고, 그 기준 위에서 당시의 세간에서 흔히 이야기되고 있는 말을 얼마간 가지고 와서, 그것을 반성하는 것으로부터 한왕조의 평가를 시작하고 있다. 「제세편」에서 인용하고 있는, 당시의 세간에서 흔히 이야기되고 있는 말을 열거해 보면 다음과 같다.

* 상세(上世)의 사람은 키가 크고 잘생겼고, 튼튼하고 장수하여 백세 전후까지 살았는데, 하세(下世)의 사람은 키가 작고 못생겼고, 빨리 죽는다.
* 상세(上世)의 사람은 질박하고 교화하기 쉬웠는데, 하세(下世)의 사람은 겉만 꾸미고 다스리기 어렵다.
* 상세(上世)의 사람은 도의를 중시하고 자신을 가벼이 여기고, … 지금의 세상은 이익을 추구하고 구차하게 살아가고, 도의를 버리고 멋대로 획득한다.

---

472 「論衡」「須頌篇」: 高祖以来, 著書非不講論漢. … 漢家功德, 頗可觀見. 今上即命, 未有褒載. 論衡之人, 爲此畢精, 故有齊世宣漢恢國驗符.

473 「齊世篇」: 一天一地, 並生萬物. 萬物之生, 俱得一氣. 氣之薄渥, 萬世若一.

*상세(上世) 시대는 성인의 덕이 훌륭하고, 나라를 다스리는 공적이 기이함이 있었다. … 진한(秦漢)시대에 이르러서는, 전쟁이 빈번하게 일어나고, 무력으로 세력을 다투고, 진(秦)은 이렇게 해서 천하를 얻었다.[474]

이상으로부터, 왕충 당시의 사람들은 일반적으로, 옛날(上世) 사람들이 후세(下世) 사람들에 비해 신체나 수명은 물론이고, 성질·도덕심 등에 있어서까지 훌륭하다고 단정하고 있는 것을 알 수 있다. 이러한 사실에 대해서 왕충은, 객관적 기준과 실증적 방법 등에 의해서 옛날과 후세의 인간이 사실은 동등하다고 하는 것을 분명히 밝히고 있다. 또 지배자의 정치라고 하는 측면에 있어서도 일반적으로 옛날이 훌륭하다고 하고 있는데, 왕충은 여기에 대해서도 그것은 단지 옛날과 후세라고 하는 시대가 다를 뿐이고, 사실은 동등한 정치능력을 가지고 있다고 주장하고 있다. 이러한 왕충의 생각으로부터 본다면, 옛날과 후세라는 것은, 그 인간과 지배자의 정치능력 등에 있어서 완전히 동등하다고 하는 것이 된다. 「제세」(齊世)라고 하는 편(篇)의 이름 그대로, 왕충은 한왕조를 평가하기 전에, 옛날과 후세를 일단 평가 가능한 동등한 입장에 두고자 하고 있는 것이다.

그럼, '제세'(齊世)의 입장에서 한왕조의 평가는 어떻게 하고 있는가. 바로 앞에서 인용한 세간의 말에 대한 비판 중에, 왕충의 한왕조에 대한 평가가 나타나고 있다. 그 평가는 두 가지 측면으로부터 행해지고

---

474 「齊世篇」: ·上世之人, 佃長佼好, 堅强老壽, 百歲左右, 下世之人, 短小陋醜, 夭折早死.
·上世之人, 質樸易化, 下世之人, 文薄難治.
·上世之人, 重義輕身, … 今世趨利苟生, 棄義妄得.
·上世之時, 聖人德優, 而功治有奇. … 及至秦漢, 兵革雲擾, 戰力角勢, 秦以得天下.

왕충이 해석하는 기의 세계

있다.

① 세간에서는 걸주(桀紂)의 악을 논하여 망진(亡秦 : 秦의 2세 胡亥)보다 심하다고 하는데, 사실을 실증하는 사람은, 망진(亡秦)의 악이 걸주보다 심하다고 한다. 진(秦)과 한(漢)의 선악이 서로 반대되는 것은, 요순과 걸주가 서로 다른 것과 같은 것이다. 망진(亡秦)과 한(漢)은 모두 후세에 있는데, 망진(亡秦)의 악이 걸주보다 심하다고 하면, 또한 대한(大漢)의 덕이 당우(唐虞 : 요순)에 뒤떨어지지 않음을 알 수 있다.[475]

② 유우(有虞 : 순임금)의 봉황(鳳皇)은, 선제(宣帝)는 이미 다섯 번 그것을 초래했고, 효명제(孝明帝)의 부서(符瑞)는 나란히 나타났다. 대저 덕이 훌륭하기 때문에 부서(符瑞)가 있고, 부서(符瑞)가 같으면 공적은 뒤떨어지지 않는다. 선제(宣帝)와 효명제(孝明帝)가 만약 (덕이) 뒤떨어져서 요순에 미치지 못한다면, 어떻게 해서 요순의 부서(符瑞)를 초래할 수가 있었겠는가. 광무황제(光武皇帝)는 천자가 되기 위해 일어나서, 천하를 취한 것이 (땅에) 떨어진 것을 줍는 것과 같은데, 어떻게 해서 은(殷)의 탕왕이나 주(周)의 무왕에 미치지 못하겠는가. 세간에서는 일컫는다, '주(周)의 성왕(成王)·강왕(康王)은 문왕의 융성을 손상시키지 않고, 순임금의 높고 큰 것은, 요임금의 성대한 공적을 손상시키지 않았다'라고. 지금의 성스러운 조정은, 광무(光武)를 계승하고 효명(孝明)을 이어받아서, 점점 풍부하고 너무 홀

---

475 「齊世篇」: 世論桀紂之惡, 甚於亡秦, 實事者, 謂亡秦惡甚於桀紂. 秦漢善惡相反, 猶堯舜桀紂相違也. 亡秦與漢, 皆在後世, 亡秦惡甚於桀紂, 則亦知大漢之德, 不劣於唐虞也.

륭한 교화가 있고, 아주 조그마한 결점도 없는데, 위로는 어떻게 해서 순임금이나 우임금에 미치지 않고, 아래로는 어떻게 해서 성왕(成王)·강왕(康王)만 못하겠는가.[476]

①은 '덕화'(德化)를 기준으로 하여, ②는 '부서'(符瑞)를 기준으로 하여, 한왕조가 결코 요순이나 은주(殷周)시대에 뒤떨어지지 않는다고 평가하고 있다. 그리고 세간에서, 한왕조가 요순이나 은주(殷周)시대에 미치지 못한다고 평가하고 있는 것에 대해서는, 먼저 "세속의 성향은 보는 것을 천하게 여기고, 듣는 것을 귀하게 여긴다."[477]라고 하여, 세속의 성향으로부터 그 원인을 찾고, 또 "세간은 오제(五帝)·삼왕(三王)의 일은 경전(經傳)에 등재되어 있는데, 한(漢)의 사적(事迹)의 기록은 아직 문서(의 단계)인 것을 보고는, 옛날 성인(의 덕)은 훌륭하고 공적이 큰데, 후세는 (덕이) 뒤떨어지고 교화가 엷다고 생각하고 있다."[478]라고 하여, 세속의 성향상, 옛날의 경전을 믿음으로부터 생겨난 결과라고 지적하고 있다. 이상과 같은 '제세'(齊世)의 입장에서의 한왕조의 평가는, 「제세편」(齊世篇)에서 대체로 이상과 같이 서술되고 있는데, 왕충은 「선한편」(宣漢篇)에서 그러한 한왕조의 평가에 대해서 '태평'을 중심으로 다시 부연 설명하고 있다.

「선한편」 첫머리에서 "유자(儒者)는 말한다. '오제(五帝)·삼왕(三王)은

---

476 「齊世篇」: 有虞之鳳皇, 宣帝已五致之矣, 孝明帝符瑞並至. 夫德優故有瑞, 瑞鈞則功不相下. 宣帝孝明如劣, 不及堯舜, 何以能致堯舜之瑞. 光武皇帝龍興鳳舉, 取天下若拾遺, 何以不及殷湯周武. 世稱, 周之成康, 不虧文王之隆, 舜巍巍, 不虧堯之盛功也. 方今聖朝, 承光武, 襲孝明, 有浸酆溢美之化, 無細小毫髮之虧, 上何以不逮舜禹. 下何以不若成康.

477 「齊世篇」: 世俗之性, 賤所見, 貴所聞也.

478 「齊世篇」: 世見五帝三王事, 在經傳之上, 而漢之記故, 尚爲文書, 則謂古聖優而功大, 後世劣而化薄矣.

왕충이 해석하는 기의 세계

천하를 태평하게 했는데, 한(漢)이 일어난 이래는 아직 태평하게 된 적이 없다'고."[479]라고 하는 당시 유자들의 한왕조에 대한 평가를 제시하고 있다. 당시의 유자들은 한왕조는 아직 태평하지 않다고 하고 있다. 「선한편」에서는, 이 태평과 관련하여 한왕조의 평가를 재시도하고 있다. 평가에 있어서는 먼저 태평이라고 할 수 있는 상태를 분명히 하는 것으로부터 시작하고 있다. "대체로 태평(太平)은 다스려지고 안정됨을 효과로 삼고, 백성이 편안하고 즐거움을 증표로 삼는다."[480]라고 하여, 세상이 안정되고 백성이 편안한 상태가 태평의 상태라고 하고 있다. 그런데 이렇게 태평의 상태를 규정한 것은, 막연한 기준이 아니라 명확한 기준을 세워 누가 보더라도 그 상태를 판단할 수 있도록 하기 위함이라 생각한다. 앞서 언급한 「선한편」 첫머리의 유자들의 한왕조 평가에 대해서, 왕충은 그 유자들의 평가 기준을 다음과 같이 설명하고 있다.

저(유자)들이 오제(五帝) · 삼왕(三王)은 태평을 초래했지만, 한(漢)은 아직 태평하게 된 적이 없다고 하는 것은, 오제 · 삼왕은 성인이고, 성인의 덕은 태평을 초래할 수 있다고 보는 것이다. 한(漢)이 태평하지 않은 것은, 한(漢)에 성제(聖帝)가 없고, 현자(賢者)의 교화는 태평하게 할 수 없다는 것을 말한다.[481]

유자들이 오제 · 삼왕을 태평이라고 하고 한왕조를 태평이 아니라고

---

479 「宣漢篇」: 儒者稱, 五帝三王, 致天下太平, 漢興已來, 未有太平.

480 「宣漢篇」: 夫太平以治定爲效, 百姓以安樂爲符.

481 「宣漢篇」: 彼謂五帝三王致太平, 漢未有太平者, 見五帝三王聖人也, 聖人之德, 能致太平. 謂漢不太平者, 漢無聖帝也, 賢者之化, 不能太平.

한 기준은, '성인'이라고 왕충은 설명하고 있다. 왕충이 태평한 상태의 기준을 명확하게 밝혀, '세상이 안정되고 백성이 편안한 상태'라고 한 것은, '성인'이라는 말만을 기준으로 하여 태평의 상태를 판단해서는 안 된다는 것이 된다. 말하자면 구체적인 내용에 의해서 실증적으로 판단해야만 한다는 것이다.

그럼 '세상이 안정되고 백성이 편안한 상태'라는 태평의 기준에 의한 왕충의 평가를 보도록 하자.

> 가의(賈誼)가 의견을 내어, '천하가 널리 평화로우니, 마땅히 정삭(正朔) · 복색(服色) · 제도(制度)를 개정하고, 관명(官名)을 정하고, 예악(禮樂)을 일으켜야 한다'고 했다. … 대저 가생(賈生)의 의견과 같다면, 문제(文帝) 때는 이미 태평이었다. … 대저 문제(文帝) 때는 본래 이미 태평했고, 대대로 편안하게 다스려졌다. 평제(平帝) 때에 이르러서 전한(前漢)은 이미 멸망하고, 광무(光武)가 다시 일어나서 또 태평을 초래했다.[482]

가의(賈誼)의 의견에 나타나는 상태와 전후(前後)의 한왕조의 사회를 자신의 태평의 기준으로 판단하여 전후(前後)의 한왕조가 이미 태평함을 지적하고 있다. 또 태평이라고 하는 상태뿐만이 아니라, "만약 서응(瑞應)으로써 태평을 나타낸다면, 선제(宣帝) · 명제(明帝)의 시대는 오제(五帝) · 삼왕(三王)의 두 배가 된다. 대저 이와 같다면, 효선(孝宣) · 효명(孝明) 때는 태평이라고 할 수 있다."[483]라고 하여, 만약 부서(符瑞)로부

---

482 「宣漢篇」: 賈誼創議以爲, 天下洽和, 當改正朔服色制度, 定官名, 興禮樂. … 夫如賈生之議, 文帝時已太平矣. … 夫文帝之時, 固已平矣, 歷世持(治)平矣. 至平帝時, 前漢已滅, 光武中興, 復致太平. ※'持平'은 '治平'으로 고침. 劉盼遂는 高宗의 諱를 피하여 고쳤다고 함. 劉盼遂의 說에 따름.

왕충이 해석하는 기의 세계

터도 태평이라는 것을 말할 수 있다면, 한왕조에는 이미 여러 가지 부서(符瑞)가 나타나고 있고, 한왕조가 태평하다고 하는 하나의 증거로서 들 수가 있다고 하고 있다. 그리고 "현재의 임금부터 위로 고조(高祖)에 이르기까지 모두 성제(聖帝)가 된다."[484]라고 하는 말로부터, 당시의 일반론인 성인과 태평의 관계를 의식하고, 한왕조는 이미 성제(聖帝)의 왕조이고, 또 태평하다는 것을 말하고자 하는 왕충의 생각을 엿볼 수 있다. 또 가깝게 주왕조(周王朝)와 비교해 봐도, 여러 가지 면에서 한왕조는 주왕조보다 낫다는 것을 다음과 같이 서술하고 있다.

대저 덕화(德化 : 덕에 의한 교화)를 살펴보면, 주(周)는 한(漢)을 넘어설 수가 없고, 부서(符瑞)를 논하면, 한(漢)은 주(周)보다 성대하고, 국토의 경계를 헤아리면, 주(周)는 한(漢)보다 좁은데, 한(漢)이 어떻게 해서 주(周)만 못하겠는가.[485]

'덕화'(德化)와 '부서'(符瑞) 그리고 '국토의 경계'라고 하는 측면으로부터, 한왕조가 주왕조보다 더 낫다는 것을 설명하고 있다.

이상에서 왕충은, '제세'(齊世)라고 하는 객관적인 기준 위에서 한왕조를 다른 왕조와 비교·평가한 결과, 한왕조는 그 이전에 없던 훌륭한 성제(聖帝)의 왕조라고 하는 사실을 주장하기에 이르렀다. 이러한 한왕조에 대한 왕충의 평가는, 우선 자신의 근본 이론과의 관계로부터의

---

483 「宣漢篇」: 如以瑞應效太平, 宣明之年, 倍五帝三王也. 夫如是, 孝宣孝明, 可謂太平矣.

484 「宣漢篇」: 今上上王至高祖, 皆爲聖帝矣. ※'上王'의 '王'은 衍字. 孫人和의 說에 따름.

485 「宣漢篇」: 夫實德化, 則周不能過漢, 論符瑞, 則漢盛於周, 度土境, 則周狹於漢, 漢何以不如周.

설명은 아니지만,[486] 한왕조에 대한 자신의 입장이기도 하고, 또한 자신의 이론과 당시의 왕조 사이의 난문(難問)을 해결하기 위한 시도라고도 할 수 있겠다.

2. 왕충의 숙명론(宿命論)과 한왕조에 대한 평가

왕충의 근본 이론과 한왕조에 대한 입장의 관계에 대해서 언급을 필요로 하고 있지만, 그 전에 조금 더 그의 한왕조에 대한 평가의 기준에 대해서 살펴보기로 하겠다. '제세'(齊世)의 입장에서의 한왕조의 평가는 주로 '덕화'(德化)와 '부서'(符瑞)를 기준으로 하여 행하고 있다. 「제세편」의 '대저 덕이 훌륭하기 때문에 부서(符瑞)가 있다'(夫德優故有瑞)고 하는 말로부터 판단한다면, 덕화(德化)에 의해서 부서(符瑞)가 나타나기 때문에, 사실 평가의 기준은 부서(符瑞)에 그 초점이 맞추어져 있다고도 할 수 있다. 『논형』에 「강서」(講瑞) · 「지서」(指瑞) · 「시응」(是應) 등의 부서(符瑞)에 대해서 논하고 있는 편(篇)이 있는데, 이러한 편의 목적은 한왕조의 평가와 관계가 있을 것이라고 생각한다. 그럼 다음에 이 부서(符瑞)에 관한 왕충의 생각을 엿보기로 하자.

또한 서물(瑞物)은 모두 화기(和氣)를 일으켜서 생한다. 보통의 종류 중에서 생하지만 기이한 성질이 있으면 서(瑞)라고 한다. … 대저 서응(瑞應)은 재변(災變)과 같다. 서(瑞)는 선에 응하고, 재(災)는 악에 응한다. 선악은 비록 반대되지만 그 응함은 동일하다. 재변(災變)에는

486　山田勝美『論衡』(新釈漢文大系)에서는, 이러한 大漢思想과 王充의 根本思想과의 乖離로부터, 몇 번이나 이러한 大漢思想을 이야기하는 의도는 어디에 있는가라고 하고 있다.

왕충이 해석하는 기의 세계

종류가 없고, 서응(瑞應)에도 또한 종류가 없다. 음양의 기(氣)는 천지의 기다. 선을 만나면 화(和)가 되고, 악을 만나면 변(變)이 된다. 어찌 천지가 선악의 정치를 위해서 화변(和變)의 기를 번갈아 생하겠는가. 그러한 즉 서응(瑞應)의 나옴은 대개 종류가 없고, 선으로 인해서 일어나고 기가 화(和)하여 생할 것이다.[487]

서물(瑞物 : 符瑞로서 나타나는 사물)이라고 하는 것은, 보통의 종류 중에서 생겨나오지만 진기한 성질을 가지고 있는 것이라고, 그 개념을 규정하고 있다. 서물(瑞物)에 대한 정확한 설명이 없으면, 이 서물(瑞物)을 기준으로 하는 평가도 정확하지 않을 수 있다는 것이, 실증을 중시하는 왕충의 생각일 것이다. 이러한 서물(瑞物)의 개념 규정에 의해서, 서물(瑞物)은 특별한 종류가 있는 것이 아니라, 선이나 화기(和氣)에 의해서 생겨나는 것이라고 하고 있다. 선과 화기(和氣)의 관계는 음양의 기가 선을 만나면 화기(和氣)가 되는 관계로 설명하고 있기 때문에, 결국은 선에 의해서 서물(瑞物)이 생긴다고 할 수 있겠다. 이러한 선과 서물(瑞物)의 관계로부터 왕충은, "지금은 성세(聖世)이고, 요순과 같은 군주가 도(道)의 교화를 널리 펼치고 있으니, 인성(仁聖)의 서물(瑞物)이 어찌해서 생하지 않겠는가."[488]라고 하여, 성조(聖朝)인 한나라에 서물(瑞物)이 일어나는 것은 당연하다고 말하고 있다. 선과 서물(瑞物)이 이처럼 필연적 관계를 가지고 있다고 한다면, "세상의 서물(瑞物)은 구별할 수가 없는데, 그것을 구별하는 것은 어떻게 하는가. 정치로써 한다."[489]

---

487 「講瑞篇」: 且瑞物皆起和氣而生. 生於常類之中, 而有詭異之性, 則爲瑞矣. … 夫瑞應, 猶災變也. 瑞以應善, 災以應惡. 善惡雖反, 其應一也. 災變無種, 瑞應亦無類也. 陰陽之氣, 天地之氣也. 遭善而爲和, 遇惡而爲變. 豈天地爲善惡之政, 更生和變之氣乎. 然則瑞應之出, 殆無種類, 因善而起, 氣和而生.
488 「講瑞篇」: 方今聖世, 堯舜之主, 流布道化, 仁聖之物, 何爲不生.

라는 말로부터 볼 수 있듯이, 정치의 선악에 의해서 그 서물(瑞物)인가 어떤가를 분간하는 것도 가능하다고 할 수 있겠다.

이상의 서물(瑞物)에 대한 왕충의 생각으로부터 본다면, 한나라는 성조(聖朝)이고, 한나라의 왕은 성인으로서 의심의 여지가 없어지지만, 그렇다면 이 서물(瑞物)에 대한 생각은 왕충의 근본 이론 중에서는 어떻게 위치할 수 있을까. 왕충의 근본 이론에 의하면, 인간이 서물(瑞物)과 만나는 것은 '운명'(命)에 의해서 결정되어 있다고 한다. 말하자면 길한 운명(吉命)의 사람이 자연스럽게 서물(瑞物)과 만난다는 것이다. 그러면 이러한 인간과 서물(瑞物)의 관계를 앞의 서물(瑞物)의 발생에 관한 이론과 연결지어 전체적으로 생각해 보기로 하자.

서물(瑞物)은 선한 일이 기를 조화시켜 나타나게 된다. 인간과 서물(瑞物)의 관계에서 보면, 길한 운명의 사람이 숙명적으로 서물(瑞物)을 만나게 된다. 이 두 가지 사실로부터 운명이 길한 사람은 선한 일과 관련이 있다고 이야기할 수 있다. 여기서 단순하게 선과 서물(瑞物)의 관계만을 본다면, 서물(瑞物)이 나타나는 사회는 선한 사회이고, 선한 사회는 태평한 상태의 사회이기 때문에, 서물(瑞物)에 의해서 성조(聖朝)인지를 판단할 수 있다고 해도 어떤 문제도 없게 된다. 그러나 선한 일이 반드시 길한 운명의 사람 스스로의 덕에 의한 것은 아니라고 할 수 있다. 말하자면 아무리 서물(瑞物)이 많다 해도 그것이 운명이 길한 사람을 성인이라고 판단하는 기준은 될 수 없다는 것이다. 가령 왕조 안의 선한 일은 모두 왕 스스로의 덕에 의한 것이라고 해도, 그 배후에 숙명적인 운명이 있는 것을 생각하면, 선한 일과 서물(瑞物)의 관계는 모두 운명에 의해서 성립되고 있다고 해야만 한다. 따라서 이 경우, 가령 서

---

489 「講瑞篇」: 夫世瑞不能別, 別之如何. 以政治.

왕충이 해석하는 기의 세계

물(瑞物)에 의해서 정말로 성조(聖朝)를 판단할 수가 있다고 해도, 그 성조(聖朝)라고 하는 것은 운명에 의해서 결정되어 있었던 것이다. 그렇기 때문에, 당초의 자신의 이론과 왕조와의 사이의 난문(難問)의 해결이라고 하는 시도로부터 본다면, 어떤 진보도 없다고 할 수 있다. 말하자면 자신의 운명론에 의한 지배자관(支配者觀)을, 각도를 바꾸어 부서(符瑞)의 측면에서 설명한 것일 뿐이다. 그럼 여기서 다음의 자료를 보도록 하자.

그러한 즉 국가가 어지럽고 망하는 것은 정치의 옳고 그름에 있지 않다. … 정치를 그르게 하는데도 평안하고 항상 존속한다. 이로부터 말한다면, 화변(禍變)은 (정치의) 악함을 밝힐 수가 없고, 복서(福瑞)는 (정치의) 선함을 표명할 수 없음이 명백하다.[490]

선정(善政)과 부서(符瑞)가 반드시 인과관계에 있는 것은 아니라고 하고 있다. 이 말에 의하면, 부서(符瑞)로부터의 성조(聖朝)의 판단이라고 하는 것은 불가능한 것이 되어 버린다. 즉, 부서(符瑞)와 왕의 내면적 덕은 그 범주를 달리하고 있다는 것이다. 사실은, 이미 언급한 대로, 부서(符瑞)의 운명의 세계와 왕의 내면적 덕이 범주를 달리하는 세계라고 하는 것은, 왕충에 있어서의 근본 이론이고, 이러한 이론을 근거로 해서 「치기편」(治期篇)에서는, 국가의 치란(治亂)과 왕의 현우(賢愚)·도덕교화는 무관계인 것을 강조하고 있다. 이러한 왕충의 근본 이론으로부터 본다면, 부서(符瑞)의 원인인 선한 일과 인간(왕)의 내면적 덕의 관계에 대해서도, 약간의 설명이 필요하게 된다. 선한 일이 인간의 내면적

---

490 「治期篇」: 然則國之亂亡, 不在政之是非. … 非政平安而常存. 由此言之, 禍變不足以明惡, 福瑞不足以表善, 明矣.

덕과 관계가 있는 것은 물론이다. 선한 일이란 인간사회에서의 조화의 상태이고, 인간의 내면적 덕이란 그러한 상태에 이르기까지의 노력이라고 할 수 있다. 이와 같이 양자는 시간적으로 전후의 관계에 있지만, 각각 기의 세계와 가치세계라고 하는 다른 세계에 속해 있는 것이다. 따라서 아무리 노력해도 최종적 조화의 상태는 천명에 그 결정권이 있다고 하는 것이다.

이상으로부터 일단 부서(符瑞)에 의한 한왕조의 평가라고 하는 것은, 무의미하고 부적당한 방법이며, 왕충의 근본 이론 중에 위치할 곳이 없는 이론이라고 하는 것을 알았다. 그럼 왜 왕충은 자신이 세운 근본 이론에서 보아 무의미하고 부적당한 부서론(符瑞論)을 세워서 한왕조를 평가하고자 한 것일까. 무엇보다도 왕충은 자신의 근본 이론으로부터 볼 때, 자신의 부서론(符瑞論)이 무의미하고 부적당하다는 것을 모를 리가 없었다고 생각한다. 왕충의 숙명론이란, 당시에 일반적으로 믿고 있던 천인상관설에 대한 비판과 함께 만들어진 이론이기 때문이다. 그럼 왕충의 비판사상과는 그 취지가 맞지 않지만, 스스로 「대작편」(對作篇)에서 말하고 있듯이, 단지 당시의 왕조로부터 비난받는 것을 두려워하여, 왕조를 비방하지 않고 칭찬했을 뿐인 것인가. 『논형』의 내용은 사실만을 쓴다고 하고 있지만, 그렇게 칭찬할 가능성이 없지는 않다고 생각한다. 그런데 「수송편」(須頌篇)을 보면 다음과 같은 문장이 있고, 지금의 문제를 푸는 데 도움을 줄 수 있지 않을까 한다.

곡식이 무르익고 수확이 잘되면, 성왕(聖王)은 거기에 인연하여 공적과 교화를 세운다. 그러므로 치기편(治期篇)은 한(漢)을 분발하게 하기 위한 것이다. 다스림에는 시기가 있고, 어지러움에도 시기가 있다. 어지러움을 다스림으로 할 수가 있는 것은 뛰어나고, 뛰어난

왕충이 해석하는 기의 세계

사람에게는 그러한 사실이 있다. 건초(建初) 맹년(孟年)에 무망(無妄)의 기(氣)(예상외의 재앙의 氣)가 이르렀는데, 성세(聖世)의 시기였다. 황제(皇帝)는 덕을 두터이 하여 그 재앙을 구원하고 방비했다. 그러므로 순고편(順鼓篇)과 명우편(明雩篇)은 한(漢)이 재변(災變)에 응하도록 하기 위한 것이다. 이러한 까닭으로 재변(災變)의 이른 것이, 혹은 성세(聖世)에 있어서 때로 가뭄이 되고 우연히 장마가 되니, 한(漢)을 위해서 재변(災變)을 논했다. 이런 까닭으로 춘추(春秋)는 한(漢)을 위해서 법을 제정한 것이고, 논형은 한(漢)을 위해서 설(說)을 공평히 한 것이다.[491]

먼저 주목해야 할 부분은, '어지러움(亂)을 다스림(治)으로 할 수가 있다'고 하는 문장이다. 이 말은 "교화의 행해짐과 행해지지 않음, 국가의 평안함과 위태로움은, 모두 운명의 시기에 있고, 사람의 힘에 의한 것이 아니다."[492]라고 하는 「치기편」(治期篇)의 말의 취지와는 정반대의 내용인 것이다. 「회국편」(恢國篇)에도 「수송편」(須頌篇)의 문장과 닮은 문장이 있다.

곡식이 무르익고 수확이 잘되면, 범용한 군주도 거기에 인연하여 덕의 정치를 일으키지만, 엎어지고 자빠지고 위태로운 때는 성철(聖哲)이나 뛰어난 사람이 곧 공적과 교화를 세운다. 이러한 까닭으로 사소한 병에는 보통의 의사가 모두 솜씨가 좋지만, 위독한 병은

---

491 「須頌篇」: 穀熟歲平, 聖王因緣, 以立功化. 故治期之篇, 爲漢激發. 治有期, 亂有時. 能以亂爲治者優, 優者有之. 建初孟年, 無妄氣至, 聖世之期也. 皇帝執(敦)德, 救備其災. 故順鼓明雩, 爲漢應變. 是故災變之至, 或在聖世, 時旱禍(偶)湛, 爲漢論災. 是故春秋爲漢制法, 論衡爲漢平説. ※'執德'의 '執'은 '敦'의 형태의 착오임(黃暉). '禍湛'의 '禍'는 의심컨대 '偶'의 잘못임(劉盼遂).

492 「治期篇」: 教之行廢, 國之安危, 皆在命時, 非人力也.

편작(扁鵲)이 곧잘 고치게 된다. 건초(建初) 맹년(孟年)에 무망(無妄)의 기(氣)가 이른 것은 세성(歲星)의 유행병이다. 연이어 가물고 비가 오지 않고, 소가 죽고 백성은 유랑하니, 심하다고 할 수 있다. 황제(皇帝)는 덕을 두터이 하고, 준예(俊乂: 재주나 슬기가 매우 뛰어난 사람)가 관직에 있고, 제오륜(第五倫)은 사공(司空)으로서 국가의 기강에 고굉(股肱: 임금이 가장 신임하는 중신)이 되어, 곡식을 옮겨서 진휼하여, 백성은 지치고 굶주리지 않았다. 천하는 은덕을 사모하고, 비록 위태로 웠지만 혼란은 없었다. 백성은 곡식에는 굶주리지만 도덕에는 배부르고, 몸은 유랑하여 길에 있어도 마음은 돌아와서 내면을 향했다. 이런 까닭에 도로에는 도적의 자취가 없고, 깊고 구석진 곳이나 멀고 단절된 곳에도 위협하고 빼앗는 나쁜 사람이 없었다. 위태로움을 편안함으로 하고, 곤란함을 통함으로 하니, 오제(五帝)와 삼왕(三王)이라도 누가 이것을 감당해 낼 수가 있겠는가.[493]

이 「회국편」의 문장과 앞의 「수송편」의 문장은, 사실은 같은 자료를 사용하고 있고 같은 내용을 주장하고자 하고 있다. 왕충은 「치기편」에서, '오제(五帝)의 당시는 세상이 태평하고, 어떠한 집도 십 년분의 비축이 있고, 누구든지 군자와 같은 조행(操行)이 있었다.'고 하는 당시의 일반적인 생각에 대해서, 그것은 정치가 초래한 결과가 아니라, 곡물이나 먹을 것에 의한 결과라고 하여, 운명에 의한 국가의 치란(治亂)의 시기를 곡물이나 먹을 것으로써 설명하려고 하고 있는 곳이 있다.[494] 이

493 「恢国篇」: 穀登歲平, 庸主因緣, 以建德政, 顛沛危殆, 聖哲優者, 乃立功化. 是故微病恒醫皆巧, 篤劇扁鵲乃良. 建初孟年, 無妄氣至, 歲之疾疫也. 比旱不雨, 牛死民流, 可謂劇矣. 皇帝敦德, 俊乂在官, 第五司空, 股肱國維, 轉穀振瞻, 民不乏餓. 天下慕德, 雖危不亂. 民饑於穀, 飽於道德, 身流在道, 心回鄉内. 以故道路無盗賊之跡, 深幽逈絶無劫奪之姦. 以危為寧, 以困為通, 五帝三王, 孰能堪斯哉.

494 「治期篇」: 世稱, 五帝之時, 天下太平, 家有十年之蓄, 人有君子之行. 或時不然, 世增

왕충이 해석하는 기의 세계

러한 것을 근거로 하여 「수송편」과 「회국편」의 문장을 본다고 하면, 곡물 등에 여유가 있는 다스려지는(治) 시기를 만나서 공업(功業)이나 교화를 세우는 것이 근본적인 이법(理法)이고, 그것을 「치기편」에서 정리하고 있다는 것을 우선 알 수 있다. 또한 「수송편」과 「회국편」의 문장으로부터 보면, 그 근본적인 이법(理法) 외에, 곡물 등이 부족할 때 즉 어지러운(亂) 시기를 만나도, 그 '어지러움(亂)을 다스림(治)으로 할 수가 있다'고 하는 관점도 가지고 있는데, 그러한 것은 「치기편」에서 언급하고 있지는 않다. 어쨌든 이 어지러움(亂)을 다스림(治)으로 하는 것은, 오제(五帝)나 삼왕(三王)도 할 수 없었던 것인데, 장제(章帝)의 건초(建初) 맹년(孟年)의 정치가 바로 그러한 정치였다고, 한왕조를 칭찬하고 있는 것이다. 만약 「치기편」의 이론 외에, 어지러움(亂)을 다스림(治)으로 한다고 하는 이론이, 왕충의 사상체계 중에서 설명될 수 있다고 한다면, 부서(符瑞)에 의해서 왕조를 평가한다고 하는 것이 의미가 있는 것이 되고, 부서(符瑞)를 왕조 평가의 기준으로 하는 것이 가능하다고 할 수 있겠다. 즉 왕이 선의(善意)를 가지고 선정(善政)을 베풂에 의해서, 어지러움(亂)의 시기도 다스림(治)으로 바뀐다고 한다면, 왕의 덕과 천의 부서(符瑞)가 일치하게 되는 것이다.

왕충사상의 중심 이론은 기(氣)의 측면으로부터 보는 이론이다. 그러나 이 기의 세계만으로 이 세상을 설명해 버리면, 세상은 모두 기계적이 되고 인간적 모습은 없어져 버린다. 그래서 그는 인간의 정신이 주체적으로 작용하는 가치세계를 기의 세계 외에 인정하고 있다. 이 기

其美, 亦或時[然], [非]政[所]致. 何以審之. 夫世之所以爲亂者, 不以賊盜衆多, 兵革並起, 民棄禮義, 負畔其上乎. 若此者, 由穀食乏絕, 不能忍饑寒. 夫饑寒並至, 而能無爲非者寡. 然則溫飽並至, 而能不爲善者希. … 故饑歲之春, 不食親戚, 穰歲之秋, 召及四鄰. 不食親戚, 惡行也, 召及四鄰, 善義也. 爲善惡之行, 不在人質性, 在於歲之饑穰. … 以變見而明禍福, 五帝致太平, 非德所就, 明矣.

의 세계와 가치세계라고 하는 관계를 정치의 측면에도 적용해 간다면, 인간의 본성은 태어나면서부터 결정되어 있지만, 후천적으로 주체적 정신의 작용에 의해서 본성의 악을 선으로 바꿀 수가 있듯이, 치란(治亂)의 시기가 기의 세계에 의해서 처음부터 결정되어 있어도, 정치 주체자(主體者)의 정신적 작용에 의해서, 그 시기와는 관계없이 어지러움(亂)을 다스림(治)으로 바꿀 수도 있다고 말할 수 있는 것이 아닐까. 만약 왕충이 처음부터 치란(治亂)의 변화를 믿지 않았다고 한다면, 진실을 밝힌다고 하면서, 『논형』 중에서 그러한 분명한 모순적 사실을 쓸 수가 있는 것일까. 따라서 모순되는 것같이는 보이지만, 사실은 자신의 사상 중에서는 이치에 맞고 또한 진실로서 생각한 것이 아닐까. 이러한 사실과 함께 왕충의 입장과 사상을 종합적으로 생각해 보면, 치란(治亂)을 바꿀 수가 있다고 하는 생각의 이면(裏面)에서 그것을 뒷받침하고 있는 것은, 또한 정치적 측면에서도 가치세계를 인정하고 있었다는 것이다. 그리고 앞의 「수송편」의 '치기편(治期篇)은 한(漢)을 분발하게 하기 위한 것'(治期之篇, 爲漢激發)이라고 말하고 있는 것도, 치란(治亂)의 시기는 결정되어 있고, 오제(五帝)나 삼왕(三王)조차도 그 시기로부터 벗어날 수가 없었는데, 한왕조는 기(氣)에 의해서 결정된 이법(理法)에 구속되지 않고, 거기에서부터 벗어나서, 어지러움(亂)을 다스림(治)으로 할 수가 있다고 하는 의도 아래, 「치기편」이 쓰였다는 것을 의미하고 있는 것이 아닐까. 왕충의 대한사상(大漢思想)은 『논형』의 「강서편」(講瑞篇)에서 시작되어 「수송편」(須頌篇)까지 이르고 있다. 각 편의 순번과 그 내용은 반드시 관계를 가지는 것은 아니라고 생각하지만, 앞의 「수송편」의 문장과 또 「강서편」(講瑞篇)・「지서편」(指瑞篇)・「시응편」(是應篇)의 다음에 「치기편」이 있다고 하는 것 등을 종합적으로 생각해 보면, 「치기편」의 목적이 단지 '치란(治亂)에 시기(時期)가 있다'고 하는 것을 주

　　　　　　　　　　　왕충이 해석하는 기의 세계

장하기 위함이 아니라, '대한사상(大漢思想)의 일환으로서'라고 하는 목적도 있었던 것이 아닐까 한다.

그럼 여기서 앞의 「수송편」의 인용문에 한 번 더 주목해 보도록 하자. 그 인용문을 보면, '한(漢)을 위해서 「순고편」(順鼓篇)·「명우편」(明雩篇)을 만들고, 재변(災變)에 대해서 논하고 있다'고 하고 있다. 그러면 왕충이 재변(災變)을 통해서, 한왕조를 위해 주장하고자 하는 것은, 어떠한 것일까. 우선 재변(災變)의 원인과 그 종류에 대해서 보도록 하자.

대저 재변(災變)에는 대개 두 가지가 있다. 정치의 재(災)가 있고, 무망(無妄)의 변(變)이 있다. … 덕이 풍부하고 정치가 도를 얻었는데도, 재(災)가 오히려 이르는 것이 무망(無妄)이다. 덕이 쇠하고 정치가 도를 잃어서, 변(變)이 응하여 오는 것이 정치이다.[495]

재변(災變)에는 '정치의 재(災)'와 '무망(無妄)의 변(變)'의 두 가지가 있고, 그 원인은, 전자의 경우는 정치에 있고, 후자의 경우는 정치로부터 볼 때 원인불명이라고 하고 있다. 만약 그 재변(災變)이 '가뭄'이라고 한다면, 양쪽 모두 그 원인에서 볼 때 '기우제'의 필요성이 없게 된다. 그러나 왕충은 '기우제'의 필요성에 대해서 강하게 주장하고 있다.

정치의 재(災)는, … 기우제를 지내는 사람의 마음 씀은, 자부(慈父)와 효자(孝子)의 마음을 씀이다. 무망(無妄)의 재(災)는, 백성은 알지 못하고 반드시 군주에게 (그 탓을) 돌린다. 정치를 하는 사람은 백성의 희망을 위로하기 때문에 또한 반드시 기우제를 지낸다.[496]

---

495 「明雩篇」: 夫災變, 大抵有二. 有政治之災, 有無妄之變. … 德酆政得, 災猶至者, 無妄也. 德衰政失, 變應來者, 政治也.

라고 하여, 백성을 걱정하고 위로하는 마음 씀씀이에서 그 이유를 찾고 있다. 이것은 당시의 정치적 상황을 반영하고 있는 것이라고 생각한다. 재변(災變)의 원인과는 관계가 없지만, 기우제를 믿고 또 행하고 있는 정치적 상황 속에서, 형식적이기는 하지만 그 필요성을 설명하려고 한 것이 아닌가 한다. 그래서 왕충은 각각의 재변(災變)의 경우의 정치적 방법에 대해서, "대저 정치는, 밖으로 기우제를 지내고 안으로 개혁하여서 그 부족한 점을 채운다. 무망(無妄)은, 안으로 옛 정치를 고수하고 밖으로 기우제의 의례를 다스려서 민심을 위로한다."[497]라고 하여, 외적으로는 기우제를 지내고, 내적으로는 그 원인과 관계되는 정치를 하는 것을 그 이상적 방법으로 제시하고 있다. 이러한 이상적 정치이론으로부터, 왕충은 당시의 왕조에 대해서도 다음과 같이 평가하고 있다.

건초(建初) 맹년(孟年)에, 북쪽 고을이 연이어 가물고, 소는 죽고 백성은 궁핍하고, 방랑하여 천하게 되었다. 성주(聖主)가 위에서 너그럽고 밝고, 백관(百官)이 아래에서 직무를 공손히 하니, 태평의 분명한 시기이다. 정치에 사소한 잘못도 없는데 가뭄이 오히려 있는 것은, 기(氣)가 거기에 간여한 것이다. 성주(聖主)가 그것을 알고 정치나 조행(操行)을 고치지 않고, 곡식을 옮겨서 진휼하고, 풍년이 든 곳을 덜어서 흉년이 든 곳을 구제했다. 이것이 견해가 심명(審明)한 것이고, 구제해 가는 방법이 마땅함을 얻었다.[498]

---

496 「明雩篇」: 政治之災, … 雩祭者之用心, 慈父孝子之用意也. 無妄之災, 百民不知, 必歸於主. 爲政治者, 慰民之望, 故亦必雩.

497 「明雩篇」: 夫政治, 則外雩而内改, 以復其虧. 無妄, 則内守舊政, 外脩雩禮, 以慰民心.

498 「明雩篇」: 建初孟季(年), 北州連旱, 牛死民乏, 放流就賤. 聖主寬明於上, 百官共職於下, 太平之明時也. 政無細非, 旱猶有, 氣間之也. 聖主知之, 不改政行, 轉穀賑贍, 損

왕충이 해석하는 기의 세계

앞의 「수송편」·「회국편」의 내용과 같은 내용을 인용하고 있는데, 우선 정치상에 사소한 잘못도 없는 사실로부터, 당시의 가뭄은 '무망(無妄)의 변(變)'이라고 간주하고 있다. 또 장제(章帝)가 그것이 '무망(無妄)의 변(變)'임을 알고, 정치나 조행(操行)을 고치거나 하지 않고, 여유 있는 사람들에게서 덜어서 가난한 사람들을 구제한 것은, 적절한 방법이었다고 한다. 다시 말하면 이 방법이라고 하는 것은, '무망(無妄)의 변(變)'의 시기를 만나서, 그 시기를 극복하고 태평으로 인도하는 방법이었다고도 할 수 있다. 즉, 어지러움(亂)을 다스림(治)으로 하는 방법인 것이다. 왕충이 재변(災變)을 통해서 주장하려고 하는 것이, 바로 이 재변(災變)을 극복하는 방법이고, 한왕조가 이미 이 방법을 실행하고 있었다고 하는 것이 된다.

이 어지러움(亂)을 다스림(治)으로 하는 방법을 당시의 왕조가 실행하고 있었다고 논하고 있는 것은, 천인상관설을 부정하고 기론(氣論)을 만든 것이, 결코 당시의 왕조의 입장을 곤란하게 하기 위한 것이 아니라고 하는 것을 엿보게 하고 있는 것이다. 오히려 왕조가 나아가야 할 길을 제시하기 위하여 기론을 전개했다고 해야 하지 않을까 한다. 또한 이 「명우편」의 이야기로부터도, 어지러움(亂)을 다스림(治)으로 한다고 하는, 정치적 측면의 가치세계를 엿볼 수가 있다. 또 장제(章帝)의 생각을 '심명'(審明)이라고 쓰고 있는 것은, 왕충이 말하고 있는 성인(聖人)의 내용 그 자체인 것이다. 따라서 왕충은 장제(章帝)를 이미 성인으로 간주하고, 그래서 '성주'(聖主)라고 부르고 있는 것은 아닐까 한다.

이상으로부터 보면, 부서(符瑞)는 왕조 평가의 기준이 된다고 할 수도 있겠다. 왕충의 이중적 진리구조로부터는 설명하기 어려운 점도 있지

鄷濟耗. 斯見之審明, 所以救赴之者, 得宜也. ※'孟季'의 '季'는 '年'으로 고침(黃暉).

만, 어쨌든 부서(符瑞)라고 하는 객관적 기준에 의하면, 한왕조는 기(氣)의 진리에 의한 왕조일 뿐만 아니라, 도덕적 진리도 당연히 가지고 있는 진정한 성조(聖朝)라고 하는 설명이 가능하게 되고, 왕충의 이론과 왕조 사이의 난문(難問)이 어느 정도 해결되었다고 할 수 있겠다.

3. 천명(天命)에 의한 한왕조의 성립

이상의 한왕조에 대한 평가는 한왕조를 위한 왕충의 최대한의 노력의 결정이라고도 할 수 있다. 그러나 한왕조 측에서 본다고 하면, 아직 불만이 남아 있는 이론이 아닐까 한다. 왜냐하면, 처음부터 덕에 의해서 선택받아 왕이 된다고 하는 이론보다는, 왕조의 백성을 향해서 권위가 없어지기 때문이다. 그럼 이러한 문제에 대해서 왕충은 어떻게 대처하고 있는가. 사실은 그 방법은 하나밖에 없다고 생각한다. 처음부터 덕에 의해서 왕으로 선택된다고 하는 것밖에는 없는 것이다. 이러한 문제에 대한 왕충의 생각을 「회국편」(恢國篇)과 「험부편」(驗符篇)을 중심으로 해서 설명해 보고자 한다. 먼저 「회국편」부터 살펴보고자 하는데, 「회국편」이란 것은,

선한편(宣漢篇)은, 한(漢)을 주(周)보다도 높이고, 한(漢)이 주(周)를 능가한다고 하려고 했지만, 논하는 것이 아직 지극하지 못했다. 넓혀서 지극하게 논하면 더욱 한(漢)의 특별함을 볼 것이다.[499]

---

499 「恢国篇」: 宣漢之篇, 高漢於周, 擬漢過周, 論者未極也. 恢而極之, 彌見漢奇.

왕충이 해석하는 기의 세계

라고 말하고 있듯이, 「선한편」(宣漢篇)에서 논하는 방법이 철저하지 못했기 때문에, 더욱 한왕조의 특별한 점을 논하려고 한 편임을 알 수 있다. 따라서 「회국편」은 「선한편」의 후편과 같은 편이라고 할 수 있을 것이다. 「회국편」에서 한왕조의 특별한 점을 논하는 중에 다음과 같은 사실을 언급하고 있다.

유자는 논하여 말했다. '왕자(王者)는 도덕을 널리 시행하여, 명(命)을 천으로부터 받는다.'라고. 논형의 초품편(初稟篇)에서는, '왕자(王者)는 태어나면서 천명을 받는다.'라고 했다. 성(性)과 명(命)은 자세히 밝히기 어려우니, 우선 양쪽을 논해보자. … 유자의 말과 같다면, 오대(五代)는 모두 한 번 명(命)을 받았는데, 오직 한(漢)만은 홀로 두 번이다. 이것은 곧 천이 한(漢)에 명(命)하는 것이 두터운 것이 된다. 만약 논형의 말을 자세히 밝혀, 태어나면서 저절로 그러함을 받는다고 하면, 이것도 또한 한가(漢家)가 받는 것이 두터운 것이 된다. 끊어졌다가 다시 이어지고, 죽었다가 다시 태어난 것이다. 세간에 죽었다가 다시 태어난 사람이 있으면, 사람들은 반드시 그 사람을 신(神)이라고 한다. 한(漢)의 계통이 끊어졌다가 다시 이어지고, 광무(光武)가 망한 것(前漢)을 존재하게 한 것은, 뛰어나다고 할 수 있다.[500]

천명을 받는 방식으로부터 한왕조의 훌륭함에 대해서 이야기하고 있

---

[500] 「恢国篇」: 儒者論曰, 王者推行道德, 受命於天. 論衡初秉(稟)以爲, 王者生稟天命. 性命難審, 且兩論之. … 如儒者之言, 五代皆一受命, 唯漢獨再, 此則天命於漢, 厚也. 如審論衡之言, 生稟自然, 此亦漢家所稟厚也. 絶而復屬, 死而復生. 世有死而復生之人, 人必謂之神. 漢統絶而復屬, 光武存亡, 可謂優矣. ※'初秉'의 '秉'은 宋本에 따라서 '稟'으로 고침.

는 문장이다. 유자의 이론에 의하면, 한왕조는 두 번 천명을 받은 것이 되기 때문에, 이전의 왕조보다 훌륭하다고 하고 있다. 또 『논형』의 이론으로부터 보더라도, 그 두 번 왕명(王命)을 받은 것은 이전보다 훌륭한 점이라고 하고 있다. 물론 이상과 같은 주장은, 왕충의 근본 이론에서 본다고 하면, 의미가 없어져 버린다. 왕충의 명(命)에는 가치가 없기 때문이다. 그럼 왜 왕충은 왕의 명(命)에 가치가 있는 듯이 논하여 한왕조를 높이 평가하고자 하고 있는 것인가. 이것은 현실적인 왕조의 권위를 어떻게 해서든 손상시키지 않고자 하는 왕충의 노력의 결과라고 생각된다. 어쨌든 왕충은 자신의 근본 이론과는 서로 모순되지만, 명(命)을 받을 때부터 한왕조가 다른 왕조보다 훌륭하다고 하는 이론을 세우지 않고서는, 자신의 이론에 남겨진 과제를 해결할 수는 없었다고 생각한다.

다음은 「험부편」을 살펴보고자 하는데, 한왕조의 부서(符瑞)를 설명하는 점에 있어서는, 「제세」(齊世)·「선한」(宣漢)·「회국」(恢國) 등의 여러 편과 그 취지를 같이하고 있다. 그럼 먼저 다음의 자료를 보도록 하자.

토(土)는 금(金)을 낳고, 토의 색은 황색이다. 한(漢)은 토덕(土德)이므로 금(金)으로 화(化)하여 나온다. 금속(金屬)에는 삼품(三品)이 있는데, 황색이 자주 나타나는 것은, 황색을 서(瑞)로 한다. 이교(圯橋)의 노부(老父)가 장량(張良)에게 책을 남기고, 화(化)하여 황색의 돌이 되었다. 황색의 돌의 정(精)이 나와서 부(符)가 되었다. 대저 돌은 금속의 부류이다. 질(質)은 다르지만 색은 같고, 모두 토의 서(瑞)이다.[501]

501 「驗符篇」: 土生金, 土色黃. 漢土德也, 故金化出. 金有三品, 黃比見者, 黃爲瑞也. 圯橋老父遺張良書, 化爲黃石. 黃石之精, 出爲符也. 夫石金之類也. 質異色鈞, 皆土瑞也.

왕충이 해석하는 기의 세계

한(漢)은 '토덕'(土德)이기 때문에 한(漢)에 나타나는 부서(符瑞)도 토(土)의 부서(符瑞)라고 하고 있다. 그래서 황석공(黃石公)의 예를 한왕조 성립의 부서(符瑞)로서 들고 있다.[502] 여기서는 앞의 세 편에서는 이야기하고 있지 않은 '오행의 덕'과 관련지어 한(漢)의 부서(符瑞)를 설명하고 있다. 그런데 이 한왕조와 '오행의 덕'의 관계의 경우는, 왕충의 근본이론으로부터 보면 조금 생각해야 할 문제가 있다. 그럼 여기서 왕충의 토덕(土德)에 관한 관점을 잠시 보기로 하자.

노(魯)나라 사람 공손신(公孫臣)이 효문제(孝文帝) 때에, '한(漢)은 토덕이니, 그 부서(符瑞)인 황룡(黃龍)이 마땅히 나타날 것이다.'라고 말했다. 그 후 황룡이 성기현(成紀縣)에 나타났다. … 한(漢)은 결국 토덕이다. 가의(賈誼)는 문제(文帝)의 조정(朝廷)에서 의견을 내어, '한(漢)의 색은 마땅히 황색(黃色)을 숭상해야 하고, 수(數)는 오(五)로써 이름하자'고 했다. 가의(賈誼)는 지혜가 많은 신하인데, 색은 황색이고 수는 오(五)라고 하니, 토덕이 명백하다.[503]

한왕조의 덕에 대해서는 여러 가지 설이 있는데,[504] 왕충은 그중에서 공손신(公孫臣)·가의(賈誼)의 설에 따라 토덕으로 한 것을 알 수 있다. 이 왕조와 오행을 연결시키는 것은, 대체로 추연(鄒衍)의 '오덕종시설'(五德終始説)로부터 시작되는 것으로서, 오행상승설(五行相勝説)에 의한

---

502 「논형」의 「無形篇」에 "漢興, 老父授張良書, 己化爲石. 是以石之精, 爲漢興之瑞也."라고, 「自然篇」에 "黃石授書, 亦漢且興之象也."라고 하고 있다.

503 「驗符篇」: 魯人公孫臣, 孝文時, 言漢土德, 其符黃龍見. 其後黃龍見于成紀. … 漢竟土德也. 賈誼創議於文帝之朝云, 漢色當尚黃, 數以五爲名. 賈誼智囊之臣, 云色黃數五, 土德審矣.

504 張蒼은 '水德'을, 公孫臣·賈誼는 '土德'을, 劉向 父子는 '火德'을 각각 주장했다.

왕조의 교대 이론이다. 따라서 한왕조를 토덕으로 간주하는 것에는, 진(秦)의 '수덕'(水德)에 이긴다고 하는 의미가 담겨 있다. 이렇게 보면, 왕충이 한왕조를 토덕으로 보는 것은, 당시 왕조의 교대 이론을 그대로 인정한다고 하는 것이 된다. 그런데 왕충은 「물세편」(物勢篇)에서, 이 왕조의 교대 이론의 기초가 되는 오행상승설을 부정하고 있다. 따라서 왕충이 이 토덕과 관계되는 이론을 받아들이기 위해서는, 자신의 실증적 비판정신으로부터의 설명이 필요하다.

당시에 있어서 새로운 왕조의 성립은 왕명(王命)을 받음에 의해서 시작된다고 일반적으로 생각하고 있었다. 왕충의 경우, 왕명(王命)은 천상에 있는 '왕성'(王星)의 정기(精氣)를 자연스럽게 받음에 의해서 결정된다고 한다. 따라서 한왕조의 성립과 '오행의 덕'의 관계를 말하기 위해서는, 그의 천지대응설의 입장에서, 먼저 천상에 있는 '왕성'(王星)과 '오행의 덕'의 관계에 관한 설명이 필요하게 된다. 여기서 다음의 자료를 보면,

> 동방(東方)은 목(木)이고, 그 별은 창룡(倉龍)이며, 서방(西方)은 금(金)이고, 그 별은 백호(白虎)이며, 남방(南方)은 화(火)이고, 그 별은 주조(朱鳥)이며, 북방(北方)은 수(水)이고, 그 별은 현무(玄武)이다. 천에 네 개의 별의 정기(精氣)가 있다.[505]

라고 하여, 천에 각각 오행에 속하는 별이 있는 것에 대해서 이야기하고 있다. 여기서 '왕성'(王星)과 '오행의 덕'의 관계가 밝혀질 것 같은 느낌도 드는데, 그러나 그 오행에 속하는 성신(星辰)의 관계에 대해서

---

505 「논형」「物勢篇」: 東方木也, 其星倉龍也, 西方金也, 其星白虎也, 南方火也, 其星朱鳥也, 北方水也, 其星玄武也. 天有四星之精.

왕충이 해석하는 기의 세계

는 그 이상 설명되고 있지 않다. 또 왕명(王命)과 그 명(命)을 받을 때의 '오행의 기(덕)'와의 관계에 대해서도 설명되고 있지 않다. 왕충 나름의 확고한 신념이 있어서 이야기했을지도 모르겠지만, 어쨌든 이러한 설명만으로는, 한왕조의 성립과 '오행의 덕'의 관계에 관한 이론이, 과연 자신의 근본 이론과 일치하는가 어떤가에 대해서는 당연히 의문점이 생길 수밖에 없다.

사실은 이 토덕(土德)과 관련되는 이론은, 처음부터 왕충의 근본 이론 중에서 위치할 곳이 없었다고 할 수 있다. 무위자연의 천과 기론 중에서, 의지적 천론 중에서 보이는 덕에 의한 왕조의 교대 이론을 설명하려고 한다면, 그야말로 모순에 빠질 가능성이 있기 때문이다. 어쨌든, 왕충은 자신의 근본 이론 중에서는 설명할 수가 없는, 실제로 어떠한 설명도 하고 있지 않은, '오행의 덕'과 왕조의 관계를 가지고 와서 한왕조의 덕을 설명하고 있다고 하는 것이 되는데, 여기에는 물론 왕충 나름의 이유가 있었을 것이다. 즉, 이것도 당시의 왕조를 위한 왕충의 현실적 해결책이었다고 생각한다. 왕조의 성립이 덕과 관련되면, 한왕조의 왕은 처음부터 덕에 의해서 선택된 지배자가 된다. 그러나 이러한 이론은 또한 비판을 면할 수 없게 된다. 그렇다고 해서, 이것만으로 왕충이 한왕조에 아첨한다고 단정하는 것도 사실 어렵다고 생각한다. 단지 말할 수 있는 것은, 한왕조의 학자로서 '한(漢)을 위해서'라는 강한 '대한의식'(大漢意識)을 가지고 있었다는 것이다.

왕충이 해석하는 기의 세계

초판 1쇄 인쇄 2021년 12월 17일
초판 1쇄 발행 2021년 12월 24일
지은이 임정기

펴낸이 김양수
책임편집 이정은
표지디자인 권수정
교정교열 이봄이

펴낸곳 도서출판 맑은샘
출판등록 제2012-000035
주소 경기도 고양시 일산서구 중앙로 1456 서현프라자 604호
전화 031) 906-5006
팩스 031) 906-5079
홈페이지 www.booksam.kr
블로그 http://blog.naver.com/okbook1234
이메일 okbook1234@naver.com

ISBN 979-11-5778-518-6 (03100)